叢書・ウニベルシタス　940

ギヨーム・ポステル

異貌のルネサンス人の生涯と思想

ウィリアム・J. ブースマ
長谷川光明 訳

法政大学出版局

目次

凡例

一、本書は、William James Bouwsma, *Concordia Mundi: The Career and Thought of Guillaume Postel (1510–1581)*. Cambridge, Harvard University Press, 1957 の全訳である。

一、原文中のイタリックは訳文では〈 〉、補足の（ ）［ ］はそのまま、訳者による補註は〔 〕で示した。

一、原本の脚註は巻末にまとめた。

序

ポステルは十六世紀で最も興味深く、また最も謎めいた人物の一人である。その劇的な経歴、その広範囲にわたる関心領域と活動は、歴史家の注目を繰り返し惹きつけてきたし、その名もきわめて多様な文脈において現れる。生前そしてその後の世紀においてポステルが名をなしたのは何よりも学者としてであった。実際彼は、当時としては誰よりも博識なキリスト教カバリストであり、西ヨーロッパで最もはやくアラブ学を系統的に修めた者の一人であり、比較言語学の先駆者であり、卓越した人文主義者であった。中東を広く旅して帰国しては、まわりのキリスト教徒に東方の知識を広め、ヨーロッパ人の外の世界への好奇心を刺激した。一流とは言えないまでも哲学者にして神学者であった彼は、当時の知的環境で問題になっていたこと一切にたずさわった。宗教改革の嵐が吹き荒れる中、プロテスタントの指導者たちと友好的に書簡を交わし、教会改革と宗教の統一を訴え、十字軍の宣伝者、熱心なカトリック宣教師となり、一時はイエズス会のメンバーにもなった。さらには、きわめて個人的な神秘主義を作り上げて、ヨーロッパの歴史の中でも大きな危機を迎えていたこの時代の根深い不安を映し出しながらも、それが原因で少なからぬ悪評を招き、ついには政治的権威、宗教的権威双方から敵視されることになった。その一方で、当時の宗教と思想の変動、さらには政治の動乱の中で生まれた思潮をほとんど残らず取り入れようと苦心した。すなわちそれは、教会改革、教会合同とともに個々人の信心であり、精力的なカトリック改革に付随した終末論的緊張感であり、スコラ哲学の合理主義と一緒くたになった新プラトン主義的シンクレティズムとエラスムス流のリベラリズムであり、フランス国家の未来への熱狂とキリスト教世界の命運に対する懸念であった。

そしてこの多様性こそがポステルの理解を困難にしている。近代の研究者たちは彼の生涯を語り、科学思想、イエズス会初期の歴史、ルネサンスにおける旅行範囲の拡大、イタリアの影響の拡散において彼が果たした役割を指摘した。ポステルの合理主義、理神論的傾向、カバラ思想への関心、東洋学への寄与を認めた。さらにその宗教思想、プロテスタント分離派に対する彼の影響の可能性、フェミニズム、政治観を論じてきた。しかしながら、ポステルの仕事を一望に収める包括的な研究がないために、このように部分的な解釈を積み重ねても——その多くは有益で正しいものであっても——、ポステルがいくつもの顔を持つ男で、信じがたいほどてんでばらばらなことを企てていたかのような印象が残るばかりである。

本書の目的はそのような体系的で統一的な解釈を提示することである。総じて首尾一貫し、よく考え抜かれた世界観がポステルの個々の関心や活動の中心にあって、それらに意味と鮮明な輪郭を与えていることを示そうと試みた。そのうえで、彼の生涯と思想には内在的一貫性があることをいったん把握したならば、ポステルは、十六世紀と、西洋思想のより広範な展開における十六世紀の位置をわれわれが理解する十分な足がかりになることを示そうとした。これらの点に関してはもっと多くのことが言えるだろう。それは、ポステルの浩瀚な著作がさらなる研究に誘っているからだけではない。他の研究課題を持っている歴史家がかくも複雑な人物のうちに新たな意義を見いだしうるかもしれないからである。

実際本書の成功は、ここで扱われている主題にどれだけの関心を新たに惹きつけられるかにかかっているといえよう。

この研究には多くの方々にご協力いただいたが、なかでも、ハーヴァードの博士論文指導教授で最初にポステルに目を向けさせてくれたマイロン・ギルモア、ポステル思想とイスラムの思弁のある系統との類似に注意を促してくれたイリノイ大学のアーネスト・ドーン、十六世紀の終末論の知識を分け与えてくれたヴァッサー・カレッジのウォルター・ストーンに特別の謝意を表したい。

W・J・B

第一章　ギヨーム・ポステルの経歴

ギヨーム・ポステルは、その波瀾万丈の生涯、遠い謎めいた土地への旅、風変わりな学識とさらに風変わりな提案、強烈な個性によって、同時代人から一種独特の注目を集めた。オーストリアの人文主義者ヨハン・フォン・ヴィトマンシュタット、プロテスタントの大学者J・J・スカリゲル、そしてフランスの地理学者アンドレ・テヴェなどからは賞賛され(1)、殊に権力者からは狂人や厄介者扱いされた。カルヴァン主義者からは糾弾され(2)、カトリック教会からはローマに四年間投獄され、フランス王には、晩年の十八年間修道院に幽閉された。伝説もでっちあげられた。ファウスト伝説にも似たものをまとわされたポステルは謎の人物となった。アントワーヌ・デュ・ヴェルディエは「学識の深淵」と呼び、東方旅行に旅立ったときには灰色だった顎鬚が、帰国時には黒くなっていたと語った。命の霊薬の知識、不可思議な治癒能力を持つと囁かれ(3)、驚くべき長命の噂も広く流布していた(4)。

しかし幼年時代については、特筆すべきことは何もないようだ。実際、ほとんど知られていない。自分の経歴については進んで語るポステルも、幼少のみぎりについては沈黙を守ったままだった。旧友テヴェの記事があるにはあるが(5)、この世紀の多くのフランス人学者、セバスティアヌス・カステリオ、ペトルス・ラムス、ジャック・アミヨなどにまつわる聞き慣れた話とたいして変わらない。フェルディナン・ビュイッソンのことばを借りるなら、ポステルもまた「生まれながらに勉学への情熱を持ち、いじらしいほどの努力を払って独学に励んだ、貧しく隔絶した田舎の子供」であった。[6] それでも、ポステルの後年の困難と苦難は、若かりし頃の苦労話に格別の哀感を与える。

ポステルは、一五一〇年三月二十五日ノルマンディー南部バラントンの小教区ドルリーで生誕したことはほぼ確実である。[7] 両親は身分ある人間ではなく、ポステルがまだ八歳のとき、疫病によって他界したとされる。その後どう扶養されたかわからないが、早熟だったのは確かである。テヴェによれば、十三歳でサジ村の教師として雇われ、パリで勉強できるだけの資金を蓄えた。しかしこのパリで、仲良くなったゴロツキに、寝ているあいだに所持金と衣服を盗まれた。無一文でそのうえ病に倒れ、パリの病院に十八カ月入院した。なんとか回復すると、南のボースに行き農夫として働いて、パリに戻るだけの金をためた。[8] このような災難続きの話は、真偽はともかくポステルにはふさわしい。この若年の頃のトラブルのパターンは、ほとんど死ぬまでつきまとう。

パリで勉強するという二度目の試みは順調に進んだ。サント＝バルブ学寮で、スペイン人アリストテレス学者フアン・デ・ヘリダに雇われ、学業を始めるとほどなく、語学に桁外れの才能を見せ、これがポステルに名声をもたらすことになる。主人の奉公に時間をとられて授業に出席できず、ほとんどを独習しなければならなかった。ギリシア語を独学で習得し、スペイン語とポルトガル語はわずか数カ月で学友から聞き覚えた。近所にユダヤ人が住んでいると聞くと、文字を教わってから、一冊の文法書と詩篇を教材にヘブライ語を独習した。ポステルの語学の才能はヘリダにも役に立った。ギリシア語をほとんど知らないヘリダも、ルフェーヴル・デタープル〔一四五五―一五三六〕の影響で、ギリシア語原典のアリストテレスに関心を抱くようになっていたからだ。しかしながら、ポステルは語学においてのみ頭角を現したのではなかった。数学と哲学に熟達したことから仲間から第二のピコとも目された。[9] かくしてポステルは働きながらも、一五三〇年二十歳にして文学修士となる。[10]

ポステルの知的成長は、興味を惹くものや様々な思潮を次々と吸収していったことを物語る。その過程で最も重要だったのが、サント＝バルブの環境だった。ポステルはこの学寮のふたつの特色に感化される。そのひとつが、新しい学問を進んで受け入れていた点で、エラスムスとルフェーヴルが表層的ながら影響を及ぼしていたらしい。だからこそ、ヘリダはギリシア語で哲学をやろうとし、古典研究がカリキュラムで名誉ある地位を占め、スコラのラテン語を古典ラテン語に置き換える試みが始まっていたのだ。[11] 仮にポステルが別の学寮にいれば言語学にそれほど傾注できなかったはずだ。そしてその後もポステルは、エラスムス的人文主義の特質を失うことはなかった。

しかしポステルの成長にとっては、サント＝バルブで受けたもうひとつの影響のほうがより重要であった。この学寮の特色は、イベリア半島からの教師や学生にとっての重要な拠点となっていた点にある。ポルトガル王室が宣教師の訓練の場として一部資金援助もしていた。イベリア人が集った結果、サント＝バルブはパリの地理学教育の中心となった。若者たちがスペインやポルトガルから地理的発見のニュースをもたらしたのである。しかしそれにもまして、彼らはこの学寮を宣教への関心と情熱で満たした。このサント＝バルブに、未来のイエズス会の中核メンバーが集まったのは偶然ではない。宣教がイエズス会設立の大きな原動力だったからだ。一五二九年にはイグナチウス・ロヨラがモンテギュ学寮からサント＝バルブに移った。そしてシモン・ロドリゲス、ピエール・ファーヴル、フランシスコ・ザビエルらは皆この学寮と関わっていた。[12] ポステルの後年のイエズス会への関心は、サント＝バルブ時代に端を発しているはずである。

しかし、そこで培った宣教への関心は数年間眠ったままであった。その間、ポステルはどう生計を立てるかという問題に直面していた。学生時代には高給を約束され教師としてリスボンに招聘されたが、それを断り、パリで勉強を続けることを選んだ。いまや、おそらくは同じ理由で、家庭教師の職に就き、生まれて初めて十分な収入を得られるようになった。(13) その一方で言語学の研究を続け、その合間に、マルティン・ブツァー〔ストラスブールの改革者で、カルヴァンに多大な影響を与えた〕を論駁する論文を書き上げた。ソルボンヌはこの論文を認可せず、ポステルが宗教的権威と衝突する最初の機会となった。しかしこれで終わりでは決してなかった。ポステルは自分を、新しい学問に対する神学者の偏見の犠牲者であるとみなした。(14)

　この若き学徒は、一五三六年までにはその語学力を評価されて、ジャン・ド・ラ・フォーレ使節の同行者に選ばれた。この使節団は、神聖ローマ皇帝への対抗策としてトルコと同盟を結ぶために、コンスタンチノープルに派遣されたものである。その道中、大使はジェノヴァ対策を協議するためにチュニスに立ち寄る。おかげでポステルは、数日アフリカ大陸に滞在できた。あとになって彼はこのことを自慢している。(15) コンスタンチノープルでラ・フォーレが外交問題に取り組んでいるあいだ、ポステルはそれより重要度の劣る任務を任されていた。(16) トルコ帝国で死んだある裕福なトゥール市民の遺産を回収するよう指示されていたのだ。さらには、国王に献上する面白くて珍しい品々を購入するよう指示されてもいたようだ。自分用の本も買い込むことができた。アラビアの哲学・医学・数学・宗教に関する本などだ。(17)

　しかしそれにもまして重要な成果は、この旅で初めてアラビアの言語と文化ならびに中東におけるキリスト教の特殊な問題に直に接することができた点にあった。ポステルはコンスタンチノープルに到着するやただちにアラビア語を学ぼうとした。そのおかげで忘れがたい体験をする。ポステルによると、アラビア語を教えてくれる教師を見つけるのは難儀だった。「というのも、教えられるトルコ人はほとんどいないし、それを望む者はなおさら少ないからだ。まるで彼らは、キリスト教徒を彼らのことばにふさわしからざる不敬の輩と考えているかのようであった」。そのあと新しい教師が連れてこられた。この男は特に教養を備えているわけではなかったが、ほどなくポステルに格別の愛着を示し始めた。ある日のこと、彼はコーランからキリスト教に好意的な記事を残らず集めて、生徒の好奇心を刺激した。ポステルが問い質すと、

彼は目に涙を浮かべながらこう答えた。「聞いてください。私はキリスト教徒で、私たちのことば、つまりアラビア語かトルコ語で書かれた福音書をただ待ちわびているのです。この都と宮廷には私のようなものが他にも三十万人以上います。彼らは、われらが主スレイマンの父セリムの治下で、誰もが自らの宗教を公に説くことが許された時代に、私と一緒に改宗したものです。そのようなものはわたくしどもだけでなく、他に何人も王国全土で毎日のように改宗しているのです」。

当然のごとく驚いたポステルがその男の家を訪ねると、他にもトルコ人キリスト教徒に会ったという。

こうしてポステルは、東方にキリスト教を広めることについて明るい展望を抱くことになった。ただ意欲と手段が足りないのだ。しかしながら、この心動かされる体験もさしあたりなんの成果ももたらさなかった。ずっとあとになってから書いているように、ポステルはまだ「人文学芸の毒気にかぶれ、ギリシア文学に惑溺していた」し、まだ「真の宗教を教える物事についてほとんど何も気にかけることはなかった(18)」からだ。そうだとしても、このエピソードは彼の記憶に刻まれた。そして、彼のいわゆるギ

リシア趣味が放棄されるのはただ時間の問題だった。

一五三七年の帰途、ポステルはヴェネツィアに立ち寄る。この都はその後の人生において大きな意味を持つことになる。「真の宗教」への移行は確かに始まっていた。そして版元ダニエル・ボンベルグ〔一五四九年死去。アントワープで生まれ、ヴェネツィアでタルムードなどヘブライ語文献を精力的に出版した〕を中心とした、中東の諸言語に興味を抱くグループに惹きつけられた。ボンベルグには、ポステルがすでに抱いていた、東方のキリスト教徒の友人たちが使えるシリア語版新約聖書の出版計画を実現するよう励まされた。[19] ヴェネツィアではまた、翌年パリで刊行される処女作『文字の異なる十二言語概論 *Lingarum duodecim characteribus differentium alphabetum introductio*』執筆のための資料を収集した。バルカン半島と中東の言語を中心に、十二の言語の文字と文法を相当の力量で記述したこの著作によってポステルは、比較言語学の父と呼ばれたこともある。[20] それに加えて、生涯のこの初期の段階で彼が何を考え、何に関心を持っていたかを教えてくれる点でもこの著作は貴重である。十六世紀の学問に典型的な大量の脱線という形で、発展途上ながらも、のちにポステルがより十全に展開させるきわめて重要な思想のいくつかを提示しているのである。例えば、すべての言語はヘブライ語から派生したこと、ムスリムの脅威が差し迫っていること、世界統合の道具としての言語の重要性、ムスリムに宣教師を派遣すべきことなどだ。彼の宗教的関心はそこかしこに現れており、検討を加える言語の例文も決まって宗教に関わるものである。

そのあと立て続けに二冊の著作が刊行された。一冊は言語と文明のユダヤ起源について、もう一冊はヨーロッパで最初に刊行された古典アラビア語文法書で、才気あふれる若き東洋学者としての評価を決定づけるものとなった。[21] ポステルの学問とフランス王家に対する奉仕はすぐに報われた。のちにコレージュ・ド・フランスとして知られることになる機関の講師に任命され、一五三八年から一五四二年まで国王に数学と言語学を進講したのだ[22]。働きぶりは上々だった。ギヨーム・ビュデ〔一四六八―一五四〇。古典学者〕と友人になり[23]、国王は、給金の支払いは滞りがちであったが、「パリの余の講師にして、余の最愛の教師ギヨーム・ポステルがこれまで殊になし、現在も日々なし、今後もこれまでと同様になしてくれることを願う優れて好ましい奉仕[24]」に進物でねぎらった。この時期、彼はまた二冊の本を上梓した。一冊はアテネの政体についてであり、パリの大学世界の関心を反映した、青年期のギリシア趣味最後の表明となった。もう一冊は未来の関心を予示する聖地巡礼のハンドブックであった[25]。

しかし、王の進講役の一員という地位に長くは安住できなかった。宮廷内の陰謀に巻き込まれ、大法官ギヨーム・ポワイエの派閥に加わるという失策を犯したのである[26]。多大な恩顧を受けていたポワイエが一五四二年に失寵すると、ポステルは彼のために国王に取りなすという果敢ではあるが無駄な努力をした。その成果といえば、自らの解任を確実なものとすることだけであった[27]。確かに他にも彼にとって不利な点はあった。ポステルは、宣教師をトルコ帝国の民衆に派遣すべくアラビア語を教育するという構想をすでに練り始めていた[28]。このようなポステルは、コンスタンチノープルとの同盟を望むフランス政府にとって目障りだったのだろう。イエズス会士の報告によれば、彼がフランソワ一世に面と向かって罵ると、国王は素っ気なくこう述べた。「余は彼がもっと利口だと思っていた[29]」。

一五四二年末の進講役解任は、成人になってから最初の大きな失望であったとともに、最初の大きな転機ともなった。成功を約束された比較的平穏な学者としての人生行路を着実に進んでいたかに見えたのが一転して、職も庇護者も生活の糧も持たない身となったのだ。後年彼自身が回顧しているように、この喪失は実際のところ大きな好機だった。いまや宗教的関心を実践に移すことに全身全霊をあげて専念できるようになったのだ[30]。観想的な学者から活動的な伝道師への転向は完了した。

ポステルは時を移さず『世界和合論 *De orbis terrae concordia*』に着手する。これは彼自身根本的かつ最重要な著作としてとらえ続けることになる著作である。この大部の著作を彼は猛スピードで執筆し、一五四二年から一五四三年にかけての冬の二カ月で完成させる。あまりの寒さに、息を吹きかけて溶かさないとインクが凍ってしまうとぼやくほど厳しい時節での仕事であった(31)。新たな使命感と呼応するかのように、彼はこの著作を、それ以前のように庇護者個人に献呈するのではなく、教会全体に献呈した(32)。本著作の主旨は、キリスト教教義を合理的に正当化し、イスラム、ユダヤ、そして異教の教えを反駁して、なんらかの改宗方法を示すことにあった。全体は宣教師のベーシック・マニュアルとして意図されている。ポステル思想の進展においてこの作品が何よりも重要なのは、宗教的真理を伝達するために基本となる方法とは合理的論証でなければならないという視点が、彼の頭の中に芽生えたことを示しているからである。

『和合論』については壮大な計画があった。この著作が標的とする宗教を奉じる人々の言語に翻訳され、次いで、カトリック宣教師にとっての公用文書として認められるようもくろんだのである。そう認められるためには当然公的な後ろ盾が必要となる。そこでポステルはこの著作をソルボンヌに提出して、認可を求めた。しかしその六カ月後、ただ「大学の管轄外」との評価のみで、認可も非認可もなく返却された。彼は苦い失望を味わったが、敗北を受け入れようとはしなかった。預言者は故国では礼遇されないと自らを慰めながら、原稿をバーゼルのオポリヌス〔一五〇七―一五六八。バーゼルの大学でラテン語、ギリシア語を教えたのち、印刷業に転身。パラケルススのもとで医学も学ぶ。一五四三年にはヴェサリウスの『人体の構造について』を出版している〕に送付する。オポリヌスがそれを出版した(33)。

オポリヌスと関わることで、生涯続くプロテスタント左派との重要な交わりが始まった。もともとこのバーゼルの版元を選んだ主な理由は、テオドール・ビブリアンデル〔一五〇六―一五六四。スイスの聖書学者・東洋学者。コーラン翻訳出版は一五四三年〕

のコーラン翻訳を出版していたからである。この時期、ポステルにはプロテスタントと友好的に交際する気はさらさらなかった。それどころか、彼らに対する激越な攻撃を『コーランすなわちマホメットの法と福音主義者たちの一致についての書 *Alcorani seu legis Mahometi et Evangelistarum concordiae liber*』という標題でパリで出版したばかりであった。この書は、プロテスタンティズムとイスラムとの数多くの共通点を指摘し、それによってカルヴァン本人を傷つけるものだった[34]。それに、いまやプロテスタント陣営の中でもとりわけ過激なメンバーの避難場所となっていたバーゼルで、正統カトリックの普及についての本を刊行するとはやはり奇妙な選択であった。しかも、そのわずか一年後にセバスティアヌス・カステリオ〔一五一五―一五六三。フランスのプロテスタント神学者。バーゼル大学でギリシア語を教える。宗教的寛容を訴えてカルヴァンと対立〕を査読者に雇うことになる寛容なプロテスタント、オポリヌスをこの書の版元に選ぶのも奇妙である。ポステルとバーゼルのグループとの関係は、ポステルのその後の生涯において重要な意味を持つことになるが、またこのことは、十六世紀において宗派相互がいかに複雑に絡み合っていたかを示す好例でもある。

世界をカトリック信仰に改宗させるための書物を用意したポステルは、次にそれにふさわしい人材を探し求めた。そこでイエズス会に白羽の矢を立てたのは意外なことではない。そのメンバーとはサント＝バルブで一緒だったし、王立教授団在任中も彼らから目を離さなかったはずである。一五四一年以降、イエズス会士はロンバール学寮に拠点をかまえて修練士の訓練に使っていた。そこでヘブライ語を講義していたポステルは（進講役に専用施設は用意されていなかった）、彼らの節度と熱意に感銘を受けていたし、彼らの修練にもおりにふれて参加していた。決意を固めたポステルは、一五四四年の四旬節にパリから徒歩でローマに向かい、イエズス会に入会の申し込みをした[35]。

イグナチウスとその仲間たちは名高い学者の到着を諸手を挙げて歓迎した。この才能ある哲学者にして神学者が、その地位と禄をなげうち彼らのもとにやってきて、いまや心からの謙譲でもって「炊事場で給仕し、公の場で説教し、全員の大いなる教化となっている[36]」のを見て喜んだ。ポステルもまた自分の決断に酔い、教団の仕事に邁進した。司祭となったポステルが[37]、ローマの七つの教会の祭壇の前で、修道規範とイグナチウスの指示双方に従う旨の盛式誓願をし、昔の知人にイエズス会関係者を推薦する書簡をしたためる姿をわれわれは垣間見るのである[38]。

しかし、当初の協調関係も長くは続かなかった。ポステルは結局のところ自分の目的のために教団に入ったのだ。教団を彼独自の計画に向かわせようとしたのであり、教皇への絶対服従などの事柄には少しも関心がなかった。そのうえ修練期間中に、それまでは著作に表明されず、イエズス会士の関心事ともまったく相容れないある断固たる考えが心中に芽生えた。世界の宗教的統一は、フランスの世界帝国のみによって成就されうること、教会における至上の権威は公会議にあることを確信するにいたったのである。さらにはこう主張した。フランス国王が「ローマの腐敗ゆえに」フランスの地での教皇選出の準備を進めるべきであり、これらの手筈がすべて整った時点で、ユダヤ人が長いあいだ待ちわびていたメシアの時代が地上に到来し、人間経験から悪が根絶され、そして「サタンがこの世で壊敗したすべてのことがイエス・キリストによって回復される[39]」と。世界救済計画に重要な要素が新たに付け加えられたのだ。イエズス会の国際的関心にふれたおかげで、自分がパリで吸収したガリカニスムとナショナリズムを意識するようになったのがその一因だろう。しかしこの頃までに、フランスの神的使命を論じる中世思想やユダヤ教のメシア的神秘主義を知ったことも確かである。これらの見解は、ローマのイエズス会の施設というふさわしからざる環境で初めて詳述され、以降の著作でもたびたび繰り返されることになる。

一五四五年春頃までに、イグナチウスは委員会と審査会を設けて、ポステルの所信を検討させた。そして、会にとって紛れもなく由々しい事態を招いた問題についての一連の論評が、その年のイエズス会の記録にそっくり記載される[40]。ポステルによれば、最後にはイグナチウスがポステルの見解を全会員の前で叱責した。「あたかも私のようなフランス人がいまだかつていなかったかのように[41]」。しかしポステルは強情で、その帰結は不可避だった。彼はイエズス会から一五四五年十二月に追放された[42]。

それでも、ポステルとイエズス会士が互いを忘れることはなかった。イエズス会士は疑惑の目を向け続け、その後の思想と活動を報告し合っている[43]。だが、この監視が迫害に近かったという事実はない。現にポステルの元同僚は総じて、あのいざこざそのものには困惑したものの、彼については悪い感情を持つことはなく、「ただより控えめで冷静であったなら、そして自らの判断を信仰と修道会則に従わせられたなら、敬虔で有徳な人である[44]」と考え続けた。ポステルも追放されて辛い思いをしたが、イエズス会に対する高い評価は変わらなかった。宣教が実績を上げていくのを深い関心を持って見守っていたし、イエズス会の修道服を身に着け続けた。そして何年たっても、教団に再び迎え入れられることを望んでいた[45]。

イエズス会と決別した翌年はローマに滞在したが、相当な困窮状態にあったらしい[46]。それでも彼の精神の発展にとって重要な年となった。のちにイエズス会追放は摂理によるものだったと回顧している。なぜなら、彼が謎めいた表現で語っているように、これまで「東方に隠されていた[47]」特別なメッセージを神から受け取るという慰めを得られたからだ。肝心なのは、ローマではパリで知っていた以上の国際的な雰囲気にふれられたことである。エチオピア人司祭と親しくなり、エノク書とエチオピア教会の特殊な礼拝について説明を受けた。ベルギーのヘブライ学者マシウス（アンドレ・マエス）〔一五一四―一五七三）との親交に刺激されて、新約聖書のアラビア語訳とアラム語訳に興味を抱くようになった。ヴィトマンシュタットと教皇特使フィリッポ・アルキントとは、東方の魔術とユダヤ神秘主義について議論を交わした[48]。しかし何にもまして重要なのは、カバラを学んだことであった。カバラについてはかねてから気にかけていたが[49]、今になってやっと真剣に考えるべき対象となったのだ。ローマに滞在したこの年にはまた、彼自身の「永遠の福音」に着手した。その後何度も繰り返される、カバラ神秘主義と自らの合理的キリスト教を組み合わせるという試みの最初のものを執筆し、オポリヌスに送付したのである[50]。別の大きな要素が彼の思想に入り込んだのだ。

ポステルは結局ローマを発ってヴェネツィアに移動し、一五四七年一月から一五四九年夏まで滞在して、聖ヨハネ・パウロ施療院の司祭として暮らしを立てた[51]。さらにカバラの探究を継続し、『ゾーハル』の綿密な研究に着手してついには翻訳するにいたる。最も重要なカバラ文献である『ゾーハル』の写本はローマで入手したのだろう[52]。その間、自らの思想を新しい方向にさらに押し進めた一連の著作を著した。『最後の仲保者の誕生について *De nativitate mediatoris ultima*』はトリエント公会議の参加者たちに献呈され、理性に基づく宣教活動のサポートを求めた。「エリアス・パンドカエウス Elias Pandochaeus〔諸国民の牧者エリヤ〕」という偽名で刊行された『パンテノシア――あらゆる不一致の調停 *Πανθενωσια: compositio omnium dissidiorum*』は、『世界和合論』のより穏健なヴァージョンであり、ポステルが異なった宗教に対してより寛容な態度をとり始めていたことを示している。『世界成立以来の秘められた事物の鍵 *Absconditorum a constitutione mundi clavis*』は、歴史の黙示録的図式の中に理性的宣教の試みを組み込んだもので、千年王国の預言者たるポステルの姿をあらわにしている。『モーセの幕屋における燭台の象徴についての解釈 *Candelabri typici in Mosis tabernaculo...interpretatio*』は、フランス世界帝国論の

裏付けにラビ研究の成果を流用したものである。(53)

しかしヴェネツィア滞在の三年間で最大の収穫は、マシウス宛書簡で初めて言及したときに「世界の母」「新しいエバ」と呼んだある女と知り合ったことであった。かれこれ五十歳になる彼女は、施療院で献身的に貧民や病人の世話をする敬虔な態度によってポステルに感銘を与えた。他の者たちは彼女を嘲笑する一方で、ポステルはまもなくその超自然的能力に確信を持つようになる。彼女は固体を透視し、それによって、地球の中心に縛り付けられているサタンを幻視できたのだ。それ以上に感銘を受けたのは、この文盲の女が、『ゾーハル』の最深の玄義のすべてを説明できたことであった。「私が誰を信じたのか、何を見て聞いたのか承知している」とポステルは記している。そして彼女の不可解さを「永遠の神秘の成就」、「キリストのうちに神がまるごと肉をとって宿っているように、キリストの実体がまるごと宿っている(54)」女、黙示録の花嫁、そして「天にましますわれらが父にして彼女の夫の似像」と表現するようになる。つまり彼女はカバラ文書に読んだシェキナーなのだ。そして彼女が残した刻印は、ポステル精神の恒常的な特徴となる。後年になるとフェルディナント皇帝にこう書く。一五四七年以降の著述の一切は、世界中とりわけラテン教会に、ヴェネツィアの童貞女に生じた前例のない奇跡を知らしめるためだけに書かれたのだと。(55)

一五四九年の夏、ポステルはヴェネツィアから船で聖地に向かった。それにはふたつの目的があった。ひとつは、伝道のために中東の言語をより知ること。彼はマシウスに荘重な調子でこう書く。「唯一の真の勝利である魂の征服は、武力では成し遂げられぬ……理性が先導せねばならぬ」。自分は死ぬ覚悟でこの勝利のための手段を調えると。第二の目的は第一の目的と連動している。アジアのキリスト教徒の教典の写本を確保して、ヨーロッパで印刷出版することで、彼らを補佐したいと願ったのだ。旧友でヴェネツィアの版元ボンベルグがこの旅を経済的に援助した[56]。

探険は総じて成功だった。最初はエルサレム、ついでコンスタンチノープルと中東に一年半滞在し、本を買い、この地域一帯の知識をたくさん蓄え、それがのちのちの著作に生かされることになる[57]。不運にも早々に所持金を切らしてしまったが[58]、一五四九年秋には、フランスのトルコ大使ダラモン男爵ガブリエル・ド・リュエに随行を許された。ポステルの計画に興味を抱いた大使は本の購入資金を提供し、聖書をアラビア語に翻訳するための助手として通訳を調達してくれさえした[59]。

一五五〇年末か一五五一年初頭にはヨーロッパに帰還し、フランスに戻る途中のイタリアでボンベルグに本を預けた。学者としての評判は、ほぼ十年前に残していったいかがわしいイメージがそろそろ払拭されていたし、新しい王も即位していた。ポステルは再度宮廷に迎え入れられ、なかでもアンリ二世の妹マルグリット・ド・フランス〔一五二三―一五七四。一五五九年からサヴォイア公妃〕の庇護を受ける身となった[60]。同時に、この新たに獲得した寵愛の地位に勇気づけられたのだろう、フランスの世界支配の裏付けとなるものの執筆に専念した。年老いたロレーヌ枢機卿も好意を示し[61]、今一度快適で名誉ある未来がその前途に広がっているかのように思えた。

しかしまたもや彼の期待は裏切られる。一五五一年クリスマスの直後、異常な体験が彼を襲った。彼自身超自然的と解釈するこの体験は、その後の人生に消えることのない刻印を残した。ヴェネツィアで知り合った聖女、東方旅行中に死去した「母ジャンヌ」が、彼のもとに戻り憑依したと信じ込んだのである。ポステルのことばを借りると、「彼女の霊的体と実体が可感的に私のうちにくだり、可感的に私の体の中いっぱいに広がったことで、私のうちで生きているのは私ではなく、［いまや］彼女となった」[62]。シェキナーすなわち聖霊が格好のタイミングで憑依し、彼は生まれ変わった。体も魂も再生し、大きな使命を達成するための準備がついにこうして整った。経験、浩瀚な学識、宗教的洞察の一切がこの使命に導いたのだ。いまやポステルは、差し迫った千年王国の選ばれた預言者であることをはっきり自覚した。彼は新しい時代の長子であり、この時代において万物はその原初の完全な姿を取り戻すのだ。

この驚くべき経験は、異端審問に投獄されるまで続く狂乱の時代の幕開けを告げるものであった。一五五一年から一五五五年までに少なくとも二十三冊の本を上梓し、自らのメッセージを広めるための一連のビラを用意し、全ヨーロッパの有力者に長文の書簡をしたため、パリ高等法院にはソルボンヌに対抗して彼の後ろ盾となるよう求め、フランス、スイス、イタリア、オーストリアを旅行して機会を見つけては教え説いた。ポステルは極度の切迫感に駆られていた。彼の計算によると、人類の運命を決する年は一五五六年だ。残された時間が限られているのは明らかだった(63)。

彼の運動は非常な成功を収めた。少なくとも、当代の心許ない人々のうちに多少なりとも聴衆を見いだした。彼の本は買われ読まれた。発行部数の多さは、版元がポステルを儲けになる作家と判断していたことを証明している。最も過激な著作のひとつ『女の勝利 *Victoires des femmes*』は一年で二度版を重ねた。彼の追随者には、いまや教団として固まっていたと見られるイエズス会のメンバーも三人含まれていた。彼らは懲罰としてローマに召喚されることとなった(64)。

それでも、ポステルの活動への反応のすべてが好意的だったわけではない。聴衆のうちにはすでに彼の正気を疑う者もいた。ポステル自身もそれに気づいていて、苦々しい預言者の口吻でこう述べている。「世の人は、誰か情熱や熱意を持って改革運動を始めたり、通例よりも神に基づく生活を送ったりするのを見ると、すぐに嘲笑ったり軽蔑する。それが度を増すと狂人や愚か者とみなし、最後には処刑したり投獄するのだ(65)」。フランス教会の高位聖職者は、キリストを磔にしたユダヤ人のように自分を扱うと不平をもらしている。(66) 堪忍袋の緒が切れた敵方はついに反撃に転じ、一五五三年春には公衆の面前で教えることを禁じた。(67) フランスは自らの計画を拒絶したから沈黙を強いたのだと解釈したポステルは、次の二年間支持者を余所に探すはめになった。パリを離れて、ディジョン、ブザンソンに短期滞在し、六月にはバーゼル、八月にはヴェネツィアにいたった。(68)

フランス人にもフランス教会にも排除されたポステルは、スイス人には友好的に迎え入れられ、一五五三年の夏には、プロテスタントとの協働を射程に入れ始めた。その目的はもちろん、イエズス会に対してと同様、彼らから自らへの支持を勝ち取ることにあった。原理的カトリックと考える自らの立場を放棄する気はなかったのだ。ポステルが同志になりうると思い当たったのは、プロテスタントのうちの二つのグループだったらしい。

一方は、ポステル同様言語学に関心を持ち、おそらくは教義や教会についても広い視野も持つ学者や神学者だ。バーゼルで友好的に書簡を交わしたハインリヒ・ブリンガー〔一五〇四—一五七五。ツヴィングリの後継者としてチューリッヒの改革派教会を率いつつ、ヨーロッパ全土の改革派と文通を交わした〕からは、チューリッヒにいるプロテスタントの指導者たちや、ヘブライ学者コンラッド・ペリカン〔一四七八—一五五六。ドイツの人文学者。ヘブライ語、ギリシア語、数学、世界地誌を講義する〕と会うよう誘われている。ペリカンには、ユダヤ教とイスラムの誤謬反駁に協力する旨申し出た(69)。その少しあとには、メランヒトン〔一四九七—一五六〇。ルターに協力して教会神学を体系化したが、のちにルター正統派と対立する〕に率直な提案をしている。長文の書簡をしたためて、宗教的統一の回復の必要性を訴え、(70)ローマ教会に対する鋭利な批判を進んで受け入れる旨強調しつつ、自らの万物復元の教義を詳説したのだ。

しかしポステルがそれよりはるかに惹かれたのは、バーゼルで接触するようになった過激な宗派であり、かなりの親和性を感じたようだ。切迫した使命感と、排除され愚弄され、殉教を運命づけられているという自己観は、漂泊する福音伝道者という再洗礼派の理想と確かに一致し始めていた。そして、自身に啓示がくだったという意識と万物復元という考えは、これらの宗派が共有する立場と相通じるものがあった。[71]

この時期ポステルはプロテスタント急進派を代表する二人の人物と関わりを持った。ダヴィット・ヨーリス〔一五〇一―一五五六。再洗礼派の指導者〕派と、ドイツの神霊派改革者カスパル・シュヴェンクフェルト〔一四八九／九〇―一五六一。ルターに敵視されたシレジアの霊性派〕である。シュヴェンクフェルトとは彼に宛てた二通の書簡が残されており、その中で迫り来る〈復元 restitutio〉について略述している。[72]「ダヴィット派」との関係はそれよりはっきりしないが、より深い関わりを持ったらしい。はやくも一五四九年に、彼らはポステルを同じ精神を共有する者と認め、その著作を研究し始めていた。ヨーリスのフランス人追随者でバーゼルに亡命していたジャン・ボーアンとポステルの交際は、ポステルがこの関心に報いたことを示唆している。[73]この関係がどの程度まで深まったのかはわからない。ポステルがこの宗派からなんらかの教義を借用したという証拠はないが、ネーデルラントの異端に通じるきっかけとなり、自分が選んだ道をそのまま進むことへの励ましになっただろう。

ヴェネツィアでは、福音書のシリア語テクストに再度取り組んだ。[74]近隣の町にも説教して回った。[75]しかしイタリアに長くいることはなかった。旧友のヴィトマンシュタットがウィーンでシリア語版新約聖書を準備しているのを聞いて、にわかにこの計画に協力することに決め、北上したのだ。学者としての評判はここでも役立った。フェルディナント皇帝は慎重に調査したのち、[76]ポステルをウィーン大学の教授職に任命する。今一度ポステルは、安全であるのみならず影響力と名声が約束された地位に就くことになった。[77]皇帝はポステルの言語学と宣教計画に正真正銘興味を持ったようであるし、ポステルは、キリスト教世界の征服と統合という計画の執行者に、フランス人の王の代わりにローマ人の王を指名して、それに応えた[78]。

しかしまたしても、ポステルは幸福が約束された将来を台無しにしてしまう。その使命が別の場所に誘ったのだ。一五五五年初頭、ポステルは皇帝に暇を乞うことなくにわかにウィーンを離れ、ヴェネツィアに駆けつけた。ミラノでそうだったようにヴェネツィアでも、自分と自分の全著作が禁書目録に入れられたことを知ったのだ[79]。特に問責はされなかったものの、自らの思想を広める最たる手段が奪われてしまった。彼の計画と希望の一切が脅かされ、自分を守る以外のことは考えられなくなった[80]。

ウィーンを出立してからの十カ月は、失意の人生の中でも最も辛いものだった。とはいえ、この時期には最も彼らしい愛すべき一面が見られる。道行は出だしからつまずいた。南に向かう途上、同僚の修道士の殺害で指名手配されて逃亡中のフランシスコ会士と間違えられて、一時拘留されたのだ[81]。ヴェネツィアに着いても事態は好転しそうになかった。イタリア人読者向けに、ヴェネツィアの童貞女の話を書き下ろすのに時間を費やし[82]、そのあとで法廷に向かって著作が禁じられた理由を問いただした[83]。

興味深い一連の対質と聴聞が始まる。十六世紀の宗教的争いに巻き込まれた一人の学究の苦境のドラマが印象的に展開するのだ。ポステルは審問官と、友好的で公平な知的議論を交わそうとした。彼が心静かに期待していた結末は、真理が勝利し、教皇庁が彼の見解を受け入れて、彼の糾弾に終止符を打つことであった。自分のメッセージの意を尽くす新たな好機を切望していたのである。しかしすぐさまそれが誤りであることに気づかされた。自らについて説明する機会が与えられる代わりに、撤回すべき命題のリストをただちに突きつけられたのである。ポステルはそれを拒絶するが、その結果は、自分のメッセージを世界に伝えるという観点からすれば有罪の宣告よりも質の悪いものであった。審問官はポス者のことばを再び真面目にとる者がどこにいようか[85]。

えなかったのであろう、異端ではなく狂気を宣告した[84]。この災難はポステルを打ちのめした。マシウスに苦悶のうちに書き送っているが、この判決によって彼は生ける屍も同然となった。狂気と宣告された者のことばを再び真面目にとる者がどこにいようか[85]。

彼は当面の自由を確保したものの、経済的に困窮し、最後には自分の愛書を売るまでに追いつめられた。マシウスがパラティン選帝侯に買い取ってもらえるよう手配した。ポステルが蒐集した写本は、ドイツ東洋学の黎明期において重要な役割を演じることとなる。しかし宝物を失ったことで、ポステルの心は打ち砕かれたも同然だった。彼のことばによれば、写本を蒐集するために、アジアの砂漠とヨーロッパの山々を旅したその艱難辛苦を思い返したのだ。とはいえ、彼が金を必要としたのは、個人的理由からというよりはその使命に由来する。蔵書の売却は、学究の徒としての道を断念し、福音伝道に身を捧げることを表した。東方の人々向けのシリア語版宗教文献の出版に取り掛かるための資金を必要としていたのだ。四月にはパヴィアに行く途上の小村で、ボンベルグのもとで働いたことがあり、しかるべき活字を用意できる版元を見つけられた。仕事は前進していた[86]。

この危機の数カ月間、ポステルは別の深刻な問題に煩わされていた。彼を攻撃していたのは、カトリックの権威筋だけではなかった。カルヴァンも『セルヴェトゥス反論』で自分を攻撃していると思い込んだ[87]。マシウスに悲しげにこう書いている。「ああ、誰か鳩の翼をくれないものか。そうすればどこかに飛び去って休息できるのに！」[88]。それでも、彼には改革派に友人がいたから、彼らの前での自己弁護を望んだ。そこで『セルヴェトゥス擁護 *Apologia pro Serveto*』を執筆し[89]、何よりもまず自らの教義を明確に詳説した。プロテスタント急進派が評価してくれると考えたのだろう。特筆すべきなのは、セルヴエトゥスをその生前には聞いたこともないと断言しているのに、カルヴァンのかの犠牲者との関係を否定しようとしなかった点である。

しかし、ヴェネツィア異端審問との諍いは事態が推移していた。「狂気 amens」の判決に打ちのめされたポステルは改心し、一部前言撤回を申し出る。が、それでは不十分だった。審問官は彼が前よりも意固地になっただけと判断した。一五五五年秋、審理は結審し、ローマからの指示だろうか(90)、十一月初めには、異端宣告を受けたもう一人とともにラヴェンナにある教皇庁の牢獄に移された。ローマに移送されたのはそのあとだった(91)。

投獄されていた四年間に何を考え、何を経験したかについてわれわれは何も知らない。後年の著作でも沈黙を守るほうを選んだ。運命の一五五六年が到来するも、たいした事件もなく過ぎ去る。その間、世間では彼の名声を攻撃する者が後を断たなかった。一五五三年にシュヴェンクフェルト宛書簡をたまたま落手した、正統ルター派の猛々しい番人フラキウス・イリリクスが、作者に対する野蛮で口汚い攻撃を添えて出版した。爾後ポステルはフラキウスを最悪の敵とみなすことになる。フランスでも攻撃が続いた。一五五七年パリで出たパンフレットでは「これまで生を享けた人間の中で最も呪われた不幸な男」として描かれ、その教義がでたらめに混同されて、「彼は自分を処女ジャンヌの息子と呼ぶ。記録によると、ジャンヌは遠い昔にイギリス人をフランスから追い出した者である(92)」と断定される。

ポステルがやっと自由の身となったのは、一五五九年八月、パウルス四世の死去にともなって生じた擾乱で、ローマの牢獄がこじ開けられたときであった(93)。その後の三年間の大半、ポステルは町から町へとさまよい歩いた。それもほとんどいつも貧窮し、敵方に再逮捕されるのではないかとの不安を抱えながらであった(94)。その地の信徒に受け入れられることを期待したのだろう、ローマからバーゼルに戻るが、彼に関心を持ったフッガー家の代理人パウムガルトナーの庇護[95]があったにもかかわらず、バーゼルに長く滞在することはなかった。一五五九年末にはポワティエに立ち寄り、『トルコ人の国 *Republique des Turcs*』の草稿をある版元に預けると、再び行方をくらます。一五六〇年にはイタリアに戻り、数カ月を再びヴェネツィアで過ごした[96]。一五六一年春にはパウムガルトナーに会うためにアウグスブルクに向かい、トリエントに三カ月滞在した。トリエントには公会議の最終会議への出席者が集い始めていたのだ。逃げ場所を求めて転々とするポステルの心境は惨めだった。フラキウス・イリリクス、あの「ザクセンのちんぴら」が道中で暗殺しようと手筈を整えていると思い込み、トリエントからわざわざ迂回して難路を北上したものの、アウグスブルクに到着したときにはパウムガルトナーは出立したあとであった[97]。一五六二年初頭にはリヨンに出没するが、たちまち官憲に逮捕される。だがパリからの指示ですぐに解放された[98]。それからパリに向かうが、その直後ユグノーがリヨンを占拠し、ポステルが残した本や原稿は収奪され、破棄される[99]。

この間ずっとポステルの心を捕らえていたのは、自らの名誉を世間の前で回復し、再び同時代人の尊敬と関心を集めることであった。そのためにポステルは長文の弁明書を書簡にして、フェルディナント皇帝や宰相ミシェル・ド・ロピタルをはじめとする要人に宛てた。新しくイエズス会総長に就任したディエゴ・ライネスには、どこかの修道会に加入しようと考えているが、できればイエズス会に再加入したいと嘆願した[100]。これができれば、ポステルの宗教的かつ知的信用を回復するまたとない機会となったであろう。

リヨンで釈放されて、身の安全を感じたポステルはパリに戻って公開講義を再開するも、もめごとは絶えなかった。一五六二年末には政治的扇動を理由に逮捕、短期間ではあるが監禁されて、高等法院で尋問を受けたのち釈放される。[101] それから授業を再開、大勢の聴衆の前で世界地誌に関する公開講義をしたが、経済的にはまたもや困窮を極めた。かつては稀覯本であふれていた蔵書も、詩篇一冊になってしまう。それでも彼は相変わらず多くの計画を抱えていた。福音書のアラビア語訳は準備万端整い、出版するあてを探していた。[102]

ポステルが自由を享受できるのも長くは続かなかった。ポステルをどう扱うべきかずっと逡巡していたらしい当局もついに動いた。パリ高等法院への一五六三年一月二十九日付の指示にはこうある。「この町の保全のため」ポステルをサン・マルタン修道院に連行し、「王が別命を下すまでは、当該修道院を離れることを許さず、食事を与えて監禁すべし」。自らを「ガリア人の王」[103] と呼んでいた者に対しても、同じような対処が指示されている。ポステルがどう見られていたかはこれで明らかだ。狂人として幽閉されたのである。

続く十八年間、一五八一年に死去するまで、ポステルはサン・マルタン修道院で暮らす。監禁の度は徐々にゆるめられて、友好的に保護しつつ拘置するといった形態に落ち着き、好きなときに出入りできる自由と年金を与えられることになった。講義は再開され、晩年には修道院からカンブレー学寮へと、騾馬を後ろに従えてきびきび歩く姿も見られた。パリでは、エルサレム巡礼を果たした者たちの行列である棕櫚の聖日の行列に好んで参列し、参列しない年は一度もなかった。数々の奇行は忘れ去られ、彼を取り巻く修道士たちや、修道院への訪問者たちの愛と尊敬の的となった。面会に訪れた学者たちと同席し、白い顎鬚を腰までたらして目を爛々と輝かせながら、異国とその住民の話をし、今一度自分が世界に希望することを語ったであろう。シャルル九世もその話に耳を傾け、「余の哲学者」[104] と愛情を込めて呼んだ。ポステルの最晩年は、まことに彼自身がかくありなんと受け入れたものであった。すなわち波瀾万丈の生活を終えての休息である[105]。

それでも自分の意見はひとつも変えなかった。若き日々にかくも情熱的に表明した信念は死ぬまで固持した。著作が定期的に上梓されることはもうなかったが、筆をおくこともなかった。その使命感も失わなかった。教皇に対しては、「人に簡単に反駁されるだろうが」、青年期の著作で主張した提案を成し遂げられなかった理由を説明するよう求めた[106]。そして一五七九年にいたっても、古代ユダヤの預言者の口吻で、フランス国王に改革を断行するよう強く訴えた[107]。また後進には自分が手がけてきた事柄を努めて教え込んだ。ルフェーヴル・ド・ラ・ボドリー〔一五四一―一五九〇〕には、聖書をシリア語とアラビア語に翻訳するよう勧め、イエズス会士神学者ピエール・コサールには『世界和合論』をフランス語に訳すよう依頼した[108]。千年王国を待望し続けてもいた。その準備段階での自分の役割についてはより控えめになったが。そして、バーゼルのプロテスタントの旧友に宛てた死の直前に書かれた書簡の一通では、キリストのもとでの世界統合を目指す闘いがついに実を結ぼうとしていることの喜びを表している[109]。

ポステルはプロテスタント急進派にも相変わらず心を惹かれており、それが後年のある出来事に導いた。この出来事は、ポステルが有能な学者であったことを再度示すものである。さらには十六世紀の様々な宗教的動向がいかに錯綜した関係にあったかを印象的に示唆している。ポステルは、バーゼルのダヴィット派の旧友を通じて知ったのだろう、「愛の家」として知られるフランドルのある宗派に興味を抱くようになった。次の世紀のクエーカー派の発展に大きく寄与することになるこのグループは、ポステル自身の教義とかなりの点で似通った教義を主張していた。何よりも、世界が無垢の原初に復帰することの必然性を説いていたのだ[110]。さらにポステルは、アントワープの名高い版元クリストフ・プランタン〔一五二〇―一五八九〕が、表向きはカトリックであるにもかかわらず、このグループの熱心なメンバーであることを知る(111)。そこで地理学者オルテリウス〔一五二七―一五九八〕を通じて、プランタンに交際を申し出た。最後には互いに信頼し合うにいたり、ポステルはプランタンを「愛におけるいとも親愛なる兄弟」と呼ぶまでの間柄となった。ポステルは自分もこの宗派の支持者になりうることをほのめかし、ある種の連帯を申し出ている。プランタンにこう書き送っているのだ。「あなたのお仲間に私の構想を明かしてくださるのなら、その構想は愛の家に有用であることが証明されるでしょう。神がわが父、自然がわが母であるかぎり、永遠の祝福があなたに与えられますように(112)」。

こうしてプランタンとポステルは、カトリシズムから明らかにかなり逸脱した両人ではあったが、翌年、多国語聖書の制作準備に協同であたることとなった。この出版を認可し、援助し、自ら監修まで務めたのは、スペインの最も敬虔なるカトリック王フェリペ二世であった。プランタンのアントワープ多国語聖書は、コンプルトゥム多国語聖書〔シスネロス枢機卿の肝いりで一五一七年までに印刷された印刷物での史上初の多国語対訳聖書〕を底本にし、重要な補遺として、シリア語版新約聖書と旧約聖書のアラム語によるパラフレーズが収められた。さらには言語学的補助としてアパラトゥスも掲載されるはずであった(113)。ポステルはこの計画を耳に挟むやすぐさま、プランタンに興奮した調子でこう書き送っている。この聖書を用いてマホメット教徒とユダヤ人を改宗し、「一なる神、ひとつの法、ひとつの信仰、一人の司牧者、一人の王」のもとに世界が統合されるのが目に浮かぶと。ポステルは自ら準備していたいくつかのテクストの貸与を申し出た。こうして、東方から持ち帰った本の一冊は、プランタンのシリア語版新約聖書の準備に使われた。アントワープの版元は彼の援助に歓喜した(114)。

晩年の日々はこのように過ぎていった。ポステルは一五八一年九月六日に死去する。享年七十一歳。埋葬されたのは、かくも平安にその人生の幕を下ろした修道院の聖母礼拝堂であった(115)。命数が尽きるかなり前から、自らが有為に行動できる時節はだいぶ以前に過ぎ去ったことを自覚し、何年も前から後継者を探し始めていた。はやくも一五六三年には、世界を照らす松明を自分から引き継ぐようマシウスに懇願している。一五七九年にも、キリスト教世界統合の新時代を先導するという任務を継承するようオルテリウスを説き伏せようとした[116]。

しかし実際は、自らの教義を伝えられるような党派を作ることは絶えてできなかったし、本当のところそのようなことを望みもしなかっただろう。皇帝に書き送っているように、ポステルが追い求めたのは、自らの栄光を高めるだけの「ポステル派 Postellians」を結成することではなく、世界平和を促進することだった[117]。彼自身の党派があれば、それは人類を苦しめる不和を増幅することになったであろう。他方で、ポステルの信念はあまりに個人的で、制度的教会やそれに帰属するいかなる有力なグループにも受け入れられるものではなかった。その結果、自らを新時代の長子と宣言したポステルはあっというまに忘れ去られた。そして最も読み継がれていった作品といえば、ポステルが信仰の二の次に位置づけた学問的著作という有様だった。

第二章　ポステルの読書

ポステルの同時代人は、そのメッセージをどうとらえたかは別にして、その博識には大いに感服した。この年老いた学者を「学識の深淵」と表現したアントワーヌ・デュ・ヴェルディエは、世間一般が彼に抱いていた畏敬の念を代弁している。確かにアンソロジーや概論その他の事典類によって手っ取り早く知識を仕入れられた時代ではあった。それでも、深みや鋭さはどうであれ、ポステルの学識の広さは桁外れだった。彼の知的関心は万事に及び、ほぼなんでも読んだ。聖書正典や偽典、ユダヤ教の注釈やカバラ神秘主義、教父、アラビア科学やイスラム信仰に関する著作、ギリシア・ローマの古典、スコラ哲学者と中世神秘主義者、ルネサンスの人文主義者、言語学者、そして旅行家。ポステルはすべてを噛み砕いていった。

一人の学者が何を読んだかという調査は、ごく限られた書誌学的興味を引くにすぎないことかもしれない。しかしポステルの場合、何を読み、どう評価したかを知ることは最高度に重要である。ポステルの読書体験を知ることは、ヨーロッパ精神が古典や東方文化を同化吸収していく過程において決定的だった段階のひとつに光を投じうるだけではない。ポステル自身を理解するためにも不可欠なのだ。

その第一の理由は、ポステルの思想は、多様な知的伝統から取り込んだ素材をどう同化するかという問題から発展したもので、それが大きな特徴のひとつだからである。より名高いピコとの比較は不可避かつ啓発的である。ポステルはピコと同様ルネサンスの折衷主義を代表する。ルネサンスの折衷主義は既成の伝統の凋落と、新しい思想と新しい知識の源泉への陶酔から生まれた。なるほど、ポステルの教養はその深みにおいてピコに劣っていたとしても、その射程はより広範囲にわたった。ルネサンス折衷主義のよりエキゾティックな文献にもピコよりはるかに精通していた。しかし、ピコと同様、ポステルもまた折衷主義《エクレクティシズム》から混淆主義《シンクレティズム》へと移行した。ポステルは、あらゆる思想体系には、程度の差はあっても究極的真理が存在することを強調した。彼が目指したのは、その真理を確定して、種々の文化が歴史的に洞察してきたものをひとつの体系に組み立て上げることだった。それによってこの体系は一面で万人になじみがあるために、多少なりとも万人に受け入れられる。しかし当然のことながら、ポステルは入手した素材を弁別しなければならない。それゆえ、ポステルの読書を検討することは、彼が文化的価値をどう評価したか、そして彼のコスモポリタニズムがどの程度のものだったのかを考察することにもなる。

それはまた、その最も高度なレベルで典拠の問題にアプローチすることでもある。ポステルの典拠を探るのは細心の注意を要する問題であり、彼にとっての「典拠」の概念は限定されたものであることをまず認めなければならない。確かにポステルには、どこで見つけたものであれ「真理」だと認める用意があった。しかし、それを真理と認めるのはあくまでどこかですでに知っていたからである。彼のアプローチは〈先験的〉であり、彼の典拠はごく一部の例外を除いて、表現を具体化するための手段にすぎなかった。とはいえ、ポステルの表現はたいてい晦渋すぎて、その意味を把握するには、とにかく彼が読んだものを知る必要がある。

ポステルはこの点でおおむね協力的である。守るべき評価を勝ち得たプロの学者として、自らの見解を文学的権威の羅列で裏付けなければならないと考えていたのだ。この学問的要請に加えて、ポステルには自分の読書範囲について黙っていられないという好ましい性分があった。この点で彼はルネサンスの学者の典型である。自分の学識を喜んで誇示し、著作には多種多様な引用を目一杯詰め込んだ。いくつかの著作では書誌が章や節にまとめられて巻頭におかれ、重要な見解ほど参照文献リストによって裏付けられているのである。

しかし残念なことに、この取り扱いには慎重を要する。学問的慣行はまだ確立していなかったし、ポステル自身いつも誠実だったとは言えないからだ。まず彼の出典指示は全般的に曖昧だし、その引証が彼の主張のどこに該当するのか、言及した文献のどこを利用したのか示すことはまずない。それにポステルはいつも信用できるわけではない。ある見解を裏付けるために、実際は著者が退けるためにのみ記載した著作を引用する場合もあるのだ(1)。

さらに問題を錯綜させるのは、ポステルが認めなかった、あるいは認められなかった典拠が存在するという点である。というのも、ポステルが読んだにちがいない文献、あるいは手にしたにちがいない文献は、彼が言及するよう心がけた文献、あるいは言及したほうが賢明だと判断した文献よりも大量にあったことは間違いないし、黙して語らなかった文献の影響は、明示した文献よりも場合によっては大きかったかもしれない。例えば、ポステルはエラスムスやルフェーヴル・デタープルへの関心を絶えて認めなかった。中世あるいはルネサンスの異端の代弁者を非難することなしに引用することもなかった。オリゲネスのような教父でもその正統性が疑われていたために、とかく用心して扱った。にもかかわらずポステルの著作には、特定は困難だが、この方面からの影響がありありとうかがえる。多少なりともこれらの著述を糧にしなかったとは考えられないのだ。以下では、彼が認めた典拠を必然的に強調していくことになるが、それ以外にも存在する点を忘れないように心がけねばならない。

学問的権威に頼らないというポステルの明確な態度は、その精神の内側を洞察させてくれるものではあるが、典拠を探る者には余計な障害となる。特定の著述家（アリストテレス、ガレノス、アヴェロエス）の権威を、ときとして理性と等価なものとして型どおりに記すことはある(2)。しかし、ポステルらしい見解はまったく別のところにある。最終的な責任は自分にあることがわかっていたし、学問的権威に対しては明らかに懐疑的だった。彼は古代の権威を分野を問わず躊躇なく攻撃したが、自然科学の権威には殊に手厳しかった。後世の者をしばしば誤った道に導いたからだ。

霊的事物や物質的事物、あるいはその中間の本性を持つ事物を考察するにさいして、絶対的真理の道が、古代のいかなる教えからも遠ざかっているように見えることにいぶかしむことのないよう、この点は明らかにしておきたい。過去の権威から何かを受け入れるとしても、それはその真理のためにそうするのである。われわれは信仰について多数派の意見を単純に受け入れたり、彼らのことばを公理としてとらえたりはしない。というのも、神がわれらの父祖に事物についての絶対的知識を与え、彼はその末裔に伝えたのだから……われわれも人間的権威に一切頼らずに、事物そのものの現象から真理に到達できるはずなのだ……。古代人を頼みにした後世の人間はほとんど常に、たんなる人間の意見を無謬の決定事項ととらえ、人類を少しずつ誤謬に導いたのだ(3)。

こうしてポステルは、当時すでにある自然学者たちのあいだで進展していた、古代の学問的権威に対する進歩的傾向の代弁者としての姿を見せる。そしてこのような関連はおそらく偶然ではない。というのも、精神の自立の必要性を断固として唱えたこのくだりが書かれたのは、ポステルのひいきの版元オポリヌスがヴェサリウスの偉大な著作を出版したほんの数年後だったからだ。無論ポステルの基本的性向は多くの点でまったく非科学的であった。それでもこの発言は、彼の所見を典拠に遡って検討しようとする安易な試みを戒めているはずだ。典拠を特定するのは研究の予備段階にすぎない。もっと大事なのは、彼がそれらをどう評価し、どういう仕方で活用したかである。

一

ポステルは当然聖書を熟読したし、原則的にそれが神感を受けた完全なる権威であることを疑わなかった。[4] それでも、キリスト教思想史上の多くの思想家と同様、聖書をどういう原則で解釈し、どのテクストを選ぶかで、かなり自在に聖書を利用できた。

彼の聖書釈義に関する基本的アプローチは、ルフェーヴル・デタープルと隔たったものではない。デタープルの態度は、祈りによってまず直観的に意味を把握し、そのあとで言語学の最先端の技術を聖書に適用するというものだった。[5] ポステルも霊と科学の結合をもくろんでいた。「聖書の究極かつ最も完全な意味」を理解するために、「謙譲と祈り、貞潔、そして頻繁な聖体拝領によって、それもこれみよがしにではなく、キリストの栄光のために」研究することを求める。それと同時に「とりわけ、われら万人が今こそ回帰すべき、アダムとモーセとキリストの言語で」取り組まねばならない。[6] だからこそ、ポステルはひとつではなくふたつの原理を提示する。彼が求めるのは、恩寵を介した信心によってのみ獲得できる洞察力と、現代言語学がもたらした明晰で確かな知識の双方なのだ。このふたつの原理は必ずや補い合うという確信は微笑ましく、人間の知識はすべからく一致すると安易に想定する傾向を指し示している。しかしそのおかげで、聖書に対する彼の態度には解消できない矛盾が残された。

一方で、言語学に関心を抱き、非キリスト教徒の手にも届くよう、宗教的真理を一連の合理的命題に還元しようと試みたおかげで、聖書についてまったく客観的な考えを持つにいたった。トリエント公会議の参加者に宛てて、聖書には難しすぎて証明できない真理はひとつもないと書くことができたのだ。[7]宣教手段としての聖書の真理を問題とするときでも、その真理を受け入れるためには魂の下地を整えなければならないと言う必要もなかった。

しかしながらポステルは同時に、通常の理性を超越した聖書の意味を強調し、神秘的で普通には理解しづらい点があることも指摘する。彼はこう考える。「聖書のことごとくは、われわれの幼稚さに合わせた、神的事柄についての比喩や喩えの連続である。至高の教義ですらわれわれに対して喩えによって表現されているのはそのためである」。[8]聖書を「慎重に用いること」で、人は過去の出来事から未来の有り様を予言できると彼は断言する。とはいえ、自己宣伝としてポステルは、かような慧眼は万人に与えられているわけではないとほのめかす。この能力は、神の秘密の知恵の伝達者であるごく少数の選ばれた者にのみ備わったものなのだ。そしてそこには自分自身も含まれる。[9]

聖書の真理をこのように考えるポステルが好むのは、比喩的意味や秘義的意味が字義的意味よりも重要なのが明らかな箇所、ないしは、字義的意味を超えた別種の意味を（おそらくはカバラによって）明るみに出せる箇所のようだ。旧約聖書で好むのは預言書で、そこに新しいエバと差し迫る〈万物復元〉についての自らの福音を裏付けるものを見いだす。あるいは、モーセの燭台の描写や詩篇の「ユリ」についての一節で、そこにはフランスの運命の予型を見いだす。新約聖書では殊に喩え話を活用し、意表をつく解釈をしてみせることもある。パウロは十六世紀の宗教人が好んだ使徒だったが、ポステルは一顧だにしなかった。むしろ使徒ヨハネに帰せられる文書を好んだ。ヨハネは彼にとって聖書中随一の世界統一唱道者だった。しかし何にもまして彼の想像力の糧となったのは黙示録である。(10)

二

ポステルは黙示録文書であればなんでも好み、その偏愛ぶりは、たいがいの正典以上にこの種の外典偽典をなべて重視し、関心を払ったほどであった。ひいきの外典はエチオピア語版エノク書で、ローマでエチオピア人司祭から手ほどきを受けたものだった。彼がエノク書を頻繁に引用するのは、これが、シバの女王がソロモンを訪ねたときに贈呈されたもので、ヤラベアム王の時代にユダヤ人がなくした貴重な真理を含んでいると堅く信じたからだった。(11) その秘教的性格とメシア主義的傾向が、まさにポステルを惹きつける類のものだったのだ。

とはいえ、外典ならいずれもポステルを魅了した。清新で目新しく、失われた真理と接触しているという感覚を与えたからだろう。例えば彼は、幾分趣の異なるもうひとつの外典にも同程度の関心を抱いた。これは、ヤコブ擬福音書のことで、ポステルが『原福音書』と命名して以来、西洋で知られるようになったことから、彼の名と常に結びつけて考えられてきたものである。聖母の幼女時代とキリストの幼年期を語るこの福音書を、ポステルは東方のどこかで発見し、ギリシア語から翻訳してラテン世界に紹介した。(12) この種の外典に対するポステルの熱狂のほどは、ラテン教会で準正典の地位を与えるよう主張するほどであった。[13] ポステルのこの態度は、キリスト教の伝統は病んでいるのだから新しい血を注入すべきだという気分が、カトリック教徒のあいだでさえも広く流布していたことを鮮やかに裏付けている。

三

このことをより鮮烈に裏付けているのが、ユダヤ人の聖書注釈へのポステルの傾倒ぶりである。事実、彼の思想にとってのこれらのテクストの重要性は、その種々の分類、歴史的伝達の過程、一般的な意義や有効性についての議論にかなりの分量を割く必要を感じたほど大きいものだった。

ポステルは、古代ヘブライの各種文献を一括して「モーセの教義」への「補遺」と呼ぶ。[14] とはいえこれらの文献は、出所と宗教的意味合いが際立って対照的なふたつの種類に分けられるべきだと考えた。ポステルの考えでは、キリスト以前のユダヤ人は、聖書の他に二種類の聖書釈義を有していた。ひとつはユダヤ人学者があまねく知っていた比喩的釈義で、タルムードに残された。もうひとつは秘教的・秘義的釈義であり、いとも敬虔な生を送ったユダヤ人にのみ特別に啓示された至高の玄義に由来する。彼らは合議によってこれらの天啓をまとめ、子孫に伝えた。この秘密の教義はカバラとして存続する。この二種の釈義は双方とも古来のものだが、キリストの時代に聖霊がユダヤ人から離れると創造力を失った。さる賢者らがユダヤ人の中から出て、このふたつの源泉から集められるかぎりのものを保護しなかったら、まるごと散佚していただろう。彼らが収集した伝承から発したのがふたつのタルムードである。[15]

つまりポステルの考えでは、ふたつの伝承はある程度タルムードに反映されているのであり、ここから、タルムードに対する彼の両義的な態度が生じた。一方で、彼はタルムード文献に魅了されている。タルムードを参照している箇所は著作中方々にあり[16]、古代史に関する記述の詳細のかなりの部分はタルムードに依拠している。タルムードの利用をポステルが正当化できたとすれば、タルムードには釈義学の秘教的伝承から汲んだ素材がちりばめられているからという理由によってであろう。他方で、ポステルはこの類のユダヤ文献に懐疑的であった。バビロニア・タルムードを〈壊敗した真理の集大成〉と評したこともある。さらに、ペリカンのタルムード出版を賞賛した書簡で彼は、この文献を完全に破棄するのは実質的に不可能（と彼は認める）であるかぎり、ユダヤの誤謬を公に知らしめるという点で、このテクストは出版する価値があるとむしろ力説する[17]。

カバリストの秘教的伝統に対してはなんの躊躇もなかった。実際、ポステルが親しんでいた知的潮流のうち、文字どおり〈源泉〉に最も近いのがカバラだった。カバラは彼の精神にすでにあった傾向を強めただけかもしれない。それでも、カバラ文献の権威を尊んだポステルは、思想の展開（一五四五年以降）とその表現方法において、カバラの影響を受け続けることになった。理性そのものと同一視されたカバラは、聖書の本義を伝えるものであり、キリスト教と矛盾しないのみならず、その至高の教義の媒体、その意味を解く手がかりとされた[18]。彼は自身をカバラの秘教的伝統の現代における代弁者ととらえ、その使命は、ユダヤの聖人たちがかくも長きにわたって守ってきた強力な真理を世界に伝達することだと考えた[19]。

したがって、ポステルのカバラ主義を斟酌しないかぎり、その思想を理解しようという試みは満足できない結果に終わることは目に見えている。ヴェネツィアの異端審問官がそうだった。審問官はポステルの著作を検討したのち、こう報告している。これ以上ないほど苦労して趣旨を抜き書きできたものの、その謎々めいた文体にはひどく疲弊したし、あれやこれやで、この不敬で奇怪千万な教義に多大な時間を浪費するはめになったと。このような代物を理解できる者がいるとしたら、それは神のお恵みにより書いた本人だけだと考えることで、審問官はなんとか自分を慰めたのである。[20] カバラは晦渋なテーマであり、かつポステル思想においても重要なため、ポステルの他の典拠よりも詳細に検討しておく必要がある。

字義的に〈伝承〉を意味する〈カバラ〉という語は、ユダヤ教宗教思想の秘教的学派を指し、主眼となるある教義と独特の釈義学の体系双方によって特徴づけられる。その起源はいまだ不詳であるが、離散ユダヤ人の知的折衷主義を背景に生まれたことは確かだ。つまり、ピュタゴラス主義、新プラトン主義、グノーシス主義、さらにはゾロアスター教といった多方面からの影響を統合し、さらにその全体が正統ユダヤ教の本質的構造と融合してできあがっている。[21] この事実は、ルネサンスのキリスト教徒がカバラに興味を抱いた理由の一端を説明してくれる。カバラは、聖なる伝承という尊ぶべき名目で、魅力的ではあるがそれ以前に胡乱なヘレニズム思想の数多くの概念を伝えたのだ。

異種の要素からできたカバラは中世に入ると、とりわけスペインと南フランスのユダヤ人のあいだで、体系的な文書の形をとり始め、十三世紀に発展の頂点を迎えた。中世キリスト教の著述家がたまにカバラの伝承を聞きかじったことがあったとしても、キリスト教カバラ主義の真の歴史はピコ・デッラ・ミランドラに始まる。ルネサンスのキリスト教徒がカバラに興味を抱いた理由は明らかにキリスト教伝道にあった。カバラの有用性に期待したのはポステルだけではなかったのだ。[22]

カバラの教えには各種あるが、その構成要素は便宜的に大きく三つに分類される。第一にカバラは、神と被造物の関係に関わる教義を含み、主として、流出についての新プラトン主義とグノーシス主義の理論体系に基づく。カバラ教義を十全に提示している『ゾーハル』では、神と世界のあいだに、十の仲保者すなわちセフィロートがおかれた。これは、超越神内部の働きをどう説明するかという永遠の問題を解決するものである。第二にカバラは、ユダヤ教の特質が色濃く現れたメシア主義的で終末論的教義を含む。最後にカバラは、聖書釈義学の技法を含み、聖書のごく局所的で瑣末にみえる箇所にも、奥深い霊的意味を見つけ出すことをおおよその目的とする。[23] ヘブライ語の文字や単語を数字に換算したものを、算数のように操作し計算するという手続きに頼るところの大きいこの度を過ぎた技法は、必要以上の注目を集めた。ルネサンスのカバリストは、カバラの教えのあらゆる側面に魅了され、利用するが、ポステルもその一人だったのだ。

　ユダヤ思想史においてカバリストの神秘的思弁が表しているのは、モーゼス・マイモニデス〔一一三五―一二〇四。スペインのラビ。アリストテレスとユダヤ教神学を両立させる体系を確立する〕といった哲学者の過度の主知主義を補正しようとする宗教家の試みだったと言えるだろう。現代の最も高名な研究者ゲルショム・ショーレムは、カバラをこう説明している。

> 　カバラ神学の体系に特徴的なのは、何かしら神話的なものが再び息を吹き返した世界を構築し、記述しようと試みている点である……。神秘家も哲学者もどちらもいわば思考の貴族である。とはいえカバラ主義こそ、万人の精神で働くある根元的衝動を、自らの世界と関連させることに成功した。カバラ主義は人間生活の原始的側面に背を向けなかった。すなわち人間が生を案じ、死を恐れるあの肝心要の領域、合理的哲学からは貧弱な知恵しか引き出せなかったあの領域に背を向けなかったのである。哲学は、人間が神話を織り上げる糸にするこれらの不安を無視し、人間の実存の原始的側面に背を向けたために、人間との接触も一切失うという高い代価を支払うことになった……。

カバリストは自らの奮闘と、迷信とも呼ばれうる民間信仰の核心的関心、そしてこれらの不安が表現される場である日常生活での具体的現象の一切をはからずも関連づけたのである(24)。

この指摘は余すところなく的確に、ルネサンスのキリスト教カバラ主義の説明となっている。ユダヤ教内部でカバラが表現していたものは、キリスト教思想史において、人文主義、神秘主義、プロテスタンティズムのある一面が表現していたものとまったく同じものだったのだ。双方とも因襲的哲学を的外れとし、それに対して同じように反発したのである。そしてこれから論じるように、ポステルは哲学者として著述することもあったが、理性と神話、学問と民間信仰を切り離さないようたえず気を配っていたのだ。

　これまできちんと認められてこなかったことだが、ポステルが持っていたカバラの知識はおそらく、同時代のキリスト教カバリストの誰よりも該博かつ系統的であった。ポステルより二世代ほど先行し、ルネサンスのカバリストで最も高名なピコ一人を例にとってみても、その知識は主として『ゾーハル』の凡庸な注釈に負っていた。この思潮の主導者としてピコを引き継いだロイヒリン〔一四五五―一五二二。キリスト教徒で最初にヘブライ語文法書を上梓したのち、一五一七年キリスト教カバラの古典となる『カバラの術について』を発表した〕の情報源は、『ゾーハル』以前の文献だった(25)。他方でポステルは、カバラの主要文献のみならず、より重要度の低い大量の文献にも網羅的に精通していたのである(26)。

　カバラ文献で最も基本となるのは『セーフェル・イェツィーラー』すなわち『創造の書』、『セーフェル・バーヒール』すなわち『光明の書』、『ゾーハル』すなわち『光輝の書』の三つである。この各々が太古に遡ると主張され、ポステルもこの点を十二分に認める。とはいえ事実は、三書とも中世のある時期に別々に現れ、相互に影響を与えたもののようである。ポステルは、『セーフェル・イェツィーラー』の最初のラテン語訳を詳細な注釈付きで出版し、[27]『ゾーハル』のかなりの部分を翻訳し（出版はかなわなかった）[28]、『セーフェル・ハッ・バーヒール』には少なくとも親しんでいた。[29]ポステルはこの三作とも幾度となく引用している。とりわけ『セーフェル・イェツィーラー』と『ゾーハル』を好んで引用した。

『セーフェル・イェツィーラー』は宇宙論と宇宙創生論についての短いテクストで、三世紀から六世紀のあいだに作成された。ポステルも受け入れていることだが、アブラハムが原作者とされており、彼の独白という形式で、天地創造の論証から一なる神へと論を進めていく。その主たる目的は、物理的宇宙の創造のみならず精神的宇宙の創造をも説明し、さらに（創造の順序をとおして）その両者の関連と対応の序列を説明することにある。この書がカバラにもたらしたのは、神から連鎖的に発出して神と宇宙を関係づけるセフィロートの体系と、文字と数の神秘的特性の強調であった。この作品は、イタリアではやくも十世紀には知られていて、ピコもポステル以前に知っていた。[30]ポステルがこれを敬ったのは、アブラハムがエジプト人から学んだ秘教的教義のうち唯一残存した例だからであり、「われわれにとっての宗教的真理の父と名指された」アブラハム本人の手になる文書のうち、唯一現存するものだからであった。ポステルはこう力説する。この書は世界を啓蒙して回心させ、さらに理性と権威を和解させるための最高の助けとなるであろうと。[31]

『セーフェル・ハッ・バーヒール』は、『セーフェル・イェツィーラー』の数世紀後に、その影響を受けつつ書かれたもので、十二世紀のプロヴァンスにおいて初めて現れた。創世記の最初の数章に関する、聖書釈義のミドラーシュ〔聖書解釈を意味する〕のような文体と形式でつづられたこの文書は、グノーシス思想をカバラに移入する重要な役割を果たした。この書は、現世において善人が苦しみ、悪人が栄える理由を説明する輪廻転生説を説いている他に、セフィロートについてのそれまでの思弁をさらに前進させている。なかでも、最初の三つのセフィロートを、天上の三位一体の一種として強調している点などは、その後のキリスト教的解釈を考え合わせると注目に値する(32)。

しかし、ポステルが何にもまして崇め、頼みにしたのは『ゾーハル』であった。自分自身の教義を纏説した種々の著作は『ゾーハル』の補遺にすぎないとまで書き記したこともあった(33)。実際、ポステルがカバリストとして名をなしたのは、何よりもまず『ゾーハル』に精通していたからだ。この書は「カバラ随一の要としてみなされ(34)」、事実、カバラの伝統を余すところなく提示し、完成させた。

『ゾーハル』は、十三世紀後半のカスティーリャ人カバリスト、モーシェ・デ・レオンによって書かれた。その動機は（アヴェロエス主義者と論争したポステルのように）「同時代の教養人に広まっていた過激な合理主義の風潮が、これ以上拡大するのを食い止め」たいからというものであった。『ゾーハル』は一連の対話からなるモーセ五書の注釈という形式をとっている。全体の語調については、『ゾーハル』とユダヤ教との関係は、ディオニュシオス・アレオパギテース〔六世紀頃の『神名論』『天上位階論』を含む一連の「ディオニュシオス文書」の著者とされる。「使徒行伝」中の人物に擬されたために神学者のあいだで絶大な権威を持ったが、その著作はネオプラトニズムの影響濃いもので、実際はプロクロス以降の人物であることがのちに判明〕とキリスト教との関係に等しいと評されたと言えば察しがつくだろう。ショーレムが言うように神秘主義的小説に等しい。すなわち「空想的なパレスチナを背景に、ミシュナの高名な教師ラビ・シムオーン・バル・ヨーハイが、息子エレアザル、友人や弟子とともに遍歴しながら、彼らとともに人や神に関わるすべてについて議論する」。しかしテクストを注意深く選り分けてみると、『ゾーハル』は純然たる注釈書というよりは、作者独自の思考の脈略の媒体とするために書かれたものであることがわかる。あらゆる種類の思弁を含んでいるがために、必ずしも首尾一貫しているわけではないが、かなり包括的な世界像をそこから導き出しうるのであり、それ以前のカバラの主題がすべて再説され、展開されているのである。[35]
ポステルは、『ゾーハル』とカバラ全体との関係についてまずまず正確な知識を持っていた。彼の考えでは、『ゾーハル』はまず口頭で伝えられていた古来の伝承を書き留めたものに他ならない。この伝承は「モーセがその会衆である七十二人の賢者に与えた秘密の解釈」を表している。そして四つの版あるいは段階を踏んで今ある形にいたった。最初はバビロン捕囚の時代にモーセから口頭で伝えられる。第二段階として、その後散逸したものがエズラによって採集される。第三段階として、義人シメオンがそれをまとめ、一層の普及をみた。最後に、ラビ・シムオーン・バル・ヨーハイが今ある形式に仕立てたとポステルは考える。この形式において『ゾーハル』は、ヴェネツィアの童貞女がその意味を明らかにしたとおりに、彼の世界改宗計画において大きな役割を持つことになった。というのも、当時の他のカバリストとともにポステルも、キリスト教の福音が『ゾーハル』に潜在しており、そこから導出できると考えたからだ。残るのは解釈の問題だけであった。これを解決しさえすれば、ユダヤ人は、キリスト教が実のところ自分たちの最古で至聖の教えの一部をなしていることを明確に見て取るはずだった。そして、世界がキリストを完全に受け入れるための最後の障壁であるユダヤ人の頑迷さが克服されるはずだった。それのみならず、『ゾーハル』はキリスト教世界の任務にとって普遍的価値を持つ。その教義の光と比べるなら、この世の他の教えはすべて闇に等しいからだ。[36]
ポステルは『ゾーハル』の他にも、ラビと俗人双方の手になるユダヤ教教典を所持していた。ラビの教典については、ボンベルグが出版したラビ聖書〔初版刊行は一五一六―一七〕に大幅に依拠している。これには多数の注釈と、ユダヤの聖書釈義の詳細なアパラトゥスが収められていた。[37] ポステルは、ボンベルグ版に含まれた種々のタルグム〔聖書のアラム語による逐語訳と敷衍訳〕の他にも、ダヴィード・キムヒ

〔一一六〇年頃―一二三五年頃。ナルボンヌで活動し、聖書註解、ヘブライ語文法体系確立に多大な貢献をなした〕といった個々の注釈家も頻繁に参照している。これらの文献には通例、自らのはなはだ珍奇な提案も支持してくれるユダヤの確かな権威を見いだせたのだ。[38]

ポステルは個々の作品や著述家にもある程度通じていた。なかでも、フィロン〔前二五―後四五／五〇。アレクサンドリアのユダヤ人哲学者。ユダヤ教とギリシア哲学との調和をはかり、そのロゴス論は教父たちに多大な影響を与えた〕とマイモニデス[39]、とりわけヨセフス〔三七／三八―一〇〇頃。ローマのユダヤ人歴史家。『ユダヤ戦記』『ユダヤ古代誌』等〕に親しんでいた。ヨセフスについては「ユダヤ古代誌は最も信頼に値する」として格別に尊んでいたし、大洪水後の世界の記述では大幅に依拠している。[40] ポステルはまた、この偉大なユダヤの著述家からバビロニアの歴史家ベロソスを知った。ベロソスはユダヤ人ではなかったが、その散逸した著作に書かれた大洪水の記事は、ヘブライ聖書のそれと符合すると推定されていた。異なった民族を代表する者同士に見られるそのような符合は、ポステルのような精神に当然のことながら強い印象を与えた。だからこそポステルは、ヴィテルボーのアンニウス（ジョヴァンニ・ナンニ）〔一四三二―一五〇二〕が捏造したベロソス偽書を進んで信用した。彼はこの作品が真正であることを熱心に弁護し、大いに参考にしながら、アンニウスの空想とヨセフスの記事を組み合わせて、大洪水後の黄金時代をかなりの詳細さで語ってみせた。[41]

四

ポステルにとって、セム語族相互の人種的関連は、より広範な宗教的結びつきの一部にすぎなかった。それゆえポステルは、アラビア文学を通例以上に重視した。彼がアラビア文学と親しむようになったのは最初の中東旅行以来であり、印刷された初期の著作では、とりわけ諸学問にとって価値あるものと認めている。[42] そのうえ、アラビア語文献を利用できる能力をかねてからきわめて得意に思っていた。[43] これは当時としては類い希な偉業であったことは言うまでもない。

その一方で、ポステルのアラブ文献の読書については面倒な問題を惹起する。それについて彼はいつも変に曖昧で、口堅いのだ。参照した本を特定することはまずない。それどころか、彼が所有し評価していたことが確かな作品についてすら、[44] 明らかに口をつぐんでいる。例えば、アラブの高名な地理学者にして歴史家アブ・アル・フィーダ（アブルフェダ）〔一二七三―一三三一。史書『人類史綱要』はアダムから同時代までの歴史を政治家・軍人としての自分の体験を踏まえて叙述し、地理書『諸国の秩序』は、先人の地理書を集大成し、世界を二八地域に分割して解説したもの〕の著作を所持し、その要約も作成しているのに[45]、作者についてはその場限りの言及しかしていない。さらに厄介なのは、彼がアラブの神秘主義や哲学にどの程度通じていたかという点である。彼が論じたただ一人のアラビア哲学者はアヴェロエス〔一一二六―一一九八。コルドバ生まれの医師・哲学者。特にそのアリストテレスの註解書はラテン語に訳されて西欧中世思想に多大な影響を与えた〕であり、その見解を激しく非難している。[46] そのうえ、ポステルの関心の方向と、彼がアラビアの思弁的文献を探求する機会を有していたことを考え合わせるなら、イスラムの宗教と哲学の先鋭的な代弁者たちに手も触れず、何かしらのものをそこから吸収しなかったなどとはとうてい考えがたい。それでも特定は不可能であり、これ以上の結論を導き出そうとするのは賢明ではないだろう。ポステルが同種の思想を別の場所で知る機会があったことも事実なのだ。イスマーイール派〔八世紀に起こったシーア派の一派。グノーシス的な神秘主義的教説を特徴とする〕やドルーズ派〔イスマーイール派の一分派。十一世紀初めのファーティマ朝カリフ、ハーキムを神格化し、輪廻転生などの独自の教義を信奉するため、他のイスラム教徒から異端視される〕といった宗派の教えや、アル・キンディー〔八〇一頃―八六六頃。イスラム世界最初の哲学者、百科全書的に諸学に通じた。著作『知性論』『光学』等〕やアル・ファラビー〔八七〇頃―九五〇。中央アジア出身のイスラム哲学者。ギリシア哲学のイスラム化に大きく貢献。著作『理想国家論』など〕といった思想家が代表するアラブの新プラトン主義の心理学的弁別に通じていたのではないかという思いを払拭するのはやはり難しいのだ。

確言できることはほとんどない。ときおりポステルは友人マシウスに、アラビア語文献の名をいくつか知らせようとしてはいる。その中には、アブ・アル＝フィダやその他の史書に加えて、宗教、哲学、アラブ科学のテクストが含まれる。科学的著作に対しては、イデオロギー的意味合いをほとんど含まないからだろうが、非常に柔軟な姿勢をみせている。(47)それにコーランに精通していることを隠すこともほとんどない。『世界和合論』第二書はほぼイスラムのこの基礎文献の敷衍である。

五

ポステルが利用したギリシア・ローマの古典は数多く多岐にわたるため、ここでは彼にとって最も重要なものだけを検討しよう。彼の古典作家に対する態度から、後期ルネサンスの人文主義の流行の変遷がよくわかるのだ。

ギリシア人とギリシア文化についての彼の考えはころころ変わり、いつもかなり両義的である。自分で述べているように、彼は当初ギリシア文学を非常に好み、初期の作品にもこの愛着が表れている。彼によれば、「ギリシア人は夷狄から受け入れたものすべてをよりよくして返した」。[48] さらに、ギリシア人が哲学や学問においてラテン人よりも全般的に優れていることを強調する。しかしその評価が変わったのはおそらくパリにおいてであった。パリでは、ポステルが尊敬するビュデも変心を経験している。ポステルはギリシア人を讃えるのとまさに同時に、ギリシア文明がシリアとエジプトから派生したものであることをすでに主張していた。[49] そして、彼の見方がより明快になっていくにつれて、ギリシア人はより大幅に否定的な歴史的役割を担わされていくことになる。黄金時代のノアから伝えられた宗教的洞察などの壊敗を、かなりの部分ギリシア人の責任にしたのである。[50] それにもかかわらず、ポステルは初期のギリシア人に対する感嘆の念をすっかり失うことはなかったし、ギリシア人を引用することもやめなかった。

ギリシア人著述家のうち最大の関心を寄せていたのは、哲学者たちであり、とりわけプラトンとアリストテレスであった。彼らに依拠することをポステルはこう正当化する。多くの優れたギリシア人やローマ人が彼らの著作を研究したが、だからといってキリスト教から遠ざかったわけではないと。(51) ポステル思想のかなりの部分は実に、プラトンとアリストテレスの諸要素をきわめて個性的な形で融合させたもの（必ずしも成功しているわけではないが）と評することができるであろう。ポステルは定期的にルネサンス哲学の根本的課題、すなわちギリシア哲学の二大体系をいかに評価し調停するかという難題に取り組んだ。両者の相違はいまや徐々にではあるが明らかにされつつあったのだ。これから述べる論拠を先取りしてしまうことを承知のうえで、ここで指摘しておく価値があるのは、ポステルはプラトンのほうを意識的に好んでいるが、彼の思想は全体としてアリストテレスにも同等に負っているという点である。

ポステルはピュタゴラス主義を高く評価していたが、それはおそらく、その数の理論がカバラと類似していたからであり、ピュタゴラスと東方の秘教的知恵とのあいだに関連があると想定されていたからである。しかし、彼のピュタゴラス主義者についての知識は、古典古代作家の中で疑いなく一番好んだプラトンに主に由来した。(52) ポステルにとってプラトンは神々しい存在であり、「哲学者たちの神」(53) であった。フィレンツェ・アカデミーの面々と同様彼も、プラトンとピュタゴラスの教義がカバラを補って、理性と権威の和解による世界改宗を成就することを期待していた。(54) ポステルはプラトンから、必ずしも首尾一貫しているわけではないが揺るぎないイデア論と、『ティマイオス』が表現する形而上学的傾向との双方を汲んだ。その一方でポステルは、〈究極の真理〉を最初に洞察したという栄誉を、ギリシア人の誰にも、プラトンにすら与えることを拒んだ。ポステルの指摘によると、プラトン本人も自分の知識のすべてはカルデアに由来すると認めている。プラトンのイデア論ですらユダヤ起源であるとポステルは確信していた。〈イデア〉という語はヘブライ語に由来し、イデア論が最も深遠な展開を遂げたのは『ゾーハル』においてであると彼は言う。ポステルにとって『ゾーハル』は、無論プラトンよりもはるか太古に遡るものだった。つまり、プラトンの知恵ですら受け売りにすぎず、ユダヤ人の優先権は守られたのである[55]。

ポステルにとってプラトンは神である一方で、アリストテレスはたんなる君主、しかも凡庸な君主にすぎない。ポステルの意見では、アリストテレスはその高名な師と比較すると、未熟なままで終わった思想家だった。ポステルがアリストテレスを非難するのは、その知的欠陥のすべてであり、野心であり、忘恩であり、論争好きな点である。このせいで、自分の学説が東方起源であることをプラトンと違って否定し、自分の師から受けた大きな恩義を否定するにいたったのだ。ポステルは当時の哲学論争に進んで身を投じ、城中の敵、サタンの僕、「両義性の怪物」、「神の至高の敵」として、アリストテレスを攻撃した[56]。

とはいえ、これらの罵倒は熱を帯びた論争の中で発せられたものである。実のところポステルが懸念を抱いていたのはアリストテレスよりも、その同時代の信奉者で、個別的摂理と個人の霊魂を否定するアヴェロエス派、さらに誰にもまして、理性によって導かれる真理と啓示された真理の一致の必然性を否定するポンポナッツィ〔一四六二―一五二五。ルネサンス・イタリアのアリストテレス学派の代表的哲学者。主著『霊魂不滅論』は、人間霊魂が肉体とともに死滅する可能性を説いて、激しい論争を起こした〕その他の者たちに対してであった。アリストテレスは、ポステルのこれら同時代の敵への攻撃で、もっぱら巻き添えを食ったのである。ポステルは総じて、アリストテレス（もちろん正確に理解されたうえでの）がキリスト教信仰を裏付けるものと信じていた(57)。それどころかアリストテレスは、自分の許容範囲をはるかに超える形で、ポステル本人の思想に入り込んでいた。なかでも、神と世界のあいだに介在する第二動者の学説、現実態と可能態との常なる対比、〈アニムス・ムンディ〉と〈アニマ・ムンディ〉への確信には、アリストテレスが忍び込んでいる(58)。

ポステルは新プラトン主義者についても知っていたが、言及はさほど多くない。新プラトン主義の学説に関する知識は、『ゾーハル』と原典研究の双方に由来するのだろう。プロティノスは自らの見解と似たものを展開したことを認めていたポステルは、プロティノスの権威に一度ならず訴えている。他にはアレクサンドリア学派に言及した。イアンブリコス、プロクロス、ポルフュリオス、ヘルメス文書、ディオニュシオス・アレオパギテース（教会の位階組織を議論するさい）といった面々である(59)。

ポステルが他にも読んでいたギリシア人作家は多岐にわたり、分類するのは難しい。ストア派（ギリシアとローマ双方の）を知っていたが、特別の興味は抱かなかった(60)。ヘレニズム時代の混淆主義者の中ではテミスティオス〔三一七頃―三八八頃。ローマ帝国後期のギリシアの雄弁家、哲学者。アリストテレスの注釈書を多く残し、宗教的寛容を訴えた〕に精通しており、その思想形成になんらかの役割を果たしたと思われるが(61)、両者の狙いが漠然と似ているという以上のことは言えない。ポステルのギリシア人作家への言及は、その相当数がおしなべて装飾である。その中にはホメロスとルキアノスが含まれる(62)。ガレノスは哲学者かつ科学者としてポステルの関心を惹いた(63)。ポステルの意図からして最重要のギリシア人は、哲学者と並んで歴史家と地理学者であり、彼らの著作で見つけた素材から彼独自の歴史を作り上げた。このグループで筆頭にあげられるのがヘロドトスで、彼が唱えた文字のフェニキア起源説をポステルは好んだものの、真理を作り話に堕落させた罪は彼に負わせている。

ストラボンからはヨーロッパ諸民族の起源についての情報と、聖地の地理的記述を取り入れた。そしてプトレマイオスからは、数学・占星術・地理学に関するデータを入手した。[64] ポステルが、ギリシア人への不信感にもかかわらず、手練のギリシア学者であったことは明白だ。

六

ギリシアが達成したものの価値をこれほど高らかに表現したポステルであったが、ローマについてはほとんどふれていない。これは当時の古典学の趨勢を示しているのだろう。ローマ文明について判断を下すことはほとんどなく（あったとしても中心的議論からすれば付随的なものにすぎない）、それも否定的なものであった。ポステルにとってローマは、ダニエル書で語られる巨人像の陶土の足、四つの王国のうちの最後の最も不敬な王国である。「バビロニアの暴政と暴力」から生まれたローマの覇権は、——ここでアウグスティヌス的な語調が現れる——聖ペテロによる神的秩序の回復がなされなかったなら、世界が永久に壊敗していくという結果をもたらしていたであろう。[65]

ポステルにとってローマ文化がそれ自体としては意味を持たなかったとしても、ローマの個々の作家はかなり活用している。ここでも、ホラティウスやキケロは飾りで引用される。[66] もっとも「ラテン語雄弁術の父」キケロは、真摯な思索家として無視し去るわけにはいかなかった。しかしながら、彼の必要に最もかなったラテン作家はまたしても地理学者や歴史家であった。プリニウス、カエサル、ソリヌス、アミアヌス・マルケリヌスはひいきの作家であった。[67] ウェルギリウスも尊敬していたが、それは詩人としてよりも預言者としてであり、『牧歌』第四歌に深い感銘を受けたポステルは、自分で校訂版を刊行し、ウェルギリウスを彼独自の思想の傾向に沿わせるような注釈を付した。[68]

七

ポステルの姿勢や価値観の一部は、エラスムス的と呼ばれうるものだったかもしれないが、キリスト教教父に対する関心は、ラテン作家に対してと同様異様に薄いものだった。もちろん教父についての知識は持っていたし、彼自身の見解にとってこれ以上格好の権威は他にないことは認めていた。例えばキリスト教真理の論証に理性を行使することを弁護するのに、古代のキリスト教著述家で、それに失敗したものはほとんどいなかったという論拠を持ち出している。[69] しかし実際に教父の先例を参照することはほとんどなかった。ポステルにとっては非常に魅力的だったにちがいないと想定できるアレクサンドリアのキリスト教著述家たちでさえ、著作の中でもごくまれに言及される程度である。逆に、そのような権威が自分の主張に利するよりも害になることを恐れていたのかもしれない。

ポステルが引用する教父はほんの一握りであり、それもごくたまにである。アウグスティヌスについてのみ、概略的知識を持っていたことを示している。『神の国』については明示的に言及し（出たばかりのビベス版で）、その教説は、彼の歴史観の全般的背景の一部となっていた。『告白』も読んでおり、プロテスタントを攻撃するためにマニ教反駁書も利用している。他には、宣教に使える、キリスト教真理を証明する異教徒の証言一覧を、ラクタンティウス〔二五〇頃—三一七頃。北アフリカ生まれの神学者。キリスト教擁護の立場から哲学を論駁、異教哲学・ユダヤ教に対し真の宗教としてのキリスト教を提示する〕、オロシウス〔五世紀スペイン出身の司祭。アウグスティヌスの勧めで異教徒のキリスト教非難を歴史的に論駁する『対異教徒正史』を執筆する〕、殉教者ユスティノス〔一〇〇頃—一六五頃。古代のキリスト教弁証家。旧約の啓示と新約とを連続させ、プラトン哲学をモーセからの借用とみなすことにより、キリスト教のギリシア哲学に対する優越性を展開した〕に見つけた。さらに、ユスティノス作とされたアリストテレス主義者に対するキリスト教護教論を、『アリストテレス学説誤謬反駁 *Eversio falsorum Aristotelis dogmatum*』の表題でラテン語に翻訳した。ヒエロニムス〔三四二頃―四二〇。ベツレヘムで修道院を指導し、聖書のラテン語訳ウルガタを完成〕には有益な道徳的教えとパレスチナの地理の詳細を見いだした。アンブロシウス〔三三九頃―三九七。ミラノの司教。アリウス派と論争し、帝王権に対しても教会の優越を主張した〕とテルトゥリアヌス〔一六〇頃―二二〇頃。カルタゴの教父・神学者。ギリシア哲学を排撃し、もっぱら聖書に即して三位一体論、キリスト論、救済史を考えた〕は、理性のキリスト教的行使を正当化する権威であった(70)。

ポステルの宗教文献への没入ぶりを考えるなら、このリストはものたりない印象を与える。つまり、キリスト教思想の正統的伝統に無意識にかもしれないが、本当は関心がなかったことを示しているのだ。他方で、晩年になってから教父への関心が増したのかもしれないことを示す証拠はある。遺言状には、アンブロシウス、グレゴリウス、ベルナールの著作が記載されているのである(71)。

八

ポステルが、スコラ学者を含む中世の著述家に対して、なんの偏見も持っていなかった点は特に重要である。実際彼は、有益な資料であればどんな文献からも引き出す人間であった。そしてエラスムス主義者とは違い、パリ大学との連携による知的達成に深い敬意を抱いていた。このパリ大学をポステルは「知的共和国の母」と呼んでいるのである。スコラの博士ではなく「論理学においてはキリスト教徒の中で最も取るに足らない者」との自己描写は心にもない謙遜で、弁証法に反発していたわけではない(72)。

キリスト教教義の合理的論証に関心を持つポステルは、スコラ神学に惹かれた。教父と同様、スコラ学者は尊重すべき前例だった(73)。実際彼が見るところ、スコラ学の本質的な目的は権威と理性を一致させることにあった。彼によれば、「パリ大学の主導によって、あるいはスコラの学説によって」、アリストテレスからキリスト教の論拠を奪回するときまで、アリストテレスは読み継がれるべしというのが神の御心なのだ。[74] しかしながら、ポステルにはスコラ学者に関心を抱く第二の理由があった。パリ大学のスコラ学の達成は、フランス人が世界の指導者となることを正当化する論拠でもあった。哲学はフランスの知的栄誉の一部であり、フランス帝国がキリスト教世界を支配する正当な資格を持つことのさらなる証明なのだ。[75]

ポステルが何を読んでいたのか正確に知るのはここでも難しい。スコラ学の本は、彼が自分の著作を届けようと望んでいた読者層の一部では流行らなくなっていた。それに自分で認めようとした以上にスコラ哲学と相性が良かったのかもしれない。しかしながら、彼の表向きの姿勢は、その知的背景において実に重要であったライムンドゥス・ルルスでも見下し、蔑むといったものだった。[76] 彼がなんとか賞賛できた唯一のスコラ学者はトマス・アクィナスだった。トマスは、ルフェーヴル・デタープルとその信奉者たちも非常な敬意を抱いた人物であり、[77] その哲学はやがてイエズス会が奨励するものとなる。ポステルは「われらが神学の第一人者」と呼ぶトマスを、宗教的真理の合理的論証の見事な模範として引用し、自身の思想においても非常に重要だった自然と超自然との関係について、突出した関心を持っていたことを指摘する。[78] トマスに影響を与えたダマスコスのヨアンネス〔六五〇頃―七五〇頃。最後のギリシア教父。それまでのギリシア教父と公会議に基づき、キリスト教教義を総合した『知識の泉』を著す〕の著作にも、この関係に対する同様の関心をポステルは察している。ヨアンネスの著作は東方で入手したもののひとつだ。この東方の神学者は「われらが宗教の秘義を理性と神的権威によって論証した」[79] 点で、『世界和合論』のモデルになったと断言している。キリスト教が理性にも受け入れられることを力説したルルスとレーモン・スボン〔一四三六年没。カタロニア出身の神学者〕は、「二人のライムンドゥス」としてポステルには大事な思想家だった(80)。中世の他の著述家もポステルの著作の方々で言及され、ポステルの関心の広さを物語る。例えば、ロジャー・ベーコン〔一二一九頃―一二九二頃。イギリスのスコラ学者〕、ディオニシウス・カルトゥシアヌス〔一四〇二―一四七一。ベルギーのスコラ学者〕、そしてピエール・ダイィ〔一三五一―一四二〇。フランスの枢機卿。教会大分裂終息に尽力しつつ、神学、世界地誌、占星術など多方面の著作を残す〕などである。ピエール・ダイィは、ポステルの著作で言及されているただ一人の唯名論者であり、ポステルが十六世紀においても、パリ大学の公会議首位説と改革主義の伝統を守っていたことを再認識させてくれる(81)。

ポステルの知的素養において最も重要な中世作家のグループは、中世の黙示録的・預言的伝統から派生した者たちであった。ここでも彼は用心深い。彼の精神への全般的影響が非常に大きかったことは確実なのに、この類の著作にはほとんど言及していないのだ。実際ポステルはいろいろな意味で、彼らが表現した伝統を十六世紀において代弁した人物であると思われる。ポステルのこのグループへの関心は、『ゾーハル』への関心と密接に関連している。『ゾーハル』と同様彼らも、ポステルの根深い欲求に訴えたのであり、ポステルはこの欲求に駆られて神話と理性の橋渡しを図り、時代の不安を表現し、ことによると鎮められる手段を模索したのだ。

『パンテノシア』の興味深い一節でポステルは、中世の預言に精通していることを認めている。この書の広教主義のテーマに合わせて、ムハンマドはキリスト教世界においても天才的な預言者として尊敬されるべきであるという特筆すべき見解を打ち出す。そしてこれを裏付けるために、権威を有すると考えた西洋の預言書作者を比較の対象としてリストアップする。このリストには、メトディオス〔四世紀の司教で殉教者パタラのメトディオスに擬せられた七世紀末の預言文書を指す〕、マーリン〔もともとはアーサー王伝説に登場する魔術師・預言者だが、ヨアキム派が彼に擬して預言集を編んだ〕、フィオーレのヨアキム〔一一三五頃―一二〇二〕、スウェーデンの聖ビルギッタ〔一三〇三―一三七三。女子修道会ビルギッタ会を創設、教皇や司教に教会刷新を訴えつつ、その幻視の記録を『啓示』にまとめた〕、シエナの聖カタリナ〔一三四七―一三八〇。十字軍派遣を主張し、グレゴリウス十一世に働きかけて教皇庁をアヴィニョンからローマに帰還させる等の政治的活動とともに、自らがキリストの霊的花嫁として迎えられたとの幻視を受けるなど幻視者・預言者としても活躍〕が含まれ、「他にも無数の者」がいると書いている(82)。列挙された名前は示唆的である。なぜなら、聖カタリナのような偉人と並んで、正統性が疑わしい教義の代弁者として一度ならず援用されていた伝説の登場人物までもが含まれているからだ。

このリストのうち、ポステルが頻繁に言及するのは聖カタリナだが、それは最も嫌疑を受けにくい人物だったからだろう。聖カタリナと、自分に霊感を与えた女との漠然とした類似が、一度ならず彼の頭をよぎったようである。一度などはこの女を、文盲にもかかわらず「たくさんの理性」を神のように備えた人物として表現している。さらに、このヴェネツィアの童貞女の聖性を強調するために、聖カタリナの祈りをたえず口元で唱えている姿を描写する。ポステルは死んだとき、聖カタリナの書簡集を所持していた(83)。

しかし、預言書のうちポステルが最も感銘を受けたのは、ヨアキム修道院長の著作とされていたものか、あるいはその信奉者たちのあいだで流布していたものであったことは間違いない。その影響は、彼の著作の随所に現れている。無論、当時数多くあったヨアキムの著作のうちのどれをポステルが読んだのか、教えてくれるヒントはまばらにしかない。先に紹介したリストでは、ヨアキム本人の名前に加えて、メトディオスとマーリンの名があげられている。両者とも預言者として、以前からヨアキム派が好んだものであった。ポステルが崇拝し、自らの宗教史論に組み込んだシビュラもそうだ(84)。ポステルは自著のリストを多く残したが、そのひとつに『ヨアキム修道院長の門人ルスティケロの教説としてまとめられた預言集(85)』と題された著作がイタリア語で言及されている。しかし、ヨアキム主義の影響の一層はっきりした証拠は内在的なものである。興味の所在が全般的に類似しているのみならず、預言概念を共有し、ときに同じ用語も駆使しているのだ。[86]

九

ポステルは彼の時代により近い著述家たちも軽視していたわけではない。言語学者の著作は当然よく読んでいたし、種々のアルファベットについて書いた処女作は、諸々の権威が印象的にちりばめられている。彼が特に関心を持っていた分野では、ロイヒリン、パグニヌス〔一四七〇―一五四一。ドメニコ会士で一五二八年に聖書のラテン語訳を上梓〕、ヨハンネス・ファン・カンペン〔?―一五三八。ルーヴァン大学のヘブライ語学者〕、フランシスコ会士ペトルス・ガラティヌス〔一四六〇頃―一五四〇。当時広く読まれたユダヤ教反駁論『普遍的真理の奥義について』ではカバラ文献を頻繁に援用し、未刊の預言集はポステルに多大な影響を与えた〕、セバスチャン・ミュンスター〔一四八八頃―一五五二。版を重ねた『世界地誌』の他に、ラテン語・ギリシア語・ヘブライ語の三カ国語辞書なども上梓〕（「かくも博識で、あらゆる類の話題に精通している」）、王立教授団のかつての同僚フランソワ・ヴァターブル〔一五四七年没〕といったヘブライ学者に言及している。ヴァターブルについては「ヘブライ語学において文句なしの第一人者であり、ユダヤ人の最も優秀な者よりはるかに優れている」と礼賛している。しかしアラビア学においてポステルが師と認める者はなく、ニコラウス・クザーヌスなどの先駆者をも嘲笑している。その理由は、アラビア語も知らないのにずうずうしくもコーラン反駁を書いたからというものだった。しかしながらのちにポステルは、生粋のアラブ人レオ・アフリカヌス〔一四九四頃グラナダに生まれたアフリカの大旅行家で浩瀚な『アフリカ誌』を著す〕のアラビア語文法を素直に利用している。[87]

ポステルはルネサンスの旅行文学にもかなり精通しており、現にその著作のいくつかはこのジャンルに属している。彼の読書範囲は、マルコ・ポーロからフランシスコ・ザビエルの日本書簡にまで及ぶ。

殊に好んだのは、極東と新世界双方に対する彼の飽くなき好奇心を満足させてくれたイベリアの著述家たちと、「最も敬服すべきハイトン」と彼が呼ぶキリスト教に改宗した十四世紀のアルメニア人で、後者からは中東に関する多くの情報を得た。近年の探険報告書で親しんでいたのは、マゼランの航海を記録したアントニオ・ピガフェッタ〔一四九一―一五三四〕、ピエトロ・マルティーレ〔一四五六頃―一五二六。カスティーリャ王室年代記編者として『新大陸について全十巻』を著す〕とアメリゴ・ヴェスプッチ〔一四五四―一五一二。アメリカに三回航海し、別個の大陸と初めて認めた書簡を書いた〕、ヴァルテマ〔一四六五頃―一五一七。中東からマラッカまで遍歴する〕とオビエド・イ・バルデス〔一四七八―一五五七。歴史家。『インディアス通史』を著す〕である。彼はまた、ロシアの文献で中央アジアの記録を読んだか、少なくとも耳に挟んでいた(88)。

イタリア・ルネサンスの著述家へのまばらな言及は、ポステルが探った近代文学の別の領域を教えてくれる。彼のイタリア人著述家への思いは両義的である。ペトラルカ〔一三〇四―一三七四〕の良さは確かに認めており、一度ならず見事な引用文で自著を飾っている。ベッサリオン〔一三九四頃―一四七二。ビザンツからフィレンツェ公会議に参加し東西教会合同に尽力、枢機卿となる一方で、ギリシア語写本を蒐集し、古典研究を推進した〕とアエネアス・シルウィウス〔一四〇五―一四六四。文人教皇ピウス二世〕を引用し、ポッジオ〔一三八〇―一四五九。教皇秘書として各地を訪問しつつ、古典写本を蒐集する〕については一度（カロルス・ボヴィルス〔一四七一―一五五三。フランスの数学者・哲学者〕とともに）、食事をとらなくとも人は生きられることの実例として言及している(89)。アゴスティーノ・ステウコ〔一四九六―一五四九〕の理神論的な『永遠の哲学』(90)も彼にとって重要だったろう。というのも、自分の見解を弁護するのにそれに言及しているし、その背後にある立場も自身のとかなり似通っていたからだ。彼が参照したイタリア人著述家の中には奇妙な言い落としがある。フィレンツェの新プラトン主義者である。ここでも、自らの思想に重大な影響を与えたものはわざと公表しなかったのではとの印象を拭えないのだ。

しかし、ポステルがイタリア・ルネサンスのある傾向を疑念を持って見ていたのは確かだ。とりわけ不安を感じたのは、三人のイタリア人作家、ボッカチオ、マキャヴェッリ、ポンポナッツィに対してであった。マシウス宛の書簡ではボッカチオを猛烈に攻撃している。「誰でも手にしている」のを見たという『デカメロン』を読む者は、すべての宗教をひとしなみに笑いものにするようになると言い張る。特に念頭にあったのは、三人の息子を持つ父の話で、古くからある三人のペテン師話の新しいヴァージョンであった[91]。マキャヴェッリにいたっては「本当に有害で惨めな作家」であり、「彼の君主論では、統治のために子がその父を殺すことを合法化している。要するにこの書は、ある野心的暴君がその意のままに法を制定できるよう、神と人が制定したすべての法を無効にする」。一五七九年にフランス国王に宛てた韻文では、再度マキャヴェッリの学説を攻撃し、数十年の内戦に引き裂かれているイタリアの不幸な状況を招いたのはこの学説であるとまで示唆する[92]。しかし、ポステルが最も執拗に攻撃したのはポンポナッツィだった。山ほど悪態をつき、いまやパリですら強い影響力を持つにいたっていることを嘆く[93]。問題は、ポンポナッツィが信仰と理性の分離を支持した点にあった。この立場は、キリストのために世界を征服するための合理的論証の機が熟したとするポステルの主張全体を覆すものだったのだ。

同時代の北ヨーロッパの著述家では、ポステルが名前をあげている者よりも、言及しない者のほうがより重要であろう。エラスムス、ルフェーヴル、急進的宗派の指導者たちのことである。しかし、他の作家についてはごくたまに言及している。ビュデは「復活した両言語の光」として引用し、なかでもユスティニアヌス法典論を礼賛している。ラブレーについては、初期の作品ではデュ・ベレー枢機卿が寵愛した学者の一人として認めているが、あとになると『パンタグリュエル』の作者を無神論の咎で攻撃した。これらに加えて彼が通じていたのは、トリテミウス〔一四六二―一五一六。修道院長として書籍蒐集にあたるとともに、書誌学・オカルト哲学・暗号学に専心する〕の著作（ポステルと多少似た関心を有していた）、アグリコラ〔一四九四―一五五五。地学者〕の金属論、ジャン・ルメール・ド・ベルジュ〔一四七三頃―一五一五以降。詩人にしてガリア民族起源論を著す〕、そして『魔女の鉄槌』〔異端審問官ヤーコプ・シュプレンガーとハインリヒ・クレーマーが一四八七年に著した魔女論〕であった。(94)

十

福音書、エノク書、ユダヤ人の秘義的注釈、プラトン、ローマの歴史家、アウグスティヌスと聖トマス、中世の伝説と預言、旅行記作者にルネサンスの言語学者といった多種多様な原典から採集した材料を使って、折衷的構造にまとめ上げ、しかもそれがキリスト教にかなったものと称するその背後には重要な前提があり、しかもある問題を提起している。その前提のひとつは明らかに、啓示と自然理性による認識は一致するという点である。これと関連するもうひとつの前提は、神学者が共通ないしは一般的啓示と呼ぶ、広大で奏功的な領域が存在するという点である。問題というのは、自然的認識と超自然的認識との関係に関わり、さらには、多様な源泉から作り上げた複数の思想体系相互の関係に関わる。これらの問題を解決しようと努力したポステルは、ある考えを表現するにいたった。この考えが、その折衷主義を彼の思想の他の局面と関連づけ、さらには彼の精神の特質にさらなる光をあてる。

彼が提示した最も巧妙な解決策のひとつは、ムスリムや福音を奪われた他の東方の諸民族が妥当な宗教的洞察を有する理由を説明するために案出されたものである。ポステルが示唆するところによると、彼らが有する究極的真理の知識は、もともとはユダヤ人に由来し、アブラハムを経由して彼らのもとに伝わった。というのも、彼の論じるところによれば、エジプト人から大事な教えを学んだアブラハムは、数人の妾とのあいだに生んだ息子たちを東方に送り出すさいその教えを授けたからである。ハガルの息子にして、アラブ人すなわちイスマエルびとの父イスマエルは、多くの真理をその末裔に伝えた。コーランやその他のアラブ文献の正真正銘の価値はこの点に由来する。他の息子たちはさらに東へと向かったが、そのとき携行したのが「魔術ないし占星術をともなう聖なる教義で、今にいたるまで彼らはその残り香とともに、世界で最上の占星術の偉大な知識を保持している」。彼らが、裸行者、バラモン（この名はまさしく彼らがアブラハムに由来することを示している）、日本人（ポステルが読んだその宗教の記述はいたく感嘆させるものだった）、マギの出身民族の始祖となったのだ。このように規定することでポステルは、東方の他の諸宗教をユダヤ教から派生したものであるがゆえに、キリスト教徒が受け入れられる糧として描いた(95)。

この仮説は、秘教的伝統は存続し、至高の宗教的真理は最もありそうにないところにも途絶えることなく保たれてきたという考えに基づくものだが、それと同類の仮説によってポステルは、古代異教の種々の形態をもユダヤ教と関連づけることができた。ルネサンスに広く普及していた秘教的伝統の概念は、それ自体グノーシス主義を連想させるものであり、ポステルのそれに対する関心はカバラによって刺激されたことは疑いない。『ゾーハル』には「秘教的知恵」への言及が山ほどあり、カバリストたちはそうでなければ人類が失っていた秘密の知恵の運び手であることを自覚していた(96)。ポステルは、聖なる事柄に慣れてしまうとそれを軽視するようになるから、秘伝は授けられた者にのみわかる形で隠されるべきであるという見解を認めていた(97)。しかし、彼はまたこの原則を、知恵の系譜の一般的理論にまで拡大した。

この理論は、真理は永遠なり、という命題から始まる。したがって、真理は最初の人間に明示されていたはずである。その後、真理は「聖なる言語」に隠されて、アダムからエノクに口伝で伝えられる

（ここから〈カバラ〉と呼ばれる）。神とともに歩んだ、と記されたこの「世界の第七の王子」が、この伝承の少なくとも一部を書き留めて（この発想でもって、明らかにポステルはエノク書を自分の理論体系に合致させようとした）その末裔に伝え、最終的にノアにまで到達した。大洪水後、ノアの息子たちが世界に分散して再植民し始めると、伝承はいくつかの系統に分岐し、公教的伝承と秘教的伝承に分かれた。東方では公教的教えはセムによって伝えられ、ヘブライ語聖書として存続した。秘教的伝統の学派もまたノアによってアルメニアに確立されたが、その教えはベロソスの著作を除いて（ここでもポステルが評価する著述家と関連づけられる）すべて消滅した。西方でも双方の教えが表現を与えられた。公教的教えはドルイド僧によって、秘教的教えはシビュラによって表現されたのだ。そしてここでもポステルは、晦渋で風変わりな資料をキリスト教のために広範に援用することを正当化したのである[98]。

これらの奇想はそれ自体巧妙かもしれないが、個別の目的に沿ってさらに工夫が加えられている。キリスト教の伝統に深く根を下ろしていないかぎり、何かしらわざとらしく人工的な印象を与えることは避けられないからだ。しかし、非キリスト教の資料を利用する第三の方策についてはそうではない。この方策についてポステルはついでにふれているだけだが、実際は、彼の思想のはるかに深い部分に組み込まれていた。意識的な理論というよりは、わざわざ表出する必要がないほど心から確信していた仮説なのだ。キリスト教人文主義の伝統的基盤だったこの見解は、アレクサンドリアの教父が最初に定式化し、エウセビオス（二六〇頃―三三九頃。「教会史の父」と呼ばれるギリシア教父）が発展させたもので、ユダヤ教もギリシア哲学も、キリスト教の歴史的にして教育的な準備段階としてとらえる。ポステルがこの見解に対する賛同を明確に示したのは一度だけだった。マシウスに宛てた書簡で、ムスリムを改宗できる種々の手段を概観しつつ論じ、「権威」がユダヤ人の特質であり、「理性」がギリシア人の特別の美徳であり、「理性と権威の双方」[99]が組み合わさったものが「ラテン世界すなわちキリスト教教会」特有の資質であると述べているのだ。

この理論が内包するものは広大で、ポステルにとってはことによると、キリスト教思想史における他の多くの理論よりもはるかに根元的なものであった。すなわち、文化全般と宗教的価値を基本的に同一視し、中世思想のふたつの極をキリスト教世界が発したところのふたつの文明に関連づけ、キリスト教自体を超折衷的なもの、過去の様々な側面で成し遂げられたものが調和し、体系化されたものとしてとらえ、世界史を、万民の偉業が互いに補い合って、キリスト教において最終的表現を見いだし成就する過程として暗黙のうちにとらえる理論なのだ。ポステルにおいては珍しくないことだが、これらの提案が、体系的に展開され適用されることは決してなかった。しかし、極度に複雑で多様な思潮を彼がどのように吸収し、新たに表現できたのかを説明してくれるものである。

第三章　主流の伝統
——聖アウグスティヌス、聖フランチェスコ、ライモンドゥス・ルルス

ポステルの生涯の目標は、〈和合 concordia〉という一語で表された。この語は、彼の代表作の表題のキーワードであり、また彼の精神を解く鍵でもあった。この語の世俗的意味は一目瞭然、人類の平和だ。しかしポステルにとってはそれ以上の重い意味を持ち、複雑に入り組んだその思想の全体を指し示すものだった。ポステルはそのあからさまな政治的含意に気づかなかったわけではない。しかし現に十字軍の宣伝者だった彼は、たんなる世俗的平和主義者ではなかった。『世界和合論』は本来宣教師のためのマニュアルである。つまり〈和合〉は宗教的意味合いを持つ。それは深いレベルにおける宗教的統一を暗に承認しているのであり、心の統一という字義どおりの意味にとられるべきなのだ。しかしこれは始まりにすぎない。〈世界和合 concordia mundi〉は究極的には終末論的理想である。〈万物復元 restoratio omnium〉と同義であり、人類のみならず、万物に関わる。[1] つまり〈和合〉が意味しているのは、宇宙の適切な秩序、神の原初の意志に基づくその全構成要素の組織的な配置、自然の調和と統一、永遠の目的への自然の従属である。

その思想に多様でエキゾティックな素材を多々取り込んだポステルだが、第一に目指したものは保守

的であり、革新的なのはせいぜい伝統的な型の中で見た場合に限るのはここから明らかだろう。彼が自分にとって重要な霊的先駆者を率直に認めることはありえないし、そもそも当時は、中世という過去にしかるべき功績を進んで認める時代ではなかった。しかしながらポステルは、宗教思想の主流の伝統をルネサンスに引き継いだ者であった。本章では、その代表的思想家を幾人か取り上げ、この伝統を記述してみよう。すなわち聖アウグスティヌス、聖フランチェスコとその弟子たち、そしてライモンドゥス・ルルスである。

これらの人物がポステルに直接影響を与えたという証拠は暗示的なものにとどまり、決定的ではない。裏付けとなるのは一文だけだ。一五六三年九月、疲れ果て、失望し、自分の人生が実質的に終わったと悟ったポステルは、マシウスに長文の書簡を書き送り、世界を照らす松明を自分から受け取るようこの旧友に訴えた。そしてその松明は、二人の高名な先達から手渡されたものだと明言した。一人は、情熱的なカタロニア人宣教師ライモンドゥス・ルルス〔一二三五頃―一三一五〕、もう一人は、彼とほぼ同時代に生きたベルギーのユマニスト、クレナルドゥス〔一四九五―一五四二〕である。(2) この二人が脳裏にあったのはおそらく、彼らが東洋諸語の習得による異教徒改宗に関わったからにすぎない。しかし、哲学的にはアウグスティヌス主義者、使命感からはフランシスコ会第三会修道士だったルルスの背後には、彼よりも偉大な者たちが控えており、ポステルにとっての彼らの重要性は間接的で不確かだが決定的であった。アウグスティヌスやフランシスコ会士、そしてルルスの朧な像を鮮明にしてからでないと、ポステルの人生を突き動かしていたものは理解できまい。彼らのポステルに対する影響を画定することは、ヨーロッパの宗教史・思想史の主潮においてポステルが占める真の位置を示す手がかりにもなるだろう。

一

ポステルにも、五世紀からルネサンスにいたる西ヨーロッパの重要な思想家のほぼ全員と同様、アウグスティヌス的特徴が多く見られる。彼の思想は様々な点で、アウグスティヌスの影響の痕跡をつぶさにとどめているのだ。例えばその心理学では、この偉大なラテン教父が用いた術語が多く利用されている(3)。プラトンへの敬愛とアリストテレスへの不信といった目につきにくい箇所でも、アウグスティヌスと相通じるところを見せている。それに加えて、ポステル思想の体系的な整理を困難にしている際立った乱雑さも、アウグスティヌスとの親近性を証明するものであろう。エチエンヌ・ジルソンは、とりとめもない論述という弱点がアウグスティヌス思想の全般的な特徴だと示唆している。すなわち、「アウグスティヌス主義の本来の方法論は脱線である(4)」。

しかしポステルのアウグスティヌス主義はより深く本質的だった。アウグスティヌスは彼の思想のまさに中核にある。その影響はもちろん多岐にわたるが、アウグスティヌス本人の中心的意図に近いものもあればそうでないものもあった。ポステルは、アウグスティヌス思想の全体を吸収したわけでは決してなかったし、アウグスティヌス主義からの逸脱が、それに負っているものと同等の意義を持つことは大いにありうる。それでも、アウグスティヌスが古代の源泉より取り入れて、キリスト教の用語で再解釈し中世に伝えたひとつの概念は、ポステル思想の中核にあり、彼が理想とした世界とはいかなるものであったか、この世で唯一粉骨砕身するに値すると思っていたのはなんだったのか理解させてくれる。この概念とは、『神の国』第十九書で展開されている有名な平和論だ(5)。

アウグスティヌスが西方キリスト教世界に伝えた平和論は、包括的で複雑だ。その背後には、宇宙が調和的に秩序づけられているという古代思想がまるごと控え、その上に体系的価値観と、人間が第一の義務として愛し従うべき慈悲深い人格神というキリスト教の概念が立てられている。アウグスティヌスの言う平和はこれらを土台にしているのだ。平和とは本質的に、秩序の究極原理としての神の意思と一致することからもたらされる均衡である。しかしそれが含意するものは、人間と倫理に関わると同等に宇宙に関わる。万事は、造物主が意図した秩序どおりに配置されたとき、それ自身のうちで、そして他の万物との関係において平和が確立される。アウグスティヌスの言う〈平和〉の十全な意味は、〈調和〉や〈服従〉、ポステルの言う〈和合〉、さらには〈自然〉や〈秩序〉といった語で補って初めて伝わるものなのだ。

アウグスティヌスは自然界の秩序における平和の価値を認めていた。「平和は非常に大いなる善であって、この世的で可滅的なもともとの事物に関してさえ、これほどわたしたちの耳に常に好ましく響くものはないのである。実際、これ以上に熱望して求められるものはない。要するに、これ以上に善きものは見いだされないのである」。しかし、彼の究極の関心はその問題の心理学的および宗教的次元にあった。なぜなら、人間にとっての平和とは魂の正しい秩序のみから発し、神の意思に進んで服従することで表に現れるものだからだ。これは実に「理解を超える平和」、魂の至高の善である。アウグスティヌス自身のことばを使うなら、真の平和は「究極の至福」にして「わたしたちの諸々の善の究極」である(6)。平和についての同じように複雑な見方は、ポステルにおいても見られる。

この文脈において、悪とは本質的にこれとは逆の無秩序のことであり、神が意図したこれらの内的かつ外的関係の崩壊のことである。したがって罪は高慢に根ざし、何よりも不服従に存する。罪の源は、神の意思を人間の意思にすり替える点にあり、それによって秩序は根本から覆されてしまうのだ。屈服させておくべきものに支配されることとしてとらえられるだろうか。人間の魂においては情念が理性を支配し、社会においては不信心者が不法に支配の座に着くことだ。こうしてアウグスティヌスは、僭主政治についての古典的概念をキリスト教の術語に翻訳した。この観点からすると、終末の時代における悪魔と反キリストの業とは、何よりも僭主的支配の確立の追求に他ならない。ポステルはこの見解をそのまま踏襲する。

　これらの基礎的観念の上に、中世の思想家は社会に適応できて歴史を解釈できる広大な体系を構築した。彼らはときにアウグスティヌスの真の見解を歪曲したかもしれないが、それは五世紀に生じた論争の渦中にあって、議論に勝つためにしばしば明晰さを犠牲にしたアウグスティヌス自身の曖昧な思想や表現にも一因があった。このような歪曲の最たるものは、アウグスティヌスが真の平和を、その上にのみ天の国が築かれるべき正義と関連させたことから生じた。この立場に立てば、世俗の機構はその価値が否定され、キリスト教会による聖別と監督が必要になるらしい。グレゴリウス七世〔在位一〇七三―一〇八五。神聖ローマ帝国皇帝ハインリヒを破門・廃位し、教皇権の全盛時代を築く〕がアウグスティヌスを理解したのはこの観点からであり、それは著しく具体的な事態を招いた。ポステルも、アルキエールが〈政治的アウグスティヌス主義〉(7)と呼ぶものの影響を見せることになる。

　ポステルにとってより深刻で核心的だったのは、中世において「終末論の成就」がアウグスティヌスの目標と結びつけられたことであった。アウグスティヌス本人の立場ははっきりしていた。終極の平和と正義がこの世で実現する可能性を否定したのだ。その理由はただ、「真の」平和は各人の魂の奥底に根を張っているものだからであり、キリスト教徒がすべからく精神的に経験してきたことから十分明らかに証明されるように、古い人間と新しい人間との戦いはこの世でやむことがないからだ。アウグスティヌスは、当時最も影響力を持った一部のキリスト教徒がこの世で成就すると唱道した千年王国主義に猛烈に反対し、キリスト教の影響により現世での道徳が段階的に向上しうる可能性を否定した。千年王国にまつわる預言は、霊的意味において理解されるべきだと考えていたのである[8]。

それでも中世の終末論は、アウグスティヌス思想の特定のテーマ、殊にその平和論に大きく依拠した。初期教会の千年王国論は、アウグスティヌスの反対で永久に下火になったわけではないからだ。そして最後には、理想的平和に関する包括的見解を取り込み、黄金時代についての新しい思想の基礎に据えることで見事に失地挽回した[9]。この転回はポステルとともに実質的に完了する。そこにいたるまでにも、他の者たちがこの転回を押し進めた。

二

聖フランチェスコの清貧貴女《レディー・ポーヴァティ》への際立った傾倒は、彼の聖務が平和のための聖務であり、しかもこれが第一のものだったろう事実を覆い隠してしまう。平和は、チェラーノのトマスからボナヴェントゥラ〔一二二一頃―一二七四。イタリアのスコラ神学者・枢機卿・フランシスコ会総長〕、そして『小さな花』にいたるまで、フランチェスコの伝記や伝説のすべてのヴァージョンに貫通するモチーフなのだ。チェラーノの第一伝記はこの主題を強調している。「説教するとき、彼［フランチェスコ］はいつも、集まって来た人たちに神のことばを宣べる前に、『主が、皆さんに平和をお与えくださいますように』と言って、まずその人たちのために平安を祈りました。彼は男でも女でも、出会う人すべてにいつも真心から平安を伝えました[10]」。同様に、ボナヴェントゥラ

の公式版では、

かくして神は彼を信者を照らす光とみなし、彼は光の証人となって信者の心に主へと向かう光と平和の道を用意した。……洗礼者ヨハネのように従うよう神が定めた真の平和の天使として、平和と救いの福音を人々に説教した。……説教では必ず「主が、皆さんに平和をお与えくださいますように」と言って、平和の便りをもたらし、このように人々を祝福してから話を始めた。彼自身のちになって証言したように、この祝福は主の啓示によって学んだものだった。こうして彼は、預言者のことばを用いるならば、彼自身預言者たちの霊によって神感を与えられて、平和の便りをもたらし、救いを説き、有益な説諭によって、かつてはキリストを憎み、救いから遠ざかっていた多くの者に真の平和をもたらした(11)。

しかし、フランチェスコの弟子たちの報告のみに頼る必要はない。フランチェスコ自身が書いたとされる数少ない著作でも、平和の旋律が十分な力でもって打ち鳴らされている。例えば『遺言』では、平和の主題にこうふれられている。「主は私に、われらは『主が、あなたに平和をお与えくださいますように』と唱えるべし、という挨拶を啓示された」。『太陽の讃歌』においても、自然の考察から精神の次元に上昇する過程で、平和について数行を割いている。

平和のために苦しめられる人々(12)はさいわいだ、
いと高き主が、報いてくださる。

フランシスコ会第三会にも同じ関心事が浸透していた。その最も重要な性格のひとつは平和のための組織というものだったのだ(13)。

では、フランチェスコのこの平和のメッセージは何を意味していたのか。当時、これが向けられた多くの者たちにとってもはっきりしなかったようだ。

そこで、修道会が設立されたばかりの頃、最初の十二人の門下の一人であったある修道士をともなって歩いていると、彼は道や畑で会った男女に「主が、あなたに平和をお与えくださいますように」と、挨拶していた。それまでどんな修道士からもこのような挨拶を受けたことがないので、彼らは非常にとまどっていた。それどころか、大いに憤慨してこう言う者もいた。「お前さんのその挨拶はどんな意味なのだ(14)」。

この問いに対する答えを示唆しているのが、十三世紀以前の中世思想に君臨し、殊にフランシスコ会において崇められていたアウグスティヌスであり、このメッセージを初めて耳にした者たちの問いをアウグスティヌスに対しても繰り返せるかもしれない。聖アウグスティヌスと同様聖フランチェスコにとっても、平和の観念は包括的で奥行きのあるものだった。社会秩序に関わることは言うまでもない。そしてフランチェスコの教えを、「神の平和と休戦」という形で表に現れた中世の動向の一部をなすものと解釈しても誤りではない。フランチェスコ自身、幾多の重要な局面で調停者《ピースメイカー》として働いた。さらに、彼の平和についての関心のかなりの部分は、人間関係の問題に向けられていた。しかしここでとどまったり、それを本質的な意味だと考えると、フランチェスコのメッセージを歪め貧しくしてしまう。フランシスコ会士にとって〈平和〉はもっと多くのことを意味していた[15]。

聖フランチェスコにとっての平和とは、第一に魂の状態を意味した。フランシスコ会にとって最も大切な徳である、魂と神の意思との一致、謙譲の結果なのだ。「信者の心の平和」を強調する先のボナヴェントゥラの記事は平和のこの側面を示唆している。しかし聖フランチェスコにとっての精神状態としての平和の重要性は、「自らをなおざりにし、神を無視し、虚栄にまるごと身を委ねた」ある俗人の劇的な回心を語る話に最も明快に示されている。音楽を生業とするこの男は、卑俗で猥雑な歌を作曲し、名声を鼻にかけていた。フランチェスコは彼の回心に慎重に着手し、「神の御言の剣をこの男に向け、わきに連れ出して、老いの虚しさと世間の卑しさについて優しく教え諭してから、神の裁きの脅しで心を刺し貫いた」。回心の試みは成功し、男は悔い改めてかつての生活を離れ、フランチェスコに付き従うことになった。そしてチェラーノはこう結ぶ。「翌日、聖なる方は男に僧服を着せ、〈ブラザー・パシフィコ〉と名づけた。それは彼が神の平和へと連れ戻されたからであった[16]」。ここでは、真の平和がひとえに霊的見地から思い描かれているのは明らかである。

この観点からは、神の平和と人間の救済は同義なのだ。そのため、初期の聖フランチェスコ伝ではたびたび、平和が〈救済〉や〈改悛〉と対で使われた。平和とは、救済にともなう心理的状態、悔悛の成果であると同時に存在の絶対的境地なのだ。それゆえ、フランシスコ会巡回伝道士の教えが、「平和のメッセージ」と一括りに要約されているのにときおりでくわす[17]。それに留意するのが回心に向けての最初の一歩となる。現に平和のメッセージは、フランチェスコ伝説で実に際立った位置を占めるあまり、フランチェスコと平和の王キリストを同一視させる主因となっている。平和は完全と同義なのだ。

そして奇跡としてしか説明できない不思議なことがあった。彼が回心する前に、この「平和の」挨拶を知らしめた一人の先達がいて、アッシジ中をしきりに歩き回ってはかように挨拶していたのだ。「平和と善を、平和と善を」。ここからわたしたちは、キリストの先達ヨハネが衰えを見せる一方で、キリストが説教を始めたのとまさに同じように、この人も平和を宣する点においてあのヨハネに似た、崇めるべきフランチェスコの先達であったことをしっかり信じなければならない。彼もまたフランチェスコが到来すると以前のように姿を現すことはなくなった。こうして神の人フランチェスコは、かの先達のすぐ後を追いつつ、預言者たちの霊に満たされ、彼らと同じことばで平和を宣し、救いを説いた。そしてその有益なる忠告によって、キリストから離れ、救いから隔たった多くの者たちは、真の平和の仲間になった(18)。

フランチェスコの平和の理想の究極的局面は、自然に対するよく知られた関心に認められるであろう。フランチェスコが自然界に興味を持って接したのは、それが人間に有用だからというわけではないことは確かだろう(19)。しかし彼の力点はずれていく。兄弟なる太陽、姉妹なる月や、その他自然がそれ自体ではなく、神の業の栄光の一部として強調されるのだ。それに鳥や魚に説法した目的は何よりもまず、鳥や魚に事物の体系における己の位置を思い起こさせるためだった。彼の物理的自然への愛はまた、人間と人間を取り巻く自然が、神に適切に支配された統一的宇宙の中で根元的に調和しているという感覚をともなっていた。したがって、聖フランチェスコの平和論は、神が創造した世界の全構成要素が互いに調和しているという観念を含むように思われる。

しかし、聖フランチェスコと弟子たちは、アウグスティヌスの平和の観念をただ伝えただけではなかった。何よりも彼らはそれにいくつかの要素を、ポステルも踏襲するパターンで付け加えた。なかでも最も重要なのは世界伝道という意識であり、これは宣教師の活動プログラムによって実行に移された。

いずれにせよ、フランチェスコの宣教に関する考えの端緒が語られているある話は、それが徐々に展開していったものであることを示唆している。『小さな花』によれば、フランチェスコは最初の召命を受けてすぐ将来についての二者択一を迫られた。生涯を祈りに捧げるべきか、説教に捧げるべきか決めかねたのである。決着をつけるために、彼は二人の弟子に祈りで導くよう求めた。そして両者ともフランチェスコは説教すべしという神の教えを得た。彼らはフランチェスコに伝える。「あなたはあまねく世界に赴いて説教すべしというのが神の望みです。神があなたを選んだのはあなた一人のためではなく、他の者たちを救うためでもあるからです」。すぐさまフランチェスコは答えた。「神の名において行こう」。そして彼の宣教は鳥への説教から始まった。説教が終わると、鳥は十字の形で飛び立ち、世界の四方に散った。これはフランチェスコの宣教の普遍性を意味する。「聖フランチェスコが新たに説き出されたキリストの十字架の教えもまた、ご自身とご自身の兄弟たちによって世界中に広められていくのだということを。この兄弟たちは、この世では、小鳥たちと同じく自分のものは何ひとつ持たず、ただ神様の御心の成るため、自分の命を捧げようとしているのである」[20]。

爾後フランチェスコは、「肉も血も与らない至上の従順とは、仲間のために、あるいは殉教への熱望から、神的霊感を受けて不信心者たちのところに赴くことと信じていた。そして、殉教を望むことは、意にかなう義であると判断していた」[21]。あるときには、宣教の義務を、オスティア司教の諫止をさえぎってこう弁護した。

閣下、あなたは主がこれらの地方の利益のためだけに、兄弟たちを送り出したと、考えておられるのですか。では真実を述べましょう。神が兄弟たちを召し出し、派遣されたのは、この世の万人の魂の幸福と利益のためなのです。そして彼らは信者の国だけでなく、不信心者のところでも歓迎され、多くの魂を救うことでしょう[22]。

こうして彼は弟子たちを世界中に送り出す手筈を整える。そして彼らにこう言った。「愛する兄弟たちよ、神が慈悲によってわたしたちにくだされた使命は、わたしたち自身の救いのためではなく、多くの者たちの救いのためであることをよく考えましょう。それゆえわたしたちは世界中に赴いて、すべての人々に身をもって、そしてことばによって、悔い改め、神の掟を忘れないよう教え諭しましょう[23]」。ボナヴェントゥラはフランチェスコの宣教への熱意を恩寵の特別のしるしとして描いた。「そしてかような熱意を持って彼は、神の命令を実行せんと道を急いだ。その速さはまるで、主の手が彼の上におかれ、天から新たな力を授かったかのようであった[24]」。

フランシスコ会士とポステルとのさらなるつながりは、双方とも教会改革に関心を持ち、使徒的清貧が改革に不可欠な手段だと確信していた点にある。フランシスコ会の清貧の理念については多くのことが言われてきたから、ここではそれが教会改革において持った意義を再説すればいいだろう。フランチェスコ自身の第一の関心は個々人の救いにあった。しかし、彼が実現しようとした使徒的理念は、十三世紀の教会制度への暗黙の譴責であった。そしてこの譴責はときとしてはっきり公言された。それは初期のフランシスコ会士においても同様である。例えばチェラーノのトマスは十字架のキリストを描いた絵を前にしたフランチェスコの祈りから教訓を引き出す。画像のキリストは「唇を動かして、彼の名を呼び、ことばをかけた。『フランチェスコよ、行って私の家を修復しなさい。お前の見てのとおり、今にも倒れそうだから』」。フランチェスコ自身はこの体験からたいした結論を導き出していないし、教会の建物の修復に取り掛かっただけのように見えるが、チェラーノのトマスはより深い問題をはらんでいることを理解した。「彼に向けられた神の御言は、キリストが御身の血によって得たあの教会に関してのものだったのだが、彼［フランチェスコ］はいきなりてっぺんにいたろうとはしなかった。彼は肉から霊へと少しずつ移ろうとしていたからだ[25]」。

天の王国を霊的に理解したフランチェスコはアウグスティヌスの真の子だった。確かに、世界に向けた彼のメッセージの基調をなしていたのは切迫感であり、キリストは使徒たちに対して「行って、『天の国は近づいた』と宣べ伝えなさい[26]」と命じた。しかしフランチェスコが平和と救済を、地上で現実に到来するものとしてとらえていたと考えるにたる理由はない。にもかかわらず、最も身近な弟子でも、このフランチェスコの抑制した姿勢をそのまま受け継いだわけではなかった。チェラーノは第一伝記でさっそく終末論的語調を打ち出す。フランチェスコを「ことばと実例によって、その生と教えによって全世界をきわめて壮麗に蘇らせた者[27]」と描き出すのである。ボナヴェントゥラでさえ、あれほど自らが慎重であることを言い立てているにもかかわらず、フランチェスコを「エリヤの霊と力」において到来した者、中世の想像力が黙示録的人物として好んだエリヤのような「霊的人間たちの荷車にして騎手」として描き出した[28]。そして次の世紀の『小さな花』――この拾遺は全般的には正統信仰に沿ったものだとしても――が書かれた時代までに、フランチェスコとキリストとのあからさまな同一視は終末論的含みを持ちつつその度を増していったようだ。

聖フランチェスコはキリストの真の僕として、ある意味ではもう一人のキリストであるかのように、人々の救いのために世界に与えられた。フランチェスコがその多くの行状において、神の親愛なる子イエス・キリストに従い、似たものとなったのは、父なる神の意思であった。このことは、尊い十二人の伴侶にも、不可思議な神秘である聖痕にも、四旬節の期間中破られることのなかった断食にも現れていることである。(29)

しかしこのくだりですら、かようなキリストの再臨が持つ意味合いははっきりと述べられることはなく、フランチェスコのこのうえなく熱狂的な信奉者でも、アウグスティヌス終末論の霊的王国の観念から公然と逸脱することはなかった。

これが変化したのは、ヨアキムの預言がフランシスコ会の運動に割り込んでからだった。この展開によって、十六世紀にポステルが着目することになる別の要素が伝統に付け加わった。教義面におけるヨアキム主義の主たる革新は、初期の正統的フランシスコ会士が奉じたアウグスティヌスの霊的王国を地上の千年王国に置き換えた点だった。しかしこの置換を成し遂げるにあたって、ヨアキム派はフランシスコ会の既成の定型に大いに依拠した。実際のところ、彼らは過去の理念を新しい次元に投影し、それが潜在的に含み持っていたものを展開したのだ。つまりヨアキム主義の教説の本質は、聖フランチェスコの目標を終末の時代の叙述として言い換えた点にある。ヨアキム派にとってはフランチェスコ自身が新しいエリヤ、反キリストに対する第一の証人、新しい黄金時代の先駆者となった。この黄金時代において、万人は直接的で霊的な理解に基づく共通の信仰において統合され、世界平和と正義が行き渡る。こうして天の王国は地上で実現し、キリストの霊的再臨が真になされるであろう。

ヨアキム派に共通するこの期待は、当然ローマ教会の制度観と衝突するために、彼らの立場は教皇を反キリストと同一視する傾向を帯びた。フランシスコ会急進派は教皇と対抗するために、世俗の権力、殊にフランス王家との協調を模索した。ヨアキム自身、ユリを終末の時代を象徴する花とすることではからずも、フランス国王に呼びかける道をつけていた。フランスからの支持に対するヨアキム派の期待感が殊に高まったのは、ボニファティウス八世が教皇に即位して、ケレスティヌス五世に天使教皇の到来を待望する気運が削がれた期間においてであった。フィリップ美男王〔一二八五年フランス王に即位。教皇庁のアヴィニョン移転を強行、教皇権に対する王権の優位を示した〕とボニファティウスの対立で、ヨアキム派はフランス国王とその国民を歴史において神の摂理を代理する特別な主体としてとらえるようになった。ヨアキム派の指導者の一人カザレのウベルティーノ〔一二五九頃―一三二九頃。オリヴィに学び、『イエスの十字架にかけられた生命の木』を著す〕は、アナーニでの屈辱〔一三〇三年フランス宰相ノガレがアナーニ滞在中のボニファティウス八世を襲い退位を迫った事件〕に狂喜した。ポステルは、ヨアキム派が母国フランスの終末論的意味に関心を示したことに、大いなるヒントを見いだすことになる。(30)

ヨアキム主義は様々な経路で広く流布し、十六世紀になってからもその勢いが衰えることはなかった。例えば自由心霊派兄弟団〔一三一二年ヴィエンヌ公会議で断罪されながらも、西欧各地で出現した。自己神格化と道徳不要論を唱えたとされる〕――ポステルはバーゼルのプロテスタントの友人を介して間接的な関係を有していた――などの宗派で口伝で広まっていたことは多大な意義を持ったであろう。ヨアキム派の著作も種々の形態で流布した。その中には、ヨアキム自身の多様な著作、ヨアキム作とされた偽書、中世に人気があった様々な預言者の名を借りて流布したヨアキムの預言集成、オリヴィ〔一二四八頃―一二九八。スピリトゥアル派の理論的指導者と目されて異端視されつつ、黙示録註解を著す〕、カザレのウベルティーノ、テレスフォルス〔十四世紀後半に生きたカラブリアの隠者で、その預言集は中世後期の終末論的文献の中で最も流布したもの〕、フランス人のルペスキッサのヨハンネス〔一三一〇頃―一三六五頃。錬金術師にして幻視者〕といった多くの信奉者たちが書いた論考も含まれる。一五一六年にはヴエネツィアでヨアキム派の重要な論文集が、聖アウグスチノ隠修士会の後援によって上梓される。そしてポステルはこの書か、それよりあとにヴェネツィアで印刷されたヨアキム派の著作集におそらく親しんでいた。十六世紀のフランシスコ会士が初期急進派に対する関心を新たにしていた点もまた重要である。それにフランシスコ会士は、ポステルの興味を惹いた分野のいくつか、殊に言語学やカバラ研究に秀でていた。ポステルはフランシスコ会の千年王国論に通じる好機を得ていたのだ。そのような都合の良い機会に恵まれなかったとしても、ポステルがこれらの思想にふれていたことは、その著作だけからも確証できるだろう[31]。

三

ライモンドゥス・ルルスは、アウグスティヌス＝フランチェスコの伝統の主流に帰属し、ポステルがその諸相を知る一助となっただろうが、ルルスのポステルに対する影響は、アウグスティヌスとフランチェスコに比べると、一見うわべだけで、よくて些少なものにすぎないと思われるにちがいない。われわれがこれまで論じてきた観念の多くは、ルルスの思想に潜在するものだろうが、その著作では際立った注意は払われなかった。ルルスには、アウグスティヌスやフランチェスコの広い意味での〈平和〉への関心を明確な形ではほとんど見いだせないが、それは表から見えないだけだと思われる。ルルスに終末論的切迫感はない。四終を論じた著作『反キリスト論』では、反キリストが到来すると明言はするが、急進的フランシスコ会士のようにすでに姿を現したとは考えない[32]。彼の切迫感は主としてモンゴル人がイスラムに改宗しはすまいかとの懸念に由来する。だからといって、キリスト教の歴史観にとってこの可能性が究極的に含意するものを検討しようとはしなかった。

そのうえ多くの決定的な点で、ルルスはポステルとかなり異なっている。ルルスは位階制教会を往々にして批判するものの、それに対する忠義心は疑えないし、急進派が激しく反対した、フランチェスコの理念の「制度化」の代弁者だったことは明らかである。気質もポステルとは違った。彼の関心は神話よりも観念にあった。寓意をよく用いたが、その抽象的意味については常に明晰だった。後世にはオカルティストの著作がルルスに帰せられることもあったが、ルルスの宇宙は神秘的力が浸透し束ねているといったものではなく、整序された体系であり、そこにある究極の真理は、神の恩寵の助けによって人間理性が把握しうるものであった。

ポステルがルルスの数多い作品の何をどのくらい読み、ルルスのメッセージをどの程度吸収したのか、われわれは知らない。ポステルがルルスの名に言及するのはまれで、それも好意的なものばかりではなかった。ルルスに負っていることを認める箇所でも、ルルスの「無知の熱意」と、同時代人クレナルドゥスの教養を対比する必要を感じた。別の箇所では、「スペイン人ルルスの気違いじみた四位一体」[33]に軽蔑的に言及する。だが、少なくとも何作かのルルス作品は興味と関心を持って読んだのは確かだろう。なぜなら、ポステルの宣教計画は多くの点でルルスと一致しているのみならず、イベリア人フランス人の双方のサークルでルルスは格段の人気を博していたからであり、このサークルとの接触によってポステルはルルスへの興味をかきたてられたからだ。およそ一〇〇にも及ぶルルスの著作が、ポステルが死ぬ一五八一年までにヨーロッパ各地で出版され[34]、パリでもルフェーヴル・デタープルとカタロニア人ベルナルドゥス・ラヴィンヘタ編纂による著作集が入手可能だった。ポステルのルルスに対する見下すような態度は、ルルスの「粗野な文体」についてのルフェーヴルの評を繰り返したにすぎないだろう。ルルスはまた、ポステルが長年わが家としたクリュニー派サン゠マルタン修道院で高く評価されていて、『黙想』は修練士への推薦図書となっていた(35)。

ポステルがどういう経路でどの程度ルルスと親しんだかは別としても、ルルスを、自分の人生と活動を説明するある伝統の創始者、少なくともその伝統の主たる伝播者として熱烈に支持した事実に変わりはない。実際、ルルスのポステルに対する影響は深くはないが、広範囲に及んだ。これがポステルの意図したものの大部分をつぶさに説明するし、ポステルをルネサンスの多様な知的・宗教的運動の主潮に結びつける。というのも、十五・十六世紀の重要な思想家に対するルルスの影響は、いまだ理由ははっきりしないが、著しかったからだ。それゆえ、ポステルを過去と適切に関連づけ、その時代の関心事の中に位置づけるには、まずヨーロッパ宗教人の数世代に及ぶルルスの影響の輪郭を画定しておかねばならない。

ルルスのメッセージの最たるものは、十三世紀ヨーロッパ文明の主要な問題と密接に関連している。後期十字軍の時代は、ヨーロッパ対外交渉史における新しい幕開けであり、異教徒は軍事的にではなく平和的に征服すべきだと考える傾向が高まっていた。おそらくルルスはこの傾向を最も傑出して代弁する者であった。武力による十字軍から改宗事業への移行は十分自然なことだった。征服の努力を重ねるうちにヨーロッパ人の視線は東方に向かい、必然的に異教徒のキリスト教改宗事業に関心が注がれた。計画的な宣教活動は、この世紀の末には十字軍を補佐する形ですでに始まっていた。さらに、この段階的な展開にともなって発生した個々の事件もヨーロッパ人を東方問題に目を向けさせるきっかけとなった。一二九一年のアクレ陥落と、恐怖のモンゴル軍が惹起した宗教の未来に対する懸念があいまって、世紀の変わり目には独特の危機感がかもしだされた。そのため、十三世紀末期と十四世紀の伝道指導者たちは、キリスト教のすぐ先の未来について独特の危機感を募らせることになった。彼らの危機感は、のちに論じるポステルの危機感と際立った符合を見せている。この時代と同様ポステルの時代も、全地に広がって覆い尽くすキリスト教という夢は、イスラム勢力の不吉な興隆によって脅かされたのだ。

東西問題、キリスト教世界とその外の世界の問題は別の核心的案件とも連動していた。ひとつは教会改革だ。というのもムスリムの成功は往々にして、キリスト教徒の罪に対する神罰として説明されたからだ。それゆえ第四ラテラノ公会議〔一二一五年ローマで開催〕においては、教会改革が十字軍成功の不可欠な前提と考えられた。好戦的な異教徒に対する恐怖はまた、キリスト教世界の罪に対する懸念とあいまって、幻視的・黙示録的思想が隆盛を極める雰囲気をかもしだした。つまり十三世紀の預言運動は、複雑に絡み合った問題群の一部をなしているのであり、キリスト教世界の中心的課題からかけ離れた少数の特殊なグループに限定される現象ではなかったのだ。ヨアキム派やドイツのラインラントの女預言者たちだけがそれに関わっていたのではない。預言には、ロジャー・ベーコンといったより厳格な学者も関心を持ったし、それはルネサンスにおいてもそうだった。かくして博学なフランシスコ会士ベーコンは、一二六七年にクレメンス四世に宛てた論考の最後『第三著作』で、法的改革を手がけるよう教皇に訴えつつ、当代の幻視への関心をこう表現した。

ここ四十年間預言され、多くの者が幻視していることには、近いうちにある教皇が現れ、教会法や神の教会から法律家の詭弁やごまかしを一掃し、世界中に正義が行き渡って争い事の怒号も立ち消えるといいます。そしてこの教皇の善、真理、正義のおかげで、ギリシア人はローマ教会に戻って服従し、タタール人の大多数は改宗し、サラセン人は滅ぼされ、そうして預言者たちに啓示されたように一人の牧者とひとつの群れになるでしょう。そして、啓示を通じてこれらのことを見た者がかつて言い、今も言うことには、これらの輝かしい出来事は自分が生きているうちに生じるであろうと。そして神と教皇の意にかなうのなら、一年以内あるいはそれよりも短期間でこれらのことは確実に成就しうるのです。つまり、御身の在位のうちに成就しうるのです。神が御身の命を守り、これらのことを御身を通じてなさんことを。(36)

十三世紀のロジャー・ベーコンがこの文で奏でたメインモチーフは、十六世紀のポステルでも再び繰返される。すなわち、預言、改革、伝道、十字軍、宗教的統一の理想。さらにこの一節は、ルルスとその計画が現れた背景をも映し出している。

ライモンドゥス・ルルスの生涯に関する主立った情報は、本人の著作の自伝的部分を別にすると、ほぼ同時代にカタロニア語で書かれた『同時代人の生涯』の標題で知られる伝記にある。この伝記はラテン語版でも流布した。忠実な弟子によって書かれたこの作品は、ルルスの直接の影響を示す証拠であるとともに、彼の個性と理想の全体像を教えてくれる優れた手引きである。

彼が十字架にかけられた方への愛に燃え熱くなると、受苦のキリストがいかなる行いや奉仕を喜び受け入れ給うのかつらつら考えた。この思いに耽っていると、キリストのために命を投げ出す以上に偉大な愛と慈悲はないとの福音の一節を思い起こした。かくしてかの尊師は、全身全霊を十字架への灼熱の愛に燃え立たせて、身の危険を冒してでも、異教徒や不信心者を聖なるカトリックの信仰に帰依させること以上に偉大で喜ばしい行いはないと思い定めた。

しかし、キリストへの恩義というフランチェスコ的見地に立ちながらも、世俗の浮ついた生活を送ってきたために、このような仕事を成し遂げるための知識を欠いていることに気づいた。

悲しい思いでこれらのことを考えて、これからは不信心者の誤謬を反駁する良い本ももっと良い本も次々と書いていこうと決意した。だが、この考えは神感によるものだった。というのも、自らを省みると、なにしろ学がなかったために、このような本をいかにして、あるいはどういうやり方で書けばいいのか見当もつかなかったからだ。そのうえ、かりにそのようなものを書くとしても、アラビア語もムーアのことばも知らないのだから、自分には無理難題だと思った。そのあとこのような偉業をなすには自分がいかに独りぼっちか考えた。そこで、教皇とキリスト教国の君主たちに会いに行って、修道院をいくつか建てるよう訴える決意をした。知恵と教養ある人々がそこでアラビア語やその他の異教徒たちのことばを学び研究して、説教できるまでになって、聖なるカトリックの信仰の真理を見せつけるのだ。

それから彼は次の三つのことについて堅く心に決めた。すなわち、イエス・キリストのために自らの命を犠牲にし、上記の本を手がけ、先に書いたようにいくつかの修道院を建てるよう働きかけることを。(37)

宣教への関心を後押ししていた衝動、その表現様式、その実行計画においてルルスはルネサンスに多くのものをもたらした。

彼の理想を後押ししていた第一の衝動は、統一への思いであった。ルルスはアウグスティヌスの平和の理念に直接注意を向けることはほとんどなかったが、万物の適切で絶対的な関係を表出する整序された統一体というそれに関連する概念は、彼の精神の基調にあった。よって知識の領域では、すべての学問が一本の木すなわち〈学問の木〉の枝であると考えた。同様に、ローマの指導のもと、全人類をひとつの宗教的共同体として統合することを望んだ。

統一への思いには強烈な神秘的衝動がともなっていた。この衝動は、神の恩寵の作用についての、強烈でアウグスティヌス的な意識から派生したのみならず、彼個人の超自然的啓示の体験にも由来する。『同時代人の生涯』によれば、ルルスは生地のマヨルカ島パルマ近くの山に登って黙想に耽った。

彼はおよそ八日間そこにとどまったが、ある日、天に目を向け黙想に耽っていると、突然ある神感が到来して、異教徒の誤謬に反駁するために書こうと思っていた本の形式と構成を教えられ、かの尊師は大いに喜び、号泣しながら、この素晴らしい恩寵に対して主に心から感謝した。そのあと山をまっすぐ下りてそのまま、本を仕上げるのに適したラ・レアル修道院に急いだ。そして実際に彼は不信心者を反駁する一冊を書き上げた。『大いなる術』と題されたこの一冊はまさに公正なものだった。そのあとに『一般的なる術』を書いた。そのあとこの技法に従って彼は学のない人にもわかる多くの本をまとめた。(38)

おまけにルルスは節目節目で、神と親密に交わる脱魂の瞬間を経験し、その性質と意味を、とりわけ『愛するものと愛されるものの書』で他の者に伝えようとした。ルルスのこの神秘的で信心深い傾向は殊にルネサンスの読者の多くを惹きつけた。ポステルの同胞ルフェーヴル・デタープルとその弟子で幻視家のカロルス・ボヴィルスがそうだ[39]。ルフェーヴルが編纂したルルスの著作には『愛するものと愛されるものの書』があり、この中でルフェーヴルはこう書いている。「そこに大いなる慰めを見いだした私は、俗世を一人離れて神を探し求めるよう誘われた。そうしていたら私はより幸福だっただろう[40]」。

ルルスの文章の質も、スコラ学の堅苦しい表現様式に反発したユマニストの世代の心に訴える一因となったであろう。ルネサンスの基準からすれば大文章家とは言えなくとも、ルルスには確かに生き生きと物語る才能があったし、人の心理を洞察する卓越した力を持っていた。小説『ブランケルナ』の語り口や対話体の多用も、弁証法に嫌気がさしていた知識人グループには魅力的に映ったはずだ。最後にルルスは世俗の宣伝家として、あらゆる文学ジャンルと俗語を駆使した。宗教的哲学的思想を体系的に伝達するために国語（カタロニア語、アラビア語）を用いたのも彼が最初だったろう[41]。

ルルスが聖職者の腐敗と俗物ぶりを憎んでいた点も、十五・十六世紀人と共通するものがあった。聖職者の様々な悪習の批判は、『ブランケルナ』でも際立っており、これはまたルルスの別の懸念を正確に映し出している。すなわち、貪欲な修道士、驕った司教や司教座聖堂参事会員、あらゆる階層の聖職者に見られる高慢さなどだ[42]。ルルスが抱いていたこのての気がかりが、カトリック改革の時代に彼が人気を博した理由だろう。

ルルスの統一への思い、ほとばしる信仰心、作家としての才能、教会改革への関心。これらすべてを集約あるいは包括しているのが彼の宣教計画、十字軍計画である。これらの主題についての彼の所見には、ルネサンスがルルスに関心を持った理由の一端が如実に表れている。読者は彼のうちに、ルルスの時代においてもルネサンスと同等に深刻な問題であった東西問題の解決の糸口を見いだしたのだ。だがルルスの解決策もすっきり明決とはいかなかった。ポステルと同様ルルスも、異なった時代において、イスラムの理性的説得による平和的改宗と、十字軍の武力による殲滅の双方を同時に唱えた。しかし彼の目的は常に単一かつ明瞭であった。すなわち、教会分離派、ユダヤ人、ムスリムを改宗させ、拡張されたキリスト教世界に取り込むことである。そのためにとるべき手段について自家撞着していても、それは彼の声に耳を傾ける者たちの層を拡大しただけであったろう。

　十字軍の提案は、総体的には、彼の計画で副次的な重要性しか持たなかった。その計画が公的な形で練られて受諾されたヴィエンヌ公会議〔リヨン近郊のヴィエンヌで一三一一—一三一二年に開催され、主にテンプル騎士団の解散が決定された〕でルルスは、「キリスト教を奉じるあまたの騎士からなる修道会を作り、聖地征服のために不断に奮闘すべきである」[43]と提案する。この提案はいうまでもなくヴィエンヌで討議された騎士修道会問題に対する彼なりの対処法であった。そして東西問題の軍事的解決についてのルルスの関心は、ベッサリオンなどの後世の読者に魅力的に映ったはずだ。ルフェーヴルでさえ十字軍を強力に説き続けた。反ムスリム宣伝文書を二巻上梓し、その中でムーア人の「野蛮な宗派」を猛烈に攻撃し、ヨーロッパ全体を巻き込む聖戦を呼びかけたのだ。「この使命のために選ばれた王はさいわいかな！　この戦争で血を流す兵士はさいわいかな！」[44]。

　しかし、ポステルと同様ルルスも明らかに平和的改宗のほうを好んだ。それには力による十字軍の失敗から彼が引き出した精神的教訓が一役買っていた。

私が会う聖地に向かう騎士の多くは武力での征服を考えている。しかしその結末といえば、彼ら全員目指す目的を達することなく疲弊している。それゆえ次の考えが脳裏に浮かんだ。嗚呼、主よ、かの聖地の征服は成し遂げられないだろう。……愛と祈りと、血と同じぐらいの涙を流すことによるのでなければ……。騎士たちが信仰篤くならんことを。彼らが十字架を身につけ、聖霊の恩寵で満たされんことを。そして汝の受難に倣って、異教徒のところに赴いて真理を説かんことを。(45)

実際、ルルスはどうかすると十字軍にまるごと反対すらした。というのも彼の立場からすれば、それは自らが望む平和的説得を不可能にするからだ。(46)

つまり、ルルスは熱烈な宣教師として記憶にとどめるのが最もふさわしいのだ。宣教師としての彼の関心は全世界に及ぶ。ポステルと同様、彼も東方のキリスト教宗派に注目した。そこで、キプロスにいたときには、

キプロス王に、島にいる異端者たちに説教を聞きに来させるよう要請し、そのあと、バビロンのスルタン、シリアとエジプトの王のもとを訪れ、彼らに聖なるカトリックの信仰を教示することを申し出たが、かのキプロスの王は意に介さなかった。このようなことがあったにもかかわらず、かの尊師は、われらが主の助けを信じ、かの異端者たちを説教と論争によってやり込めるのをやめなかった。(47)

そして、ブランケルナの修道院で朗唱された『アベマリア』がよく例証しているように、彼はキリスト

の群れに加わっていない者すべてに心を配った。

「アベ・マリア！」サラセン人、ユダヤ人、ギリシア人、モンゴル人、タタール人、ブルガリア人、小ハンガリーのハンガリー人、クマン人、ネストリウス派、ギノヴァン人、ロシア人からの挨拶をあなたに贈ります。これらの民すべてと他の多くの不信心者たちは、彼らの代弁者である私を通じてあなたに挨拶を贈ります。それは、あなたの御子が神に乞うて、彼らのもとに聖職者を派遣し、あなたとあなたの御子を愛するよう彼らを導き、それによって彼らが救われ、彼らの力のすべてをあげて御子とあなたに仕え、敬うようにお願いするためです。

「アベ・マリア！」私が代わってあなたに挨拶するこれらの不信心者たちは、あなたの挨拶と神があなたに与えた誉れを知りません。彼らは人間です。あなたが大いに愛し、あなたが大いに敬われ愛されるところの、あなたの御子の姿と本性に似た姿と本性を持っています。彼らは無知ゆえに永劫の火に向かうのです。彼らはあなたの御子の永遠の栄光を失います。彼らに聖なるカトリックの信仰の真理を説き、見せる者は誰もいないからです。彼らもあなたを知っていさえすればあなたを讃えられる口を持っています。あなたを愛する心臓を持っています。あなたに奉仕する手を持っています。あなたの道を歩む足を持っています。あなたは全地の万人によって知られ、奉仕され、愛され、讃えられるに値する方です。彼らはあなたに挨拶し、私を通じて、あなたの助けと恵みと祝福を乞うているのです。(48)

かくも神が嘉するあまたの事柄の中でも、ルルスにとって最も大事だったのはムスリムの改宗であり、それにはふたつの理由があった。第一にルルスの考えによれば、ムスリムは自覚している以上にずっとキリストに近づいている。だから、神が彼らの心を懐柔しさえすれば、改宗は容易なはずだった。しかしそれ以上に重要なのは、ムスリムが非キリスト教世界の要に位置しているように見えることだった。彼らがキリスト教に向かいさえすれば、残りの人類の改宗は容易なはずなのだ。ルルスは宣教への関心によってカトリック改革ともうひとつのつながりを持つことになる。イエズス会はルルスを推奨し、ポステルはムスリム世界についてルルスが力説したことを繰り返すことになる。(49)

世界の平和的改宗を達成するためにルルスが提示した方法は、ポステルとイエズス会のみならず、他の十六世紀人にとっても格別の重要性を持っていた。ルルスが提唱したのは精力的で大規模な宣教活動であり、そのためには、宣教師個々の勇気と高潔さとともに、異教徒と意思伝達するための技術の完成を要すると考えた。ルルスの考える宣教師は、非キリスト教徒の言語と合理的論証の双方に精通していなければならなかった。

宣教師には語学力が必要であると考えたのは彼が最初ではない。彼が所属するフランシスコ会にはロジャー・ベーコンという先達がいた。友人でドメニコ会総長ライムンド・ド・ペニャフォル〔一一七五頃—一二七五。教会法の権威で聖人〕も宣教師が成果を出すには語学力が重要だと見ていた。しかしルルスが当時としては言語研究の価値を最も精力的に唱道した。彼自身もう若いとはいえない年齢になってからアラビア語を学び、「アラビア語によって、聖なる受難と聖なる三位一体についての真理を知らしめることができますように」と神の祝福を祈願した。しかしルルスが何よりも必要と考えたのは、恒久的な教育施設であった。『同時代人の生涯』には、「敬虔で優れた知性の持ち主が、万民に聖なる福音を説教できるよう種々の言語を学べる特定の施設を建てるべき」とある。そしてついに一二七六年には、マヨルカ島のミラマルに計画どおりの宣教師養成学校を建てるにいたった(50)。

しかしより大きな成功がヴィエンヌ公会議で待ちかまえていた。彼の計画が教会によって公認され、クレメンス五世が発布した『憲章』に書き込まれたのである。そこにはこう定められた。異教徒をよりよく改宗させるために、ヘブライ語教師二人、アラビア語教師二人、シリア語教師二人、ギリシア語教師二人を任命し、教皇庁とパリ、オックスフォード、ボローニャ、サラマンカの四大大学で講義させるべしと。しかしこの計画が十四世紀中に実現されることはなく、バーゼル公会議〔一四三一―一四三五年開催〕で再度条項に盛られても現実に成果が上がることはなかった。教会は別の懸念に忙殺され、東方諸言語が真剣に研究されるようになるのは十五・十六世紀のことだ。その頃、東方での諸々の事件が生み出した新たな危機感とあいまって、言語学に再び関心が寄せられるようになったのだ。ルルスの計画への興味が再燃したのはその頃である。『クレメンス憲章』ははやくも一四六〇年には印刷され版を重ねたおかげで、ヴィエンヌの教令は容易に入手できた。ルネサンス言語学の初期の発展にそれが及ぼした影響力はまったくといっていいほど認知されていないが、三カ国語推進運動は総じてルルスに多大な恩義を負っている。例えばアルカラでは、熱意あふれる人間が「神の御言をよりよく広められる」よう、独自の定款によって、ギリシア語、ヘブライ語、アラビア語、シリア語の講座が設けられたが、ルルスとの直接のつながりは自覚されていた。エラスムスでさえ、どこかしら日和見主義的ではあるが、言語研究の先駆としてヴィエンヌ公会議に目を向けさせた。ポステルも一度ならず同じように注意を喚起するのをわれわれも目にするだろう(51)。

言語の知識に加えてルルスは、異教徒の知性に直接伝わるようにキリスト教教義を合理化することを提唱した。「大いなる術」を開発したのはこの目的のためだった。これによると、キリスト教教理は文字記号で表され、宗教的代数のように操作される。ルルスの論証の性格とそれに対する彼の自信は、ルルスの『信仰箇条』十六世紀版の巻頭におかれた生硬な詩句に申し分なく示されている。

Hic demonstrat' veritas
Articulorum fidei
Quam non facit auctoritas
Sed quia est et Quid rei
Propter quid assint Iudei
Turci Barbari et omnes
Respondere Si est dei
Et dent' his Solutionis
Negant' propositiones
Veras et necessarias
Sciant' demonstrationes
Suis datis contrarias...[52]

〔ここに信仰箇条の真理が証明される。それは権威によらずとも真理としてある。ユダヤ人、トルコ人、異教徒、その他の万民がなぜ、なんのために存在するのか。この問いに答えることが神の御心にかなうのであれば、本書によって彼らに解答が与えられんことを。彼らは命題が真実かつ必然であることを否定するだろうが、自らの見解とは反対の議論を彼らが理解せんことを……」

このようにルルスにとっては、キリスト教を異教徒の心に訴える第一の手段は知的なものであるべきだった。そして不信心者を「道理や論理よりも信心を愛し」、「自らの魂を知的に駄目にし」、「自らの悟性をその本性どおりに働かせるのを妨げている」として攻撃する。彼によると不信心は、知性によってではなく「感覚的に」「自然の成り行きに従って」真理を探究することから生じる。[53]この弁別は疑いなくルネサンスの新プラトン主義者を魅了しただろうし、ニコラウス・クザーヌスがルルスに魅了された理由をおそらく示唆している。[54]

したがって宣教の方法は、何にもまして理性的討論であるべきであった。そしてルルス自身の宣教活動も異教徒との学術的論争として遂行された。『同時代人の生涯』では、チュニスでの彼の活動が理想化されつつ興味深く叙述されている。

そして彼がわれらが主に類ない感謝と祈りを捧げると、彼らはチュニスの港に入港し、上陸して、町に入った。尊師は連日のようにマホメットの宗派でも最も学識ある人間を探し求め、彼らに自分がキリスト教の法を学び、その教義と根拠をよく知っていること、そして今度は彼らの宗派と信仰を学びにやってきたこと、それがキリスト教よりもいいとわかり、彼らがそれを証明できるなら、彼は必ずムーア人になるであろうことを断言した。多くの者がこれを聞くと、チュニスの都の学識あるムーア人全員が集まって、彼らが知っている、あるいは見いだせた彼らの宗派に利する最強の論拠を引証した。そしてかの尊師がこれらの論拠に間髪を入れず反論し、納得させると、彼らは皆

驚き恥じ入った。(55)

ルルスの唯理論は哲学的実念論と密接に結びついていた。そしてこの実念論は、唯名論者とアヴェロエス派を否定して寄る辺を失っていたルネサンス人を強く惹きつけたものであった。二世紀後のポステルと同様ルルスも、アヴェロエス派を猛烈に非難する運動を繰り広げた。ルルスは憎悪を込めてこう力説する。「多くの点でカトリックの信仰に敵対しようとしたアヴェロエスの意見に対して、識者たるべき者は、前述したこれらの誤謬と、かくなる意見を主張する者皆を反駁する作品を書くべきである」(56)。ルルスにとっての主眼は、人間は弁証法を適切に用いるならば究極の真理に到達できるという点にあった。ルルス思想のこの側面は、殊にルフェーヴルを惹きつけたが、彼以外にも多くの者がこれを引き継いだ(57)。その最も代表的な人物はレーモン・スボンであり、彼の十六世紀における知名度の高さはモンテーニュが証明しているとおりである(58)。ポステルは若年の頃からスボンに興味を持ち、ルルスとともに「二人のライムンドゥス」(59)の一人として彼に言及している。十六世紀の著者の中では、ビベス〔一四九二―一五四〇〕がルルスのキリスト教真理の合理的論証への関心を引き継いだ。一五三二年と一五三三年に上梓された『和合と不和について』と『平和について』では、キリスト教の真理をイスラムの主張に対置させることを求め、宣教活動における自然と理性の役割を強調した。それどころかビベスは、アウグスティヌスのみならずルルスの伝統をポステルに伝える重要な役割を果たしたのかもしれない。ポステルが参照した『神の国』はまさにビベス校訂によるものだっただけでなく、その著作の標題そのものが、ポステルの『世界和合論』の根底をなすあのアウグスティヌス的主題を示唆しているのだ(60)。

ルルスをルネサンスと結びつけている最後のより一般的な絆は、非キリスト教徒の宗教と文化に対する姿勢にある。異教徒改宗に熱意を傾けるルルスは、ユダヤ教とイスラムがキリスト教と共有する要素をとかく強調した。そしてそれゆえ両者を好意と敬意でもって扱った。彼はムスリムを「他の不信心の民のどれよりもキリスト教徒に近い」とまずは賞賛する。ルルスは明らかに、ユダヤ人とサラセン人双方に見抜いた美徳に大いに感服していた。それどころか、ピアーズが指摘したとおり、三大宗教を比較した記述の多くにおいて、キリスト教の真理を教えようとするよりも「バランスをとろうとしている」ような印象を時々受ける。ルルスは非キリスト教世界に並々ならぬ共感を抱き、それがために客観的かつ公平な記述ができた。そしてその記述の正確さは後世の研究者に総じて認められている。そんな姿勢が、ポステルなどのルネサンスの読者を、広教主義的な宗教学に向かわせ、なおかつ、文化的相対主義に傾かせたにちがいない(61)。

エラスムス支持者たちのあいだでルルスの人気が高かったのは、ルルスの度量が広かったからだろう。実際、ルルスの広教主義はエラスムスと何かしら共通するところがある。この十六世紀の大学者がルルスに直接関心を持つことはなく、トルコ人をたんなる野蛮人扱いし、反ユダヤ主義的傾向すら有していたにもかかわらず、ルルスとは多くの類似点がある。エラスムスの十字軍観はかなりルルス的だった。十字軍の成功には教会改革と全キリスト教徒の団結が先決だと信じた。しかしいかなる場合でも平和的改宗が戦争よりも好ましいと考えた。さらに深い類似性は、エラスムスの『信仰研究』のような作品に明らかである。この著作では、各宗教は表向き多様でも、一致した教義が底流にあることが力説されているからだ。エラスムスの統一への関心、差異の尊重、基本的合意を強調する傾向、宗教一般についての度量の広さ、これらは必ずしもルルスから受け継いだものではないとしても、十六世紀のエラスムスの人気は少なくともルルスの人気を説明してくれる。そしてポステルが両者に負うところがあるのは疑うべくもないのだ(62)。

「ルルスの伝統」を代弁し、伝えた最も著名な思想家は以上のとおりである。さらに二人の人物が、ポステルがこの伝統をどのように理解したかを例証し、さらにはこの伝統の多様性をも例証してくれる。一人は十四世紀初頭の政論家ピエール・デュボワ〔一二五〇頃―一三二一頃〕で、ルルスと同時代に生きた。もう一人は、ポステルがルルス主義の伝統において自分よりすぐ前の先駆者として見ていたクレナルドゥスである。

ピエール・デュボワは、ポステル以前にルルス主義の伝統に「フランス的」ひねりを加えた人物で、ポステルが、フランス王党派に古くから流布していたアイデア一式にその構想を負っていたことを示唆している。ルルスがその計画の実現を主に教会に訴えた一方で、デュボワとその後のポステルは世俗の支配者とりわけフランス国王に目を向けた。後者はルルスの万民救済主義をフランス国王の歴史的宗教的使命観と組み合わせたのだ。デュボワの『聖地奪回について』は十九世紀に入るまで出版されなかったために、ポステルはデュボワに言及することはなかった。手稿も少なく、可能性が皆無とは言わないまでも、ポステルがそれを読んだ形跡はない。したがってここでも、ポステルが直接取り入れたものではなく、ポステルの周囲に漂っていた思想が検討の対象となる。とはいえ、ポステルとデュボワはそろってフランス国王のリーダーシップに言及したうえに、唱道した行動計画の細部にも幾多の類似点がある。

『聖地奪回について』は、その執筆の真の動機はなんであれ、表向きは標題のとおり聖地奪回論である。

る。しかしすでに見たとおり十字軍問題は、キリスト教世界が抱えるより大きな問題から切り離せない。それゆえ本作もキリスト教社会全体に適用される一般的改革計画を含む。フランス主導によるヨーロッパ連合、教皇の世俗的権限の縮小、教会領地の王権による没収、そして際立って近代的な性格を持つ法的・軍事的・教育的改革を提唱しているのだ。ルルスと同様デュボワも、モンゴルの対イスラム勝利に熱狂し、東方ムスリムと交渉すべしという提案もルルスの計画をそっくり踏襲したものである。この提案は、聖戦、騎士修道会の統合、大宣教事業に備えてのギリシア語を含む東方諸言語研究の学校建設を含む(63)。

ベルギーのユマニスト、クレナルドゥス(ニコラス・クレイナエルツ)は一五三〇年パリ大学に短期滞在した。ポステルとはこの頃知己を得たのだろう。しかし個人的に親密だったわけではない。ポステルはマシウス宛書簡で二度クレナルドゥスに言及している。一度目は、クレナルドゥスの宣教への興味を認め、その語学力を賞賛しつつ、ルルスと関連させている。二度目は、クレナルドゥスの勤勉さと、「アラビア語習得を目的とした(64)」広範囲の旅行を褒めている。一五四四年にはクレナルドゥスに書簡を直接送付したが、到着したのはクレナルドゥスの死後だった(65)。ポステルのクレナルドゥスについての知識は総じて、宣教よりも言語学の著作と、互いの友人から得たものだ。というのも、アメリカ探検家の息子フェルナンド・コロンに仕えるためスペインに赴いたクレナルドゥスは、ポステルと同様イベリア半島と密接なつながりを持っていたからだ(66)。

ポステルはクレナルドゥスとルルスとのあいだにつながりがあると考えたが、それは彼の思い込みで、事実はクレナルドゥスがルルスに言及したことは一度もなかった。それでも、クレナルドゥスがルルスの影響を少しも被らなかったということは考えられない。彼の人生の一大目標は、アラビア語を学んで聖書研究に活用し、ついでコーランを研究・翻訳・反駁し、最終的に宣教師としてムスリムのもとに赴くことであった。十六世紀に同じ野心に燃えていたサークルでルルスが人気を博していたことを考えると、ルルスの計画を知らずに済ますということはありえない[67]。

いずれにせよクレナルドゥスは、特にルーヴァン大学の恩師ラトムス（ジャック・マッソン）〔一四七五頃―一五四四。ルーヴァン大学の神学者〕に宛てた一連の書簡で、ポステルの行動計画の要となる部分を擁護した。またポステルに数年先駆けて、宣教の武器としてアラビア語を利用し、ムスリム改宗のために印刷本を配布し、異教徒と活発に議論するよう提唱した。一五三九年にはラトムスに自らの「このうえない夢」を書き送っている。

ボンベルグがヴェネツィアで印刷したヘブライ語本は、海を渡って世界中のヘブライ人に、アフリカに、エチオピアに、インドに、エジプトに行き渡ります……。わたしたちはコーランをラテン語訳付きで印刷し、福音が拒絶されたいたるところで、ラテン語やアラビア語で救助を呼びかけるでしょう[68]。

さらに翌年にはジャン・プティにこう書き送っている。

あなたには私が大仕事に取りかかったように見えるでしょうね。しかし、私はもっと大きなことを日夜考えています。キリスト教国の君主たちが私の計画を補佐しなくとも、キリスト教国の大学を無理強いしてでもモハメッドと討論させる方法を見いだしたように思うのです。私は仕事に着手

しましたが、それは名誉やカネが目当てではありません。神が私の計画にいい結果をもたらし給うことを信じております。(69)

聖職者の腐敗を攻撃し、ユダヤ人の著作に関心を示し、アラビア語手稿の入手を企て、アラビア研究のための宣教師養成学校をルーヴァンに設立することに望みをかけ、迫害よりも宗教的説得を主張し、ムスリム世界に偽りのない興味を示すクレナルドゥスは、ルルスとポステルの双方を想起させる。

残念ながら彼の生涯は、宣教事業のための手段を獲得しようとする努力だけに費やされてしまった。ポステルのアラビア語文法書はまだ上梓されず、クレナルドゥスには独学でアラビア語を習得するのはほとんど不可能に思えた。そのため後年の一五三一年には、ルーヴァンを離れてポルトガルに赴き、アラビア語の初歩を学ぶことにやっと成功した。しかしアラビア語の著作を入手するという努力は、スペインの異端尋問と、最後にたどり着いたフェズのムスリムの権威筋によって妨害される。つまり彼がポステルに残したものは、達成の記録ではなく成就されることのなかった理想であった。(70)

聖アウグスティヌス、聖フランチェスコとその急進的信奉者たち、ライムンドゥス・ルルス、デュボワ、クレナルドゥス、その他上段で言及した者たちは、単一の伝統に参画したものとして一括りにするにはあまりに多様に見えるかもしれない。それに彼らにまとまりが見られるとすれば、それはポステル自身の、きわめて種々雑多な素材を単一の思考体系に組み合わせる非凡な能力のおかげなのかもしれない。しかしここには、中世・ルネサンス思想にとって枢要だったものの真の根本的連続性がある。聖アウグスティヌスは理念的宇宙秩序についての古代の概念をキリスト教の語彙に翻訳し、それを自らの平和論に組み込んで後世の西洋思想家たちに伝えた。聖フランチェスコはこの理念を受け取って弟子たちに引き渡し、弟子たちはそれを世俗化して地上の千年王国待望論に組み入れた。ルルスとその追随者たちはそれを達成する手段に没頭した。このばらばらの思潮をまとめ上げ、ひとつの包括的な体系に編み上げたのがポステルだった。

第四章　秩序の諸原理

したがって、身体の平和は構成部分の秩序づけられた調和である。非理性的魂の平和は、もろもろの欲求の秩序ある静安である。理性的魂の平和は知識と行為との秩序ある一致である。身体と魂との平和は、生きているものの秩序ある生と健全さである。死すべき人間と神との平和は、永遠なる法のもとにおける信仰による秩序ある従順である。人間のあいだでの平和は、秩序ある和合である。家の平和は、共に住まう者のあいだでの命令する者と従う者との秩序ある和合である。国の平和は、市民たちのあいだでの命令する者と従う者との秩序ある和合である。天上の国の平和は、神を享受する者と神において互いに享受しあう者との、最も正しい、最も和合した共同である。そして、あらゆるものの平和は秩序の静けさである。秩序とは、等しいものと等しくないものとにそれぞれその場所を当てがう配備である。

『神の国』第十九書第十三章（服部英次郎・藤本雄三訳、岩波書店、一九九一、第五巻、六四ページ）

ポステルの思想は、一見するとカオスのように見える。身近な主題がそこからときおり現れても、すぐにまた不可解なことばの渦に見失われてしまう。そのため、これほどあからさまに支離滅裂なものを体系的に叙述するには、ポステルが基本的前提としていたものと知的立場をあらかじめ確定し、かつその精神的特徴を説明しておかなければならない。

まずはポステルの表現がなぜ無秩序に見えるのか理解しておくことが有益だろう。もっぱら彼の気質がそうだったからというのが理由のひとつだろうが、当時の知的状況と彼の目標の性格にも関係している。しかし、ポステルの支離滅裂さの大きな要因は、たんに彼の興味と典拠が多種多様だったからである。てんでばらばらな素材を、もともと自分の精神に備わっていたものであるかのように融合させる、あるいは少なくともまとめあげることは、彼にとって荷が重すぎた。たとえ彼の才能がもっと輝かしいものだったとしても、あまりに性急かつ熱狂的で、客観性や明晰な弁別、厳密なことばづかいを欠いたこの時代の雰囲気は、体系的な言説に適したものではとうていなかった。十六世紀は知的総合の黄金時代ではなかったのだ(1)。

ポステルのアウグスティヌス主義もその晦渋さの一因となった。究極的秩序の観念がアウグスティヌスの世界観の基調にあったとしても、この秩序はことさら統一的かつ包括的であるために、体系的に叙述するにはなおさら難しいものだったからである。唯名論者やアヴェロエス主義者であれば統合的世界像などはなから問題にしなかったし、トマス主義者であれば分野ごとに切り離して個別に分析できるよう弁別した。しかし、アウグスティヌス主義者は万物を一挙にとらえる立場をとった。つまり、実に緊密に結合した、あらゆる点で〈一〉なる世界というものを前提としているために、部分部分の分離によってもたらされるのはただ部分と全体双方の意味の消滅であった。かくしてジルソンはこう指摘する。「アウグスティヌス主義者が絶望的に格闘した困難とは、自分自身を説明するためには、終着点でもある点から出発しなければならないこと、そして、その学説のどの点を明らかにするにしても、必ずやその全体を詳述しなければならないことにある(2)」。これはまさしくポステルの問題であった。彼の思想は区分けされることを拒む。その各々の側面が互いにあまりに調和しており、分析するためであっても、明瞭に弁別することはできない。それゆえ彼の著作では、ひとつの主題から別の主題へ、ひとつの観念から別の観念へと次々と導かれる。それは彼が厳密に体系的な方法で自らを表現できなかったからだけでなく、彼の思想がそもそも万物の根元的な結びつきを前提としていたからなのだ。

しかし、ポステルの表現が晦渋なのはアウグスティヌス主義のせいだとしたら、これは彼の思想を解く鍵ともなる。彼を理解しようとするなら、万物は整序された壮大な統一体をなしている、あるいはなしていなければならないという彼の信念から始めなければならない。彼自身のことばによると「神の第一の意図は万物を統合することである」[3]。秩序の原理に従った万物統合に対する彼の関心は、その思想の形而上学的基盤である。これが全著作の基本〈モチーフ〉となっているのであり、彼の表現にまさにその暗黙の深層において一貫性を与えている。この統一観を土台としてなら、ポステルの著作に散在する断片的な意見から、真の世界像のようなものを構築することが可能となる。ポステルは無論、ラヴジョイの言う「一元論の情念」[4]に苛まれる者たちの一群に分類されるべきである。しかし、彼の関心は歴史的意義をも有している。ポステルを〈対立物の一致〉というより広範な中世の伝統に、殊に『新約と旧約の調和の書』の作者フィオーレのヨアキムに結びつけるのだ。

統一のテーマは、ポステル思想のあらゆる次元で現れる。彼はときおりこの観念を形而上学的に定式化した。すなわち統一性が多様性に先行する、「一があらゆる数に先行する」[5]と断じる。あるいはこの原理が生物学に手短に応用されることもある。彼が自然に観察したとおり、統合は自然の流れなのだ[6]。同時代のアリストテレス主義者を不和の扇動者として憂えたのは、彼らの理性と権威の一致の否定が念頭にあったからである[7]。同じテーマは実際的なレベルにおいても現れている。例えば、ローマの法律家には合意を形成する能力がないと不平を漏らす。(8) ポステルの統一への希求は、比較的小さな問題でも学問的諸権威を折り合わせようとするところにまで表現されている。(9)

つまり統一の観念は、ポステルの世界構造論全般を支配しているのだ。彼の世界は万物照応の壮大な体系であり、そこでは全個物が全体を反映し、あらゆる対象が宇宙が含み持つ意味の象徴となりうるし、全被造物が互いとの、そして究極の実在との、整然かつ動的な関係の中で存在する。事物の本性についてのこの見方が、ポステルの思想の基本的特徴の相当部分を規定していたのであり、その思想を近づきがたくしてきたのだ。

ポステル思想の第一の、そして最も全般的な特徴としては、オカルトについての関心があげられる。彼の宇宙には神秘の霊力が浸透しており、その活動が善悪双方に向かう人間経験のあらゆる次元に作用する。彼によれば、「なんらかの知性体すなわち天使の力に司られ、支配されていない物質的被造物はこの世界に存在しないことは確実である」。したがって、天地万有を自然秩序の観点からのみ理解してはならない。この秩序はまったく別の性格を持つ。超自然が不断に監督し介入する秩序なのだ。

つまり、サタンやこの世の知恵がなんと言おうと、世界は自然よりも、奇跡と超自然的手段によって支配されていることを認めなければならない。この自然とは、どこにおいても均一かつ均質な秩序のことだが。なぜなら、われわれがそうすべきであるように、自然を神の個別的摂理ととらえるなら、……万物に不断の奇跡と永遠不可侵の秩序の双方を見いだすからである。

よりあからさまに言うと「神は万物における万物であり、すべてを奇跡によってなす」[10]。したがってポステルが、守護霊を呼び出したり、悪鬼を使役するといったオカルティストの技量が低下していることを、彼の時代の退廃を測る物差しとして考えたことは、ほとんど驚くに値しない[11]。

当然占星術の有効性にも深い確信を抱いていた。彼にとって、諸天は人が神の知恵を読みうる窓であり、実用科学としての占星術の起源を、アブラハム由来のエジプト人の伝承にまで遡らせる[12]。彼の考え方の基本には、ミクロコスモスとマクロコスモスとの関係がある。神は世界を、下の層が上の層を正確に映し出すよう創造したと言う。つまり、上位のものは下位のものに全般的な影響を与えている。「天に第一等にあるものが、序列と偉大さの点で地上でそれと対をなすものを規定するというのは定説であり当然であるから、昔も今も、諸々の王国の規模やこの世の事物の変転は必然的に天の影響力から生じたはずだ[13]」。だが現実には、一度だけ実に大仰な調子で歴史の占星術的解釈に踏み込んだ例を除けば、ポステルが占星術的思弁に耽ることはめったになかった[14]。

ポステルはオカルティズムについて繰り返し言及したが、それと宇宙観全般との関係は明確に理解しなければならない。オカルティズムは、明晰な精神をも曇らせる奇抜な迷信でなければ、十六世紀になってからも細々と生きながらえた奇怪な中世的特色でもない。他方で、再興した新プラトン主義の怪しげな側面がたまたま現れたものと説明されてもならない。その逆なのだ。ポステルのオカルティズムは、彼が現実の構造を理解するうえで、どうやら不可欠な次元をなしていたのである。

宇宙の本性についての見方も、ポステル思想の演繹的傾向を後押しした。なにも演繹法ばかり駆使したわけではないが、いつも生来の傾向が意図を裏切った。それに、個々の事例を一般的原理の観点から考えるほうを明らかに好んだ。例えば『世界和合論』では、すべての法の基礎をなす原理についての系統的調査に取り組み、それによって、フランス、ヴェネツィア、オスマン帝国の憲法を検討しようと企てた。しかしこのような帰納法的試みも彼の手には負えず、「万人に共通の法は哲学の泉に探し求められる」という原則に見合った、彼の言う「哲学的」方法に事実上立ち返ってしまう。要するに彼の通則とは、「すべての学芸にはある原則があり、一度これを見抜いたなら、どんな教えでも学べるし、理解できる」[15]というものだった。

世界観が思考法に与えた影響はそれだけではない。アナロジーによる議論を好むのもその影響である。だが、論法としてのアナロジーは、類比する項目同士に、たんなる文学的ないしは審美的関係以上の深い関係が仮定されないかぎり価値がない。アナロジーによる議論は潜在的な自同律を前提とする。なんの前置きもなしに類比のレトリックを用いて論理を展開していることからわかるように、ポステルはこれを当然のことと決めてかかっていたようだ。例えば『秘められた事物の鍵』では、人間の一生は成長の四段階をたどるのだから、「それゆえ同じアナロジーに従って」[16]［論証学の用語である］、教会の歴史も世界の終わりに向けて同じ道筋をたどるのでなければならない。さらにマシウスに証明しているところによれば、新しいエバは、新しいアダムであるキリストの実体からなっているはずである。なぜなら古いエバは、古いアダムの実体から創造されたからだ。「これは人体の構造から必然的に証明される」[17]。このような証明を用いていることは、ポステルの精神が、適合性についての感性、照応・喩え・型が持つ意味の力を鋭く感じ取る能力に支配されていたことをあらためて示している。彼の秩序感覚のひとつの表現だったのだ。

ポステルは大仰な言語観によって、言語学者の地道な研究を神聖な仕事に一変させたが、この言語観の大きな土台となったのも組織的統一体としての宇宙観だった。万物を表現できる言語は、個別者と一般者、つまりは宇宙と神を結ぶ総合的統合原理として難なくとらえられるからだ。ポステルと親和性があった自由心霊派兄弟団等のアダム派も、名前を、万物を秘密の宇宙原理に結びつける魔術的しるしとしてとらえていた[18]。しかしポステルがこの方向に向かう大きな刺激となったのはおそらくカバラだった。カバリストにとっても言語は、人が交わるための恣意的な道具どころではなかった。神がアダムに教えた単語から生まれた言語は、それが意味するものと絶対的関係を有している。言語は神の自己表現であり、神の創造力を反映している[19]。ポステルが信じて疑わなかったもののひとつが、ことばの力とその創造的な働きであり、それを通じて人間は、真理の究極の源泉と交わりうる。

ポステルの言語観はまったく人間的な性格を持っている。彼によれば、文字は「人類の最も優れた誉れ」である。そして、言語の本性と起源についての初めての議論は、ことばは神がこの世で人間に与えた最も偉大な贈り物であるという見解から始まる。なぜなら第一に、ことばによって人は理性という神からの恵みを伝えることができる。第二に、ことばは幸福の基底にある。というのも幸福とは、社会ひいてはコミュニケーションに拠って立つものだからだ。この数年後ポステルはこう指摘する。理性は人間を動物から分かつものであり、ことばは理性を表現する道具であるから、人間は言語によってその人間性を実現すると。したがって、言語は人類の文明にとって必須なものであり、ポステルは人間の諸制度の起源を論じるにさいして、法の基本要素である文字の起源を検討することから始めた[20]。

しかしポステルのカバラ体験は、その言語観に新しくより意義深い次元を付け加えることになった。何よりもヘブライ語に特段の価値を与えるきっかけとなったのだ。ポステルは、ヘブライ語を神聖な言語、神と人間とのコミュニケーションのために制定された原初の共通語、全言語の始祖としてとらえるカバラの見方を受け入れた。それゆえ、彼にとってヘブライ語の重要性は大きくふたつに分けられる。第一に、神はヘブライ語でアダムに事物の名を教えたのだから、ヘブライ語は究極の真理を表す。彼によれば、「神の栄光のために、すべての語が真理と起源を表し、意味するのでなければならない。それも混乱以前の最初の主たる言語においてである」。肝心なのは、他の言語は概して人間が作った規約にすぎない点だ。ヘブライ語だけが、事物とそれらを下支えする神秘的力とのあいだの関係を確立した。それゆえ、ヘブライ語は真の〈学問の鍵〉〈失われた真理の道〉なのだ[21]。第二に、ヘブライ語は統一の言語である。人類の原初の一致、人と神との原初の一致の言語なのだ。かようにヘブライ語は究極の人間秩序を表し、ルネサンスの学問によるその回復はそれゆえポステルにとって、見事な学術的偉業という以上の意味を持った。神のもとでの人類の和解が実現しつつあることを暗示していたのだ。このような信念は、ポステルのヘブライ語研究から発したのみならず、ヘブライ語研究そのものを鼓舞した。ルネサンスにおけるヘブライ語研究の再興にこのヘブライ語観がどの程度寄与したのかについてはより総合的な調査がなされてしかるべきだろう[22]。

ポステルの数の理論もその世界像と関連している。この理論を定式化するにあたって、ポステルはカバラと数秘学の中世的伝統の双方から影響を受けている。さらにこの数への関心は、ここでもルフェーヴル・デタープルとポステルのつながりを示唆している[23]。ポステルは数の宗教的意味について申し分なく明瞭にこう述べている。

神が万物を創造し、形成し、作り、制定したのは、数と順序、重さと大きさ、量ないしはある様態や規則や型においてであることは確実であり、これらは自然において常に維持されている。……このことはそもそもの出発点から最も確実なものとして立証され、主張されることを私は望む。……それは、神聖な事柄に関わる数にはなんの根拠もないと言って不信心を偽る輩を論駁するためである。[24]

そのためにポステルは、数の重要性について鋭い視線を注ぎ続けた。

この興味に沿ってポステルは、秘教とキリスト教の伝統で古くから好まれていた特定の数の特殊な意味をはやくから受け入れた。カバラと出会う以前には、〈三〉は神格との関連において彼の興味を惹いた。そしてクザーヌスとエリウゲナ〔八一〇頃―八七七頃。アイルランドの神学者で、新プラトン派の学説をキリスト教の創造説と結びつけ、汎神論的傾向を持つ思想を展開した〕に従い、三位一体を万物の基礎と考えた。被造物は必ずや創造主を映し出すという信念があったからだ[25]。晩年になって、三位一体に対する興味は薄れていったが、神と世界を仲保する数〈三〉については依然その価値を認めていた。さらに、世界の終末には三重の統治がなされると予見した[26]。一人の教皇、一人の王、一人の至高の裁き人によって支配されるというのである。カバリストが好んだ〈四〉も、彼の思想において同等の重要性を持った。ポステルは〈四〉を、何よりも過程を示す数、つまり歴史を理解するための鍵としてとらえた。彼の考えによれば、かつて四つの王国があり、人生には四つの段階があり、一年には四季があるように、キリストが地上で司牧する群れである教会も四つの時代を経て、神との最終的な統合へといたる。実のところ、〈四〉はポステルの思想において最終的に〈三〉に取って代わり、神自身を表す数となった。神は本質、一性、真理、善に分解され、最初の三つが第四の善で完成すると考えたのだ[27]。ヨアキム派が好んだ〈十二〉[28]はポステルにとって、十二宮が天の象徴であるという理由で、神を表すもうひとつの数であると同時に、統率と統治の数でもあった。それゆえ、大洪水以前に十二の族長が、法のもとに十二の族長が、ユダヤ人には十二の部族がいたし、使徒は十二人で、フランスには十二の貴族がいたのだ。そして世界は終末のときに、十二の司教区に再編成される(29)。

数〈二〉は他の数以上に、ポステルの思想と複雑で有機的な関係を有している。それは、この数が形而上学的二元論の基であり、この二元論は彼の思想全体の基底にあるからだ。彼の形而上学が目指したのは、多数の典拠から引き出した要素の総合と調和だった。そしてこの目的を達成するのが、〈アニムス・ムンディ animus mundi〉と〈アニマ・ムンディ anima mundi〉というふたつの宇宙原理の働きだ。性的に差異化されたこの二原理は、新プラトン主義で言うマクロコスモスとミクロコスモスとの照応に倣って、宇宙、社会、そして人間霊魂において同時に作用すると考えられた。宇宙における男性原理・女性原理という観念は、むろん古来から広く流布していたものであり、ポステルはいたるところで自らの構想の糧となるものを見いだした。このことは、彼の理論体系が現実に、多種多様な宗教と哲学の公分母となりうることを自覚させたであろう。

宇宙の性的二元論は、東洋の宗教に共通する特徴である。例えばヴェーダの結婚式では、花婿が花嫁の手をとり、「我はこれなり、汝はあれなり。あれは汝なり、これは我なり。天は我なり、地は汝なり」と宣言する(30)。この定式はポステルにとって深い意味を持ちえただろうし、二元論的原理の東洋的表現のどれかにふれた可能性もまったくないわけではない。他方で西洋世界での宇宙の性的二元論は、ピュタゴラスの数理論に遡るだろう。ピュタゴラスは数に性別を与えて、〈一〉を男性、〈二〉を女性とした。ピュタゴラス主義者は二性原理を、人間が日常的に経験している対立項のすべてに潜在しているもの、可知的なものと可感的なもの、不死と死、昼と夜、右と左、東と西、太陽と月といった永遠に変わらぬ対比として表現されているものと理解した[31]。この宇宙の性的解釈を伝えるうえで大きな役割を果たしたのが『ティマイオス』で、宇宙を、イデア的・可知的・父性的なものと、質料的・可視的・母性的なものの二層からなるものとして構想した。アリストテレス主義は、形相と質料、精神と魂、能動知性と受動知性を区別することで、二元論的世界観をさらに充実させた。とはいえ、それらの性別はアリストテレスにおいてさほど明示的ではない。ポステルは聖トマスにも、性的属性を形而上学的原理とする思想の遠い残響を発見できたかもしれない。子供により愛されるべきなのは父と母のどちらかという問いに、トマスはこう答えている。「さて、父親は母親よりもより優れた原理である。なぜなら、父親は能動原理である一方で、母親は受動的で質料的原理だからである。したがって厳密に言うと、父親がより愛されるべきである[32]」。古代の神々に女神がいることはポステルの思想にとってさらなる糧となった。これは彼にとって、ギリシア人とローマ人が、宇宙における男性・女性の両原理の存在を認めていたことを意味した[33]。

しかし、ポステルが最も学恩を負っていたのは、新プラトン主義者と、わけてもユダヤ教における新プラトン主義の所産であるカバラだった。性的二元論はカバラの世界像の基礎をなしていた。カバラの基本教典である『ゾーハル』は、事物の性別を確定しようとする意図に貫かれている。富者と貧者、右と左、太陽と月、天と地などなど。この教典では、ついには神自身も性的二元論の見地から考えられている。それが神の生殖力を説明するのだ[34]。新プラトン主義者からポステルが吸収したのは、男性原理と女性原理と神のあいだに行き渡る秩序についてのアイデアである。彼は性的原理を神から発出したものとしてとらえたが、これは世界精神とそこから発出する世界霊魂という、新プラトン主義に一般的な原理に対応している[35]。

ポステルは、これらの性的原理がいたるところで働いているのを目にした。同性のもの同士を観念的に結びつけることで、宇宙が神秘的生命力によって束ねられていることをあらためて提示できたのである。この性的力は、神と世界の第一の仲保者、アリストテレスの言う能動知性・受動知性であるのみならず、最も抽象的な次元から最も卑近な次元にいたるあらゆる経験に介入している。その配下には「無数の成員と僕がいて、その意思を実現する」[36]。実際、この世で働く霊のすべては、男性原理に仕えているのか、女性原理に仕えているのかによって分類しうる[37]。この両原理は自然の万物に参与している。万物は、男性原理に照応している部分と女性原理に照応している部分を持っているのだ[38]。これはとりわけ人間にとって重要である。「というのも、神はこの世にふたつの種子を蒔いた。一方は、上位の男性的で権威的な種子で、これが神の意のままに神の法を心に書き込み、神の意思をわれわれの理性として書き込んだ。他方は、下位の女性的で理性的な種子で、一方の権威的種子から抜き取られて作られた。これは神が永遠に制定したことなのだ[39]」。これで十分明白なように、ポステルはかように〈アニムス・ムンディ〉と〈アニマ・ムンディ〉を用いることで、性的区分が適応できる彼の思想の種々の局面のあいだに、きわめて込み入った一連の関係を確立できたのである。この両原理とは、彼の哲学や神学、心理学や終末論といった別の局面で再びでくわすことになろう。

しかし、世界が神秘的力の広壮な統一体として的確に把握されたとしても、何かに狂いが生じていることは明らかである。部分相互の適切な関係は壊れ、その統一には綻びがある。ポステルの歴史的考察によると、宇宙という整然とした統一体が崩壊したのは原罪が原因である。形而上学的考察によると、下位世界と上位世界との、ミクロコスモスとマクロコスモスとの適切な照応が崩れたのは、人間が自由ではあるが誤った選択によって無秩序の道に進んだせいである。いずれにせよ神の意図は挫かれ、被造物の理想的な統一・平和・秩序は粉砕された(40)。

ポステルの計画は、人間の下位世界と神の上位世界との失われた調和を復元しようという野心的な提案に他ならない。自分の重大な任務は、密接に関連する三つの課題を早急に解決することであると考えた。第一の課題は、人間の内面の調和、魂の平安である。第二の課題は、厳密な意味での和合、人と人との協調である。最後の第三の課題は、人と全被造物の神との統合である。これらの課題を解決すると、世界に平和と秩序が自動的に回復されよう。したがってポステル思想の本質とは、ある行動計画をともなった、秩序の本性についての様々な次元での一連の洞察にあると言えるだろう。この行動計画に従えば、世界の平和と秩序と統一は人間の努力によって達成されうるかもしれないのだ。

一

秩序についての三つの課題は、実はひとつの課題の複数の側面であるから、それらを別々に論じることは幾分恣意的に映るにちがいない。しかし、人間霊魂の問題が根本にあるのは明白である。世界秩序の崩壊は、人が神の意思を無視し、秩序の究極の源泉に刃向かおうと決めた時点から始まったからだ。つまり、無秩序は霊魂の内部に端を発したのだから、調和の回復のためには、個々人の霊魂の構造に格別の注意を払わなければならない。ポステルが考える本質的な問題とは、後世の術語を用いるなら人格の再統合だったのだ。個人の調和が平和の問題の根本をなすと考えるポステルは、エラスムスを忠実に踏襲している。霊魂と肉体について考察したエラスムスはこう記している。「万物のあの偉大なる工匠は、かくも互いに異なるこのふたつの本性を幸福な調和のうちにひとつに結合した。しかし平和を嫌う蛇が、再び不幸な不和のうちに両者を切り裂いた」。明らかにプラトンから強く影響されながら、エラスムスは続ける。「したがって、人間の心を無法な国家と比較するのは愚かなことではない。なぜなら、国家は多種多様な人間から構成されたものであり、人間同士の不和があるかぎり、国家はたびかさなる擾乱と内紛に立ち向かわざるをえないからだ」[41]。ポステルの心理学はエラスムスと少し違うが、人間がおかれている状況を理解するために、ポステルもまた人間の自我とその構造を明晰に理解することを求めたのである。

このようにことのほか霊魂に興味を持ったポステルは、同世代の知識人層の関心事を共有していたことになる。ヨーロッパ各地、殊にパドヴァでは、哲学者が霊魂の問題について討論していた。どの議論の背景にも、ますます遠ざかるかのような神と人との関係に対する当代の深い懸念があった。具体的な争点は、何よりも究極の認識の問題にあった。つまり、いかにして有限の人間が、永遠の真理に到達できるなどと言い張れるのかという問題である。ポステルは、イタリアの自然学者のあいだで提起されたある解釈に衝撃を受けていた。そして彼の心理学の一部は、ポンポナッツィの冒瀆的な学説の代案を提示しようとする試みとして見られなければならない。しかし、それでも彼は意見を一致させるには困難な問題が横たわっていることは認めていたし、彼固有の心理論は、あらゆる方面からの宗教的かつ思想的な要求を折り合わせようとするものだった。神学者は、個人霊魂の不滅という教義を守り、汎神論に陥ることなしに個人霊魂と神との直接的関係を保持するよう強く主張した。哲学者は、ギリシア哲学の規準に合致するほどに一貫した形而上学的論述を求めた。アウグスティヌスを何よりも糧とした神秘主義者は、まず第一に宗教的直観にこだわった。ポステルはこれらの要求に一挙に応えようとしたのだ。

諸説を折り合わせようとする彼の学説は、当時普通に論じられていた心理学の一切に依拠している。そもそもルネサンスの心理学そのものが、多くの典拠から引き出した観念を奇怪に混ぜ合わせたものであった。その基礎にあったのは、もともとはプラトンの〈知性《インテレクト》〉と〈臆見《オピニオン》〉の二元論であった。イデアと接する〈知性〉は認識能力を持ち、〈臆見〉は現象世界に限定される。(42) この区分は新プラトン主義者によって伝えられ、ルネサンスには、知性ないしは霊と、知覚に基づいて働く理性的魂との対照として常套的に表現された。エラスムスは、聖書と同様にオリゲネスを引きながら、この区分を援用している。「霊は、われわれのうちで神の本性の似像を表している。……これによってわれわれは神と結びつき、一体となるのだ」。エラスムスによると、魂は霊と体の中間に位置する。「自然的感覚と衝動」を含み持ちつつ、霊的事柄とも結びついているのだ。(43)

これらの見解に、大なり小なりプラトン主義的な他の見解が付け加わった。アリストテレスの現実知性あるいは能動知性と、可能知性あるいは受動知性についてのアヴェロエスの解釈は、この図式において特に突出した地位を占めていた。アヴェロエス主義者は人間の中に、たんに体の形相で、体とともに滅びる魂の他に、能動知性と受動知性を識別した。このふたつの知性は人間の心の働きであると同時に、宇宙的知性の序列の中で不可欠な位置を占める神的原理である。この二重の性格によって両知性は、人の心と外界とを媒介するという必須の役割を果たすことができた。受動知性は、存在の連鎖においてその前に位置する能動知性が提示する万物の形相を同化する。これらの知性原理はルネサンスの心理学に吸収されて、二種類の認識と同一視された。例えばライモンドゥス・ルルスとともに、可感的で間接的自然界は受動知性の対象とされ、霊的で直接的イデア界は能動知性に帰属するとされた。ここから、受動知性と理性的魂との、能動知性と霊との同一視はほんの一歩である。この広範な伝統に従ったポステルは、そこにカバラの性的二元論とアウグスティヌス心理学の流動的意味を持つ術語を付け加えた。アウグスティヌスは生命原理、特に人間特有の生命原理を〈アニマ〉と〈アニムス〉、魂の理性的部分を〈スピリトゥス〉、より高度な知性の働きを〈メンス〉、神の光に照明される理性よりも優れた能力を〈インテレクトゥス〉と名指したのだ。とはいえ、ポステルがまず心を砕いたのは、諸概念によって純粋な体系を構築するというよりは、諸概念をいかに折り合わせるかであったから、あらゆる典拠から借用した術語や概念を自由に変形し併置した。(44)

しかし彼が一層こだわったのは、複数の思想体系の調和よりも、魂の調和的秩序と、魂と世界との調和的関係であった。そしてこの興味は、ルネサンスの心理学に共通するものだった。とどのつまり、ミクロコスモスはマクロコスモスの一部をなし、被造世界のより大きな秩序に組み込まれたものである。これは第一に、霊魂は被造世界の序列の一部をなし、その秩序原理に支配されていることを意味する。それゆえ、ポステルの同時代人であるボダン〔一五三〇―一五九六。フランスの法学者・政治思想家〕はこの問題について、「神は天使を、天使は人間を、人間は動物を支配している。そして一般的には、魂が体を、理性が情欲を、知性が理性を支配している」(45)と表現する。第二に、霊魂と世界の照応を意味している。これは、ルネサンスの心理学を構成するプラトン主義とアヴェロエス＝アリストテレス主義のどちらの系統においても力説されていた。カバラも人間を世界の霊的力のすべてが総合されたものとして考えることで、この考えを一層強固なものとした。ポステルにとって人間は、「世界の縮図にして要約」として理解されねばならないものであった。(46)

つまりポステルの心理学は、世界の縮図としての人間は世界の構造を反映していなければならないという原則に基づいている。世界はふたつの強大な力、男性的力と女性的力に支配されているのだから、人間の本質はその性的二元性にあると分析する。彼は万人の魂にある男性原理を〈アニムス〉、女性原理を〈アニマ〉と呼ぶ。はじめは〈アニムス〉を理性的経験に、〈アニマ〉を知覚ならびにたんなる動物的生命力に関係づけた。しかし後年には、一部は新プラトン主義の知性的認識と理性的認識との弁別に対する応答として、一部は他の理由によって、理性を男性原理から女性原理に移している[47]。この着想によってポステルは、整然とした一連の二分法を手にした。上位原理の〈アニムス〉はイデアの似像を把握する。人間の真の内面を構成するのだ。下位原理の〈アニマ〉は事物の像を受け取る。人間の可視的外面を構成するのだ[48]。このふたつの原理が一緒になって、人間における権威と理性の領域、恩寵と自然の領域を表す。

ポステルは認識の問題を、双方の心的原理がそれと照応する宇宙的力と接しているという事実によって解決した。この関係は、〈メンス〉と〈スピリトゥス〉というこれも性別を持つ付加的な二原理によって確立される。彼はこのふたつが、哲学者の言う能動知性と受動知性の心的機能を表していると考えた。前者は、光が目に知識を伝えるように知識を能動的に伝達する。後者は、光が通過する空気のように知識を受動的に伝達する。したがって、つまるところ心的原理は〈四〉つあることになり、ポステルはこの点をきわめて適切で重要だと考えた[49]。

彼は、秩序の基本的問題である人間本性の問題を、人間のこの二元論的分析の観点からとらえた。〈アニムス〉と〈アニマ〉は原罪によって乱され、原初の相補的調和は失われた。人の魂において結婚した両者は最後は離婚し、もはや霊的子供を産むことができない。悪の問題はまさにこの点にあった。逆に善の問題とは、原初の統一をいかに取り戻すかである。これはまた、権威と理性、恩寵と自然との原初の調和をいかに回復するか、魂内部の夫と妻をいかに和解させるかという問題でもある。ポステル本人のことばによれば、「神は自然と恩寵双方の作者である。そして万物復元の暁には、最初の人間においてそうであったように、このふたつは必ずや再統合されなければならない。これによって、その末裔も残らずこのふたつを一緒に受け取ることになるはずなのだ[50]」。

ポステルの宗教問題としての人間本性論は、これらの心理学的概念を背景にして理解されなければならない。この学説によって彼は高度の柔軟性を発揮できるようになった。一方で、現在の人間が不完全であることを認めるこの学説は、人間の壊敗した本性についての正統的教義と合致する。他方で、新たな天の配剤において人は完全になりうることを示唆するとともに、悪を無秩序と考えることによって、〈復元〉がたどるべき方向を指し示している。つまるところ、この人間の進歩についての、超自然の助けの必要性が強調されているにもかかわらず楽観的な見通しは、ポステルの人間本性論の最も意義深い特徴だろう。

ポステルが繰り返し唱えた見解は、頑固なアウグスティヌス主義者でも異議を唱えられない類のものだった。そう言えるのは教義の体系的な論述についてだけではない。例えば『世界和合論』では、アダムとエバの堕落、原罪、堕落した人間の本性、恩寵による贖罪の必要性が論じられるが、これらは完全に伝統に則ったものである。より示唆的なことに、後期の著作でときおり見られるくだりでもそうなのだ。堕落以前の人間の偉大さと以後の悲惨の深さについて詳説し、ペラギウス主義〔ペラギウスは四世紀の修道士で、自由意志による救済を唱え、アウグスティヌスに論難された〕をあからさまに攻撃しているのだ。ポステルは救済にキリストが絶対不可欠であることをとかく力説する。ポステルをたんなる人間性善説の信奉者としてとらえるのは間違いだろう。精神の片隅では人間の堕落を確信し続けたのである[51]。

しかし、可能なかぎりあらゆる見解を自らの思想に取り込もうとしたポステルの無意識の性向は、往々にして明示的な見解よりも、微妙に強調された点に察知される。人間本性を非難しつつも、罪の観念を述べることはほとんどなかったことがそれを裏付けている。彼の注意は他に向けられていた。地獄と劫罰には、キリスト教教義の中核にすべきであると考えていた人間の救済に比べればほとんど関心を払わなかった。(52) したがって、当初はアウグスティヌスの影響で悪の問題を考察したようだが、人間が現在おかれている道徳的状況の具体的な検討をともなわなかったがために、最後はアウグスティヌスから離れたように見える。ポステルにとって悪は、たんなる秩序の問題だったから、人間がおかれた苦境への楽観的解決をも示唆した。彼はこの秩序が魂の内部においても他においても回復されうることを疑わなかった。そのために必要な手段として彼が考えたことには、彼の人間本性論のもうひとつのきわめて意義深い側面がうかがえる。人間本性は、何よりも教育によって、より具体的には理性に訴える教育によって回復されるべきだと提案したのである。

その含意は明らかである。ポステルは無知こそ悪の真の根源、魂の不調和の根本的な原因と考える。プロテスタント（全人類！）に対しては、健全な心の持ち主であればなんぴとも自発的に罪を犯すことはなく、罪というもの、殊に知性の罪は実にたんなる誤解に由来すると書く。(53) 彼はこう断言する。万人は本性的に善を欲し求める。もし善に到達することがかなわなかったとしても、その原因はたんに無知だからである。そして無知が原因で罪を犯したのならば、神に責められることは決してありえない。「なんとなれば、自分の子が無知だからといって責める親がどこにいるか」。(54) ポステルにとって善を知ることは善をなすことだった。こうしてポステルの人間観は、アウグスティヌスから、知識を救済の鍵ととらえる典型的なアレクサンドリア学派的なものに大幅に移行した。そして悪の問題の解釈では、ルネサンスの改革派人文主義者の陣営に加わったのである。
悪を知性に関わるものととらえるこの考えに呼応するかのように、ポステルには原罪を軽視する傾向があった。特に〈万物復元〉を力説するときにそれは顕著であった。最後の審判の前には、原罪があっても、悪魔の業が成就することはない。この点ポステルは非常に明解だ。

人間本性のようなかくも素晴らしい作品が、邪悪な存在によって滅ぼされるなど神が許したはずがない。ただしこの勝利の戦利品を神が奪って、よりよいものにするのであれば話は別である。……というのも、万人は体も魂も不死となり、自然と恩寵を全身全霊で学び極めることで、究極の徳を身につけるのみならず、自然と恩寵双方の完全な知識を得るべしというのが、万物の始まり以来定められたことだからだ。(55)

堕罪の帰結、原罪の穢れは永遠の意味を持つことはなく、人間の終極的運命を左右することはないであろう。最後の審判においても原罪は考慮されず、始祖から受け継いだ悪に縛られない意志によってなした行状をもとに裁かれるだろう。(56)
ポステルの受肉の見解も同じ方向に沿っている。神が人間になったのは、たんにあるいは第一に、アダムの邪悪な業を無効にするためではなく、もっといろいろな動機によるものだった。キリストが現れたのはまず、その至高の様態における徳を体現するためである。そしてこう示唆することで、ポステルはエラスムスと『キリストのまねび』の伝統をまるごと指し示している。キリストが到来した第二の理由は「永遠の契約である聖体とキリストが一体になっているという玄義をわれわれに教えるため」である。ここでポステルは、受肉の延長である聖体に、罪を贖う力とはまったく別の価値をあてがっている。キリストが到来した最後の理由は、われわれを天に運び、「われわれの目が太陽の光を享受しうるようにする」ためである。つまり、キリストによって人間は至福の幻視を体験できるのだ。ポステルの考えるところ、原罪は、キリスト到来の第四の補足的理由にすぎない。しかしいずれにせよ、キリストはエノクの時代にエノクの代わりに現れていてもおかしくなかった。原罪のせいで受肉が繰り延べされたのは確かなのだ[57]。

ポステルが原罪を軽視したことの最後の証拠は、大洪水後の黄金時代観に見られる。ポイントとなるのは、人類の理想の状態を〈原罪以後〉に位置づけている点である。どうやらおよそ重視しなかった原罪は、彼にとって実質的な含意をほとんど持たなかったために、人類の失われた完全さとも矛盾しなかった。無論ポステルの動機は、古典的神話をキリスト教史に組み込むことにあった。しかしこの試みにおいて、統一的な説明への欲求が原罪のキリスト教的解釈に先立った。ポステルは正説を個人的理想のために進んで犠牲にしたのである[58]。

原罪の意義を否定しがちだったことに比例して、人間と人間のおかれた状況の将来性については高く評価した。ポステルは〈人文主義者《ヒューマニスト》〉という名が持つイデオロギーにまさにふさわしい人物である。彼が自由意志を熱烈に支持し、カルヴァン派の教義である予定説を攻撃したことはいまさら言うまでもない[59]。さらに彼は人間を礼賛した。彼の作品には、ピコのよく知られた『人間の尊厳についての演説』に比肩するような主張は見つからないが、独自の高い評価をしきりに表明した。すなわち、神は人間という「小世界ほど驚嘆すべき作品を絶えて作らなかった[60]」。人間は完全なものとして創造され、「可感的自然という劇場」全体を自らの必要に応じて利用するよう託された[61]。確かにポステルは、人間が神に緊密に依存していると考える点でキリスト教徒だったが、それを人間のさらなる栄光の一面ととらえた。というのも、神を究極の原因として持つ以上に気高い地位は他にないからである。宇宙においてかくも栄光ある位置を占め、かくも栄光ある目的を持つ人間は、熱狂的な賞賛を受けるに値する。「この世には人間以上に素晴らしいものはない。したがって、人間以上に素晴らしい目的を持つものはない。……人間は世界全体の中で、知性・魂・体のどれをとっても、神のために創造された最も素晴らしい被造物である」[62]。ポステルはしばしば好んでこう言う。キリストでさえ、「彼自身においてよりも人間の一人としてより栄光ある存在である」[63]。これらのくだりは、キリスト教人文主義の進展を学ぶ教科書としても使えそうである。

ポステルは人間の本質は理性に宿ると考えた。それゆえ、彼が考える人間の欠点とは本質的に知性に関わるものである。したがってポステルの人文主義は理性の力に対する信頼と密接に関連している。人間本性の問題は、理性の能力の進歩によって解決されると確信していた。この立場において彼は、ギリシアの人間観を受け入れていたように見える。

しかし、その思想の他の多くの局面でもそうであるように、ポステルのことばの使い方は問題を解決するよりも隠すものであった。というのも、彼は理性を尊重する古来からの態度を現に取り入れてはいたが、それと同時に、人間および人間の真理にいたる道についてのキリスト教的観点を、多少なりとも保持することを望んでいたからだ。それに問題を解決したといっても、それは〈理性〉という語を厳密に定義しないことによってであった。種々の真理への道を包括するまでに意味を拡張したのだ。様々な文脈で〈理性〉は、聖書に基づかない知識全般を意味した。すなわち、第一諸原理ではなくたんに感覚的経験に基づく知識の一切、個人的な神秘的啓示体験、さらには聖書を含む真理一切を意味することもあった。同時に（彼の特徴でもあるが）、この語が依然として厳密に定義された知的処法を意味し、この処法が世界の希望であるかのように昂揚した調子で使い続けた。ポステルにとって〈理性〉はもっぱら呪文となってしまったことは明らかだ。つまり、この語は感情的で宇宙的なニュアンスをあまりに詰め込まれたがために、明示的意味をほとんどまるごと失って、きわめて重大で多種多様な言外の意味を示すようになったのである。

それでも、理性の呪文に閉じ込めた種々の意味の層は、彼の総合がいかなる性格のものだったかをあらためて例証している。ポステルは、理性と啓示を弁別するスコラの伝統から出発したらしい。この文脈では理性は包括的に定義づけられる。『世界和合論』においては、理性は「思惟《インテレクション》、推理《ライティオシネーション》、そして想起」を含意するものとされている。そして〈理性《ラチオ》〉は〈精神《メンス》〉〈知性《インテレクトウス》〉〈アニムス〉と同義である[64]。ところがそのわずか数カ月後には、ポステルは〈理性〉をほとんど正反対の意味で用いている。スイス・プロテスタントの指導者エコランパディウス〔一四八二―一五三一〕を、「福音と理性の法よりも哲学の法」を好むと言って攻撃したのだ[65]。その数年後には、プラトンとカバラの影響のもと、理性を〈アニマ〉と同一視した。つまり感覚に依存することを示唆したのである。さらに別の機会には、理性を演繹的過程として考えたようだ[66]。

しかし、のちのヨーロッパ理性論の流れから見て、ポステルの〈理性〉の最も意義深い用法は、数学の手順、とりわけ幾何学と同一視する傾向を維持した点にある。この傾向を最初に打ち出したのは一五四三年の『聖書の証明あるいはキリスト教ユークリッド全二書』においてであった。晩年になってもこの書で用いた論法を強く心にとどめていたポステルは、後年の構想に則って修正を加え、再度フランス語版を上梓した[67]。この作品の目的は、第二版の標題にあるとおり、「永遠なる神的真理の道理を論証する」ことにあった。そのために「幾何学者のかしらユークリッドの方法に終始」従うことを目指した[68]。そしてこれを忠実に成し遂げるために、定義と公理から始めて、正規の証明の手続きを踏んでキリスト教の主要な教義にいたるようにした。しかしポステルは絶えて総合的な『方法序説』に到達することはなかったし、『キリスト教ユークリッド』の特徴が未来の理性論を予告するものだったとはとても思えない。例えば、フランス語版のキリスト教幾何学は終始調子の狂ったフランス語韻文で書かれていて、俗受けを狙っていたかのようでもある。それでもポステルの構想は全体としては啓発的なものであり、デカルトやスピノザの少なくとも控えめな先駆者と目される資格は有している。

しかし先に指摘したとおり、〈理性〉の概念は常に特定されていたわけではない。そしてこの語の用法が曖昧なのは、深層のレベルにおいて宇宙論的意味合いが込められていたためである。ポステルは、古典的人間観とキリスト教的人間観を、〈理性〉を宇宙の霊的力と同一視することによって折り合わせようと望んだ。これが、古代と哲学と神学の〈権威〉と対比されたときの〈理性〉の意味だった[69]。彼の言う〈理性〉は、心の働きのみを指したのではなく、現実の構造の本質的部分として、救済のドラマで固有の役割を演じる。彼の〈理性〉はロゴスなのだ。これは「神の似像にしてその御子と常に結合し、神と同じ実体を持つ[70]」。さらに、ある著作の欄外ではこう書いている。「人間理性は世界の目的にしてその本質である[71]」。かくして、古典的意味での理性とキリスト教徒がその魂の深層で求めているものは、用語をうまく柔軟に駆使しさえすればひとつになる。

この結合は、理性を、女性的領域にして主として自然的知恵の領分である〈アニマ〉に帰することによってなされる。聖書の権威的知識は超自然に発するものなので、当然男性原理〈アニムス〉に帰属する。この二種の知識の性別は、両者の関係と結合の条件を告げている。女が男の種《しゅ》に含まれるように、理性は終極的に権威の観念のもとに組み込まれる。男が女に補佐されるように、権威は理性に補われて神の目により価値ある賞賛されるべきものとなる。[72] ポステルのアヴェロエス派に対する憎悪とスコラ神学の合理的論証への敬意をあらためて想起してもよい。理性の本性についてこう考えることで、他で援用した新プラトン主義の知性的なものと理性的なものの弁別を犠牲にしたように見えるが、この術語は、彼の思想の一部をいまだなしているかのように活用し続けた。しかしその内実は、知性的なものと理性的なものの弁別は放棄して、恩寵と自然の調停を目指していたのだ。これによって、理性による世界のキリスト教改宗計画に進むことができたのである。

しかしながら、〈理性〉の内実と目的がなんであれ、人間は理性的になれるし、なるべきだとポステルは確信していた。人間は理性を行使するために生まれた。[73] 理性は、神が被造世界を通じて表す究極の意味を把握するのに適している。[74] そして神が意図したのは、人間が理性に一致して行動することであった。[75] 不合理な信仰や行動は実は神の意思に反するものであり、ポステルにとってこれが罪の適切な定義であった。キリスト教徒にとって、理性を忌み嫌うことは致命的な誤りであり、聖霊に対する罪である。このことを認めなかったことが、カルヴァンの根本的な過ちであるとポステルは考えた。[76] それどころか、理性的に論証されたものへの賛同を拒む者は、一人残らず最後の審判において糾弾され殲滅されるだろう。もちろん、ポステル自身のキリスト教真理の証明に納得しない者が誰よりもその運命に従わなければならない。[77] この世の主たる悪、なかでも戦争と世界征服の野望は、理性の否定に由来する。というのも、ポステルが主張するところによれば、人間は年齢を重ねるにつれ、自らの理性の光よりも人間の指導者に従う傾向があり、それが衝突を生むからである。[78]

他方で、理性の否定が戦争と分裂を生むのであれば、理性の信奉は平和と統一をもたらすことをポステルは確信していた。理性はイデオロギーの衝突を収められる唯一の手段である。「理性が真偽を区別し、相反する所信を仲裁する以外に、口論を終わらせる方法があろうか」[79]彼は尋ねる。「理性人類は、「誰でも意のままにこじつけられる権威の論拠ではなく、理性の」[80]論拠に説き伏せられるからだ。さらに言うなら、権威を前面に出すことは一種の強制であり、自然とも人間の尊厳とも相容れないようにポステルには映った。

このような観点に立つポステルが宗教的寛容を支持するのは当然だった。人間は理性的であって、道理にかなった訴えにのみきちんと耳を傾けるのであるから、「力ずくでなされたことはまず実を結ぶことはない。だから真の宗教は信仰の強要を禁じるのだ。神は自由な魂を望むからである」[81]と断言する。実際、強制は真の信仰よりは偽の信仰の頼みの綱である。というのも、虚偽は説得力を欠いているために、「それを広めるには剣を突きつけて同意を強制しなければならない。誰も死罪に処せられるというときにそれに反論しようとしないだろうから、同意しているように見えてもそれは恐怖と沈黙のゆえであり、口を開いて反論しないのも、死の恐怖からなのだ」[82]。ポステルがこのくだりを書いたとき念頭にあったのはムスリムだったが、ヴェネツィアの検邪聖省の裁きの場に出頭したときにもこのくだりを思い返したであろう。

寛容を支持するポステルの議論にはかなりの独創性が見られる。最も先進的なのは、虚偽と異端は実のところ真理を鍛え、強くすると示唆した点だろう。ミルトンよりも一世紀先んじてポステルは、悪徳の試練を受けない美徳は空虚であることを看破した[83]。この論点と関連して、ポステルは思想の戦いで勝利するのは必ず真理であると確信していた。自発的に異端審問に出頭したのはこう考えたからである。

神のことばの牧者は自分の主張を述べ、その道理の提示を許されるべきだと信じた。そうすれば議論を通じて真理が優勢となり、誤謬や不明が一掃されるであろう。彼によると、四世紀のアリウス派〔アリウスはアレクサンドリアの司祭でキリストの神性を否定。その説は三二五年のニカイア公会議で否認された〕に対する正統派の勝利がこの主張を裏付けている。この立場に拠って立ったからこそポステルは、猛烈な教条主義と憎悪と暴力が渦巻く当代のイデオロギー闘争の中にあっても、そこから同意が形成されることに希望を持てたのだ[84]。

キリスト教徒であるからこそ寛容でなければならないとポステルは力説する[85]。というのも、イスラムとは反対に、「万物を慈しみ、穏やかに生き、辛抱強く己の真理を立証する」のがキリスト教の本質だからだ。さらには、無知と弱さを憐れむキリスト者は寛容でなければならない。ポステルの考えでは、罪は誤解に他ならないのだから、人間は使徒のように憐れみ深く寛容であるべきであり、剣と火に頼ってはならない。信仰が弱い者を殺すのではなく助けるようわれわれは命じられているからだ[86]。キリスト者はまた、不寛容によって真理が廃棄されるようなことがあれば、それは神（御言）が殺されるのと同じであると考えねばならない[87]。真理、殊に宗教的真理は、自由討論という健全な試練を通過して、無傷のまま力を増して立ち現れるという信念も持つポステルは、ここでもエラスムス流の柔軟な人文主義の伝統に立っていることになる。

このように、ポステルの人間本性と魂の構造論からは多くのことが導出されるように思える。これは人間と神についての思想一切の洞察を取り入れようとするさらなる努力であり、今一度ルネサンス混淆主義の射程の広大さを例証している。その楽観的傾向は、ポステルがペラギウス主義を学んでいたことを示すとともに、人文主義がその深層に内包していたものと関連づける。彼の思想のこの側面をさらに強調しているのが宗教的寛容の支持である。しかしこの人間本性と魂の構造論が何より示しているのは、ポステルが人間を宇宙の秩序に参与しているものとして考えていた点である。人間の魂は現実の構造全体を映し出し、照らし出す。そして魂の安寧は宇宙全体に適応されうる平和と統一の規準によって測られなければならない。

二

ポステルの平和と統一と秩序についての関心の第二段階は社会に関わる。だが社会秩序の問題は、魂内部の秩序の問題、あるいは人間と神の関係という究極の問題に比べれば、根本的でも複雑でもない。実際、社会問題は、心理的統合と宗教的合同が実現されれば解決する。それに、統一の社会的次元においてこそ人間の行動は最も奏功的でありうる。したがって、社会秩序の問題はポステルの行動計画との関連で検討するのが有益である。この章では、社会的統一の問題に対するポステルの論述の一般的側面のみをいくつか取り上げよう。

われわれは先にポステルの和合の観念の総合的性格を示した。[88] その源泉は、アウグスティヌスの平和論と、急進的フランシスコ会士によるこの概念の終末論的拡大に見いだされる。ポステルの和合の観念は、人文主義者の非宗教的平和主義から刺激を受けてできたことは確かである。しかしその本質的意味合いは、ムティアーヌス・ルーフス（一四七一―一五二六。ドイツの人文主義者）がスパラティヌスに宛てた書簡で示唆した平和の観念により密接に関連している。「というのも、キリストの真の体は平和と和合である」。[89] つまり、ポステルは社会秩序には単一の政治的体制が必要と考えてはいたが、だからといってこれが彼の社会思想の本質ではない。再び力説しなければならないが、人間秩序の三つの局面は密接に依存し合っている。そして終極的には人間と神との合一の問題が、他のふたつを吸収してしまうかに見える。アウグスティヌスに触発されたポステルの人類統一の思想は、基本的に宗教的なものだったのだ。(90)

この人類統一の構想は真摯にして揺らぐことがなかった。統一の願い、統一が必要であるとの訴えは尽きることがなかった。神は人類統一を望んでいる。「というのも、まさに世界の始まりのときのように、神は大洪水という罰を下して以来、全世界が一人の王、ひとつの法、ひとつの信仰のもと、ひとつの言語を持って、ひとつの家族のように暮らすことを望んできたのだ」(91)。またあらためてこう書いている。「一なる神、一人の王、一人の至高の司教、ひとつの信仰、ひとつの法、ひとつの意見の一致のもとで、世界がひとつになること、あるいはそれを願うことこそ、……世界が創造された意図にして真の目的である」(92)。社会的統一は歴史のゴールのひとつでもあり、キリストの再臨とともに万物は再び統合される。「下位のものが相互に、下位が上位と、霊的なものが世俗的なものと、エルサレムの王国が宇宙の統治と、慈悲と帝国が、所有と欠乏が」(93)再び統合されるのである。

この目的に達するための計画を構想することで、ポステルは自分の使命を自覚した。ポステルはこう書く。「世界和合を達成する方法をできるかぎり詳細に説明することが、私の人生の目的にして目標」(94)なのだ。人類全体への奉仕に献身するという意識に呼応するかのように、自らの名前に〈コスモポリット〉という形容詞をたびたび付ける(95)。彼の旅行記ですら、同時代人の無用な好奇心を満足させるためではなく、ひとつの共同体としての世界統合に弾みをつけるために書かれた。最も有名な著作であるトルコ人論では、彼のもくろみがこう説明されている。

神がこの世に人間をおいたのは、社会的動物となって互いに助け合い、共に集って喜びを得るためである。しかし、風習、言語、考え、宗教は様々であるから、まず互いを知るまで、ひとつの共同体にまとまることは不可能である。確かに、人間の完全な和解を成し遂げるという最も必要かつ有益で素晴らしい業がなされるには、人間が相互の知識を真に与え合うのでなければならない。この知識によってそれまで知られなかった人間や民族の短所と長所を知り、他者の短所を耐え、長所を認めることで、世界は共に一致しうるのである(96)。

このかくも明快で力強い主張は、ポステルの最上の姿をわれわれに見せてくれる。しかしこのくだりをより広範な平和論《ピース》の文脈から切り離してはならない。ポステルにとって人間の和合は、究極的には人間の神との親和に依存しているのである。

三

神と被造物、殊に神と人間との一致に対するポステルの深い関心は、当時の主立った懸念を反映している。中世後期とルネサンスの特色として、神と人間のあいだには架橋できない、少なくとも架橋されていない溝が横たわっているという痛切な感覚があった。ポステルはこの意識を代弁しているのだ。このような気分が蔓延した理由は不明である。世界情勢と、神に見捨てられて悪の諸勢力に委ねられてしまったとの意識が高まっていたことがその理由の一端としてあげられるかもしれない。悪の勢力とは対外的にはトルコ人であり、対内的にはキリスト教世界の内乱と腐敗のことを指す。理由は不明だが、このような意識は確かにあった。例えば、唯名論者は神の不可知性を強調し、そのために宗教的生活の基盤を知性ではなく意志においた。ニコラウス・クザーヌスは無知の知を説き、神秘主義者とプロテスタント改革派は神と人を仲保する既存の機関は不十分であると考えた。人文主義者は形而上学的懐疑主義を説き、新プラトン主義者は一と多の問題に取り組んだ。この当時の思潮の流れにポステルを向かわせたのは、ここでも神の超越性を強く力説するカバラであった。カバラが彼を惹きつけた理由のひとつはまさに、遠ざかる神の問題に一定の解決を提示するものだったからだ。

ポステルの主知主義的アプローチからすれば、人間と神との一致の問題は何よりも認識の問題であった。つまり認識論と深く関わっていたのである。彼の著作の多くは、認識論的思弁を展開する章から始まる。それによって作者は後段に続く道を調えているように見えるのだ。他方で、これらの認識論的試論を本ごとに繰り返さなければならなかった点は、ポステルがその成功についていつまでも心許なかったことを暗示している。実際、問題の切り込み方をずらし、結論を大幅に変えることもあった。とりわけ、あらゆる類の知識をその由来がどうであれ一挙に受け入れられる折衷的な立場と、明らかに単純でまとまりのある単一の認識論のどちらをとるか決めかねていた。

この件に関して最終的な決定を下すにいたらなかったということは、少なくとも暗黙のうちに、折衷的な立場を受け入れたことをうかがわせる。実際人間は、究極の知識さえも各種の経路を通じて獲得しうることを認めていた。彼の読書範囲は一定の立場を暗示しているように思える。聖書の正典を通じて、啓示に対するキリスト教の基本的信条は受け入れていた。さらに、別の様々なテクストに記録されている特殊な啓示も信じていたようだ。そのうえ、これから見るように、自然のうちに見いだされる知識、神の一般的啓示をかなり力説している。個人的で直接的な神秘的交信をも知識の源泉として援用している。

これら多種多様な知識相互の関係をどう考えていたかは、認識問題に宇宙論的・心理学的二元論を適用していることからうかがえる。ポステルが信じるところによれば、認識には二種類あり、それぞれが魂のふたつの要素、すなわち〈アニムス〉と〈アニマ〉に対応している。上位の真理が従うのは、「第一原因の純粋で神的、それゆえ不壊の光である。われわれの知性の目は、梟が太陽を見つめるようにそこに向かう」。下位の真理はそれとは対照的に、地上の人間によって把握される。それは「自然の事物をその秩序のままに不断に観察することと、神的啓示と上位の光の示現の双方によってである。この光線は少しずつ降りてきて、われわれを下位の真理からその終点へと導いてくれるのだ」。人間は、自然の下位の秩序を観想することによって、純粋なイデア界に上昇しうる。

この点にいたってポステルは、新プラトン主義の型どおりの弁別に従っているようであり、その立場は十分明快に思える。しかし相変わらず、可能なかぎりすべての教義体系を取り込もうとしたために、彼の主張は複雑かつ晦渋になっている。アリストテレスの〈能動知性〉と〈受動知性〉の弁別を導入したり、プラトン主義の教説を、理性と啓示のスコラ的弁別ならびに彼個人の宗教的体験と同一視してしまったのだ。こうして上位の真理は「神的権威」に、下位の真理は「経験と人間理性」に関連づけられた。さらに前者は善良で聖なる少数の魂のみにくだると断言する。彼自身も神の恩寵のおかげで、上位の真理が下位の真理と同等に判然かつ到達可能になったと主張した(97)。

しかしこのような補足的な事柄であっても、ポステルの趣意を提示する助けとなる。権威を表す〈能動知性〉は、ここでは〈現実態にある知性〉、すなわち知っている状態、安定したあるいは完全な知識と理解されなければならない。ゆえにこれは既定の権威、三段論法の大前提である。理性を表す〈受動知性〉は〈可能態にある知性〉あるいは〈潜在的知性〉、すなわち現実態化の過程にある知識として理解されなければならない。これは推論の過程そのものであり、個物の直接的観察に基づき、三段論法の小前提と関連して結論の導出を可能にする。権威と理性の対比は、存在と生成の対比と等価であるから、天と地との対比とも同一である。この図式全体はポステルの知的総合の中でも成功した試みのひとつである。ここからわれわれは、ポステルが認めていた各種の知識を、それらがどの能力によって理解されるかに応じて分類しうる。〈アニムス〉は能動知性の能力として、権威的知識のあらゆる形態に関わる。これには聖書の啓示のみならず、究極的知識の直知あるいは伝達が含まれ、認識の条件としていかなる心的過程(抽象や帰納など)も必要としない。〈アニマ〉は可能知性の能力であり、合理的かつ経験的真理のすべてを理解する。

ポステルが聖書の権威を受け入れていたことは疑うべくもないだろうが、それに加えて直接的啓示にも多大な重みをおいていた。神の霊感を受けたこと、特別の交信手段を有していることを幾度となく主張した。これを人々に詳説するのが自分の義務だとした。情報提供者の身元を明かすこともあった。例えば、イエスや天使からある事柄の説明を受け、世に明かすよう命じられたとも言う[98]。しかし、自分は「神的光」あるいは「至高の光の霊」に促されたというように、一般的な用語で語ることのほうが多かった。トリエント公会議に宛てた自己弁護では、「いかなる人間でも耐えられないほどの光」の衝撃について語り、かくも崇高な吉祥のもと執筆したのであるから、教会からの要求であっても、撤回できるものには限度があるとほのめかす[99]。このような知識の直接の源についての確信は、ポステルのセルフイメージの際立った側面である。それに今一度、「内なる光」の急進的信奉者たちとの結びつきを示唆している。

しかしながらポステルの関心は総じて、より一般的に獲得可能な知識に向かっていた。というのも、このような知識のみが他者に伝えられるからである。宣教師としては当然、なかんずく宗教的真理を伝えようとやっきになった。初期の作品では深い考えなしに神と世界を鋭く対立させることがままあったが、じきにそれもしなくなった。[100] というのも、独自の仲保論を展開したために、自然的知識と超自然的知識の関連に力点をおけるようになったからだ。それどころか最終的には、両者の結びつきを著しく高めるまでになった。[101] しかしながら、この二種類の知識についての基本的見解がこのような立場の変更を準備したと言える。というのも、能動知性と受動知性は結局のところ、単一の真理の静的様態と動的様態の両面に関わるものだったからである。

したがってまずポステルは、経験的知識、可感的自然そのものの知識ですら、人間を神の知識に導くものとして価値を認めた。例えば新世界での諸々の発見に刺激されて、地球は人間が理解し、それによって神を讃えることがなければ、創造されても無意味だったかもしれないと考える。それゆえ人間は、宗教的理由によって「宇宙を知る」[102] べきなのだ。それどころか、人間は直接神を認識できるようになるまで、可感的対象に神の似像を識別するだけに甘んじなければならないとあらためて指摘する。[103] 被造物に三位一体の似像を見分ける彼個人の能力を、彼の意図の例証としてもよいだろう。

ポステルは経験的観察の宗教的かつ哲学的価値を受け入れたが、それはさらなる認識論的問題を巻き込んでしまうことをよく自覚していた。すなわち、中世思想の核心的問題であったあの普遍論争である。権威のパートナーとしての「理性」を呪文のように繰り返すその意図はなんであれ、それが、信仰と理性の実質的な弁別に基づく当代の認識論的体系と袂を分かつ宣言となったことは確実である。ポステルはアヴェロエス派の便宜的な二元論と、唯名論者のより宗教的な二元論の双方に挑んだ。前者は理性と教理との関連を否定して、理性を教理から解放した。オッカム率いる唯名論者は、合理的神学や形而上学一切を無益な学問とみなした。双方共に、宗教的見地から言えば、信仰絶対主義に基礎をおくにいたった。双方のグループの見解が、ポステルの秩序と事物の統合の必然性の意識と相容れないのは、認識論的レベルにおいてのみである。しかし、実際的見地から見ると、彼らは宗教的真理とその他の真理を切り離すことで、キリスト教へのいかなる合理的アプローチをも妨げた。つまりポステルからすれば、彼らは世界の改宗と宗教的統一の行く手に立ちふさがったのである。だからこそ、彼以前にルルスと初期人文主義者の世代がそうだったように、アヴェロエス派に対する反対運動を激しく繰り広げた。ポステルには、当代のふたつのグループのうち彼らのほうがより危険で影響力を持つと思われたのだ[104]。

ポステルの普遍問題についての一貫した立場は、本質的にはアリストテレス主義を修正した実念論である。プラトン主義者はアリストテレスよりもうまく教導したと好んで言い立てたが、この根本的問題についてはいかなる意味でも極端な立場をとることはなかった。普遍の実在を受け入れる一方で、それは個物の感覚的理解に基づく帰納法によってのみ把握できることを認めた。ポステルによると、現実の学習の過程において、子供は親から物の名前を教わり、意味は理解しなくてもとりあえずそれを信じ、感覚的経験を蓄積してからその語に合理的内容を与える。つまり、学習の過程においては帰納法と演繹法が現に協働しているのだ。この論述に沿って、ポステルは唯名論者にまんまと一撃を加えた。ことばを実在として信じない者は誰であれ、猿と同じ知的レベル、すなわち、直接的な感覚的経験の次元でのみ生きる被造物と同じ知的レベルに自らを貶めると断言するのである。

学習の過程でのことばの役割を重視するポステルの認識論は、言語的神秘主義と結びつく。ことばと物の直接的で基本的な関係を示唆しているからだ。神は万物を、何ものも名づけられるまでは知られることがないような仕方で創造した。それゆえすべての知識は究極的に、万物がその起源において命名されたときに使われた言語に含まれている。だからこそヘブライ語は、すでに見たように〈学問の鍵〉にして〈失われた真理の道〉なのである。(105)

ときとしてポステルは、プラトン主義に熱中するあまり、よりあからさまで極端な哲学的実念論を主張することもあった。例えば、世界は物質として創造される前に、イデアの構造体として存在したと一度ならず力説した。いまや、自然界においても超自然界においても、個物の各々がそれ自身のうちに普遍を隠し持つとも主張する。(106)しかし普遍問題についてのポステルの見解を知るのに、自分がどの立場に立っているか述べているくだりを個々に取り上げてもほとんど意味がない。象徴と照応の体系、予型と原型の諸関係としての彼の宇宙観そのものが、実念論を示唆しているからである。ルノドーがカロルス・ボヴィルスについて指摘したことは、ポステルの態度を略述するのにも同等の説得力を持つであろう。

彼にとって言語学や論証学は、唯名論者の狭量な思想を攻撃したルフェーヴルやその他すべての者と同様、……実在の学についての序論にすぎなかった。ルフェーヴルと同様彼にとっても、世界の現実は、五感に直接明示的な現象の総体にあるのではなく、可視的自然を超えて世界を支配する法や神秘的意思の体系にあった。(107)

肝心なのは、ポステルの認識論が、その心理学や社会思想と同様、宇宙の究極的秩序の存在を肯定するもうひとつの勇敢な試みだったという点である。

しかしながら、人と神との関わり合いという究極の問題は、別の大きな次元をはらんでいる。この問題において認識論は重要であり、われわれが見たような解決を受け入れるものだった。しかし他の課題もあり、認識問題でさえ別のレベルからアプローチしうる。知的に解決しただけでは自らの欲求を満たしきれないというのがポステルの個性の本質なのだ。それに、知的解決策も神話および鮮烈な個人的体験に融合させないと気が済まなかった。このような付加的な経路を通じて、彼は宇宙の秩序をさらに深く探り、その統一性についての理解を深めることができたのである。

第五章　仲保と預言
——ポステル思想の神秘主義的側面と心理学的側面

抽象的な形而上学的原理としての〈アニムス・ムンディ〉と〈アニマ・ムンディ〉は、ポステルの知的要求を満足させた。彼はこの両原理のおかげで、宇宙を可知的統一体として把握できた。宇宙の多様な現象は、性的引力の法則によって調和をみるのだ。しかしポステルは知的満足以上のものを求めた。ここにこそポステルのアウグスティヌス主義が最も強く現れているのだが、彼は、自分の存在をまるごと飲み込んでしまうような究極の圧倒的運命を直接体験することを切望したのである。実際、知的総合という目的に効果的か否かは別にして、現実を理解するためにポステルが選んだ方法こそ、彼の形而上学には彼のパーソナリティーが深く絡み合っていることを暗示している。ポステルは神的秩序を理解しようと望んだだけではなかった。その中に自分の居場所を定めようとも望んだ。彼が希求したのは、世界のみならず自分自身の救済でもあった。

彼の個性のこの特質は、その思想の最もまごつかせる局面を説明してくれる。ポステルは〈アニムス・ムンディ〉と〈アニマ・ムンディ〉を知的原理としてだけとらえることに満足しなかった。それだけだとその働きは遍在的ではあるが、抽象的であり遠ざかったままになる。それより現実における双方の歴史的受肉を力説した。神の究極の知恵の現れである〈アニムス・ムンディ〉は、当然のことながら、受肉した御言と同一視される。〈アニマ・ムンディ〉はといえば、自分自身の体験に参入してきた。ヴェネツィアの童貞女、すなわち彼の母ジョアンナの体に入り込んだと考えたのである。そして自分自身は、両者の神秘的婚姻から生まれた長子だと信じ込んだ。

一

秩序ある統一体という問題のより広い文脈における彼の第一の関心は、先に見たように神と被造世界の仲保に向けられた。マルティン・ルターなど当代の主導的思想家の多くと同様、ポステルは神が遠ざかって見えることに深い懸念を抱いた。この不安を鎮めるために出現したのが、ルター派を含むルネサンスと宗教改革の宗教的かつ知的体系であり、それらは多大な影響力を持った。そしてポステルの見解の一部は、超越的神性の内在的働きを説明するという、永遠かつ当時は特に切実であった問題を解決しようとするエキゾティックな試みとして解釈されなければならない。

ポステルの仲保論の知的先駆者として、誰よりもまずニコラウス・クザーヌスとその信奉者たち、なかんずくルフェーヴル・デタープルをあげなければならない。ポステルにとってこの伝統を補うのが、ローマカトリックの新プラトン主義、カバラ、そしておそらくは、神の超越性とそこから派生する問題を強調したムスリムの思想家や宗派であった。神は永遠・無限・不動・不易であり、被造世界はすべての点でその反対であるとポステルは力説する。それゆえ、人間と被造物が創造者と関わり合いを持てるような中間地帯が必要となる。というのも、「仲立ちするものなくして端から端には行けない」からだ。

それどころか、仲保者なくして創造行為そのものも不可能であると確信していた。神が単独で宇宙を創造できなかったことは自明であると述べているのだ。[1]しかしポステルのこの問題の解決案は、たんなる正統的キリスト論のロゴス概念ではなかった。もちろんロゴスを彼独自の解決策に組み込もうとしたが、彼の見解の要はカバラだった。

カバラは、超越神の有限の働きの問題に対して、神格をセフィロートと呼ばれる十の等級すなわち力に分割することで対処した。セフィロートは等級がくだるにつれて、人間が経験的に近づきうるものとなる。第一セフィロートはエン＝ソフで、究極の超越、無限、否定によってのみ定義できる神である。しかし、エン＝ソフが自らの深遠に退却すると、そこから一連の創造の衝撃が発し、ひとつがもうひとつを連鎖的に誕生させ、十のセフィロートの体系が完成する。このように生成したセフィロートは創造世界全体に関わる。セフィロートは、神が人事に介入する手段にして、神の自己啓示の方法でもある。それゆえ、神が人事に働きかける経路であると同時に、人間が究極の真理を理解し、神との一致へといたる上昇の経路でもあるのだ。セフィロートは可知的・可感的・物質的世界に潜在する霊的現実を構成する。すなわち、性——セフィロートには性別があるから——、色・数・文字・ことば、そして人間の知性・精神・身体の特性を構成するのだ。人体との関わりとしては、セフィロートは組み合わさって、ポステルも精通していた概念である〈アダム・カドモン〉、すなわち原人あるいは原型的人間を作り上げる。[2]セフィロートは人間経験のあらゆる局面に隅々まで行き渡って、万物にわずかばかりの神性を分け与え、宇宙全体に霊的意味を与えて統合する。ポステルが有していたような欲求を満たすのに、セフィロート体系が有益であったことは明らかである。[3]

ショーレムが力説したように、セフィロートは厳密に言うと、ヘレニズムの形而上学で言われる媒介的動因に似た〈仲保者 mediators〉ではなく、神そのものの示現であることははっきりさせておかなければならない[4]。しかしこの区別はポステルにとってなんの意味もなかった。無視するほうが自らの目的に沿っていたのだろう。ときおり、仲保の問題を定式化するさい、仲保者を神の外部にあるが、神に従属する存在として語る。他方、これから見るとおり別の箇所では、セフィロート、あるいは少なくともそのいくつかを「真の神から出でたる真の神」と明言しているようにも見える。しかしこの見解も、セフィロートを天を動かす十の知性体として記す段になると、どうやら決定的とは言えなくなる[5]。わざと曖昧に言っているように思えることさえある。例えばこう述べる。不動の動者である神は世界を動かすが、直接的にではない。そうなると神が動かなければならなくなるからである。そうではなく、「神ご自身から発し、そのペルソナと不可分な」流出した諸力によって動かす。これは「ヘブライの預言者によって最初の十の神の名あるいは天使の諸力と呼ばれる[6]」。ポステルには、微妙ながらも重要な概念を知的に弁別できない、あるいはしたがらないケースが多々見られるが、これもそのひとつである。しかしポステルにとって肝心だったのは、どのようにしてであろうとも、神と人が一致することだった。ポステルはこのように矛盾を解決しないままセフィロートの体系を活用したから、自らの体系を古代思想、カバラ思想、キリスト教の諸要素を組み合わせて思いどおりに包括的に構築できたのだ。

カバラとキリスト教の両立を最初に試みたのは実はユダヤ人であった。十三世紀のアブラハム・アブラフィアは、それによってキリスト教徒をユダヤ教に改宗させようとし、神を父と子と聖霊の三位一体に弁別したキリスト教の教義をセフィロートに応用した。そして彼の信奉者たちがスペインとイタリアにこのやり方を広めた。しかしそこから生じたのはむしろユダヤ人のキリスト教への改宗であった。そしてのちのルネサンスのキリスト教カバリストは、まさしくこれを望んでアブラフィアに倣った。彼らの通常のやり方は、三位一体の三つのペルソナを、セフィロートの一番上の三つと同一視することであった。隠れた神であるエン＝ソフは神の至高の冠（ケテル）として知られる。これが父なる神と同一視された。第二のセフィロートである神の知恵（ホクマー）は、宇宙の理念型の創造者として解釈された。これが子なる神と容易に同一視された。第三は神の悟性（ビナー）で、この理念型を分化した被造世界に転写したとみなされ、聖霊となった(7)。

　ポステルは一部この一般的なやり方に倣ったものの、現実に目指したのは、ユダヤ教とキリスト教を折り合わせる以上のことであった。人間と神に関するあらゆる学派の知恵を折り合わせようと望んだのだ。そして、セフィロートの体系をユダヤ起源であるとの理由で神的啓示の一形態としてとらえ、それが神から与えられた道具として知的合意を達成し、人間の思想体系に含まれる識見すべてに通底する真理の究極的構造を作りなすと思いいたった。アリストテレスと新プラトン主義の仲保者の構想も、彼にとってはカバラから派生したものだった。ポステルにとっては、救済と受肉の観念をともなったキリスト教自体、ユダヤ人が長く所持してきたものの、その究極的含意に絶えて気づかなかった大きな真理の限定された表現にすぎなかったのだ。

　この大きな目標を持ちつつ、ポステルはセフィロートをまったく独自の方法で活用した。つまり、元のセフィロートからは四つか五つの属性を選び、最終的には三つの原理をキリスト教の三位一体と数でのみ対応させたのである。それも多くの場合、神の諸様相を構成するというよりも、神格と被造世界の中間地帯を占めるものとして扱った。第一セフィロート、すなわち神格の最高位の冠をほとんど無視して、第二・第三セフィロートを独自の体系に取り込み、これに第四セフィロート、すなわち神の愛（ヘセド）と、最後の神の王国（マルクート）、『ゾーハル』では女性とされるシェキナーの属性を付加する。

ポステルはこれら種々の原理から〈アニムス・ムンディ〉を導出し、おおむね第二セフィロートの父性ならびに知恵と同一視する。〈アニマ・ムンディ〉は、第三セフィロート・ビナーの形而上学的役割およびシェキナーの女性性と臨在性を組み合わせたものだ。この両者の子、ビナーの胎から生まれる長子は、神の愛を表す第四セフィロートである。つまりポステルは諸原理を家族の成員同士の関係になぞらえたのだ。セフィロートを家族になぞらえる解釈はすでに広く流布していたが、これはポステルが偏愛したヨアキムとも相性が良かったことは意味深長である。ヨアキム自身、世界の三つ時代を、父、母、そして終末の象徴であるこの両者の子と関連させていたのだ(8)。

〈アニムス・ムンディ〉と〈アニマ・ムンディ〉の多彩で抽象的な形而上学的・心理学的機能については先に述べた。次に、ポステルがいかに両者を自分の霊的両親として、個人的神話と宗教的体験に組み込んだかを見ていこう。本章のテーマから見て重要なのは、彼が両者の歴史的受肉を信じていたことであり、その詳細についてはすぐ先で検討する。このような考えを抱いた一因には、ポステル個人の夢想があっただろうが、それにも前例があることがこれまで見過ごされてきた。それは殊に、ポステルが通じていた可能性が高い東方宗教の伝統に見いだされる。中東のある宗派、特にドルーズ派はポステルと同様にこう考える。神格は七つの原理から構成され、ひとつの原理から別の原理が順番に発出し、そのひとつひとつが時代の節目節目に人間に受肉する。ドルーズ派のこの概念の定式化は殊にポステルの理解に資する。その背景にはもちろん、セフィロートの体系にも影響を与えた新プラトン主義の周知の仲保原理がある。ドルーズ派は、宇宙を創造し、受肉して人類を啓発する三つの個別的原理の存在を信じた。この原理とは、普遍知性(アクル)、普遍魂(ナフス)、そして御言であり、御言は魂と知性との結合によって生まれると考えられた。さらにこれらの原理は、この宗派の指導者たちの姿をとって歴史的に実在したと信じられた[9]。ポステルがドルーズ派に通じていたことは確かである。少なくとも聖地からマシウスに宛てた手紙では、彼らの信仰についていくらかの知識を披瀝しているからだ[10]。この宗派の秘密主義的傾向を考え合わせるなら、ポステルがその信仰について詳細な知識を持っていたと強弁するのは性急だろうが、両者の類似は控えめに言っても目を瞠るほどである。いずれにせよポステルの思想は、その最も極端な局面においても、たんなる個人的で奇怪な妄想としてかたづけられないことをはっきりと証明している。

ポステルの体系と東方思想との類似性は、受肉した三原理に振り分けた関係と機能によって強調される。ポステルの言う父と母と子は終極的には、万物を人間の幸福のために整序する役目を持つ一方で、最も大事な義務は究極的真理を人間に教え込むことにあるとポステルは断言する。「神の究極の意図は、これら三つの普遍的仲保者によって万人の心に刻まれた法あるいは道理が、知性あるいは第一原理の光によって現れ、保たれることで、人間が真に理性的動物、神の類似にして似像となることである[11]」。このような教育的機能を持つがゆえに（アリストテレスの術語を取り入れるためでもあるが）、ポステルはこれらの原理を特に知性という形で構想した。

別々の三つのペルソナは必須であり、それらは能動あるいは形相的知性、受動あるいは質料的知性、そして作られたあるいは被造的知性と呼ばれる。一般的父は権威の源泉、母は理性の一般的基《もとい》、第三の子は権威と理性の双方を教える。一体となったこれら三つのペルソナの役割は、神の知識の光によって世界を照らすことである。これらの一般的範疇が神と結合するように、個々人も全員が神と結合し、そうして人間は自分たちが知られるように知るようになろう[12]。

つまり、三原理は究極の知識を教えるという務めを果たすことで、人類を神と和解させる。そしてポステルは、哲学と神話の奇怪な混合によって、三原理を三段論法と同一視し、人類の教師としての役割を強調する。権威の父なる知恵（大前提）と理性の母なる知恵（小前提）との結合から結論が生じると考えたのだ。

そして、至高の形相の至高の権威、あるいは人間は知性と対応し、正しく理性を働かせる至高の力すなわち深慮と正義の源泉は、下位の理性に対応するのだから、前者は父性と、後者は母性と関連する。さらに、子はその二親から権威と理性を受け継ぐのだから、父は大きなこと［大前提］に、母は小さいことに［小前提］に、子は帰結［結論］に優れているはずである[13]。

真理の伝達は至高の重要性を持つために、この三原理の知識を人類に広めるのも最重要であるとポステルは断言する[14]。

彼の第一の関心は、時系列順に考えると、仲保原理のうちの最上級のものにあった。それを彼は様々に呼ぶ。すなわち「キリストの霊」、権威の宇宙的原理、「一般的父」、「仲保者の魂」、「アニムス・ムンディ」――これはエチオピア教会で正しく理解されていたと考えた[15]――、さらには神の御言と知恵。ポステルはその本性と役割について、一五四七年に上梓した三冊の著作『秘められた事物の鍵』『最後の仲保者の誕生について』『パンテノシア』で縷説した。彼にとってこの至高原理は、創造の形而上学的原理にして個々の魂の神的救済者、万物をその原初の完全さに戻すメシアとなった。

この三機能は各々、ギリシア的思弁、キリスト教の個人救済の要請、ユダヤ教のメシアあるいは千年王国待望論の必要に応じたものであるが、ポステルはこれらの機能を、仲保者の多重誕生理論によって完成しようとした。〈アニムス・ムンディ〉は出生、誕生あるいは降臨を繰り返す、ないしは繰り返すはずであると彼は力説する。そして現れ出るごとに付加的な働きを果たす。第一の誕生は、神格の内部での不断の出生、エン゠ソフの深淵からの創成である。この出現とともに創造の御言――いまやポステルはこれをキリストと呼ぶ――は存在を獲得するが、絶対的な潜勢態、イデアの構造としてのみあり続ける。物質的創造に他ならない第二の誕生によって、潜勢態は現勢態に転じ、永遠なるものに有限の完成態が付け加えられる。第三の誕生は歴史的受肉で、それによって人間の霊的側面、すなわち〈アニムス〉に対応するすべてが救済される。純粋な霊的誕生ととらえられる第四の降臨は、メシアの時代の幕開けと人間の〈アニマ〉に対応する部分の救済の始まりを告げる。最後の最後、世界の終末には、キリストすなわち〈アニムス・ムンディ〉が再来し、最後の審判を司る。[16] この種々の誕生のうち、キリスト教教義に不可欠な第三と最後のキリスト再臨についての説明が最も簡略なのは注目されるが、それはたんにキリスト教世界ですでに十分認知されていると思ったからであろう。

第一第二の降臨において、〈アニムス・ムンディ〉は形而上学的役割を果たす。神格の隠れた泉から派生した第一セフィロートとしての〈アニムス・ムンディ〉は、「すべてのセフィロートすなわち上位の知性の諸世界と神の名のすべて」を含み、[17]「世界全体を形成する形相因」であるとともに、「男性性から女性性へと向かうすべての男性的種子の力」の背後にある原理である。不動の動者はこの能因を通じて最初に運動を与える。そしてニコラウス・クザーヌスの仲保者と同様、有限と無限の対立は〈アニムス・ムンディ〉において一致する。[18]〈アニムス・ムンディ〉は人間と神の一致の至高の原理であり、これによって人間と全被造物は、定められた目的すなわち神の認識と崇拝へと動かされる[19]。

しかしポステルにとって〈アニムス・ムンディ〉は、例えばフィチーノ思想におけるようなたんなる形而上学的便宜ではなかった。キリストの贖罪の働きは、むしろその哲学的仲保者としての機能よりも重要ですらあった。この点において、ポステルはむしろシュヴェンクフェルトなどと親近性を有していた。シュヴェンクフェルトにとってキリストは、何にもまして新しいアダム、新しい世界の長子であり、霊的人間と結合し、そのうちで再生するはずのものであった[20]。ポステルにとってキリストは、男性的領域の全体すなわち被造世界の上位の部分の不可欠な救世主であり、その救済の業を正統キリスト教で言われる歴史的受肉によってなした。この第一の仲保者が神性を有するか否かは曖昧だが、ポステルの哲学的方向性を例証している。彼は自分で思っていたよりもアリウス派に近かったのである。

しかし、形而上学的道具立てとしての宇宙の男性的力も、自己完結したものではない。能動知性は可能知性を必要とする。〈アニムス・ムンディ〉はアダムと同様、その創造の業と万物の動者にして維持者としての役割の双方を果たすための助け手を必要とする。エバと同様、男性の実体から抽出される補足的女性性のセフィラーの助けが不可欠であることは、〈アニムス・ムンディ〉の贖いの務めにおいてこそかえって際立つ。というのもポステルは、キリストの救いの業には必然的に限度があると信じたからだ。女性的世界に属する理性と自然の領域全体が救われないままなのである。この問題を解決するためにポステルは、女性仲保者の入念な理論を仕上げ、ついには、キリストよりも新しいエバ、すなわち〈アニマ・ムンディ〉の教義に多くの注意を払うこととなった。そのうえ、彼の〈アニムス・ムンディ〉の扱いが、ヘレニズムのキリスト論で一般的なテーマのヴァリエーションとして解釈されうる一方で、〈アニマ・ムンディ〉の教義は彼が新しい方向に進む好機となった。さらに、当代の権威筋と衝突する大きな要因のひとつともなった。

女性的霊の教義の主たる出所は、『ゾーハル』では様々な名と姿で登場するカバラ概念のシェキナーだった。セフィロートの最後、最も下位に位置するシェキナーは、創造世界で直接働く神格の様相であり、神の内在者でありながら天から亡命して下位の世界に働きかける。この意味でシェキナーは、人類に神を啓示し、その御言と意思を告げる聖霊である。つまり人間からすれば、シェキナーは神との交わりの入り口なのだ。イスラエル共同体（キリスト教徒の読者からすれば真の教会）との関わりにおいては、シェキナーは神との本質的な絆を表す。女王、娘、神の花嫁と様々に呼ばれるシェキナーは個々人の霊的母でもある[21]。

ポステルはこれらの見解をすべて踏襲しつつも、女性原理の抽象的な形而上学的役割により大きな力点をおいた。彼はシェキナーの働きのこの性格を例によって荘重な文言でこう略述している。

したがって私は以下のことを全教会ならびに人類の未来の世代に向けて宣言する。私が中間的自然すなわち〈アニマ・ムンディ〉――〈一般的父性〉が神から発するように、その至高の大本は〈一般的母性〉である――を語るとき、私が理解し、理解したいと望んでいるのは他でもない、神的力の堆積、塊、蓄積、結合体、集合体のことであり、本来なら絶対動かず動かさない神がそれを通じて個別的出来事に働きかける。そしてそれを通じて、万物に行き渡りながら空間に自らの場所を持たない神が、神的力の集積の中で場所を占める。つまり私が述べているのは場所を占め動く摂理であるシェキナーのことなのだ。それによって神は万物を配置し、支配し、しかるべき位置で支える。それはわれわれの魂が、定まった場所を持たず、自ら動くことなしに体全体に場所的に行き渡って、その力によって動かし、支配し、生命を維持するのと同様である。[22]

つまりポステルにとって女性原理は、神が物質世界に関わる手段なのである。それどころか宇宙原理として自然そのものである。女性原理は、一般的意志をあまねく個別的に適応し、場所運動を可能にし、一切の個別的摂理の背後にある能因であり、永遠の存在と時間に限定された存在が出会う場である。[23] それゆえシェキナーについての知識は哲学と神学双方にとって不可欠である。この知識なくして、「完全に不動の神がいかに摂理の個別的働きをなすのか、無限と有限はいかなる関係もないのに、無限の神性と有限の人間性がキリストにおいて一致することがいかに可能となるのか、誰も教えられない[24]」とポステルは断定する。

ときにポステルは、シェキナーを神のたんなる能因、神格の外にある原理として語ることがある。それで、妻が夫と協働するように、シェキナーは神とともに働くと述べる。[25] しかし、〈アニムス・ムンディ〉の概念と同様ここでも一貫性を欠いているうえに、女性原理は人間経験に参入する神の現前であるとする『ゾーハル』の立場に一層傾いているように見える。この解釈は、「主の祈り」第二節の解説で現れる。

なぜ「天にいます方」なのか。それは神は遍在し、地をも天をも等しく満たしているが、その荘厳なる力の効果は、世界の下位の部分よりも上位の部分で一層よく現れるからである。天にいるのが万物を秩序づける能動知性であり、その下に、女が男の下にあるように、この地上で万事を執行する受動知性がいる。[26]

さらに言えば、ポステルにとってシェキナーは、人間への神の自己啓示の原理となった。実に三位一体の全要素を包含する神の霊に、そして最後には、三位一体の中の聖霊となった。なお、聖霊の臨在あるいは不在はキリスト教会において真の聖性と権威の試金石である。[27]

しかしポステルにとって、シェキナーの形而上学的機能や、神と人との交信手段としての働きより重要だったのが、「下位の世界」の贖い主としての役割であった。その救世主としての役割概念はつまるところ彼の信念に基づくものだが、この信念も、万物は失墜以前の原初の完全さに必ずや回復されなければならないという、少なくともオリゲネスにまで遡る伝統に則ったものであった。なるほどキリストは上位の世界、霊的次元全体に救いを与えた。しかし、その務めはまだ半分しか果たされていない。自然の下位の世界、殊に人間本性の下位の世界も同様にサタンの勢力から解放されなければ、神の意図が挫かれることになるが、こんなことは考えられないのだ。

なぜ男性原理であるキリストがこれを達成できないのか、ポステルはその理由をいくつか考えた。依然救済を待っている領域は女性的領域に帰属するからというのが第一の理由である。それゆえ宇宙の健全な秩序は女性的なものの介入を必要とする。しかしそれにもまして、〈アニムス・ムンディ〉にはその形而上学的性格に由来する大きな制約があった。知性の領域に限定されるために、一般的イデアとしか関われないのである。イデアの個別的現実化は必然的に女性原理のみの責務となる。それゆえ、〈アニムス・ムンディ〉が例えば一般の不死を保証するものであっても、〈アニマ・ムンディ〉のみが個々人の不死を可能にする。つまりポステルの教説は、十六世紀人が共有していた形での霊魂の問題に解決

案を提示するものだったのだ。彼のことばによれば、

一方に天の種子が、他方に地の種子がある。一方は常に斉一な天に似たものを地に生み、他方は地を天に生み植え付ける。なんとなれば、人間が母性から物質と体と魂を持って生まれなかったなら、天には、神の永遠の栄光に対して、霊的・微細・迅速・非受動的な体を表す一人の個人も存在できなくなり、そうすると、約束においても現実においても、神はその最初の意志を挫かれることになろう[28]。

最後にポステルは、悪は女性を通じて世界に入り込んだのだから、贖いも女性によって到来するのでなければならないと論じる。

そして確かに、人の子のすべてが［古い］エバの罪のせいで滅び、それゆえ万人が母の胎内で悪と結びついてしまったように、救いは善の種子から到来しなければならない。悪が同じように到来したように……。人の子のすべては［新たに］たった一人の母から生まれなければならない、ちょうどたった一人の母の中で殺されたように[29]。

つまりシェキナーは新しいエバと同様、古いエバに損なわれたものを修復する務めを負っている。もちろんある重要な意味において、〈アニマ・ムンディ〉の業はまたキリストの業でもある。エバがアダムの脇腹からとられたように、シェキナーは結局のところ神の知恵から発したものだからだ。それでもシ

エキナーには独自になすべきことがある[30]。

ポステルは宇宙万物を男女に分けたが、それは人間が普段経験する性差と完全に対応しているわけではなく、現世での霊的経験は女性原理の領域に帰属するというポステルの信念が女性の評価に影響している。それに彼の意見には別の影響もうかがえる。ポステルは、中世・ルネサンスの預言運動において女性が傑出していたことに明らかに感銘を受けた。あるところでは、シビュラと並べて、カタリナ、ヒルデガルト、メヒティルト〔一二〇七頃―一二八二頃。ベギン派で『神性の流れる光』を残した〕、ビルギッタ、フォリーニョのアンジェラ〔一二四八頃―一三〇九。フランシスコ会第三会員で『幻視と教えの書』を残した〕に言及したのち、彼女たちの著作は、女性が男性よりもはるかに「神のことばを完璧に理解し尽くすことによって得た曇りのない啓示に恵まれている[31]」様を示していると断定する[32]。女性の宗教的洞察力についての関心はここでも自由心霊派兄弟団とヨアキム派の影響を暗示している。それどころかこの類似は偶然の一致以上のことを示している。というのも、リストに含まれているフォリーニョのアンジェラはカザレのウベルティーノの霊感源だったからだ[33]。このようにカバラは、ポステル思想の他の多くの側面においてと同様、当代のそれ以外の思潮を裏付けし、どうやら正当化もしているようなのだ。『ゾーハル』自体シェキナーの観念を拡大して、女性の霊力と漠然と関連させることもある。ポステルも、「男が家庭にいるとき、家庭の基は妻である。というのも、シェキナーが家から出て行かないのは妻のおかげだからだ[34]」などの考察を心に留めたであろう。

女性の霊的優位についての彼の説明は、女の弱さを強調する中世の紋切り型と、その霊的もろさを補うために女には特別の恩寵が与えられたという理論を風変わりに組み合わせたものである。女は五感の下位世界に支配され、その理性の程度は男よりも低いことは認める。しかし、「最も暗い闇のあるところ、最も明るい光があることは間違いない」とも述べる。したがって、女は必然的により大きな神的啓示を授かると続ける[35]。これが、ユダヤ社会で男預言者の役割がそうだったように、異教徒社会でシビュラが傑出した霊的役割を演じた理由であるとマシウスに書き送る[36]。当代の〈イリュミナティ〉に女性の比率が高い理由をも説明するものだったかもしれない。ポステルによれば、女には特別な恩寵が与えられているから、「殊にイタリアでは」女は男よりも宗教的戒律を遵守する。「本を一冊も読んだことがないのに、世界中のどの男も劣るか、少なくとも凌駕した男がいなかったほどの高い聖書の知識を持つ数多くの女、少女、修道女、平信徒」に彼自身会ったと報告している。女性が学問に秀でているのは、シェキナーの現前となにがしかの関係があると思っていたようだ。というのも、ポステルは学識ある女性の例を続けてこうリストアップしているからである。すなわち、アスパシア〔前四七〇頃—前四一〇。ペリクレスの妾〕、オリュンピアス〔前三七五頃—前三一六。マケドニアの王妃、アレクサンダー大王の母〕、サッフォー〔前七世紀頃のギリシアの女性抒情詩人〕、コルネリア〔前二世紀ローマの典型的賢夫人〕、女教皇ヨハンナ〔八五五—八五八に在位したとされる〕、トマス・モアやギヨーム・ビュデの学問好きの娘たち、ルイジア・シゲアなる女、あるポルトガル人侍女——彼女の教養あふれる書簡にかつてポステルは教皇に代わって返書をしたためた——、イザベッラ・ロセラなるローマ在住のスペイン人女性、アンリ二世の妹マルグリット・ド・フランス[37]。これにはへつらいの要素が多分に含まれているだろうが、彼が知り合ったり噂に聞いた女性、彼が読んだ女流作家の宗教的直観や知的活動に正真正銘感銘を受けていたことは別の証拠からも明らかだと思われる。ポステルにとってこのように感銘を受けた理由は、彼が理解していたような宇宙秩序の点から説明されなければならないものだった[38]。

しかし、ポステルが「母ジョアンナ」と呼ぶヴェネツィアの聖女、すなわちヴェネツィアの童貞女とシェキナーとの同一視は、まったく別の性格を持つ。彼女について初めて記したマシウス宛書簡で、は

やくもポステル は彼女を〈世界の母〉、さらには新しいエバと呼んでいる。[39] そして彼女について書き継ぐにつれ、彼女を〈アニマ・ムンディ〉の現実の受肉と考えたことが明らかになっていく。それはイエスが神の御言、〈アニムス・ムンディ〉の受肉であるというのとまったく同じ意味である。こう確信したのは、なによりも彼女との会話から感じられた霊的洞察力に深い感銘を受けたからであった。彼の記述によれば、彼女の話を聞いていると、「自分が死んでいるかのように、自分ではないかのように感じた。というのも、私はこれまで多くの優れた神学者たちを読み、観想の助けによって(無限の神のおかげで)ちょっとした神的恩寵も経験していたが、彼女のように合理的で気高い概念に達することは絶えてなかったからだ[40]」。この特異な主張を裏付ける最も一貫した議論は『女の勝利』にあり、そこではそれまでの記述がこう要約されている。

しかし、過去現在そして未来に存在する全被造物のうち最も素晴らしいのは、母ジョアンナ、新しいエバである。彼女は三十年ものあいだ不断の霊的精神的観想にあって、同時に、施療院で貧しい病人に奉仕し、男も女も少女も孤児も世話をしていた。彼女について私が見たかくも偉大な奇跡は、わが父にして彼女の夫である新しいアダムの奇跡を除く過去の一切の奇跡を凌駕する。彼女の活動は主としてヴェネツィアの聖ヨハネ・パウロ施療院とその前はパドヴァでなされた。そして彼女のうちにある女性的知恵はとにかく偉大で卓越したものであった。私が『ゾーハル』をラテン語に訳しているときには、ラテン語もギリシア語、ヘブライ語その他の言語も習ったことがない彼女が、過去三千年間隠されたままであった玄義と秘密の教えを私に解説できた。そして彼女一人ではなく、わが父イエスの霊が彼女のうちで話していることを示すためにこう語った。「主がこのように仰せになりました」。彼女は聖書の無数の玄義を私に明かすことに加えて、サタンの王国の崩壊と来るべきキリストの王国の復興について預言した。[41]

残念ながら他の史料からはこの女性について知ることは何もないが、ポステルの記述の行間からは、カトリック改革の時代のイタリアでは珍しくなかった篤信女の姿が垣間見られる。

ポステルは彼女にかくも気高い役割を与えた。母ジョアンナ、〈アニマ・ムンディ〉は、ポステルが依然忠誠を誓っていた教会よりもはるかに字義的な意味において、キリストの真の花嫁、御言の伴侶であるとされた。このような彼女に対する彼の責務は、新しい時代の幕を開け、キリストの救いの業を成就させることであった。新しいエバと新しいアダムの結婚によって、古いエバと古いアダムによって壊敗した人間の原初の完全性は復元される。彼らの霊的子は今再びエデンの無垢を享受するのだ。

古いエバの堕落によって堕落し、殺され、神に刃向かった生まれながらの罪人は皆私と同様、彼女の霊の実体から完全に復元されることが、天において決定済みであることは絶対確実である。……というのも、新しいアダムと新しいエバが、二人でひとつの霊的肉となって、万人の精神的父イエスと霊的母ジョアンナになるべきだからである。[42]

ポステルの自己観、その霊的両親との関係、新しい時代での役割、これらが彼の体系を完成しつつ、ヴェネツィアの童貞女と彼女の役割についてどう考えていたかをさらに説明してくれる。彼は自分自身が新たな摂理の時代の長子であり、新しい福音を同時代人に伝える任務を負っていると信じた。この資格において彼は、究極の真理のメッセージを直接人類に伝えるという特別の任務を与えられた神性のもうひとつの発現として、セフィロートのヒエラルキーに加わる。この考えの糧となったであろうムスリムの宗派の術語を使うと、ポステルは〈イマーム〉、理性が地上で受肉した者であり、救済に不可欠な知識を広め、新しい歴史の幕を開ける務めを負っていることになる。(43)

彼の母ジョアンナは、彼自身について、そして神の計画における彼の役割について相当詳しく話したようである。ポステルのことばによれば、「なかでも彼女は、私が彼女の長子となると述べたが、正直言って私には理解できなかったし、信じもしなかった」(44)。一五四九年に彼女と別れて聖地に発つ段になると彼女は最後の預言をしたが、理解できずにだんだんと忘れてしまったという。すなわち、彼女がじきに死ぬことを告げ、こう言い足した。

私はあなたにわたしたちのふたつの衣にくるんだふたつの素晴らしい贈り物を贈りましょう。そしてあなたはわたしたちの長子となり、知性と理性によってわたしたちの玄義の真理を理解させるでしょう。ふたつの贈り物のうちひとつは完全な知能と復元された知性で、もうひとつは真に修復された理性と心の完成です。それとともに、私が天からあなたの中に入るときあなたは、このふたつの武器とともに、全人類を神への恭順へといたらしめる手段を授かるでしょう(45)。

この意味がわかったのは一五五一年クリスマスの少しあとの劇的体験においてであった。「彼女が昇天した二年後、彼女の霊的体と実体が私の中にくだり、体全体に広がったのを感じた。それによって、私の中に生きているのは私ではなく彼女となった(46)」。この経験はポステルの自己解釈において決定的な意義を持つことになったために、少し詳細に検討するに値する。幸運にも、この体験についてはその後の著作にヒントが散在している他に、一五五五年のヴェネツィア方言で書かれた著作『別世界からの第一報』でその全貌が明かされている。残念ながら記述が一貫していないのはポステルらしいが、これをもとに出来事の経緯と体験の性格をそれなりに鮮明に描き出すことは可能である。

彼の報告によれば、フランスに帰国してから一年ほど経過して、ちょうどクリスマス［彼の霊的父の誕生日である］を「この祝祭にふさわしい熱意で」祝っていた。それから試練が始まった。最初は食べることも眠ることもできなくなったらしい。彼の解釈によるとこれは、死去して以来いつも彼に寄り添い語りかけてきた〈世界の母〉が、彼の死すべき肉体が浄化され霊化されるという「恐るべき神秘」を彼に理解させるための準備であった。それに肉体と霊双方を巻き込む体験が続く。壊敗した死すべき実体が部分ごとに「分解され」、「第一質料に還元され」、残ったのは古い外形だけになった。肉体的変化に畏怖と恐怖の感情がともない、そのあと底知れぬ鬱状態に陥った。殊に神の裁きに思いいたると死ぬほどの恐怖を覚えたとポステルは述懐する。「この世の万人は、そのような恐怖の一端でも感じるよりは千度死んだほうがましだと思うだろう」。罪の意識と死の恐怖に襲われながらも、地上の肉体には病気の徴候すら現れなかった。ポステルは終油を授かり遺書をしたため、死を待った。

いまだ絶望の淵に沈んでいたそのとき、「至上の栄えある母」が現れ、ポステルは体の感覚で再び彼女を察知できた。彼女は彼の忘恩と信頼の欠如をなじりつつも至高の慰めをもたらした。「贖いと復元の衣と上衣、私の罪の一切の赦し」を彼女から授かったのだ。彼の恐怖はすぐに限りない喜びに変わった。その一方で、この新しい霊的衣が彼のもとに降りてくるにつれて、彼の実体は今一度少しずつ変質していった。彼は骨や肉、その他の感覚を有する部分にこの過程が進行するのを感じ、体全体に行き渡って作り直されると、最後には脳の変質が始まった。あたかも「何千もの天使の力と業」が自分にかかりきりであるかのように感じた。この過程は古い体の皮膚の方々で急速に進行したために、体はあたうかぎり微細になってしまったかのように思われた。

最初は、燃える柴を前にしたモーセのように吃るだけであった。そのあとの体験を彼は明らかに至福の幻視とみなしている。彼はこう記す。「太陽が姿を現し、それを私は復元された目でもって見ることができた。目をそらすことなくじっと一時間ほども直視したのだ。その光の美しさは、この世のどんな美や宝石の色などもそれと比べると暗く醜く見えるほどであった」。太陽の周囲には「虹の色に似た無限の美と光の環」も見た。この瞬間から、眠る必要もなく飢えや渇きを覚えることもなくなったという。それどころか、口から入ったものはすべて蒸発して、「自然の成り行きに従ったのはかろうじてその百分の一であった(47)」。

身体の変調に新しく授かった力が奇妙に合わさって、完全な霊的平安が訪れる。ポステルは存在の新しい次元へと再生・再創造されたことを確信した。これはシュヴェンクフェルトが構想した救済概念に酷似している。ポステルはこの体験を身体の変化を中心に描写しているが、それは再生というものをほとんど字義どおりに理解していたからである。彼は霊的母すなわち〈アニマ・ムンディ〉の子として生まれ変わり、そうして古い死すべき殻を彼女の霊的実体と入れ換えるよう命じられた。というのも、他の著作で述べているように、子というものはその構成物質からすれば、もっぱら〈母が殖えたもの〉だからだ(48)。

しかし、彼にとってこの体験は、自分だけの救いと贖罪以上のはるかに重要な意味を持っていた。人類全体に無限の影響を及ぼす事件が発生したことをポステルは確信していた。彼の解釈によれば、自らの新たな誕生は人類の霊的歴史の新しい時代の幕開けであり、彼自身がその最初の能因にして主導者となるのだ。かくして、一五五一年の宗教的体験を境にポステルは過激な自己観を持つにいたったことがわかる。すなわち、神と人間世界との仲保者、そして何よりも来るべき世界の時代、終末の時代の先駆者として自らをとらえるようになったのだ。

ポステルの新しい有り様にはいくつかの特徴がある。彼は、仲保者の役割を持つ三つのセフィロートのうちの第三のものとして、独自の方法で神的性質を獲得したと信じた。イエスとシェキナーの長子として、いまやメシアの精神と新しいエバの霊を地上で代理する者であると考えた[49]。「新しい人間」の最初の者として、原罪の穢れが霊的実体に置き換えられた[50]。そして自らを、この変身体験を意味する様々な呼称で呼ぶようになった。すなわち〈再生者〉〈復元者〉〈新しいカイン〉(つまり新しいエバの新しい長子)、さらには世界における自らの使命を記念して〈パンドカエウス〉(諸国民の牧者)、〈ロリスペルギオ〉(露を降らせる者)等である[51]。

実際この変身の最大の意義は、ポステルの神的使命感を高め、変質させたことにある。〈万物復元〉の長子として、彼は自らを永遠の真理を最初に教える者であるととらえた[52]。すでに同時代人に広めようとしていたメッセージの重要性をさらに自覚するようになった。ここへきて、自分には彼らの注目を集める資格があるとあらためて否応なしに悟ったのだ[53]。自分は神から万事を理性に還元する力を授かったと信じたが、それは自らの復元によって、理性が原初の効力を取り戻したからであった[54]。それゆえ、自分が三段論法の結論を体現すると主張できた。二親の子として、権威と理性の結合で生まれる知恵を具体的な意味で体現するのである。そしていまや、他の人間を導いて、「知識の神的権利[55]」を認めさせ、全人類が再び理性を適切に行使できるようにし、その過程で哲学をまるごと浄化し刷新することが彼の義務となった[56]。それどころかキリストの子として、自分は父のことばで話すと信じた。それゆえ万人は彼のことばに耳を傾け、その命令に絶対服従しなければならない[57]。加えて自分には縛ってほどく力がある〔マタイ16：19〕とした[58]。最後にポステルは最終的真理の代弁者として、アダム、ノア、アブラハムに次ぐ第四にして最後の、そして究極の成功をもたらす教会改革者とみなした[59]。

しかし「永遠の理性」を散種することは、終末の時代を迎える下準備として何より重要であった。そして、最終的真理の神感を受けた運び手としてのポステルの役割は、ついに終末論に組み込まれる。ポステルの神秘体験の意義は、それによって自らをまずは「エリヤ」、ついで「下位のメシア」と同一視するにいたった点にある。ポステルが自分の霊的先駆者を想定するさい、ユダヤ教とキリスト教の千年王国主義者が共に強い関心を持ったエリヤに目を向けたのは当然だった。中世のキリスト教終末論において、終末の時代に真理を説き、サタンに殺され、神によって生命を取り戻した黙示録の証人の一人と同一視されたエリヤは、身近な考察の対象であった。急進的フランシスコ会士にとってもエリヤは、霊的宗教の教師の予型、メシアの王国の伝説的先駆者、聖霊の時代の先導者として特別な関心の的であった。彼らがエリヤを聖フランチェスコと同一視したのは当然である。カバリストもエリヤという伝説的人物を大いに重んじた。『ゾーハル』ではエリヤについてかなり言及されており、カバラがプロヴァンスに導入されたのは彼の取りなしによるとされた。カバリストの終末論では、エリヤは平和を、そして何よりも宗教的合意を人間にもたらし、人類に悔い改めを命じる任務を負う者とされた[60]。したがって、ポステルはエリヤと同化することによって、その自己観に多くの要素を取り込むことになった。ポステルはエリヤとして、永遠の真理の説教師、万人の反目の調停者、メシアの時代の先触れであった。彼はまたモーセやキリストのように教会を罰して正す教会のかしらでもあった[61]。

エリヤとしてのポステルの役割は、最後にはメシアの役割と混淆した。自分こそ地上における第二の霊的出現という形でメシアを代理すると主張するのだ。彼によれば、メシアは宇宙の二重構造に対応して二人いるのでなければならない。上位のメシアは知性と権威の領域、下位のメシアは女性的領域にある万物のためにある。キリストの第一の降誕によって前者の救いは成就した。後者の救いは、ポステルを通じての第二の降誕によってこれからなされる。ポステルのことばによれば、「夫に付き従う妻に似た、魂に付き従う身体に似た下位のメシアの存在は絶対不可欠であり、このメシアはカインの代わりに立ち上がる。なぜなら、上位のメシアの支配下に〈大祭司〉、すなわち下位のメシアがあるよう神が定めたからである」(62)。復元したポステルの到来と勝利とともに、キリストが「その預言者の手を借りて、下位の事物における平和の君主となる。キリストが今にいたるまで諸天と善人においてそうだったように」(63)。こうしてポステルが先導して万物はその原初の完成態に回帰し、サタンに対する最終的勝利を達成する。彼の神秘主義的かつ黙示録的教説の全体像は、ポステル自身の概括によって略述できるだろう。

神の約束どおりに、万物がこの世で刷新され、神がわれわれの心に新しい霊をおくときが、その手段と好機とともに到来した。そのようなものとして神は来るべき世界を作り創造したのだ。そしてその幕開けとして新しいエバが創造された。誰も彼女を知らなかったが、夫と息子だけは知っていた。この夫の脇腹から彼女は創造され、抜き取られ、立てられたのだ。そして息子とは、彼女が原罪によってではなく——古いカインはこの原罪によって抹殺された——、神とともに、そして神によって儲けた新しい復元されたカインのことである。それゆえ、この女丈夫の種子が蛇の頭を未来永劫打ち砕くのでなければならない。これまでに神が下位の世界を創造したのは、来るべきときに刷新され、万物が初めのときと同じようになるためであり、このとき選ばれた者が贖われ、当初からそうすべきであったようにサタンが追い撃たれ縛られるためである。というのも、創造主は来るべき世界、下位の世界にメシア王の手を借りて君臨するのでなければならないからだ。サタンが過去の世界に似たように君臨してきたように。(64)

二

ポステルのこの教説の主たる典拠は推測できるし、彼の思想のより大局的なパターンに関連づけることもできる。それに、無理に歴史的想像力を働かせなくとも、自分が考えたような受肉は望ましいものであるとの彼の信念には誰でも共感を覚えるだろうし、少なくとも理解はできるだろう。しかし、女性原理の受肉と彼女の長子の実在――ポステルとこの長子との同一化はさておき――をたんに願うことと、一抹の疑念も持たずに信じ込むことのあいだには越えがたい溝がある。ポステルがこの風変わりな信念を同時代人に向けて多くの著作で宣伝して、まごつかせたことは驚くに値しない。この信念のおかげで当時から彼の正気は疑われ、その後の研究者もこの判断に影響されて、ポステル思想の大本となる特徴を無視したり、常軌を逸したものとしておざなりに、あるいは通り一遍に扱ったりする傾向が全般的に続いた。とはいえ、ポステル思想の最もいびつな部分でも、その入念な体系の重要な位置を占めている。それにいかに突飛で馬鹿げて見えるものでも、彼が解決しようとしていた問題と手持ちの素材と思想体系の性格から自然に帰結したものとして説明しうるのだ。

ポステルの正気を疑う判断が下されたきわめて大きな要因は、ポステルが身近な西洋思想の定型と組み合わせようとした伝統がなんであったか知られていなかった点にある。彼の著作中馬鹿げた夢想と思われてきたものの大部分は、実はカバラの影響によるものであり、その影響力が増したのは一五四五年を過ぎてからのことだ。ポステルはカバラをキリスト教に接ぎ木しようとしたが、ユダヤ神秘主義の神話的思考になじみがなかった同時代人には、彼の主張がさぞかし気違いじみて見えたことだろう。しかしその主張自体は、ひとたびカバラの影響を認めればおおむね解明しうる。さらにこのカバラに加えて、西洋にもっとなじみがなかったアラブの非正統的思想の影響も考慮しなければならない。しかしひとたびこの方面からの洞察の宗教的重要性を認めるなら、これらを西洋キリスト教思想に組み込もうとしたポステルの試みは理解可能となる。そしてこのようなエキゾティックな素材が組み込まれたなら、そこから生まれたものは必ずや何かしら異様に見えるはずである。彼の表現が、十三世紀や十六世紀以降には可能であった哲学的言説の整合性を欠いているのは事実である。しかしこの欠点を有していたのは彼だけではない。当時としてはありふれた欠点なのだ。他方で、ポステルが自分の思想体系にある種の整合性を与えようと心を砕いたことは否定できまい。

ポステル自身自らの奇矯さを自覚していたが、これは彼の愛すべき一面だろう。一五五二年にははやくも、「このバビロン的世界の小賢しい連中が私に狂人とのそしりを絶対確実に着せるであろうが、そんなことは全然恐れていない」[65]と言い切っていた。プロテスタントの友人には、自分は任された任務には向いていないし、自信もなくしていると書き送っている。人々から常軌を逸していると思われたことがこの不安に拍車をかけた[66]。ポステルがまわりの評判に耳をふさぐことは決してなかったのだ。

しかし、ポステルの正気はこれまで一般に考えられてきた以上のことを持ち出して弁護できるし、〈正気〉と〈狂気〉はかなりの度合いで相対的な判断にすぎないが、彼の思想全体が正常な精神の表出であると力説するのも無益だと考える。これは明らかに微妙な問題だし、四世紀も経過してからの判断は慎重になされるべきだが、避けて通るのも難しい。というのも一方で、初期の著述家たちがこの問題に関心を持ち、(67) 大げさに言い立てたせいで、ポステルが持つ意義深い側面が見落とされたからであり、他方で、十六世紀を研究する歴史家にとっても興味を惹くものだからである。それゆえこの章を閉じるにあたって、ポステル思想とその人となりの異常に見える側面を記述して、まずは、ポステルが不健全な精神として一蹴されうる可能性を限定し、ついで、この限定された異常性ですら十六世紀とその風潮に光をあてうることを示唆したい。

ポステルの思想体系とそれが映し出す彼の姿勢からはひとつの全般的印象がくっきりと浮かび上がる。彼は真の批評感覚と、バランス感覚から生まれるユーモアをかなり欠いていたし、自分自身とその計画を客観視できなかった。同時代の欲求（それは反映し続けた）とはつながりを保ったが、蓋然性と可能性からなる通常の世界とは明らかに接触を断っていた。その代わりとなったのがいくつもの思い込みであり、主観でしかその妥当性を測れないもの、すなわち通常の人間精神の規準では証明できないものであった。十六世紀の規準はわれわれのものとは違うが、ポステルの提案は場所によっては興味を持たれたものの、その時代にあっても受け入れられないものだったのだ。

彼の思想体系はおおむね、妄想を書き連ねた補遺といった趣のいかがわしい部分を切り離しても理解しうるが、風変わりなものではあっても穏健な思弁がどこで終わり、どこから妄想が始まるのか見極めるのが困難なこともある。生涯を区切って考えてみてもそれで問題がかたづくわけではない。彼がカバラを発見したのはちょうど二度の大きな失意を経験した頃であり、これがきっかけとなって自分だけの世界に飛翔することになったらしいからだ。二度の失意とは、フランソワ一世から宣教計画の提案を拒絶され、同時に王立教授団を解雇されたこと、そしてイエズス会からの追放である。そのうえ、とうてい心的異常に帰すことができない力強く挑発的な主張の多くは、後年になってからのものである。それでも、全体としての彼の思想体系と人となりから、正気に対する疑念を裏付けうる要素を弁別することは有意義であろう。

彼の妄想はふたつのグループ、すなわち陰性なものと陽性なものとにおのずと分類しうる。陰性のものとしては、自分が迫害を受けているとおりおり訴える点があげられる。相手はときに特定の個人やグループ、特にプロテスタントとされるが、たいてい漠然としている。しかしこれはとうてい信じがたい。フラキウス・イリリクスが暗殺をたくらんでいるという思い込みはひとつの例である。カルヴァンが名指ししないで攻撃したセルヴェトゥスのある信奉者とは自分を指していると思い込んだのはもうひとつの例であろう。さらに、彼の前途を妨害した高位聖職者を、キリストを磔にしたユダヤ人の同類であると信じ込んだ(68)。しかしながら、同時代人から虐待されていると思いたがったのには特別の宗教的動機があったことは銘記すべきだろう。このようにしてしか、キリストの先例を忠実に踏襲することはできないと思ったのである。それゆえ彼の迫害意識は、真の使徒的完成とは人為的苦難をともなわなければならないという確信によって正当化された(69)。

陽性なものとしては、生涯の初期の段階にその前兆を察知しうるだろう。自らの合理的神学の価値を大げさに言い立てたり、イエズス会を自ら立てた目標に簡単に向かわせられると無邪気に期待したことがそうだ。しかしもしこのような理由でポステルを非難するなら、ピコ・デッラ・ミランドラなど他の多くのルネサンス人も誇大妄想狂として非難しなければならなくなる。しかし、ポステルの行動パターンはその数年後より鮮明になった。メシア的使命感をますます強く持ち始め、それがヴェネツィアの童貞女に割り当てた役割と自分自身の神秘体験によってやがて補強された。自分はキリストとシェキナーのあいだに生まれた長子である等、壮大なセルフイメージを様々な形で表現し始め、広範囲にわたる読者や、俗人か聖職者かを問わずヨーロッパの様々な指導者に向け気が狂わんばかりに自分自身をわからせようとした。彼はまた自分に耳を傾けない者には神罰がくだると信じて疑わなかった。マシウスには、一人のヴェネツィアの支配者、二人の教皇、三人の王が、彼の戒告を無視したために寿命を待たずに死んだと書き送っている(70)。

ポステルの妄想は並べ立ててもこの程度であり、その思想の広大な領域は手つかずで残されている。キリスト教徒の行状についての具体的提案は言うに及ばず、統一への思い、混淆主義への傾き、理性への信頼、現実の構造の抽象的分析のすべてはほとんど差し置かれたままだ。妄想という限られた範囲内でも受け入れられるものと突飛なものとの差異は微妙であり、それもある程度は慣習的なものにすぎない。すでに言及したように、あるムスリムの宗派は宇宙原理の周期的受肉を同じように信じた。ダンテもベアトリーチェを「真理と知性のあいだの光(71)」と呼んだ。これはポステルが周知の思考様式からかけ離れたものではなかったことを示唆している。無論違いはある。それは、ポステルがヴェネツィアの童貞女を数ある象徴や徴候のひとつとしてではなく、〈アニマ・ムンディ〉の唯一の受肉ととらえ力説した点である。しかし彼の性的二元論、〈アニムス〉と〈アニマ〉の教説はそれ自体病的とは言いがたい。

それに一歩譲って、ポステルのメッセージの重要な一面を錯乱した精神の産物だと認めるにしても、その病の性格と症状は歴史家の興味を惹かないわけではない。それは、彼の体系のいかがわしい側面を構成する素材自体が同時代の思潮からとられたものであり、それゆえ歴史家にとって適切な証言だからというだけではない。彼の妄想の様相でさえ、われわれに何かしら語りかけるものがあるのだ。というのも、ポステル思想における〈アニマ・ムンディ〉は、われわれが彼女の客観的実在を認めるなら話は別だが、そうでなければポステル個人が内側に抱えていた資質、欲求、衝動を外界に投影したものだからだ。しかし、この女性的形象が心理に発したものであったとしても、たんなる個人的衝動の産物ではない。ポステルが多種多様な文化的伝統にその表現を見つけられたことは、この概念が人間心理に根ざした普遍的なものであることを物語っている。

さらに特定の個人への女性原理の投影は、これまで何度も考察され記述されてきたある型と合致する。この問題についてのユングの著しく簡明な解説は、殊にポステルと同じ術語を用いている点で有益である。かような心理的投影の究極の起源が奈辺にあるかは論争の的となるだろうが、いずれにせよユングの記述は、われわれがポステルに観察したような型は比較的よく現れるものであることを示し、かつそれが出現した文化との関連も示唆している。ユングはこう述べる。「アニムスとアニマは自然の『元型』、無意識の根元的象徴であり、神話の神々や女神の基となった。……神々は……無意識の影に覆い隠され、そこから引き出すことはできない。これらの元型の投影が合理的批判によって破壊されても、実体から分離したイメージはその起源すなわち元型に立ち返る」。アニマについてはこう続ける。

アニマには超自然的要素が常に付着している。というのも、アニマはほぼ無意識という「異世界」だけに生きる実体だからだ。アニマは仮説として再構成された概念だが、悲劇的な、あるいは理解しがたいあまたの恋愛事件とそのどんでん返しを説明してくれる。男が自らのアニマに無自覚であるかぎり、アニマは往々にして実在する女に投影され、男の夢想はアニマに特有のあらゆる魅力的な性格を彼女にまとわせる。その道徳的許容範囲は広く、堕落した女や「霊感を与える女《ファム・アンスピラトリス》」を含む。ファウストのグレートヒェンや聖母がそうだ(72)。

歴史家にとってヒントとなるのは、心理の基礎にある実在はなんらかの概念の形で表現されることを求め、それが伝統的思考様式によって否定されると、余所に探し求めるという考え方である。ポステルはなんらかの理由で、自らの魂が求めるものを十六世紀の公的宗教に見つけられず、別の方面、殊にカバラとカバラに関連する個人的神話の領域に探し求めた。この点で彼は、ユダヤ哲学に必要とするものを見つけられず、『ゾーハル』に向かった十三世紀のカバリストに倣ったことになる。同時に、伝統的宗教の定型に不満を抱いた点で、十六世紀のカトリック、プロテスタント双方の多くの改革者とも結びつく。それどころかわれわれはここに、十六世紀の宗教史全般、すなわち世紀初頭の神秘主義から、後期から次の世紀へと続く情緒的で即物的な信仰へといたる歴史の糸口を見いだしうるのだ。

あるいはまた、同時代人の受容の検討という視点もある。この視点に立つなら、心の平衡を失った者の活動からもひとつの時代が見えてくるだろう。ポステルのような境遇の遠因は幼年期の家庭生活におけるきわめて個人的で内面的な経験に求められるべきものであり、それゆえ大きな社会状況とはほとんどなんのつながりもないかもしれない。しかし、病的人間のはなはだ極端な意見にも注意深く耳を傾ける歴史のある時期の人間の傾向というものは、ただ全般的な歴史的状況によってのみ説明されうる。そして、権威筋が抑圧し、教会と政府双方の当局者がその影響に警告を発したにもかかわらず、ポステルにも聴衆がいたことは事実なのだ。これはポステルだけでない。この世紀にはヨーロッパ各所で、スペインの〈改宗ユダヤ人〉でも北方の急進的宗派でも、常軌を逸した非主流派が影響力を行使する地位に就き、限定的ではあるが指導力を発揮していた。それゆえ、ポステルの正気についての考察を締め括るのに、マルセル・バタイヨンがフランシスコ会士のスペイン人幻視家フランシスコ・デ・オカーニャについて述べた評言をもってするにしくはない。そのメシア主義的教説は一五二三年にスペイン人のあいだで流布していた。「狂人の夢物語だというのか。そうかもしれない。それでも彼は当時の不安を表現しているのだ(73)」。ポステルの発言で狂人の戯言としてかたづけられうるのはごくわずかにすぎない。しかもとてつもなく荒唐無稽なときのポステルでも、それに対してかなりの数の人間が反応を返すような時代の雰囲気を表現しているのである。

第六章　教会と世界

ポステルの形而上学と神秘主義は、彼の思想と人となりの総体をどう記述しようとも外せないが、そのエキゾティックな学説から部分的に切り離し、ある程度までそれ自体で理解しうる重要な要素が少なくともふたつある。ひとつは教会について、そして教会と世界との関係についての思想であり、もうひとつは行動計画である。これらの主題をめぐる彼の議論は、すでに述べた複雑な体系と比べれば地味で、より明快とも言いがたい。それでも同等に重要である。それは、当時の核心的かつ怖じ気をふるわせる問題と格闘する繊細な精神の姿を今一度垣間見させてくれるからであり、別の次元にある問題だからであり、ポステルが言わねばならなかったことの多くは、歴史的な興味を大いに惹くのみならず永遠の問題でもあるからだ。

ポステルの教会論の実態は、広範にわたる現実問題についての分析であり、行動計画はその問題の解決を提示したものである。その双方が、人類の統合と、殊に人類と神との和解への強い思いを表す。ポステルにとって教会とは、世界中の諸民族が出会い、有限と無限が出会う究極の場であり、統合の最高位の公的発現だったからだ。それゆえ、十六世紀にかくも紛糾した教会問題に対する彼の関心は深かった。そして同時代の誰よりも先に進んだ。自らの柔軟な統一概念に背中を押されつつ、自らの教会観を、地理的発見がごく最近ヨーロッパ・キリスト教世界に明かした広大な人間世界と関連づけようとしたのだ。

ポステル思想の本質的部分はここでも、曖昧さと見かけの矛盾の中に埋もれてすぐに見失われてしまう。教会の合同と合理的な教義を力説するが、異議は許容する。イスラムに対する軍事と宣教の十字軍を要請するが、同時に、イスラムからは諸々の価値や世界に利するものが生まれたことも力説する。特定のキリスト教教義を詳説するが、敵方のプロテスタントから理神論者の疑いをかけられたのにもそれなりの理由があった(1)。しかしここでも、ポステルの表面的な矛盾の下にはおおよその条理が存在する。独創的だがほとんど明示されなかった教会論は、かの世紀の問題に対する彼の思想の根本にあった。そしてこの理論が、表現上の矛盾を完全には解決しなくても説明はする。

彼の教会論の第一の特色は二元論にあるが、この二元論も往々にして破綻した。一方で、教皇をかしらに戴く可視的機構として教会をとらえる西洋の伝統を受け入れていた。しかし他方では、そのようなあまりに狭量な教会観では神の趣意を汲み尽くせず、ローマカトリック教会外の民にも神の導きがあることを示す証拠が無数に存在する理由を説明できないとも思っていた。そこで、「教会と聖霊の恩寵は、通例信じられているよりもはるかに広範囲にわたる」と考えた。つまり、ずっとスケールが大きい教会観を要すると感じたのである。

最高存在である神が、万人はいたるところ例外なく救われるべきことを望み、万人を愛して、創造したものをひとつも憎むことはないのに、外的教会の狭量な礼拝を教えられた者のみが救われうるのなら、神が全地に授けた聖霊の恩寵は無駄になるだろう。というのも、神は［外的］教会の手と祈りと功徳の働きを介して外の存在に顕在的かつ潜在的な恩寵の命を与えるのであり、それはちょうど神がひとつの心臓を用いて空気を動脈に、血を静脈に注ぎ込むことによって、空気と血を全身に行き渡らせるようなものである。だからといって、神秘体の四肢が心臓よりも重要でないというわけではない。知りつつ拒絶する者のみが教会の柵の外にいるのだ(2)。

このくだりでポステルは、〈外的〉教会と〈神秘的〉教会を区別するが、用語は一定していない。例えば他の箇所では、〈特殊教会〉と〈一般教会〉という語のほうを好んで使っている。ふたつの教会を、ひとつの器官を構成するもの、ひとつの体の複数の様相としてとらえることもある。別の見地からは、アウグスティヌスの図式に従って歴史的に連続するものとしてとらえる。すなわち、「神の恩寵とそれが託された神の教会は、人間社会の数知れぬ騒動に悩まされてきたが、神は教会をわれわれの始祖たる両親から最後の者へといたる連続したひとつのものとして作った(3)」。確かにポステルは理論上は、ふたつの教会を相補的なものとして、ひとつの大きい統一体の内側と外側の円として構想した。しかし実のところ、彼の思想においてこのふたつの教会は、教会が人類を統合する二通りの仕方を表していた。ひとつは制度的かつ排他的な統合、もうひとつは神秘的かつ包括的な統合である。つまり彼の教会論は、その思想の他の主題と同様和合を目指すものだった。ポステルは、すべてのキリスト教徒が容認できる教会論を構想することを自分の務めとした。同時にこの教会論によって全人類はひとつの群れとしてまとまるはずであった。すべてが首尾上々とまではいかなかったが、その努力は果敢であり、この世紀にとっては意義深いものだった。

一

教会論は独自のものだったが、教会の外面的統一はポステルにとっても守るべきものであった。ポステルは教会の判断を再三尊重しようと努力し、その支持を求め、宗派を無法に増殖させる傾向にあったプロテスタントを猛烈に攻撃した。彼の信念によれば、神は外的教会を全人類を統合する第一の道具となるよう定めたのである。神が望んだのは全人類が、「完全な家族のように、至上の統合のうちに保たれ続けることである」。神は万人が御身と一致することを望み、「そして教会は現時点でできうるかぎり、この目的だけを目指して全努力を傾ける(4)」。ポステルはあらゆるレベルでの統一原理にこだわっていたために、〈特殊教会〉の有り様について格別の関心を抱いた。

ポステルは教会の聖職者の位階組織を限定的に受け入れ、それとともに外的権威の原理も受け入れた。議論は一定しないが、根本にはここでも秩序への変わらぬ思いがうかがえるだろう。例えばポステルによれば、風紀を保つには教会の「至上の力」を要する。日々の罪と懐疑には日々の常備薬が必要であり、キリストが聖職者を定めたのは人間の悪徳と無知に対する解毒薬としてである(5)。彼はさらに強力な論拠を人間社会のより大きな秩序に見いだした。かくしてメランヒトンとその背後のプロテスタントをこう諫める。「教会から位階制度を取り上げて、誰一人かしらに立てず、神を混乱の張本人に仕立てようとする以上の気違い沙汰はあろうか。万物を入念に検討し、それから俗界には一人の至高の権力者がいて、宗教界には誰もいないというのが適当かどうか判断せよ(6)」。つまりポステルにとって宇宙は構造的に、外的権威の標識と働きをともなう教会を必要とするものなのだ(7)。

しかしポステルは、当時の外的教会で強まっていたある傾向に強力に反対していた。位階制存続というカトリック正統派的な態度を見せつつも、聖職者に清貧を求める点で急進的だったのだ。トリエント公会議の出席者には、世俗の財産を放棄するよう呼びかけ、「あなたたちの財産の重荷」を捨て、誓願どおりの使徒的生を生きるよう急き立てた。それさえすれば、公会議を去ってのち宗教的責務をはるかによく果たせるであろうし、会議の最中でも聖霊の指示のみに従うことができるであろうと。[8]別の箇所では、世俗の財産保持にこだわる聖職者を、「油にはまった蝿」と、生きるものすべてを食い尽くす蝗に喩えている。彼らがメルキゼデクの範に倣って、「万物を所有してもそれは用益権のみにおいてである」よう求めるのである。[9]ポステルはまた、エチオピア教会には聖職者が死ぬと王がその財産を没収する慣習がある旨賞賛しつつ記した。[10]しかし、教会は貧しくあるべしという要求は、フランシスコ会を好む全般的な態度と関わりがあるのだろうが、聖職者の清貧が教義として含み持つ問題はたいてい避けた。[11]それでもこの問題は、彼にとって何にもまして重要だった。宣教計画をどんな形であっても成功に導くには、宣教師が清貧を守ることが必須の条件であると考えたからだ。宣教師が成果を上げるには、まず使徒たちの一挙手一投足を見習わなければならないというのが彼の信念だった。[12]

教皇の務めについてのポステルの見解と感情は妙に両義的なものである。教皇は教会の秩序と統一の道具および象徴として不可欠と考えたのは確かだが、教皇支配に対しては伝統的ガリア主義者・公会議首位主義者として疑念と不信感を抱いていた。彼の計画は宗教的な性格を帯びていたにもかかわらず、意味深長にもそれを実現するよう教皇に直接呼びかけることはなかった。ローマ教皇を、教会の一切の腐敗と分裂の根本的原因、権威の領域における大暴君にして「世界中の一切の圧政の原因」[13]、さらには（フラティチェリと同様）反キリストと呼ぶことまであった。

それでもポステルは教皇の神的権威を否定することはなかった。事実メランヒトン宛書簡では、教皇の敵プロテスタントと同意見であることを異様に長々と力説しているが、最後には巧妙な議論によって、教皇は反キリストであるとの彼自身共鳴していた非難を、その神的権威を擁護する論拠にすりかえた。すなわち、教皇は反キリストであるという事実そのものが、教皇の権力は簒奪したものではありえず、キリスト自身に由来したにちがいないことを意味している。なぜなら、最大の罪人すなわち反キリストとなるには、至高の霊的力を必要とするだろうからと言うのだ。しかし、それほどまでにルター派と共鳴し、教皇を暴政と簒奪の理由で攻撃しても、秩序と統一を保つために人間は〈万物復元〉までは教皇に従い続けなければならないと依然力説する。[14] ここにはヨアキム主義の特色がはっきり現れている。

ポステルは、教皇と反キリストを同一視したプロテスタントの見解を部分的にではあれ認めたのみならず、それどころか、ローマから聖地への聖座の移転を主張することで、まさに教皇の権利主張の根拠を攻撃した。そしてこの提言は彼がイエズス会から排除される主たる原因となった。しかしこれは目新しい提案ではない。急進的な黙示録注釈者たちは代々、ローマの腐敗と差し迫った懲罰ゆえに、聖座の中東移転を唱道していた。イエズス会の中ですらこの類の意見は根づいていた。[15] ポステルがこの意見を初めて聞いたのも、ローマのかつての同僚からだったかもしれない。しかしポステルにも独自の理由があった。『ゾーハル』では、シェキナーが十全に顕現する聖地だけが特別に聖なるものであると力説されているが、ポステルはこの記述を脳裏に刻みつけたであろう。[16] 聖史におけるこの地域の重要性についても進んで詳説した。すなわち、アダムが生き、埋葬されたのはここである。ノアが西方に移住する前に滞在したのはここである。セム＝メルキゼデクが世界で最初の宗教的首都と定めたのはここである。世界三大宗教の父アブラハムが暮らしたのはここである。そして何よりもキリストがここで生き、死んだ。[17]

しかし、正統的な聖座東方移転論とポステルの提案はある重要な細部で異なっていた。例えばイエズス会は、ペテロが最初に司教座を定めたという理由で、アンティオキアへの移転を提唱したが、ポステルはエルサレムへの移転を提唱した。彼によれば、「改革派教皇」がローマを放棄し、聖座をユダヤ人の聖都に恒久的に定めるというのはキリストの意志である。[18] ポステルがエルサレムにこだわるのは、それがキリスト教の歴史において重要だったという事実以上の明言されない理由があったようだ。ユダヤ教キリスト教双方の古代終末論的伝統では、世界史の偉大なドラマのクライマックスがエルサレムを舞台に生じるとされる。[19] しかしポステルの動機がどうであれ、教皇庁の伝統的な権利要求にはほとんど関心がなかったことは確かである。

ポステルが教皇を攻撃したのは、教会での公会議首位説を強力に支持するためでもあった。彼が公会議首位説を知ったのはおそらくパリにおいてであったろう。当地ではかなり前からガリア主義者たちがこの争点をもとに団結していた。ポステルが公会議を精力的に擁護したことは、公会議首位説が十六世紀中葉にも存続し、カトリック改革を紛糾させていたことを気づかせてくれる。彼自身はそれに関する理論的問題に頓着することはほとんどなかったが、一度などは公会議を〈教会の体のようなもの〉[20]と評した。ニコラウス・クザーヌスは公会議が教会を代弁する上位の機関であると説いたが、この句は漠然とながらこの立場を示唆している。ポステルはコンスタンツ公会議〔一四一四―一四一八〕とバーゼル公会議〔一四三一―一四四九〕を断固として擁護した。それは、これらの公会議が本来あるべきものでなかったなら、それによって異端や異端者として扱われた者たちは不当に弾劾されたことになるからであった。[21] そして、公会議が教皇の優位に立つのが妥当であると何度も力説した。教皇庁の地位に関する協約にはっきりとふれている箇所では、たとえローマの至上権を認めた国民があったとしても、教会の究極の権威は公会議にあると記す。またその決定がローマの決定と相容れない場合でも、義務として受け入れられなければならないと。(22) 彼はパウルス三世をトリエントでの反公会議首位主義の決定に与したかどで非難した。公会議への対抗勢力に反キリストの最初の徴候を見たのだ。さらにフランスとドイツは、教皇に対する公会議の優位を擁護する観点から歴史的同盟関係にあったとする。(23) ポステルがフランシスコ会急進派を知ったのは、公会議首位説を唱える著述家たち――彼らは十四世紀の教皇制反対論者の著作を丹念に研究した(24)――がきっかけだった可能性もある。

彼は公会議をどう構成すれば適切かについても確固たる持論を持っていた。教会における至高の権威を代表するために、公会議は真に普遍的でなければならないと強調する。そのために、『最後の仲保者の誕生について』の巻頭においたトリエント公会議の出席者に宛てた書簡では、トリエントが全教会的なものであるとの主張にはっきりと異議を唱える。

神父たちよ、私はあなたたちに真摯に問う、世界にはあまたの地方や民族があるなかで、たかだかイタリア、スペイン、フランスの代表者が集っただけなのに、あなたたちの決議が公会議の権威を有していると認められることなどありえようか。もっと言わせたいのか。少なくともモスクワ、ギリシア、アルメニア、グルジア、エチオピアからも代表を召喚すべきだったであろう。……陰でどう囁かれているかおおっぴらにしてやろう。これであなたたちの権威は確実に失墜する。嗚呼、この集会は〈分離《ディシリウム》〉会議となったのだから、〈調停《コンシリウム》〉会議とは呼ばれなければよかったのだ。(25)

ポステルはここで、他の多くの箇所と同様に、〈特殊教会〉と〈一般教会〉との区別を失念している。

前者について論じるのに、後者にのみふさわしい統治形態を提示しているのだ。しかしこの混乱は、彼の本心が結局奈辺にあったかを示唆している。畢竟ポステルが求めていたのは、宗教的真理を決定する権威の究極の源泉としての「全人類の代表者会議あるいは公会議」であり、彼も認めるようにこのようなものはこれまで一度も開催されたことがなかった。[26] 他方で、当時の西方教会に対する不満は明らかである。

ポステルは教会と国家の現行の関係にも満足できなかった。この喫緊の課題についての指摘は一貫したものではないが、くどく言及しているからにはひどく頓着していたようだ。教会と国家は、「父と母が子を生むように、国の慣行として一致して良い国民を生むために必要である」[27]。しかしこの夫婦の関係も拗れてしまったために、いまや神の介入によって仕立て直されなければならない。ポステルが立てた問題の一端は純粋に思弁的なものであり、より高い次元での形而上学的探求のひとつとして提起されたものである。男性原理と女性原理、超時間的なものと時間的なものを表現する教会と国家は、全体の図柄の中でそれらにふさわしい場所をあてがわれなければならなかったのだ。しかしときにこの問題は非常に具体的な形をとった。そして現実に直結していたからこそ、この主題についての彼の思想は複雑になった。

ポステルは教会と国家の関係について言及するたびに、各々相容れない見解を提示した。われわれができるのは、それらの見解の定めなさを認めて、その原因を推測してみるだけである。彼にとってふたつの権力は、もとより単一の社会体の複数の側面であり、万物と同様に性別に分けられる。そしてこの点を踏まえたうえで、彼は両者の関係に種々の様態を与える。あるときは、両者の責務は別々であり、全面的に独立している点を強調した。あるときは、ある程度の分離を認めるものの、国家は教会に服属している点を力説した。さらには一切の区別を否定し、教会と国家のそれぞれの独自性を実質的になくしてしまうこともあった。どの立場に立つかは、そのときどういう問題に取り組んでいるかによっておおむね左右された。分離を主張するのはだいたい教会改革に関心を向けているときである。国家の女性原理としての従属性を強調するのは、自らの行動計画を推進するために世俗の権力を利用したいときである。教会と国家の同一視は、ポステルの歴史観と全人類の終極的統合への関心を表現している。

　ポステルは、現代の中心的問題は教会と国家の分離であるかのようにしばしば書いている。一度などは、自分の人生の「究極至高の目的」は、キリストのものはキリストに返し、「カエサルあるいは世俗の代理人としてのキリスト者の王」のものはこの王に返すよう理性によって世の人を説得することだと明言した[28]。実際のところポステルは、適切な権力の分離が両方向から侵害されていると感じていた。一方では、カール五世とヘンリー八世が宗教的権威を簒奪したと憤慨した。それに比べるとフランソワ一世は絶賛に値すると考える[29]。民法（つまりは民政だろう）は宗教の維持にのみ関わるべきであり、宗教の制度や改革や運営については決して関わるべきでないと力説した[30]。しかしそれ以上に不安に思ったのは、教会に世俗的野心を見て取ったことであり、それに対する憤りは古代聖史の解釈に現れている。ポステルはノアの息子たちを宗教的権力と世俗的権力の創設者にして代表者としてとらえる。セムとその末裔は〈聖界《サケルドティウム》〉を、ヤフェトとその末裔は〈俗界《レグヌム》〉を託された。セムのすぐあとの後継者たちは、この世での所有者たることを求められていない点を理解していたために、「今日の教会人にあまねく見られる邪悪な例のように」町を作り、王国を建てようなどとは決して思わなかったと、ポステルは賞賛しつつ記す。世俗的野心を一切捨て去ったことで、思うがままに神に仕えることができたのだ[31]。フェルディナント皇帝への最初の書簡では、さらに大胆にこう言う。あらゆる財は神のものであるから、それは究極的には俗界の役務ではなく霊界の役務とするのが適当であり、その用益権はヤフェトやカエサルのみに帰属する。セム（あるいはメルキゼデク）は、ヤフェトの庇護のもと、寺院のみを所有すべきで、聖職者たちは俗事に関わるべきではない(32)。

支配者の宗教的責務を含意する、ポステルの「俗界の役務」という観念は、中世の聖職者が持っていた伝統的な国家観を示唆し、国家は最終的には宗教的権威のみが定める宗教的目的に従属することを示している。このような見方は、教会の権威は男性である一方で、国家は女性であるという原理にそもそも含まれている。さらには、「義の君主」はキリストの体の手足にして目であり(33)、上位の意志に応える副次的で従順な四肢である。ポステルは自分が立てた世界改宗計画を推進するようフランス国王を急き立てるくだりにおいて、この教会と国家の関係をきちんと明示している。

神はフランスに、処女にして堕落を知らない一人の女［ヴェネツィアの童貞女］を通じて至高の助け手を表した。というのも、その基がフランスにある世俗の王国は、従順な妻が夫に従属するように、教皇に従属するからである。教会は男性と権威を表す。世界の第一の国家権力すなわち世俗の権力［フランス］はこの権威の理性にして実践のようなものである。それゆえ神は、プロテスタントと無神論者のみが否定し蔑む明白な奇跡とともに、一人の女という至高の助け手をフランスに与えることを望んだのである(34)。

さらには、君主が〈つとめ〉《ミニステリウム》の聖なる責任を負おうとしないならば廃位すると脅すにいたる。

誤った法や権力をすべて廃棄し、真の法や権力を守らなければならない。同時に、主権者として支配し、命じるのは神的理性に基づいてであることを示そうとしない、あるいは示そうとしてもできず、自らの意思のみが理性だと思い込んでいる暴君、君主、王は全員殲滅し、廃位し、罰しなければならない。そうしてこのような支配者を、人間を支配する前に……まず神に従うことを学んだ良き支配者と代えなければならない。というのも、神を恐れず従わずに生まれ育った者が、神の代理人にして封土である王冠を戴くのは全世界の法に違反するものだからである。それゆえ私ならびに私の追随者――彼らはイエス・キリストのものであり私のものではない――はイエス・キリストの名において、不正な暴君に反対するであろう。(35)

ヒルデブラント〔グレゴリウス七世〕も自分の思いをこれほど力強く述べられなかったし、ポステルが単純なフランス王党派ではなかったことを思い知らされる。彼は元イエズス会士でもあったのだ。王家の一員（マルグリット・ド・フランス）に献じられた、フランスの神的使命と運命を詳説した著作では、神が望む偉大な使命にフランスを導くのを怠るならば、ヴァロワ家に対して革命を起こすと直接脅している。このくだりが印刷された直後、ポステルにパリ追放の命令がくだったのはもっともだ。

国家の宗教的権威への従属をかくも強く主張していることは、結局のところポステルはこのふたつの権力の差異の維持にはさほどこだわらなかったことを示している。彼にとっての社会の統一とはキリスト教世界全体の統一を意味し、それを意味する様々なラテン語の同義語を好んで使った。すなわち〈キリスト教国家〉〈キリスト教徒のキリスト教世界〉〈ラテン国家〉〈キリスト国家〉〈キリスト教会〉等々。(36)ポステルはこれらの語を互換可能なものとして用いて、その宗教的意味合いと世俗的意味合いの相違を考慮しなかった。キリスト教世界内部の差異はときたま便宜的になされるだけで、中心的問題はあくまでその統一だったのだ。フランス固有の運命についての彼の見解を考察するさいに、キリスト教世界についての彼の興味を再び取り上げることにしよう。

ポステルは制度的教会の既存の形態と方針に不満を持ちつつも、〈特殊教会〉の一員であることに多くの利点がある点は疑わなかった。初期の段階では、適切に受洗したキリスト教徒のみが救われうるとの信念を披瀝していたし[37]、晩年の著作では教会の無謬性が依然として力強く主張された[38]。万民救済説を最も熱心に唱えていた時期でも、ローマカトリック教会のみが人類を、命の鍵、神の御言、秘跡、聖人に近づけさせてくれると力説した[39]。他方で、これらの宝物のすべてが適切に守られ、授けられ、解釈されたのか疑っている。

ポステルはなるほど、外的教会には真理と確実性が、「潜在的のみならず顕在的にも」見いだされると書いている[40]。しかし、宗教的真理の秘義的側面に力点をおいていることからわかるとおり、実は聖なる真理の貯蔵庫および伝達手段としての〈特殊教会〉には信頼をほとんどおいていなかった。例えば自らのキリスト論についてはこう註記している。自分がそこで提示したのは、「キリストが他のあまたの事柄とともに、われわれに伝え、権力者に教えられるように守ってきたにもかかわらず、使徒も教会もわれわれに伝えあたわなかった聖書の秘義のひとつである」と。それどころか多くの場合、「聖なる事柄の真の意味は人間の伝承によって消し去られ、神的真理は損なわれた」と考えた[41]。制度的教会は聖なる真理を保護するよう託されたが、彼が経験的に知るその扱い方には大いに不満を抱いていた。この点で確かにポステルは、プロテスタントの主たる懸念のひとつを共有していたようだ。

それでも制度的権威の原理を捨て去ることはなかった。「聖書の無条件の権威であっても、教会が同意した解釈がなければ救いの妨げとなり、助けにならない[42]」。彼が反発したのはむしろ、聖書を解釈し、教義を画定する権利を教皇のみに与えようとする者たちに対してであった。むしろそのような案件については教会全体、なかでも宗教学者、自分も含めた神学者に問うよう提案した。しかしながら、神学者の判断はカトリックのなんらかの機関を介して表現されねばならない。そこでポステルはふたつの幾分異なる提言をした。第一に、教義を画定する権限はソルボンヌに与えるのが望ましいと考えた。事実これが過去の慣習であり、教会はおおむねパリ神学部の指導力を教皇に逆らってまでも認めてきたと論じる。

教皇は教会のかしらであり、……［パリの］神学部はその決定事項と見解を教皇の修正に委ねているとはいえ、聖書の真理と教会の見解に導かれて神学部が承認した事柄は、教皇の誤った試みに反していても、キリスト教世界の満場一致によって……どこでも万人に認められ、神託であるかのように受け入れられる。つまり、この神学部の導きによって、キリストの真の聖座の権威は守られる。……神学部は神の教会における自らの権威を主張するわけではないが、教会における真理の強力な守護者であることは間違いない[43]。

ポステルがこう主張する背景には、フランス人が格別の霊的指導力を有していることを証明したいという意気込みがあり[44]、現今のやり方への不満を示している点以外は、たいした意味を持たないかもしれない。それでも、信仰の画定は公会議がなすべきであるという第二の提言の真剣さは疑うべくもない。

聖霊が……教会をこれまでずっと支配してきたし、殊に今日支配しており、その様は、あれらの信仰箇条が必然的に真理であり、いかなる虚しい伝統にも染まっていない教養ある敬虔な人々全員が同意するほどである。……というのも聖書は、その晦渋なくだりの真の意味を……画定する方法が提示されなければ無価値だからである。そして王が招集する宗教会議がその手段となる。[45]

ポステルの公会議首位説は、これから再度検討するように非常に重大な案件であった。

彼はまた〈特殊教会〉と秘跡、殊に聖体拝領との関係に関心を抱いた。聖体拝領を人間同士をまとめ、最終的には人間をキリストと結びつける至高の手段としてとらえていたのだ。聖体拝領は「万物を結びつける饗宴[46]」であり、神の約束と復元計画を実現するために不可欠な手段だった。

というのも、神はひとつ、仲保者はひとつ、人類はひとつ、世界はひとつであり、この世界には下位の事物の目標にして、下位の事物の中で働く神の意思が向かう対象であるひとつの教会があるのだから、教会の全成員は誰であれ、この統一し勝利する聖体の力によっていつか統合されるよう、キリストはその約束どおり、聖体という葡萄の実の飲み物を必ず与えるのでなければならないし、これは最後の審判後の永遠の生では起こりえないのだ。[47]

ポステルの聖体論はしたがって強硬なものである。彼によれば善行は万人に可能だが、

われわれが現に［キリストの］肉を食べ、血を飲まないかぎり、われわれのうちに生命はない。と

いうのも、これこそわれわれに永遠の生命を与え、この壊敗的生あるいは回復された生において、キリスト自身が御父とひとつであるのと同様に、魂も体もキリストと合体させるものだからである。……それは現世において神に最も近づける気高い経験なのだ。(48)

聖体におけるキリストの現前を否定することは「サタンよりもひどい不敬」であり、奇跡は聖体におけるキリストの現前によってなされるとポステルは一途に指摘する。(49) 仲保に関する独自の教義が形をなしてくるにつれて、聖体論は、聖体には根元的な宇宙的二元論が反映しているという考えによって補強された。パンは男性原理であるキリストを表す一方で、葡萄酒は〈世界の母〉を表し、再生を要する人間本性の下位の部分を蘇らせる。これを論拠にポステルは、葡萄酒が平信徒に与えられることを要求し、「可能なかぎり頻繁な」聖体拝領を願う。(50)

しかし他の秘跡についてはほとんど関心を持つことはなかった。怠りの罪のための告解の秘跡を除いて、これらの秘跡は堕落の結果であるために、〈万物復元〉にふさわしくないと断言するのである。(51) われわれはここでも、秘跡は世界の終末において廃止されると主張したヨアキムの反響を察知しうる。

二

〈特殊教会〉についてのポステルの態度には、独立独歩の精神・新しい思想を進んで取り入れる気性と、根っからの保守主義・過去と完全に縁を切ることへの躊躇が交錯している様があらためて見て取れる。しかし、より深い共感を抱いていたらしい〈一般教会〉についての教義には持ち前の大胆さが発揮されている。しかしそれがいかに独創的でも誇張されてはならない。ポステルは独自の道を歩んだというよりは、自分が育った環境のエラスムス流広教主義が示唆していたものに、おそらくはどの先人よりも素直に従ったのである。エラスムス自身異教の古典作家についてこう書いている。「キリストの霊は、一般に思われている以上に、広い空間に浸透していた可能性がある。われわれのリストには記載されていない実に多くの者たちも聖人の列に加えられるべきなのだ[52]」。トマス・モアは、フランシスコ会士ニコラウス・リラヌスの万民救済主義的見解に合わせつつ、異教徒の救いはひとえにごく単純な信仰告白にかかっていると示唆した[53]。その一世代後のポステルは、神の子である人間すべての霊的統一を記述するために、このような見方を系統的に適用しようとしたのだ。

ポステルとエラスムス主義との関連はいたるところに見られる。殊にキリスト教徒の生、なかんずく適切な生活態度は、形式的な信条よりもはるかに神の意にかなうとの主張にそれは顕著である。それゆえポステルはこう書く。「ことばをないがしろにして業をなす者は、約束のことばどおりに業をなさない者よりもよりよく神の意志を実現する[54]」。さらに大胆に、

イエスは外面の信仰告白や行いのみならず、感情、望み、欲望、熱意を重んじた。たとえそれらが知識に基づいていなくてもそうであった。というのも、われわれのうちにわれわれの基本的性向をおいたのはキリスト自身なのだから、過ちではなく意図と目的を考量するのだ。それゆえ、殉教者を拷問にかけた多くの者たちは、宗教と治安に対する熱意によって、殉教者よりも高く神に掲げられるであろうし、多くの異端者は篤信者の上におかれるであろう[55]。

ポステルは救いの観念をさらに押し進めて、制度との関係ではなく人間の一般的な態度に依存させようとした。そして彼の急進主義は、何よりもキリストの花嫁という概念によく現れている。母なる宇宙原理、母なる自然そのもののシェキナーが教会の代わりとされる。それが働く領域は教会を含む被造世界全体に及ぶ。この代替は、ポステルの主たる関心が〈一般教会〉に移行したことを象徴している。

この不可視の〈一般教会〉は、外的教会の伝統的概念よりも、人類の霊的統合についてのより広範な視野をともなっている。それは可視的制度よりもはるかに広いものであるとポステルは言明する。人体は、外側の目に見える部分よりも隠れた部分のほうがはるかに大きいのと同様に、「教会は、外面の礼拝によってわかる目に見える成員よりも、目には見えない成員のほうがはるかに多いはずである」[56]。しかしながら他の箇所では、キリストとの関係を別の観点から考えつつ、〈一般教会〉に帰属する者をむしろ「外的成員」[57]と呼んでいる。その中には善意の人すべてが含まれる。仲保者の話を聞いたことのない者、理解しそこなった者、異端に惑わされた者、牧師の怠慢によって忘却した者は誰であっても、自らの良心に従っただけなのだから、依然真の教会の成員として数えられうる[58]。そしてポステルの信じるところによれば、彼らの数は最終的には人類全体の数と同じになる。いかなる場所のいかなる時代の人間であっても、全員がイエスの潜在的現前によって、善を追求する生来の欲望を持っているからである[59]。

ポステルはふたつの教会の関係について細心に記述する。両者ともにキリストの体の一部であり、救いを与えられるが、神との近さと役割において異なっている。〈特殊教会〉の成員は神の長子であり、神に最も近い。それが表しているのはキリストの体の生命維持に不可欠な器官である。他方で〈一般教会〉の子は、神の真の子というよりは雇われ労働者のようなものであり、キリストの体の副次的な外側の四肢である。前者は神の啓示と恩寵を直接受け取り、消化して発散する。後者は間接的にそれらを受け取る。とはいえ、このあとですぐにこう付け加える。〈一般教会〉の成員はそれでも全体としてキリストの体にとって不可欠なものであり、驚嘆に値しないわけではない[60]。さらには彼らしく、ふたつの教会の弁別という観点から、神の選びと遺棄についての難解な教義を明示する。どの人間の魂も地獄落ちの罰が下されるという考えを受け入れることはできない。そうなるとサタンの勝利を許してしまうことになるからだ。それゆえ、神に選ばれた者とは真理を中心から周縁に広めるために選ばれた者、〈特殊教会〉の成員のことにすぎないと考える。神に遺棄された者とはそれを受け取るよう選抜された者のことである[61]。ポステルは、この定式がトリエント公会議に取り上げられて、プロテスタントとの和解にいたることを期待していたのだろう。この定式は公会議に献じられた著作に含まれていたものだからである。

〈一般教会〉は〈特殊教会〉に形式的に従属してはいるが、ポステルの考えでは前者もかなりの恩寵と啓示を授けられていた[62]。キリスト教徒が受け取る特殊的恩寵と特殊的啓示に対置させられた、一般的恩寵と一般的啓示の教説はまったく伝統的なものである。しかしポステルはこの立場をずっと先に押し進め、一般的恩寵に異例の価値を付与した。彼は単純化された信仰を擁護したが、それはついに啓蒙主義の自然宗教に至極接近していった。それどころかこれに飽きたらず、シビュラや預言者のおかげで非キリスト教徒の民にも有効で特殊な啓示が告げられていたと力説するにいたる[63]。つまり、自然と恩寵は協働して、宗教的知識の領域におけるふたつの教会の差異を消し去ってしまうことを疑わなかったのだ。

これ以上によくポステルの万民救済主義を例証するものはない。ポステルによれば、神が万物を創造したさい、それ自身で善となり、その本性が許すかぎりの至高の善に達する能力を与えた。それゆえ、万人は同等に神の恩寵に近づく権利を有する[64]。そこには救いにいたる権利も含まれる。(アゴスティーノ・ステウコを引用しつつ）神は義であり理由なく責めることはないのだから、人間は何が救いに必要なのか自然から知れるはずである。[65] シュヴェンクフェルト宛書簡では、全世界への神の愛と万人が救われることへの神の願いが語られている。キリストは実に〈万人の救世主〉であると力説するのである。[66]

このような万民救済主義的見解は、第一に、世界中の民族にみられる信仰の類似性を誇張し、差異を過小視する原因となった。[67] かくして彼はこう書く。「だから、子供たち、兄弟、父、娘、姉妹、母よ、喜ぼうではないか。トルコ人、ユダヤ人、キリスト教徒、異端者、異教徒、そして全世界の民が神を信じ、イエスを持ち、あるいはイエスを追い求めていることを」。[68] では宗教の違いはなぜ存在するのか。それはたんに「穢れによるものか、秘跡や見解の相違」と、このようなものは同意に達するのに瑣末な障害だと言わんばかりに答える。[69] 人類はわずかな原則において合意に達しさえすれば、終極的真理に共に到達できるのだ。そして教皇教徒もルター派も（おそらくは）何か特定の宗教の信奉者もいなくなる。万人がたんなるキリスト者になるのだ。[70]

ポステルはこのわずかな原則とは何か、自分が知っていることに確信を持っていたし、読者のために幾度かリストアップしてみせた。彼が信じるに、偉大なる宗教的真理とは世界の種々の宗教にすでに含まれており、人類を分裂させるもとになっている付随的で余分な細部から切り分けられるのを待っている。『世界和合論』では、おそらく宣教師が使えるよう、すべての信仰に共通する本質的命題を長々とリストアップした。その多くは自分の主要な信条を具体化したもののように思われる。まるで、キリスト教の特定の典拠よりも自然こそが、かけがえのない信仰の源だと見ていたかのようなのだ。ポステルがすべての宗教に共通する根元的なものと考える命題は六十七あるが、そのいくつかだけ例示しておこう。「万人は神が万物の作者と信じている」、「宗教の特性とは神聖であることである」、「罪を犯した者は正規の贖罪をしなければならない」、「信仰を護持する第一の論拠は聖典にある」、「聖職者を傷つけた者は罰せられるべきである」、「先祖代々の習慣は遵守されるべきである」、「教皇は共同体の同意を得なければならない」、「最高会議は万人に関わる案件を決裁すべきである」[71]。より抽象的な命題を含むさらなるリストは三年後の『パンテノシア』で記される。ここでポステルは、神と被造世界のあいだに立つ仲保者の存在が不可欠であることを示す一連の見解を理性のみによって考えていく。いわく、神は万物の原因である、神は無限である、したがって神は不易不動である、感覚や知性によって把握されるものは何ものも自らを創造することはできない、云々[72]。こうしてポステルにとっては、キリスト教特有の真理は万人に理解可能になったかのように思えた。理性への信頼と普遍的救いへの希望は正当化されたかのように見えた。エラスムス流の自由主義から出発して、何かしら理神論に酷似したものが立ち現れてきたのだ。ポステルの結論はフィレンツェの新プラトン主義のある傾向とパラレルなのは確かだが、彼の場合、宗教的統一への欲求は思弁に向かう衝動よりもはるかに大きな役割を果たしている。ポステルは『信仰の平和について』のクザーヌスに近いのだろう。

ポステルの〈特殊教会〉と〈一般教会〉の区別は、最後に、非カトリック教徒とその宗教に対する彼の態度が両義的に見える理由を説明してくれる。彼らの生活様式や信仰に並外れて寛容であるように見えるときもあるが、激しく攻撃するときもある。このような姿勢はそのときどちらの教会の定義が脳裏にあったかによって左右されている。狭い〈特殊教会〉を想定しているときには、他のすべての宗教の敵である。広い〈一般教会〉が念頭にあるときには、すべての宗教を神の恩寵が広く行き渡っていることの証拠として進んで評価する。

殊にプロテスタントに対する見方はたえず変化した。制度としてのカトリック教会の緊密な統一性と同質性を考えるときには、根深い敵意が剝き出しになった。〈一般教会〉での人類の友愛を考えるときには、プロテスタントとの友好的な協力関係を切望した。しかし、プロテスタントにローマ教会とより広い人類共同体双方を拒絶する排他性を見て取ると、彼の怒りは頂点に達した。

プロテスタンティズムとイスラムには相似性があるという信念は、双方への敬意を示すものだが、改革派に対する態度を常に左右した。『コーランすなわちマホメットの法と福音主義との一致についての書』では両者の類似点が詳細に述べられている。そしてこの著作は『世界和合論』の続編あるいは補遺として書かれたのだから、ムスリム、ユダヤ人、異教徒と同様にプロテスタントを宣教計画の格好の対象としていたことは明らかである。プロテスタンティズムとイスラムとの類似性は二十八の範疇に分けて論じられ、例えば、教父の権威の否定、聖母マリアに対する敬愛の欠如、祝日の廃止等があげられる。[73] 他方でこのような比較がプロテスタントに完全に不利に働くわけではない。プロテスタントが〈特殊教会〉から排除されていることを強調しても、ムハンマド派への好意的な判断がプロテスタントにも適応されうることを示してもいるからだ。

ポステルが特に困惑したのは、改革者が教会のまとまりに亀裂をもたらし、宗教的権威を拒絶して無政府状態をもたらした点だった。確かに彼は特定の教義の逸脱に気づいていたし、機会を捕らえては、ルターのキリスト論、[74] 諸宗派の教会論、スイス・プロテスタントの予定説、カトリック教義との各種の副次的な不一致を批判した。[75] しかしそれよりもはるかに懸念を示したのは、ドイツの君主たちが引き起こした政治的分裂であり、何よりもプロテスタントが位階制を否認したためにもたらされた宗派の増殖による無政府状態であった。かくしてこう書く。

異端はひとつの意見から始まるが、続いてその作者を否定し、多数の宗派や分派に分裂して、信じたいものを勝手に信じるようになる。百年も前に非難された異端の教説がルターによって守られ、広められた。そしていまや六種類もの聖餐象徴説主義者、超洗礼派《パラバプティスト》、洗礼反対派、再洗礼派、心霊派、狂信者、アダム派、ユダヤ人、マホメット教徒、不信心者、野蛮なエピクロス派などが簇生し、毎日のように新奇な教義を発明している。(76)

しかしポステルはより頻繁にプロテスタントを擁護し賞賛している。『コーランの書』のわずか数年後、トリエント公会議への参加者たちにはプロテスタントに干渉しないよう求める。

> やめよ、神父たちよ、イエス・キリストの血においてやめよ、同胞に対するひきもきらぬ呪詛と中傷をやめよ。彼らは神への熱意に動かされているのであり、神のみが彼らを裁くのだから。北の同胞への度を過ぎた罵りをやめよ。そしてどちらも人間であることを考えよ。……各人が自らの祭式に従って生きるようにせよ。キリストが万人を統一し、宗教的論争のもととなるこの祭式の相違をなくすまでは。(77)

『パンテノシア』全体の下地となっている万民救済主義がこの類い希な指摘を説明するものだが、『コーランの書』においてさえポステルは、喜捨活動や学校の支援などの点でプロテスタントのカトリックに対する優位を認めている。(78)それどころか、一度ならずプロテスタントの特定の立場（中心にあったものではないが）に真の共感を示している。プロテスタント指導者たちに、自分は彼らと同様に聖霊の神感に導かれているのだから、自分に注目するよう要求することもあった[79]。さらには聖書の俗語訳を求めるプロテスタントを支持し、平信徒に聖餐の杯を授けることを支持した[80]。

しかしながら、プロテスタンティズムに対するこのような態度は熟慮したうえでのものというよりは、その時々の気分や日和見主義を反映したものである。総じて彼はプロテスタントを、理解と敬意は必要だが、おおかた誤謬に陥っている同胞と見ていた。したがって彼らへの接近は迫害によってではなく友好的に教え諭すことによってなされるべきなのだ。ポステルは、異端の問題を異端者を糾弾することで解決しようとする、一部のカトリック正統派に見られる傾向を激しく非難した。トリエントの神父たちに向かってこう指摘する。そのようなやり方はキリストの道では決してない。「神父様、兄弟、息子たちよ、目を開けよ。目を開けて、世界の贖い主イエス・キリストが……無分別な者をいかに回心させたか見よ。彼を訪れない者を破門したなどとは聖書のどこにも書かれていない[81]」。それどころか、彼の信じるところによれば、他者の信仰を危うくするひどく頑迷な異端者でも追放するだけにとどめるべきなのだ[82]。ポステルは異端の適切な対処法をエチオピア教会に見いだした。すなわち、異端者には優しく教え諭し、ある程度の表現の自由を認めるのである。というのもエチオピア人は、「神が最後には真理に反して誤って言われることをなんであれあぶり出して、自身で打ち砕き、真理のみを存続させ君臨させる、と公言している[83]」。ポステルは確かに異端の存在を信じていたが、異端者でも真理の一端を有し、神のみが裁きうることを認めていた。いずれにせよ、真理は〈特殊教会〉のみが独占しうるものではないと確信していたのだ。

ポステルは、プロテスタントがいかなる〈一般教会〉も認めず、自らのみが真の教会を代表していると主張することにはかなりの憤りを見せている。この点に彼はプロテスタンティズムとイスラムの重大な相似性を見いだした。すなわち、双方ともに宗教的真理を独占的に所有していると主張し、自らの信仰のみが神の意にかなうと思っているのである。このような狭量さこそ常に異端の特徴であったとポステルは考える。そして殊にプロテスタンティズムの他者を否定する態度を攻撃した。彼が見たかぎり、プロテスタントはムスリムが否定するものを同じように否定する。すなわち、聖書以外の教典にはなんの価値もない、自分たち以外の者は宗教的真理に与らない、神への取りなしには価値がない、祭式あるいは形式的な祈りは無益である、奇跡は宗教を裏付けるのに必要ない、聖人は敬われるべきでない、聖体拝領は記念以上のものではない、聖職者には権威がない、人間は自由意志を持たない、等々。プロテスタンティズムの否定的態度と並んで、ポステルはプロテスタントに宣教の関心がないことに注目する。このことは彼に強い印象を与えたはずである。[84] これは、プロテスタントは狭量なだけではなく、彼らの立場が持つ利点の他者との共有を望まないことを意味する。

最後にポステルは、プロテスタント陣営に見いだした不寛容に背筋を寒くする。宿敵フラキウス・イリリクスに対する攻撃は、何よりもまず、穏健で博学なメランヒトンへの彼の暴力的で狭量な敵意に向けられた。[85] それゆえ、シュヴェンクフェルトに向けた悲痛なことばにも、苦い記憶が潜んでいる。

福音主義者の名によって自らを讃える者たちは、万人が自分たちのことばで宣誓することを望む。まるで自分たちが神の宇宙の総体であるかのように。そしてひとつの教会がすでにあるところに、かつてのバビロンを支配していたものよりもはるかに圧政的な独自の教会を作り上げる。そして彼らのことば、意見、告白、主張でもって誓いを立てず、「見よ、ここにキリストがおられます」と言う者をかたっぱしからシナゴーグの外に追放するのだ。[86]

ポステルは自らの教会に批判したいことが山ほどあり、たまにはプロテスタンティズムに心惹かれることもあったが、教会の統一性と包括性を重視していたがために、エラスムスと同様、カトリック教会にしっかりと踏みとどまった。

東方の非ローマ教会に対する立場は、プロテスタントに対する姿勢とパラレルだが、より和らいだものであった。初期の著作では両面的な感情が見られる。ときには好奇心と客観性をもって、ときには敵意を込めて言及するのだ[87]。しかし一五四七年以降、〈一般教会〉論に目鼻がつき、あらゆる類の非カトリックについて好意的な見方ができるようになるにつれて、その立場はより鮮明になった。自分たちの教えが東方キリスト教徒に友好的に受け入れられるかもしれないというフランシスコ会スピリトゥアル派にあった期待感からも影響を受けたのだろう[88]。

ポステルが最も頻繁に言及したのはエチオピア教会だった。その制度的儀式――彼が理解した意味での――のみならず、純粋な教義にも感嘆の念を隠さなかった。「司祭ヨハネ《プレスター・ジョン》の教会」は三位一体の教義をラテン教会よりも明晰に理解していると考え、エチオピア人の教義によって自らの仲保者論を裏付けようとした[89]。他方で、「エチオピア王で司祭ヨハネと呼ばれる貴いヨハネ」はローマに自ら進んで服従すると思い込んだ[90]。

ポステルは他の東方キリスト教徒にも興味を抱いた。なかでも東方のユダヤ人キリスト教徒を論じ、彼らは使徒の時代に改宗して以来キリストの原初の信仰を守り続けてきたと考えた[91]。教会の復興がこの方面からなされることを期待していたのだろう。ポステルの東方キリスト教についての関心はもちろん、教会合同の願いと常に密接に関連していた。そして一五五二年には、ラテンと東方のキリスト教徒一切の信条を網羅した本の執筆を構想した。それによってライバルの信条がいったん読めるようになれば、パリ神学部がそれを研究し、相違点を調整して折り合いをつけ、最終的に教義の一致が回復されると期待したのだ。しかし、この調停は西方の責務であると考えたが、ラテン信条を東方に押しつけるべきだと示唆することはなかった。それどころか、東方の見解が西方教会に受け入れられる可能性を故意に残しておいたように見える。(92)

ムスリムに対する態度は最も複雑である。彼がずいぶんと考え書いた対象であるだけでない。キリスト教徒としての意識と万民救済主義とのあいだの内面の葛藤をともなってもいた。彼は総じて客観的であろうとしたし、ムスリム世界の長所を指摘することも厭わなかったように見える。例えば主著であるトルコ論の巻頭には、たんに「敵の気に入らないところや短所を責め、長所にふれることはなかった」彼以前の作家たちと同じ轍は踏まないと宣言している。学識ある著述家は邪悪なもののなかにも何かしらの善を見つけて描き出し、模倣すべきモデルとして供すべきであると彼は言う。したがって自分の本は、短所と長所双方にふれ、読者に真似るべきものと忌み嫌うべきものを提供し、キリスト教徒が公平であることをトルコ人に納得させるものである。そうすれば著者であるキリスト教徒は偏見に満ちた裁き手としてではなく、真理を熱望する人間として書いていると見てくれる。このように理にかなった姿勢は、トルコ人の側からも同等の公正さを引き出すのでは、と期待したのだ。それゆえ読者には、「あらゆる情念を脱ぎ捨て、中立的人間として血を流して」読んでほしいという驚くべき訴えをしている。(93)実際ポステルは宗教に関する事柄でも客観的であろうとした。『世界和合論』では、これまでの著述家のようにマホメットの誤謬だけを論じるようなことはしないと読者に約束する。そのかわりコーランを長文で要約し、知識が判断に先行するようにした[94]。

ポステルはオスマン帝国論で、トルコ人はたんなる野蛮人であり、西方の文明人とはいかなる関係も持てないという、エラスムスも含む[95]多くのラテンキリスト教徒が持つ印象をなんとか拭おうとした。ポステルはこういう印象が持たれた理由を、トルコ論を書いた著述家の多くはトルコ人に虐げられた国民の代弁者だったから、あるいは彼らが別の魂胆を持っていたからだと考えた。真相に到達するためには、そのような偏見から脱して、心を開いて対象と向き合わなければならないと力説する[96]。それゆえポステルは、高度なトルコ文明を最もよく示すトルコ人の生活ぶりを意図的に強調した。すなわち、子供の宗教教育についてのトルコ人の配慮、喜捨、高利貸しの禁止、高度な手工芸品、丁重で愛想の良い会話、簡素な衣服、トルコの裁判制度、等々[97]。これらの事柄についての彼の知識は、もちろん実地の観察に基づいていた。そして彼の判断は、ヨーロッパ人が外の世界を経験しだしたこの初期の時代から、異国の民の知識がすでに、ヨーロッパキリスト教文明の性格と質についての全体像を構成する刺激となっていたことを示している。

しかしながらポステルの客観性は、ムスリム世界に常に好意的な印象を持ったことを意味しない。トルコ論自体十字軍擁護を動機として書かれたものであり、イスラムに対する部分的な敵意は、私信でその教祖を「かの不敬な似非キリスト、ムハンマド[98]」と呼んでいる点に現れている。イスラム興隆の説明では型どおりの否定的な見解を採用した。それはキリスト教世界の罪に対する神の罰を表現していると言うのだ[99]。アラブの征服がもたらした破壊、とりわけエジプトの破壊についても立腹していた。エジプトでは、「アラブの暴徒が体と魂双方のかくもおぞましい破滅を世界にもたらしたために、それと比較するとこれまで生じた他の惨事一切がありがたいものに思える[100]」。確かにポステルは、ムスリムを〈一般教会〉にいつも含めて考えていたわけではなかったのだ。
しかしこの概念がムスリムについての彼の考えを往々に左右したし、実際ムスリムは〈特殊教会〉に近いことをしばしば強調する。それゆえアラブ人はアブラハムからイスマエルを経由して発したことを重視した。(101)これが意味するのは、彼らは多大な宗教的洞察を継承しているということである。それゆえポステルはムスリムを〈半ユダヤ教徒〉〈半キリスト教徒〉と好んで呼んだ。(102)彼らは半キリスト教徒として、自らの意に反してキリスト教の信仰を広めているのである。

どこのイスマエルびとであろうと、彼らが半キリスト教徒であることは疑えず、作為的ではなく偶発的にではあるが、旧約と新約の知識を広めている。彼らは多くのキリスト教の信仰箇条の中でも、永遠の処女マリアから生まれ、聖霊によって懐胎され、キリスト教徒に受け入れられたイエスは、ユダヤの法で約束されたキリストであり、神と最も近しい友として魂も体も天にあり、そこから生者と死者を裁きに到来して正当な裁きをすることを堅く信じている。(103)

イスラムとキリスト教のこの密接な関係ゆえにポステルは、ムハンマドを攻撃するにもかかわらず本物の預言者とみなし、ヨアキムや聖カタリナと同列に並べた。(104)またそれゆえ、コーランは旧約と新約のあいだに位置する「中間の法」として尊ばれるべきだと考えた。(105)かなり以前から西方キリスト教徒の顰蹙を買ってきたコーランの「猥褻性」ですら、ポステルの体系で場所を与えられた。それらは、〈万物復元〉の時代の有り様を表現しているものとして理解されなければならないのだ。(106)最後に彼は世界に対するイスラムの貢献を力説しようとする。すなわち、イスラムによる多神教の撲滅はイスラム自体の悪をはるかに凌駕する善である。限定的ではあるがキリストの知識を広めた。そして、キリスト教世界の学問の再興への貢献はめざましいものだった。それどころかポステルは、世界開闢以来、イスマエルびとほど神の栄光を広めた帝国はないと断言する。(107)

ユダヤ思想に対するポステルの借りを考え合わせると、ユダヤ人とそのキリスト教世界との関係についての言及は奇妙なほど少ない。その理由の一端は、ユダヤ人の改宗は他のどの民族よりもはるかに難しいと考えていた点にあるだろう。人間がどう努力しようとも、キリストの再臨か、のちに言い換えるように〈万物復元〉までは功を奏することはないとポステルは信じていたのである。(108) この意見においてポステルは、パウロに由来する中世の標準的な見解を踏襲している。(109)

しかしながらユダヤ人についての散発的な所説には、他の宗教グループに対するアプローチに見られたのと同じ両面的態度がうかがえる。ポステルはユダヤ人は総体的に呪われていると確信していた。そして、この自意識の強いヘブライ学者を中途半端な立場におくある一節では、ヨーロッパ諸国からのユダヤ人追放を喝采している。彼らへの迫害は、イエス・キリストに対する罪への正当な罰なのだ。(110) 他方でトリエント公会議に宛てた一文ではユダヤ人を擁護しつつ、多くのキリスト教徒に慢心と野心の欠点を見て取り、ユダヤ教とキリスト教の連続性を力説する。さらに、キリスト以前には、聖霊がイスラエルの七十二人のかしらを介して真の教会を治めていたと指摘し、この理由だけでユダヤ人は忍耐と敬意をもって扱われるに値すると示唆する。(111)

最後にポステルの関心は、キリスト教徒でもムスリムでもユダヤ人でもなく、したがってユダヤ＝キリスト教の啓典の伝統からまったく外れた膨大な数の諸国民に向けられる。彼らに啓典がないことは他の者たちにとっては重大な欠点に見えたかもしれないが、ポステルにとってはさほどでもなかった。自然宗教の妥当性に関心を払いつつ、異教とキリスト教との類似性を力説したからだ。さらに異教徒の特定の民には、聖書に記載されているのと同等の特別な啓示が下されたとした。さらに時代を遡っては、ガリアのドルイド僧とローマのシビュラを例証としてあげ、東方にも同類の例が見いだされうることを示唆した。ドルイド僧とバラモンの双方を〈知恵の保管者〉[112]と呼んだ。先の章でわれわれは、宗教的真理の知識を異教徒がなぜ有しているのか、異教徒の洞察とキリスト教の知識の正規の源泉とはどう関連しているのかについてのポステルの説明にふれた。あとは、彼が異教の内容とみなすものはなんだったのかを示し、この点についての彼の見方は他と同様〈一般教会〉論の一部としてまたも理解されうることを指摘しなければならない。

ドルイド僧とシビュラについては特に具体的に記述しているが、それは朧ではあるが西洋の宗教史の背景にあるからだろう。ドルイド僧を重視したのは何よりも、世界を支配するというフランスの使命とのつながりからであった。フランス人のあいだには、至高の宗教的真理が恒常的に存在していたことを証明するものなのだ。ドルイドの社会制度は人間の幸福に不可欠なすべてのものを提示しているとポステルは考えた。そしてドルイド教は、神は存在する、そして神を求める者は報われるという命題にその基礎をおくと考えた[113]。ポステルのシビュラへの関心は同等に大きいものだった。中世の読者にとってシビュラの権威は、ウェルギリウスとアウグスティヌスによって保証されていた。この関心の要因のひとつについてわれわれは先に指摘してある。シビュラが女性であるという点である。しかしポステルは古代の巫女のみをシビュラと呼んだのではなかった。「いつでもどこでも、神はシビュラすなわち神的照明を受けた女たちに神感を与えた。彼女らは異教徒や邪教の信者にひとつの神を認めるよう警告したのである」。シビュラがローマの建国と関連して考えられてきたのは、たんに彼女らの詩句が偶然「ローマ人によって特別に収集保存され、コンスタンティヌス帝の時代まで図書館に所蔵されていた」からである。それでもシビュラの教義がローマで守られてきた点にこそポステルの関心の大本があった。彼のシビュラの知識は何よりもウェルギリウスの『牧歌』第四歌に由来し、このテクストを校訂出版している。しかし、シビュラのことばは神意の表現という、当時としてはありふれた解釈を述べたにすぎないポステルにとって、典拠はこれで十分だった。[114][115]

人類が神の前でまったく言い逃れできないように……、聖なる教義と似たものが十人のシビュラを通じてやむことなく繰り返し述べられ、ついにはローマ人のあいだで至高の権威を獲得するまでにいたった。そしてその目的を、ティブルのシビュラがアウグストゥス帝にありありと示した。すなわち、シビュラの聖なる教義の王キリスト・イエス御身がやがて世界中で崇められるようにすることが目的だったのだ。[116]

ここでポステルは罪の宣告を口にしているが、実は彼には、目の前のキリスト教教会の外にも真の宗教的知識が存在することに興味を持つ、もっと重大だと考えたらしい理由があった。実際彼は、そのような知識が神の救いの恩寵は万人に広がっている証拠であると信じていた。罪の宣告ではなく万民救済にこそ真の関心があったのだ。そして、神は異教の信仰を使ってでも万民救済のために働くとの確信は、同時代の異教の扱い方にも常に反映されていた。

妥当な宗教的理解の証拠をポステルは世界のいたるところに見いだした。彼の関心の一部は実際的な目的に偏っていた。宣教師に、キリスト教世界の外の方々で見いだされるキリストについての知識を活用するよう急き立てたのである。[117] しかしポステルの態度には別の要因もあった。宗教的真理は広く流布しているという強い確信である。流布していることの例証を集めることは、彼自身の万民救済主義を正当化し、かつ西方の偏狭な教条主義を和らげることにもなる。キリスト教世界は最も重要な真理でさえ独占しているわけではないことを証明しようとしたのだ。それゆえ、大洪水が史実であることを証明しようと万人同意の論拠を持ち出した。キリスト教徒、ユダヤ教徒、ムスリムはもちろんのこと、古典古代(ピュラーとデウカリオーンの神話)やインドの民にも例証を求めたのである。終末の時代には世界が統一されるという信念を裏付けるために、啓典の民のみならずバラモンをも参照した。アメリカ先住民が即座に聖書を真理の源泉として崇めたことには感銘を受けた。さらにはメキシコ原住民にキリスト教の朧な原型を察知した。[118]

しかしポステルは東方の宗教と、それにともなう文明に何よりも魅了された。ポステルは東方旅行記の熱心な読者であり、それに対する彼の反応は、外の世界の知識がいかにヨーロッパ人の世界観を拡大したのかを教示するまたとない実例である。彼が得た情報の多くには確かに誤りがあったし、ポステル自身が誤解したものもあった。しかし彼の軽信はその熱狂ぶりのさらなる証でもある。そして『世界の驚異』という書のほとんどを費やして東方の西方に対する優位を証明するにいたった。

彼が考えるところ、この優位性は究極的には原初の地上の楽園が東方にあったことに由来する。そしてその原初の完全さの痕跡は絶えて完全に消滅したことはなかった。この理由で東方はいまだに世界で最も豊かな地方である。その手工芸品は今でも最も華麗である。「われわれが西方で類い希な精緻なものととらえているものはひとつ残らず、東方の優れたものの影にすぎないかのようである」。奇跡の動植物は東方にのみ繁殖する。例えば、子羊の全身が実になる不思議なボラネッツの木。ある驚異の木はパン、葡萄酒、砂糖、油、絹、リンネル、あらゆる種類の着物、火その他多数の有用な物を一度に産出する。東方の守護霊は世界のどこよりも強く、あらゆる類の魔術も盛んで、格別の効果を上げている。さらに東方では人間も西方より優れている。「東方の知力は世界で一番である」[119]。ポステルはまるで自らの文明が劣っていることを喜んで認めるかのようである。

しかし彼にとっては、東方の非宗教的分野での完成度は、それがいかに偉大なものであっても、知的かつ実践的な宗教的美質に比べれば見劣りするものであった。ポステルの指摘するところによれば、太古の時代、神は東方の人間の宗教的才能を認めて、三人のマギにキリストの生誕を知らせた。しかし、ポステルは東方の卓越した宗教性をふたつの説のどちらで説明するか決めかねていた。ひとつは、アブラハムと複数の妾とのあいだで生まれた子たちが、ユダヤの啓示をその初期の形態において東方に伝えたとする。新たな生活の場所を探させるために彼らを東方に遣るさい、アブラハムは「聖なる教義とともに魔術や占星術を授けた。彼らは世界一優れた占星術のきわめて偉大な知識とともにその残り香をいまだにとどめている」[120]。この見解は、叡知の一切はユダヤ起源であるという確信と対応している。もうひとつの説明では、宗教的真理の合理性が力説される。そして東方の人間の理性が優れていることはこの説明の論拠となった。ポステルが信じるところによれば、ペルシア人、中国人、コーカサス人、カタイ人、日本人は一様に、自然理性を至高の導きとして宗教的真理に到達したのである[121]。

ポステルはフランシスコ・ザビエルの通信から日本宗教の情報を十二分に得ていた。そしてこの情報のおかげで、日本を自然理性の一種のユートピアとして思い描いた。キリスト教の教義と実践の朧な原型と、彼自身が人類に勧告するものの先取りを認めたのである。ポステルの信じるところによれば、日本人はいろいろな意味でキリスト教に近づいている。日本人は三頭の偶像を崇めているが、それは三位一体を明らかに認めているからである。神の前で取りなしてくれる処女なる母を崇拝している。そして彼女の息子シャカの伝説を守り伝えている。この伝説はポステルによれば、「福音書から引き出した朧な影に他ならない」。日本人は一神教徒でもある。賞罰をともなう死後の生を信じている。共同生活に基づいた一種の修道院制度を実践している。断食、祈禱、説教をする。長子相続制と君主による宗教的共同体の統率の有効性を堅く信じている。この両制度はポステルが西方に薦め求めたものであった[122]。

ポステルが東方を讃えた動機についてはいくつか察しがつく。ひとつは、ヨーロッパ人の自らの文化的起源を東方に求める伝統的傾向に求められる。秘教的思想の信奉者は慣習的に「東方の知恵[123]」に関心を抱いたが、ポステルもそうだったのだ。もうひとつの動機は自分の教説を裏付けるためであった。東方に自分の教説を察知することで、そのいくつかに普遍的有効性を与えることができたのだ。しかし彼が何にもまして専心したのは、西方の改革に利用しうる信仰と行動の基準を記述することであった。非キリスト教ではあるが完全な社会を提示することは、道を踏み外したキリスト教世界の最も鋭い批判になると考えたのだ。日本人が現に行っていることをイエスの名においてなしさえすれば、彼らは「世界で最も完全な人間」になると書くとき、ポステルの念頭にあったのは日本人だけではない。同志であるヨーロッパ人への教訓でもあったのだ。彼らが現にイエスの名で公言していることを実行しさえすれば、〈彼ら〉は世界で最も完全な人間になるであろう。ポステルは実に明解だった。

かくして［神は］東方を善行のうちにとどめ、東方以上に完全な生き方はない。かたや、福音の至高の教義が今にいたるまで可能なかぎり支配してきた西方には、キリスト教徒として完全さや行状の真の純粋さはほとんど何も残っていない。それゆえ西方の生き方、特に職務にふさわしい聖性を持つべきである聖職者や君主、裁判官の生き様は全世界の顰蹙を買っている。(124)

ポステルは、モアに『ユートピア』を書かせたのと同じ衝動に駆られて完全無欠の東方を描いたように思える。日本はどこにもないのではなくどこかにあることが、ポステルの理想像に具体的であるという利点をもたらしたが、そのために彼は事実にとらわれることになった。しかしもたらされる事実は残念ながら相対的にまだまだ少なかった。それゆえポステルの理想国家の記述は未完のままで終わった。しかしながら、〈一般教会〉の非常に重要な機能を十分明かすことができた。有徳な模範によって〈特殊教会〉を恥じ入らせたのである。ポステルの構想の度量の大きさは、十六世紀のキリスト教徒にしては驚くべきものであった。というのも、忘れてならないが、ポステルは同時代人に空想(真面目なものではあるが)や学問的に理想化された過去を提示したのではなかった。自らの社会にとって不名誉なことに、現在の生きた一面を讃えたのである。それゆえわれわれはポステルを、モンテーニュの一世代前ではあるが、ルネサンス人でありながら、啓蒙主義の改革者たちと肩を並べる存在として思い描けるかもしれない。ポステルにおいてエラスムス主義の思潮の潜在的可能性のほとんどが十全に開花したのである。

内容においてはキリスト教の啓示に近い、啓示と直観についてのポステルの概念は、〈特殊教会〉と〈一般教会〉の区別を曖昧にしてしまうきらいがあったことは確かである。両者の区別を維持できなかったことは、ポステルという思想家は、自らが打ち立てた範疇を保持し適用して、制度的教会内でのキリスト教徒の統合と、神とのより広範なつながりのうちでの人類の統合の関連を記述するほどに意識的でも体系的でもなかったことをあらためて示している。同時に、結局のところポステルにはあらゆる類の区別を維持する気が少しもなかったことも示している。実際彼が目指したのは一切の分裂に終止符を打つことであった。われわれは、いかにこのふたつの教会を究極的に同一のものとしようとしたかをポステルの行動計画に確かめ、そしてその統合の帰結と意味を彼の歴史観に探ることにしよう。

第七章　行動計画

ポステルはそれなりに自分の基本的立場を定め、不完全だがひとつの教会論を確立するだけの知識人ではあったが、自分のことを純粋に思弁的な思想家だとは思わなかったはずだ。むしろ何よりもまずは行動計画の推進者と自認し、その生涯と著述を実際的結果を目指す運動に捧げた。現にその行動への取り組みの激しさと質は、彼をルネサンスのアカデミックな人文主義者から峻別する。多くの点でポステルはエラスムス主義者だったが、その経歴はエラスムスといかに異なっていることか！　ポステルは、身近で実際的な決定がなされる俗事の舞台にいつでも飛び降りる気でいた。そして自らの目的に資するのであれば政治家や神学者の肩すら持った。自らの行動計画のためには、けしかけられるものならなんでも利用して大衆を扇動するのもやぶさかではなかった。そのためなら世俗の地位や学者としての名声を進んで犠牲にした。命を捨てる覚悟まで決めていた。

彼の体系的思想家としての欠点の多くはその世代に共通するものだったが、かたや理論をすっ飛ばして行動に邁進してしまう点に起因する欠点もあった。ポステルにはアイデアを完全な抽象性にまで磨き上げるだけの忍耐がなかった。議論の一貫性よりも同時代人を動かすことにこだわった。この傾向がポステル思想の大部分に見られる断片性と、その議論にときおり見られる日和見主義の一因となった。それどころか、思想をいかなる形式で提示するかという大局的問題についての実際的態度は文体観も左右した。「ラテン語で不足なく真理を書き記したのだから、それで十分であろう」とそっけなく言う。(1)修辞学の原則としては疑わしく見えようが、この所見は意味深い。第一に、基本的な方法論についての、ポステルと同時代人の一部に見られた表層的な人文主義との大きな相違を示唆している。ポステルはエラスムスの側に立ってキケロ崇拝者たちに対抗したかもしれないし、それだけでなく、しまいには文法や修辞学の擁護者とではなく論理学者と手を結んだとしてもおかしくなかった。ポステルの文体観は、世界は彼にとってあまりに切迫した危機を迎えており、軽薄なアカデミズムを容れる余地はなかったことを浮き彫りにしている。

ポステルは自分の目的が実際的であると明言していた。後年マシウスに書き送った書簡で、自分のライフワークとは、キリスト教世界を説き伏せて行動させる努力を続けることだったと述べている。奮起しさえすれば、世界はおぞましい無秩序からキリストが宣言した永遠の平和へと簡単に移行できるのだ！(2)行動が目的であるという意識は、一五五三年の『起源について』といったきわめて学術的に見える著作にも浸透している。この著作の意図を彼はきわめてアウグスティヌス的な調子でこう述べる。「私は事物相互の原初の関係とそれらを再び完全な平和のうちに和解させうる方法の双方を論じようとした。そして世界が創造された目的である普遍的平和を促進させようと努めた」(3)。さらにポステルの行動主義と自己観には緊密な結びつきがあった。彼は自らを、キリスト教世界全土を再び奮い立たせて聖地を奪回させる第二の隠者ピエール〔十一世紀のフランス人修道士で、第一回十字軍を提唱、民衆十字軍を組織した〕としてとらえていた(4)。あるいは、世界をその終末に備えさせる預言者にして諸国民の牧者すなわち〈エリアス・パンドカエウス〉であるとした(5)。そして最後には、〈世界の父〉と〈世界の母〉の長子として復元理性の能動的力を発揮すると主張するにいたった。

行動の強調はポステル思想をルルス主義の伝統とより直接的に結びつける。理論的思索がルルスの活動の大きな部分を占めたが、そのほとんどは宣教という目的に従属したものであった。そして、パリの学者グループでルルス研究を後援したルフェーヴル・デタープルは、ルルスを何よりもまず実践的生活の導き手・行動の宣伝者として紹介した。一四九九年にルルス作品の一部を紹介するさいルフェーヴルはこう書いている。「われわれの精神生活の導きにはふたつの要素が有用である。すなわち知識と実践である。前者は法律の倫理的規律を教え、後者は規律正しい行動によって身につけられる。ほとんどの人は理論的探究を好んで、実践の内実をなおざりにする。しかし行動は知識に勝るのだ(6)」。ルフェーヴルの信じるところによれば、当代の実際的要求に見合った著作とは、個人道徳論、教会改革論、そして反トルコ論などであった(7)。

ポステルは自らの計画を要約して一五六〇年に皇帝フェルディナントに宛てた。それは自らの神秘的教義と実践の原理をおりよく組み合わせたものだった。

私は正しい理性である〈世界の母〉に導かれて、キリスト教国家が傷つかず平穏に守られうる方法を提案しました。これはひとつの世界帝国によって実現されます。正しい理性に裏付けられたキリスト教の教えの普及を可能にするからです。これによって、キリストはサタンが破壊した分だけ復元し、あたかもアダムは一度も罪を犯したことがないかのようになるでしょう(8)。

ここでポステルは、彼を根本から突き動かしていたものは超自然的なものであったことを示唆している。彼が提案する手段とは、第一に行動の政治的枠組みとしての世界帝国、第二に何よりも合理的論証を武器とした広範な宣教事業であった。そして彼の目標は〈世界復元〉である。

一

フランスの王と国民を自らの計画の主体とする考えは初期の段階から脳裏にあったろうが、それがはっきりと形をなしたのは一五四四年に故国を離れてからであった。フランス国家を強調するこの立場はローマでイエズス会の国際主義と衝突し、イエズス会から追放される大きな要因となった。そしてヴェネツィアで一五四八年に上梓された『モーセの幕屋における燭台の象徴についての解釈』では、フランスが世界を征服してキリストのために支配するよう神に選ばれたとする信念を公言するにいたる。次の七年間、そしてその後も断続的に、フランス国王とその臣下に自らの運命を完遂するよう説得するためにそのエネルギーの大半を費やした。(9)

終末論的含みを持つ世界統一と、世界帝国は最終的にフランス人によって成就されるという観念は、中世に深く根ざしたものである。理想的平和と秩序に恵まれた世界帝国という概念は、ユダヤのメシアニズムと〈ローマの平和〉に関わる黄金時代についての古代の預言の双方から派生したものである。とりわけアウグスティヌスの影響下にあったキリスト教徒は、この世界帝国の指導者、平和の君主を、この世に不和をもたらす諸勢力、異教徒、異端者、反逆者に打ち勝つ英雄として解釈した。そしてこの伝承をまるごと中世に伝えたキリスト教シビュラのテクストによると、皇帝はキリスト教による平和を世界に確立し、その治世の終わりにはついにエルサレムに行進し、ゴルゴダの丘で自らの王冠を脱ぎ捨てるという。続いて最後の審判と世界の終わりが到来する[10]。

帝国を先導する任務をフランスにあてがう説も古来からのものである。実際ポステルも自らの見解を広範に裏付けるために、古典作家のみならず「民法と教会法、旧約と新約、そして占星術の至高の理性と権威[11]」に訴えた。ここには、どんな尊敬すべき作家にも自分独自の思想を読み取るポステルの能力が垣間見られる。それでもポステルの背後には中世の多くの先例があったことも事実だ。十世紀頃までにはシャルルマーニュ伝説がキリスト教終末論の身近なモチーフと結びついた。そしてモンチエランデルのアドソ〔九一〇頃―九九二。『反キリストの起源と生涯についての書簡』を著す〕は、フランク族の最後の大王がいまに出現し、杓杖と王冠を聖墳墓の上におくだろうと力説した。『フランク人を通じての神の御業』〔ギベール・ド・ノジャンが一一一〇年前後に著した第一次十字軍の記録〕に発する伝統は、フランスが特別な役割を持つという考えにさらなる重みを付け加えた。そして十三世紀にはイタリアの反ギベリン派とヨアキム派の思想、フランス王党派の帝位への関心の高まりとが収斂して、この観念にさらなる弾みを与えた。例えば、南イタリアのカルメル会が伝説の聖アンゲルスに、フランス国王と教皇が共同で聖地を異教徒から解放するという預言を帰する一方で、イタリアのヨアキム派は、ユリがフランスと世界終末双方の象徴であることの符合を重視し、ピエール・デュボワは世界帝国を夢見るフランス人を焚きつけた。まずは教皇に嘆願したルルスも、『幼子イエスの生誕について』ではフィリップ美男王に呼びかけた。この書では童貞女マリア自身がフランス国王をキリスト教世界の希望として名指している。十四世紀にはルペスキッサのヨハンネス（ポステルが引用している）がイタリアの預言の伝統をフランスに導入し、広く流布したテレスフォルスの著作がそれをさらに広めた。一四九四年のフランスのイタリア侵攻の背景にも同様の預言があり、フランスにはパライオロゴス朝ビザンツ帝国を征服する権利があるとの主張が後押ししていた。ジャン・ミシェルやボルドーのギヨーシュなどの扇動家はフランス国王に聖地奪回と世界帝国を約束する。十五世紀末にはルフェーヴルがルルスの『イエスの生誕について』の一部を出版した。テレスフォルスの著作は一五一五年にヴェネツィアで上梓される。[12] ポステルの同世代にこのような考えが残存していたことは、ポステルの著作以外にはラブレーにうかがえる。ラブレーは世界帝国の系譜を、アッシリア人からメディア人、ペルシア人、マケドニア人、ローマ人、ギリシア人まで滑稽な調子でたどり、最後にはフランス人が継承したとした。この系図でのフランス人の七番目という順番は、世界史の安息日、最後の審判に先立つ千年王国を示唆している。[13]

この複雑な伝統を述べるにあたってポステルは、自分は預言の霊感を授かったとしばしば力説した。〈世界の母〉すなわち母ジョアンナから喧伝する務めを負わされたと書くのだ。[14] そして自分自身を通じて、「神が私のうちで復元されたあの恩寵の導きのもと、ガリアの民から発する王国が、ガリアに、そしてそこから世界に建てられるはずだ[15]」。自らの使命を自覚したポステルは、自分自身をダビデを教え諭した預言者に決然となぞらえつつ、[16] フランス国王に強い調子で迫った。さらに彼はこの預言者としての衝動に、セッセルなどの政論家が展開した、フランス王党派のアイデア一式を組み合わせた。そしてこれらの素材に、広く親しんだ十六世紀の学問から取り出した少しの情報と多くの提言を付け加えたのだ。

数多くの著作に散在するポステルの訴えと議論の多くは明らかに、様々な関係者に訴える目的で書かれた。そしてそれらは多様な形式をとった。散文のみならず、大衆に緊急に伝えたいときにはフランス語の粗末な韻文で著すこともあった。[17] だがその議論の大部分は『フェニキア文字について[18]』において、三十七の見出しで整理されて要約されている。さらにいくらかより簡潔なのが『君主制の道理』にある。つまり彼の見解は、教養人は穏健で専門的な標題を冠した前者で読めるし、俗語しか読めない読者は後者で読むことができたのだ。世界の主導権はフランスにあることを正当化する彼の議論は、総体として、フランス思想全体とは言わないが、少なくとも十六世紀において最も包括的なものだった。ただし、最も説得力があったわけではない。

論拠の第一グループは、長子相続制の原理とフランス人起源論に基づく。ジャン・ルメール・ド・ベルジュは古来の伝統を代弁してガリア人をトロイから派生させたが、ポステルは独特の宗教的性向からそれとは別の見解を提示した。ヨセフスに倣ってノアの家族に目を向け、フランス人の先祖をヤフェトとし、このノアの息子に世俗の世界帝国が託されたと信じたのだ。ヤフェトの長子ゴメルは大洪水のあと、のちにフランスとなる土地に定住した。それゆえその子孫であるフランス人に、全人類を支配する帝国の権限が帰属すると論じる。というのもポステルにとって、長子相続制が権威の継承を決めるために神が指定した手段であることは明白だったからだ。それに加えて、ゴメルの子孫が他のヨーロッパ諸国に植民したと考えた。それゆえ、イタリア人、ドイツ人、スペイン人その他のヨーロッパ人はフランスに、子が父に帰すべき敬意を払い、服従しなければならない[19]。

ポステルはこの論拠をフランス史初期の史料によって裏付けた。殊に、十六世紀フランス王党派の関心を全般的に集めていたサリカ法に目を向けた。ポステル以前にはセッセルがこれに着目し[20]、ヴェネツィア大使カヴァッリですら、この古来の法律がフランスの国力増強に多大な役割を果したと確信していた。政庁への一五四六年の『報告』でこう報じているのだ[21]。しかしポステルのこの主題の論じ方は、セッセルやカヴァッリの法学的で実際的なアプローチと明らかに異なっている。フランスではサリカ法が長子相続制を守ってきたのだから、サリカ法は最古の民法にして世界の政治秩序の基礎にちがいないと言うのである。そしてフランス諸豪族の利害としばしば衝突したにもかかわらず、歴代の王はサリカ法を遵守し続けたことに格別の意義を見いだす。今こそフランスは、サリカ法が裏付け、守った権利を、現実の世界支配によって執行すべきであると力説するのだ。[22]

歴史、あるいは彼が歴史と区別しない伝説に基づくこの論拠は、別の論拠の一群の基礎となった。すでに見たように彼は、ドルイド僧のあいだでれっきとした宗教的伝統が存続していことに深い感銘を受けた。[23] マグダラのマリア、マルタ、ラザロ、ディオニュシオス・アレオパギテースといった東方からの最初の宗教難民がガリアに聖所を見いだしたことにも印象づけられた。[24] さらには、コンスタンティヌスがガリアで改宗したとの俗説、ガリアのカトリック教徒のアリウス派ゴート族に対する特筆すべき勝利にも言及する。[25] より近い歴史では、ジャンヌ・ダルクの偉業に、神のフランスに対する特別の配慮を裏付ける殊に重要な証拠を見た。その頃フランスは、聖女ジャンヌを愛国主義と宗教にとっての重要人物として賞揚し始めていた。ポステルはこの趨勢を代弁しているのだ。ジャンヌはイングランド人を追い出して、ランスで王を即位させた。この彼女の事績を通じてキリストは、世界開闢以来他のどの出来事よりも偉大な力を見せつけたのだとポステルはマシウスに書き送っている。それのみならず、ポステルは聖女ジャンヌを女性の霊的役割の最も重要な例証のひとつとして用いた。彼女の偉業とこの偉業の奇跡的性格を否定する者を激しく攻撃し、彼女の物語は福音書と同等に真実であり擁護に値すると力説したのだ。[26] そして彼女を、フランス国王に世界帝国に向けての最初の大きな一歩を踏み出させた者として描いた。

歴史を引き合いに出したがために、ポステルはローマやドイツの過去の帝国の伝承とも折り合いをつけなければならなくなった。これらはフランスの世界支配権はすでに確立されたとするポステルの主張を裏書きするものではなかったのだ。そこで彼はローマとドイツの皇帝をたんなる簒奪者として考えることにした。実際、ガリアはローマ世界から古来独立していたことを強調する傾向にあった同時代のフランス人著述家よりもさらに先を行った(27)。ガリアの民と感情的に一体となり、ローマ人との戦いに再び踏み出したのである。ポステルはこう力説する。ガリア人は敗退したが、ローマ軍に対して他のどの民族よりも成功裏に戦った。彼らだけがローマに臨時の支出を強いた。最終的にカエサルに屈したが、それは北方から同時に攻撃されたからにすぎない。それに、ガリアの軍事的援助がなければカエサルも皇帝になれなかった。実際カエサル以降は、背後のガリアの資源を後ろ盾にしない者は帝位に登ることができなかった。ローマ人が世界帝国を樹立できたことは、もっぱら当代のフランス人の励みとなるはずである。フランス人の守護天使は千倍も強力だからだ(28)。

以上のことから、ポステルがドイツ人の帝位占有に手厳しかったのは驚くにあたらない。シャルルマーニュに発するフランスの系統からドイツの簒奪者に帝位を移し、その後の不正の諸世紀をもたらした「教皇らの党派的野心」を責める一方で、フランスの境遇にそれを補償するものを見いだした。フランスはその苦難によって、キリストの似姿に近づいていったと論じるのである。ドイツ人が六世紀の努力を費やしたにもかかわらずフランスを屈服させられなかったことは、ドイツ人の帝位要求に対する十分な反証であると考えた。したがって世界帝国はフランスのみにその基盤をおきうることは彼にとって明らかであった。そして「ドイツのカエサル」に対して、もし真の皇帝になることを本当に望むのであれば、なんとしてもまずはフランス国王とならねばならないと助言する。しかしながら、フランス国王が皇帝として認められるほうが明らかに容易で適切であり、「より神の予定に見合っている」と指摘する(29)。

フランスの並々ならぬ運命を受け入れるための歴史的根拠やその他の論拠を背後から支えていたのは、天体の好適な合と影響力であった。彼の計算によれば、フランスは獣帯のうちで最も強力な三つの宮、すなわち人体の生命維持機能を支配する白羊宮、獅子宮、人馬宮の支配下にある。この天の力の保護があったからこそ、フランスはその一部でもムスリムに征服されずに済んだ。俗界の秩序全体に影響力を持つ月も、ポステルの計算によれば、その「東方の基はガリアに」ある。これが彼にとっては、ドルイド僧がカエサルへの服従を選んだ理由であった[30]。

ポステルが持ち出す論拠の第三の大きなグループでは、フランス人の過去と現在の種々の霊的・知的卓越性が強調される。「キリスト教徒の民の中で、神的権威、聖書の意味、そしてキリスト者としての生をガリア人ほど大切に保持してきた者は見当たらない[31]」。これが、イグナチウス・ロヨラのメッセージに彼の同国人よりもフランス人のほうがはるかに敏感に反応した理由である。したがってロヨラの弟子たちは「永遠の使節ガリアの会」と名乗るべきであり、この名称は〈イエズス会〉という称号を不遜ととらえる者［ガリア主義者］の気分を損ねることもないだろう[32]。

ポステルによれば、フランス人の篤信と比肩するのがキリスト教文芸に対する才能である。ポステルはここで、キリスト教世界の〈学問《ストゥディウム》〉の責任はフランスが負うという古来の伝統を踏襲している（〈支配権《インペリウム》〉をも要求することでこの伝統から逸脱してもいるが[33]）。神はフランスに『カトリック教会の至高の守護者となり、聖地を奪回し、教皇と公会議のどちらが首位にあるか判断する」責務を負わせたのみならず、「通常註解《グロス・オーディナリー》での聖書解釈と決定、教父と命題集の師〔ロンバルドゥス〕の裁定への信頼を作り出す」義務も負わせた[34]。だからこそ、全ヨーロッパはパリ神学部の決定を受け入れたのだとポステルは指摘する。他方で、フランスの知的リーダーシップの第二幕は、王の後援によって三カ国語学校が設立された今こそ始まると考えた。ポステルは独特の不明瞭な文体でこう書く。「ガリアはすべての権威と理性を提供する。なぜなら、十字架の称号を持ち、……ヘブライ語、ギリシア語、ラテン語によって十字架に忠誠を尽くしているからである。これらの言語は他のどこよりも［パリでのほうが］書かれ、読まれ、理解されているのだ」。つまりフランスの気高い使命は、「悟性の全知識の光がそこで確立され、復元された」ことによって裏付けられる。[35] この議論は、イスラエルのメシアは終極的に他ならぬフランスにこそ現れるという主張に光を投げかけるものであろう。[36] このように優れた国民は報われるべきであるというのがポステルの結論だった。

ポステルはフランス人の重要な長所として王への忠誠をあげる。民衆はたえず自由を渇望してきたのに、強い忠誠心は失わなかったというのだ。[37] そしてポステルの論拠の最後のグループは、フランスの歴代の王の格別の長所と属性に基づいている。彼が見るところ、彼らは何世紀にもわたって伝統的に教会を保護してきた。そしてこの事実自体が、未来においてリーダーシップを発揮する資格を備えていることをはっきりと証明するものである。[38] しかしそこには別の論拠も付け加えられている。フランス国王は哲学の規則に堅実に従い――この点でエラスムスの理想的政治の条件を満たす――、それによって「この世で最大の至福」を国民にもたらした。彼らは自分たちの霊的権威を主張しえた。塗油によって神聖な人間となり（ポステルが信じるところによれば、このような王は他にいない）、触れることで瘰癧を癒せた。[39] さらに核心的なのは、聖書その他において、殊にユリの象徴において、来るべき時代の彼らのリーダーシップが預言されていることである。ポステルはここで、ヨアキムによるユリと歴史の終末の関連づけを存分に利用しているし、『ゾーハル』ではユリが選ばれた民の象徴として使われていることも念頭にあった。旧約のユリについての種々のくだりに頻繁に言及し、ユリとキリストを同一視し、同時にユリに言及した箇所はひとつ残らずフランスを名指したものであると力説する。[40] さらには万国の預言者は一致して、聖地のキリスト教徒による統治はフランス国王によって回復される旨預言していると言い切る。マシウスに宛てては、アラブ人さえムハンマド自身に由来するそのような預言を伝えていると書く。実際この預言は、西方では幾世紀にもわたって様々な形で言われていた。ポステルの伝えるヴァージョンでは、千年後にキリストが自らの王国を東方に再建し、ハガルの末裔を追放するとされる。そしてムスリムが言うことにはこの素晴らしい業は、「サフラン色の子ベン＝サフラ（彼らはこの表現によって黄金色のユリを持つフランス国王を意味する）」によって達成されるとマシウスに書き送る。[41]

フランスの支配者がリーダーシップをとらねばならないと確信していたポステルは、まず彼らに自分の計画を実現するよう訴えた。フェルディナント皇帝に説明しているように、ポステルはフランソワ一世、アンリ二世、フランソワ二世に呼びかけた。フランソワ一世は多大な興味を持って耳を傾けたが、トルコとの同盟に望みをかけたために、彼の計画を援助するのに躊躇したと言う。[42] ポステルは当然のことながら、宗教を政治的思惑の二の次と考えるこの見え透いた態度に心底失望した。アンリ二世には、『サリカ法』献辞で、「神が永遠の王国の基を確立するために選んだ方」と直接呼びかけ、間接的にはロレーヌ枢機卿とカトリーヌ・ド・メディチ――夫への愛と妻としての影響力をあてにして――を介して訴えた。[43] フランソワ二世には即位する前に呼びかけている。王子の星回りにウェルギリウスが引用するシビュラの詩句を適用しつつ、「人心に対する理にかなった永遠の勝利」を約束してへつらったのだ。[44]

ポステルはこれらの呼びかけになんの反応もないのを見ると、フランス王家に警告を発して脅しさえした。（王妃カトリーヌに献じた著作でも）神からの使命を疑い背いたモーセとサウルの運命を引き合いに出した。[45] さらには、イスラエルとの類推から、世界の宗教的リーダーシップはフランスの支配者にではなく国民に向けられたものではと思うこともあった。臣下の勝利が必然だからといって、必ずしも王がそれに与れるわけではない。

国民は確かに永遠に予定されているが、王はそうではない。……神的法、教会法や人間の法、そして世界中で認められた一切の権利によって、世界帝国はまずガリアにその礎をおき、樹立されることは絶対確実である。ユーグ・ル・グラン（ここからヴァロワ朝は発した）の種族が存続し、ダビデとサロモンに対してなされたのとまったく同じこの約束を引き継ぐ気でいるなら、うぬぼれや驕り、暴政や偶像崇拝、極度の強欲と略奪によってそれを放棄してはならない[46]。

ポステルはこのような考えに導かれてついには、無責任な支配者を打倒する革命の可能性を考慮するにいたった。依然王室に呼びかけつつ、一五五二年の大衆に向けたビラでは、世界支配権を有する君主がこの権利をものにせず行使することも拒絶するなら、「それを保持するに値しない」とおおっぴらに書く。世界最古の法である長子相続制がいまや、少なくとも王朝に関するかぎりは忘れ去られた。そしてポステルは自らの計画を救うために剣呑にも、フランスの世界帝国の権利の源泉を国民に求めた。「というのも［王の］権利は己ではなくその国民に由来する。なぜなら国民は王以前にあり、〈王なしで存在しうるのであり〉、その反対ではないからだ[47]」。ポステルが己の預言者としての権威をきわめて真剣に受け止めていたことは確かだ。

ヴァロワ朝には何も期待できないことがはっきりし、革命をほのめかしたもののパリから追放されてそれもかなわなくなると、指導者を他に求めた。フェルディナントの庇護に励まされて、神聖ローマ帝国に援助を期待したのである。一五五四年にウィーンで上梓された『フェニキア語すなわちヘブライ語の卓越性について』の献辞では、それ以前の著作でフランス国王たちに訴えたのと同じく、今度は皇帝に行動を求めた(48)。一五六〇年と一五六二年には再度フェルディナントに懇願し、「永遠の理性の第一の擁護者」および「人事と法の至高の裁決者」として熱烈に支持しつつ、その努力によって「正しい理性」がいまや世界中に広まるであろうと伝える。そしてこう詳細に述べた。皇帝は三つの行動計画に着手しなければならない。まず西方の諸勢力を奮起させる。そしてノアがローマに樹立した帝国をローマに再興し、再び世界の世俗の首都とする。そして、世界の霊的中心であるエルサレムに教皇庁をおく。これをすべてやり遂げられれば、全面的な改革がなされ、地上の楽園を再興し、地上に天の王国を樹立し、そして現世の終着点に到達できるだろう(49)、とポステルは皇帝に約束する。しかし、自らの訴えの奏功を疑っていることを見せつけんばかりに、フランス支配者に対してと同様フェルディナントにも、この訴えを無視する支配者にいかなる運命が待ち受けているか警告せざるをえなかった(50)。

ポステルは、皇帝に呼びかけることと、フランスが世界支配の使命を持つことについて入念に証明することとのあいだに齟齬があることは気づいていたし、両者の見かけの矛盾を解決しようともした。ドイツ人への敵意を捨て、彼らもフランス人と同様ゴメル、正しくはゴメルの長子アシケナズから派生した民族であることを認めた。それゆえドイツ人も長子相続原理に基づいて世界支配を正当に主張しうるのである。さらに、ローマ人の王はドイツ人ではあってもリーダーたりうる。フランス人を世界での自らの責任を引き受けるよう奮起させるのに必要だからと言う(51)。

ウィーンを出立したあと、そして晩年には、別の方面にも目を向けた。ヴェネツィアの童貞女の故国であるヴェネツィアからいくばくかの援助をあてにしたようである。彼女自身「第二のエルサレムすなわちヴェネツィア」の権威のもとでの世界改革に期待を寄せていた[52]。『別世界からの第一報』ではヴェネツィア人を奮起させようとしている。その数年後にはポーランド王から、「ハンガリー、ヴァラキアその他の地方にいる隣人のトルコ人に出版物によって光を与えるよう高給が約束されて」招聘されたとポステルは言う。この招待は断ったものの、フランスの後援下で行動するのとは別の代案として心に留めた[53]。晩年には、アントワープ多国語聖書をきっかけにベルギーが神の計画で特別の使命を持つと考えるようになった。プランタンに認めているように、この頃から彼は、神の計画において第一等の地位を占める民族でも、神の意志に最初に服従するわけではないと悟った[54]。

フランス人の代わりとなる世界の導き手をなんとか考えようとするこのような所見は、ポステルの柔軟な精神を例証している。そして彼がフランスをどう見ていたのかも示している。フランスは彼の思想においては目的到達の手段にすぎなかった。つまり彼のフランスへの思いは、近代の愛国的感情と共通するところは何もないのだ。確かにポステルは心情的にフランス国家と同化し、その歴史と文化的達成に誇りを持っていた。それでもフランス国民の役割を、その王朝のリーダーシップとも、フランス国家による他の諸国民の支配とも関連させることはついぞなかった。それどころか、フランスの政治組織や国民国家としての有り様に関心を持つことは一切なかった。彼の〈フランス〉はいまだ、アルプス、ライン川、北海、大西洋、ピレネー、地中海に囲まれたカエサルとストラボンのガリアであった[55]。これらの境界は、後世のフランスの「国境」観を左右したものかもしれないが[56]、ポステルにとってはいかなる制度的意味も持たなかった。現代の選民が居住する土地を画定するにすぎなかったのだ。

しかし、彼の国家観と後世のナショナリズムの違いは、ポステルが何よりもフランスの世界的使命を力説した点にある。この見解が伝統的なものであることはすでに考察した。数世紀にわたり、フランス人〈とその他の者たち〉は、キリスト教世界全体になしたフランスの貢献を強調した。ポステルにとってフランスは、より大きい文脈の中でのみ、それが全体のために果たす役割に応じてのみ意味を持つ。だからこそ、彼は進んで他の国にも支持を求めたのだ。彼自身の使命もまた世界的なものであり、それは自分自身を〈パンドカエウス〉〈コスモポリタン〉と呼ぶことで強調される。ポステルにとって問題なのは、フランスの覇権ではなく、キリスト教世界と世界そのものの命運であった(57)。

二

しかしリーダーシップを誰がとるにせよ、その任務は変わらない。ポステルの計画にはふたつの大きな側面があった。ひとつは人の心を征服するための平和的宣教運動、もうひとつは武力による十字軍である。ルルスと同様ポステルも常にこのふたつを明瞭に区別して訴えたわけではなかった。しかし、世界の平和的改宗がまず試されるべきであって、武力は理性に刃向かって福音を拒絶する者だけに向けられるべきであると堅く信じていた。この第一段階にこそ力点がおかれ、宣教に失敗する可能性を考慮に入れるときにのみ、十字軍を議論する必要を感じた。異教徒を壊滅させるのではなく改宗させるほうを選び、宣教の試みには言語の習得が重要であると力説する点において、ここでもポステルはエラスムスの影響を示している。しかし宣教を重視し、合理的論証を信頼するその度合いは、ポステルがまったく別の着想源と気質を持っていたことを示している。

ポステルは自らの人生において宣教事業が中核的重要性を持つことを公言していた。フェルディナント皇帝には、自分の人生にはふたつの目標があり、ひとつは異教徒を説得するために信仰の合理的基礎を提示すること、もうひとつは印刷機を使って中東に福音を普及させることであると言っている。そして、第一の目的のために『世界和合論』を執筆し、第二の目的のために大量のアラビア語文献と聖書の東方版を収集し、西方にもたらしたと説明する。[58] しかしこの個々の目的の背景には、ほぼライモンドゥス・ルルスを踏襲しているような、異教徒の現状についての深い悲しみがあった。異教徒にもかくも多くの真理と美徳があるのに、それらすべてが無駄になっているのを見て涙しない者がいようかと訴えるのだ。ある者はモーセに、またある者はムハンマドに、そして多くの者は悪魔や偽の神々に頼っている。かたや真理を所持するキリスト教徒は彼らを救えるかもしれないのだ！[59] ポステルの宣教への情熱はまたもフランシスコ会士を想起させる。そして彼の宣教の模範となったのは、ルルスと同様に、第一にフランシスコ会士であったことは重要である。すなわち、いずれも北アフリカで殉教した聖ベラルドゥス〔一二二〇年布教先のモロッコで殉教〕率いる五人の修道士とアンゲルス・シクルス、そしてパドヴァのアントニウス〔一一九五—一二三一。説教師としてアルビ派等の異端反駁に奮迅する〕といった面々である。[60]

世界改宗には障害があることは彼も自覚していた。キリスト教世界の腐敗、故国での無関心、任務そのものの困難である。しかしこれらのいずれも乗り越えられると思っていた。腐敗は改革されうる。無関心は関心をかきたてることによって解消されうる。困難は信仰によって克服されうる。[61] つまり、ポステルは極度に楽観的だった。過去の宣教師は奇跡によって助けられたことを指摘し、未来においてもそれはあてにしうると力説した。[62] 母ジョアンナにも励まされた。彼女は、トルコ人が今すぐにも一人残らず改宗し、「世界で最良のキリスト教徒」となると確言したのだ。[63] そして何にもまして彼の励ましとなったのは、イエズス会士が報告する当代の宣教活動の成功、とりわけフランシスコ・ザビエルの快挙であった。「かくして、われらが神にして父イエス・キリストの至高の権能の力をわれわれは見る。武力も文書も儀式も伝えることなく、その至聖の教義と法が、世界の両端に根ざし、守られることをキリストは望んだのだ。これこそ世界で最も驚異的かつ不可欠な論拠なのだ(64)」。

ポステルは自らの宣教計画を、殊に『世界和合論』で略述している。そして多事多難な生涯を通じてこの根本的目標を持ち続けたことは、後年になってからもこの主著にたびたび言及していることが何よりもよく示している(65)。死ぬわずか数年前にも、この著作をフランス語に翻訳しようと計画していた(66)。『世界和合論』は四部からなり、扉の裏には読者のために便利な梗概を付している。

第一部では、キリスト教の信条が哲学的論拠に基づき教えられる。第二部では、アラブ人の立法者ムハンマドとその信奉者たちの生活、教育、行動が論じられ、次いでコーラン全巻が考察され、反駁される。第三部では、人間の法と神の法の双方に基づき、全世界に共通するものとは何かが論じられる。第四部では、神や神的事柄についての虚偽の信仰を真の信仰にいかに平和的に変えられるかが論じられる(67)。

すなわち、第一部はキリスト教教義の合理化というポステルにとっての最初の試みである。第二部は敵の本性を議論する。最も短い第三部は万民に共通する非宗教的原理と宗教的原理を画定して、世界統一の基盤のようなものにしようとする試みである。最終部は、宣教活動を組織し実行するためのあらゆる種類のアドバイスがまとめて述べられる。この中でも第一部がポステルにとって最も重要であったようだ。この野心的な著作の全体像を読んで読者が恐れをなして逃げ出さないよう、先の梗概に続けて一心にこう懇願する。これはまた自らのメッセージの重要性を確信していたことを示している。

嗚呼、無邪気な読者よ、私は懇願する。あなたが誰であれ、この本全部を読み通す時間がなければ、せめて第三、四、七、八、十、十四、二十、二十一、二十二章を検討してほしい。その時間すらないのであれば、第三、四、二十、二十一章だけでも読んでほしい。これらの章を、反駁するためではなく学ぶために丁寧に読む者であれば誰でも、難点について理性を使って得心できるだけでなく、真理を知らない人間に、どう理性に従うべきか教え込むことができよう。[68]

しかしながら、無邪気な読者が彼の計画全体を知るには『世界和合論』を通読しなければならないことは確かだ。

ポステルは、銃後の準備や組織も含めた宣教活動の指針を各段階ごとに提示しようとする。彼はこう勧告する。彼の助言をよく吟味し、計画の後援を決めた支配者はまず彼の意図を示す主要な論題を告知して、支持を求めなければならない。そうすれば、教会管区長、続いて司教を味方に引き入れられるであろう。最後には、教皇が否応なしにこの計画に巻き込まれるはずである。ポステルはこの方面からの妨害は断固として許さなかった。[69] 教会内の上下関係をほぼ排除せんばかりに、世俗の権力をこのように信頼する様はとりわけ意味深長である。これは、平信徒の意識の高まり、ポステル自身の同時代の宗教権力への幻滅、そしておそらくはフランス宮廷王党派の伝統の理想主義的側面を同時に反映しているのだろう。

宣教準備の第二段階は宣教師の選抜であり、その資格についてポステルは言いたいことが山ほどあった。宣教師はあらゆる技芸、殊に神学とキリスト教への哲学的反論を反駁する技術に秀でていなければならない。さらに三つの特別な長所を備えていなければならない。すなわち、巧みに話す能力、まったく非の打ち所がない生活態度、敬意を確実に得るために不可欠な一切を十分学んでいることの三点である。[70]『世界和合論』で良い宣教師の条件を記述しようとしたそのすぐあと、ポステルはイエズス会を自らの計画を実行する手段として選ぶことで、その考えをより具体的にした。それどころか、この理想像を描いたときには、イエズス会の質の高さがすでに念頭にあったのかもしれない。そしてイエズス会から追放されたあとでも、ポステルは彼らに対する感嘆の念を失うことはなかった。彼らはポステルにとって宣教活動を成功させるために求められる資質を示す模範であり続けたのだ。そして彼が強烈な関心と熱狂とともに見守っていたイエズス会の快挙は、自らの宣教概念を正当化しているように思えただろう。[71]

ポステルが推奨している、現場の宣教師がとるべき全般的な手順は、のちにイエズス会士と関連づけられる傾向を反映しているものの、ポステルは公的にイエズス会と関わる前からそれを言い表していた。改宗しようとする人々の習慣や偏見や欲求に進んで順応する政策を勧め、詳細に説明していたのだ。ポステルはこう論じる。宣教師は第一に相手の宗教に自分の宗教と同程度に精通していなければならない。それはふたつの理由による。第一に知識に基づいて直接討論できる。第二に相手の理解力に自分のメッセージを合わせることができる。宣教師は、最終的に攻撃するつもりの立場でも最初は受け入れるふりをするまでに、〈皆に対してすべて〉《オムニブス・オムニア》（一コリ9：22）とならねばならない。こうして、魂が危機に瀕している者たちの欠点を考慮し、彼らとの友好関係の維持を図ることで交際を継続できる。かくして不信心者を徐々に真理に導いていけるのだ。何よりも宣教師は、好機をじっくり待ち友情を保つことで、直截なアプローチでは不可能なことでも往々に結果を出せることを忘れてはならないとポステルは力説する。[72]

ポステルはこの〈イエズス会的〉提言を具体的に説明する。宣教師は、敵意をかきたてうることばづかいを避けることで、不信心者の心に真理を浸透させねばならないだろう。不信心者が忌み嫌う用語を避けて、教義を解説したほうがいい。そうでなければはなから疑念をかきたて、好意的に耳を傾けさせることは不可能になる。教える順番にも気を遣わなければならない。聴衆がすでに受け入れている主題から始めて、これを前提にしてその先の命題を証明すべきである。例えば、人間への神の恩恵の説明から始めて、人間の壊敗した本性を考察し、続いてキリストとその弟子たちの美点を説く。キリストの神性を証明するのは一番最後でなければならない(73)。

改宗の第一段階がなされたら、まだ未熟なキリスト教徒の欲求にも同じように合わせなければならないとポステルは助言する。新改宗者に事細かな戒律を強いるのは慎まなければならない。例えばアラブ人は、強い信仰を持つようになるまで、宗教画の利用や秘跡の一部ですら免除されてしかるべきである(74)。ポステルは説き伏せるようにこう一般化する。

これらの人々が神の真の知識に到達したなら、個々の宗教儀式を無理強いすべきではない。真の礼拝と聖なる戒律は強いられるのではなく、説き伏せられるべきものである。もし彼らが邪教の儀式に執着するのなら、そこになにがしか罪深いものがないかぎり、この虚しい望みは段階的にのみ非難されるべきである。彼らが偶像に捧げる礼拝は、本質的な真理を犠牲にすることなしになされうるのであれば、そのままキリストに捧げられるべきであるが、それは、赤子のミルクを飲んで、真の信仰を堅め(75)、固形食を口にできるようになった彼らが、神を天に探し求め、最良の信者となってからである。

ポステル以外の人間がこのような見解を述べているのであれば、実践的な分別にしか見えないだろう。よくて優れた心理的洞察力の現れ、最悪の場合は便宜主義ととられかねない。しかしポステルが、全人類が理性だけで近づきうる自然宗教にも際立った関心を示していたことは、彼のキリスト教信仰における本質的部分と非本質的部分の区別に何かしら別の光をあてる。さらにはイエズス会の順応政策全般が奈辺に由来したのかという問題も提起する。イグナチウスの弟子たちがポステルに影響されたとは考えられないが、ポステルの見解とイエズス会の新キリスト教徒に対する寛大な態度は、同じものに影響されて具体化した可能性がかなり高い。そしてこの影響とは、宗教的戒律の子細を軽視し、自然のままの人間にも近づきうるキリスト教の側面を強調するエラスムス主義的傾向に究極のところ由来する。エラスムスの痕跡は十六世紀のいたるところ、その最悪の敵のうちにも見いだされるのだ。

コミュニケーションは宣教師にとって常に重要な問題としてあったはずである。キリスト教を精神によって把握されうる真理の総体として強調する場合には特にそうだったろう。それゆえポステルも、不信心者たちとのコミュニケーションについて様々な角度から詳述している。この問題について三種類のアプローチを提言しているのだ。すなわち、ことばの違いという障害を乗り越えるために基本的な言語学的技術を習得すること、信仰を広めるために宗教書を印刷すること、非キリスト教世界にも理解できるようキリスト教教義を合理化すること。ポステルは、コミュニケーションの必要性を強調し、それに成功するための方策を提言した点で、ライモンドゥス・ルルスの全般的伝統を踏襲している。しかしながら、この問題の個々の局面については何かしら独自のものをもたらしている。

ポステルは処女作において、ルルスの計画が承認された公会議に言及し、ルルスの伝統に敬意を表している。ヴィエンヌ公会議の権威がアラビア語研究の有用性を裏付けていると言うのだ。

ヴィエンヌ公会議でギリシア、アラビア、ヘブライ学を教える教養人には給与を支払うと決定した名高い者たちは、この言語の大いなる有用性をよく知っていた。彼らの望みはクレメンスの『教師について《デ・マギストリス》』という教令に読める。そこでクレメンス五世は種々の言語の知識の必要性を記しているのだ。だから、これらの言語を操る技術が効果的教育によって手頃に習得できるよう、当該言語の学校を、ローマ教会司教補佐が居る地やパリ、オックスフォード、ボローニャ、サラマンカの各大学に設置するよう法令として定めようではないか。そしてヘブライ語、アラビア語、ギリシア語を十分に学んだカトリック教徒がいるところであれば、各言語に熟達した人間を二人ずつ用意し、学校で教えさせるべきである。そしてこれらの言語の書物を正確にラテン語に翻訳しつつ、これらの言語を他の者たちに丹念に教えるべきである。(76)

ポステルが王立教授団の一員であったときには、フランスでのこれらの言語の教育を自分で広めようと努めた。そしてこの計画に対する関心を持ち続けた。(77)『世界和合論』では宣教師にとっての言語の重要性を再度熱烈に力説する。一五五二年になっても、王が王立教授団にアラビア語学講座を追加する決断を下すことにいまだ希望を抱いていた。これによって世界は統一を回復するだろうとロレーヌ枢機卿に告げているのである。(78)

ルルスも宣教手段としての言語教育に関心を持ったが、ポステルにはさらに、全言語がヘブライ語に由来するという理論と、東方旅行中に気づいた事柄に基づく独自の熱意があった。彼がアラビア語に関心を持ったのは宗教的理由からだけではなかった。アラビア語を人類全体のコミュニケーションにとっての重要な手段としてとらえ、西方でアラビア語が普及すればムスリム世界と幅広い交流ができると期待していたのだ。(79) それでも中核にあったのは宗教的動機である。アラビア語能力の獲得によってキリスト教世界は、「われわれのうちから最良の著者と学問が輩出して、キリスト教信仰の敵を一人残らず聖書の剣で打ち破り、その教義で反駁し、この言語の知識を使って全世界と交流できる」ようになると断言する。(80)

印刷術の発展は十六世紀の宣教師に、ルルスもその同時代人も持たなかった武器をもたらした。これを使うことで、口頭での話を安価な本で補足できるようになった。ポステルは印刷術の可能性に熱狂的な期待を寄せた。印刷術はキリストの勝利の槍にして剣となるであろうとプランタンに書き送っているのだ。(81) フェルディナント皇帝にはこの強力な道具を用いるよう促すが、濫用されて「あらゆる類の教説や見解、教義が、最悪の中身のないものでも、印刷術によって世界中に広まっている」ことにも気づいていた。(82)

ポステルが特に熱心だったのは、アラビア語版福音書の出版であり、その翻訳に取り組んでいる旨何度も語っている。彼のことばによれば、この翻訳は『世界和合論』に不可欠な補遺となる。それによって、「アラビア語の印刷によってだけで」世界和合は確立される。(83) しかし、何年も版元や後援者の興味を惹こうと努力したにもかかわらず、この仕事の後ろ盾を見つけることはかなわなかった。(84) 彼は宣教目的のために、他の種類の宗教書の出版にも興味を持った。ウィーンで手伝ったシリア語版福音書を、福音書をそれが由ってきたるところ、すなわちユダヤ人に返す方策としてとらえる。(85) そしてアントワープ版聖書については、それによってアラブ人はキリスト教に、東方キリスト教徒はカトリックに改宗すると予告する[86]。さらに『世界和合論』をヘブライ語、アラビア語に翻訳し、あらためて印刷して、異教徒のあいだに広く流布させたいと願った[87]。

キリスト教教義を各国語に翻訳して口頭あるいは印刷物で伝えようとする熱意において、ポステルはここでもこの点を重視したプロテスタンティズムに接近している。これはカトリック世界で彼が成功しなかった理由のひとつであろう。というのも、ポステルは俗語版聖書と聖務を大衆のことばで執行することの重要性を広く知らしめることも辞さなかったからだ。こう力説する裏には少なくとも、ローマの伝統の権威に対する疑念と、聖なる真理を聖職者が管理することの利点への懐疑が見え隠れしている。ポステルはヒエロニムスを、「聖書が民衆の手に渡ると穢されると考える多くの者たちと賢明にも異なる意見を持った」点で賞賛している[88]。大方の日本人は自分たちが用いる祈りの文句を理解しないとの報告を読んだポステルは、この問題について長々と総括している。

当初は、皆が理解できて家族に教えられることばで書かれた聖書を持つことが義務づけられていた。昔ニカイア公会議でもこう定められ、これを破った者は破門された。それゆえ、聖ヒエロニムスは奴隷たちとともに聖書、ミサ典書、聖務日課書、時禱書を翻訳し、今日でもそれらが使われている。……アルメニア人やその他の民族もそうだし、グルジア人、シリア人、今はコプト派と呼ばれるヤコブ派もそれらを使っている。彼らはギリシアの伝統をどこでもすべてにおいて守っているが、神の御言を皆がわかることばに翻訳すべしという厳命がなければ、ギリシア人がミサの言語としてギリシア語も守り続けたことであろう。ここから、アラビア語が共通語であるシリア全土でシリア人は、ギリシア人がミサのさいにはギリシア語で福音を読むところを、アラビア語で読むようになった。ヤコブ派、マロン派もそうである。私はまたこれら東方諸国には悪い慣習があったと思っている。……つまり、ほとんど全世界で見られるように、教養ある人間が自分たちのうちに福音をこのように隠して、民衆のあいだではそれが失われるままにしたり、説明をなおざりにして、教養をともなわない行状のみに甘んじていたのだ。(89)

少なくともプロテスタントのあいだで、ポステルがパリでミサの一部をフランス語で行ったために一悶着起こしたという噂が流布した。(90) フェルディナントには、聖書を民衆のことばで積極的に広めることでプロテスタンティズムに対抗すべきであると説いた。(91) ポステルの万民救済主義には明らかに、個々人や国ごとの差異を柔軟に認める余地があった。排他的な均質性ではなく包括的な統一性を希求するものだったのだ。

しかし、キリスト教教義が不信心者の手に渡るや、その意味を確定することがコミュニケーションの究極の問題となる。確定すれば教義は自動的に受け入れられるとポステルは信じた。キリスト教真理の証明の最初の試みはもちろん『世界和合論』第一部にある。この部分は、本全体がバーゼルで上梓される前に一五四三年にパリで単独で上梓された。さらにその内容は一五四三年の別の二冊の著作『聖霊の道理について』と『聖書の証明あるいはキリスト教ユークリッド全二書』で書き直された。後者については晩年に何カ所か修正してフランス語に翻訳した。(92) つまり、これら性質を異にした著作がポステルの考える「永遠の理性」を提示したものとして考えられるのであり、適切な訓練を受けた宣教師がこれを使えば世界を改宗しうることをポステルは疑わなかった。

しかしながらポステルのキリスト教教義の証明は、宇宙の偉大なる霊力が協働で彼を通じて表現したものとして、かなりの期待を持たせて始まりながらも竜頭蛇尾に終わる。ポステルのキリスト教の基本的教義の立証には新味も独創性も才気もほとんど感じられないために、彼の熱狂的な態度はにわかには信じがたく、その没入ぶりは精神が平衡感覚を欠いた兆しにしか見えない。実際はポステルもおりにふれて自らの企ての伝統的性格を認めているようであるし、前例となる教父を引用し、誰をおいてもまずは「二人のライモンドゥス」（ルルスとスボン）の例を持ち出す[93]。ポステルは自らの作品をスコラ神学とは論証と形式が異なるという一点で独創的であると考えたのかもしれない。一度などは辛辣にこう書いている。「スコトゥスやトマスの弁別がカタイに全実体変化説をもたらしたとは言えない[94]」。しかし明晰さと論理的説得力の点からすれば、ポステルのまとまりのない文章よりはスコラ神学者の〈討論〉に軍配が上がるだろう。いずれにせよ形式の違いは表面的なものにすぎない。能力の点ではるかに劣っているが、ポステルの合理化の少なくともその一部は、『異教徒反駁大全』の伝統をそっくりなぞっているのだ。

彼のやり方を示すには神の存在証明を例にとれば十分だろう。この根本的な問題については『世界和合論』第一部で、一連の議論を長々と乱雑に連ねている。彼は種々の因果論的証明や目的論的証明を用いる。運動は第一動因を前提とする。創造は創造者を前提とする。「万物の組成と完全無欠な様はそれを飾り立てた精神の存在を裏付ける」。宇宙の物質的かつ霊的な階層的構造を重んじるポステルは、人間精神は事物の秩序を観想することによって神の存在を確信できるようになると言い切る。それゆえ、自然、真理、各種の幸福、「至高の善」の観念へと必ずや導く善の諸段階、これらすべては理性を神への高みに確実にいたらしめるのだ。そして最後にはすべての思考と経験は終極的に神を指し示すと結論づけ、可能なかぎりあらゆる情報源――歴史、日々の観察、可感的形態の一切は三角形がもとになっているというピュタゴラス主義者の説、さらには古代の著作の権威（この目的においてこれは彼の言う〈理性〉の観念に含めうるだろう）――から見境なく論拠をかき集めた。[95] ポステルは本当はこれよりはましにできた。数年後の一五四七年上梓の著作『秘められた事物の鍵』では、神の存在（とその属性）の問題に再度挑戦しているのだ。彼の論述は相変わらず独創的ではないが、少なくとも明晰さと一貫性は増している。

神とは、それによって、そこにおいて、そのために万物がある存在であり、万物に先在する。これは証明される必要はない。というのも、もしそうでなければ、万物は必然的にそれ自身によって創造されたことになるからだ。それゆえ、万物は万物が存在する以前に存在していたことになるが、これはありえない。したがって神が存在するからには、神は永遠、無限、不動、不変でなければならず、すべての完成態の総体を含むのでなければならない。[96]

しかし、もしこれがポステルの最上の合理的論証であるのなら、彼の異様な熱狂ぶりはますます不可解に見える。

こうしてポステルは、非キリスト教世界を完全に納得させうると思ったにちがいないやり方で神の存在を証明すると、『世界和合論』では続いて、救いに不可欠と考えるキリスト教信仰箇条の証明に着手する。[97] 神の存在から始めて、三位一体、世界創造、摂理、天使と悪魔、人間の本性と人生の目的、受肉、キリストの歴史的実在と本性、聖書の権威、魂の不死性、身体の復活等々を証明していくのだ。世界を征服する「永遠の理性」の十全な適用例を少なくとも自己満足できるほどには揃えたのである。

敵を全滅させるための理性の武器を宣教師に装備させたポステルは、公開討論に応じるよう、敵の指導者、なかんずくイスラムの指導者たちを挑発する。

福音書をあなたたちの国でも読めるように手配し、それとコーランとのあいだで理性によって討論する舞台を調えなさい。そうすれば血を流すことなく勝利を目にできるだろう……。コーランが勝つなら万人がムスリムになるであろう。すべてのキリスト教徒はコーランを読めるし、いたるところで読まれている。しかし誰もそれを信じることはできない。われわれにはそれが神と自然に完全に反するように思えるからだ。双方の陣営で議論するなら、真理が明るみに出るであろう。しかしながら、これらの理由によって、福音書が最も真理であり、あらゆる法より望ましいものであることが明らかになる……。われらの聖なる書物は公会議において、最大の知恵を用いて、しかもいかなる武力も用いないで自由に討論される。他方でコーランは、死の恐怖や財産没収の脅しをかけて力ずくで押しつけられたものである。使徒たちはキリストの法を平和裏に教え、すべてを耐えた。兵士、略奪者、暴君はあなたたちの法を無知で素朴な者たちに押しつけた。今日でもあなたの臣下のうちには勇気があれば抗議したいと思う者が多数いるであろうが、生命の危険を感じてできないのだ。(98)

ポステルが、理性の効力と、彼の挑戦をイスラム側が受けてたつことの双方を微塵も疑わない様は崇高である。

それでも、自己弁護と自己正当化を繰り返し述べていることからわかるとおり、最後までポステルは自分の努力に自信が持てなかった。自らの証明はキリスト教徒にではなく、真の信仰をいまだ欠いている者のみに向けられたものであると慎重に説明する必要を感じたのだ。聖なる教会は信仰だけで十分であり、理性が有効なのは少数のそれを望む者や、誤った権威に頼っている者に対してだけである点をおりにふれて認める。理性の助けは、過去の教会にはあった信仰心が衰えた今だからこそ必要であると示唆する。キリストは自分が提示したような証明は避けたが、その理由は弟子たちが理性の力に慢心しないようにするためであり、そのメッセージは子供や愚者を含む全人類に向けられたものだったからであると認める[99]。そして、ポステルの精神が十六世紀の信仰絶対主義に染められて、合理的論証への信頼が揺らぐ様を垣間見ることもあるが、これは当代の知的宗教的動向のすべてを吸収したがための彼の個性であり、意外なことではない。

他方で、ポステルは強力な信念を持って自己弁護できた。理性は神によって広められたのであるから、キリスト教徒は他者に自らの信仰の論拠を説明する歴然たる義務を有すると力説した。理性の仲裁なくして人間同士の論争は絶えることがないと主張するのである[100]。マシウスには、合理的論証の拒絶は、キリスト教を権威の宗教にすぎないユダヤ教とイスラムのレベルにまで貶めてしまうと断じる[101]。そしてライネスには、「われわれは信じるからには理解しなければならない。そうすればわれわれの希望と信仰にいつでも論拠を与えられるようになる」と厳粛な調子で書き送っている[102]。ポステルにとって合理的説明は、迷いもあっただろうが、コミュニケーションというキリスト教世界に課せられた務めの本質的部分であり続けた。

その一方で、世界の非キリスト教の人々はまさに彼が提示したメッセージを待ち望んでいる。「いかに神が三位一体であるか、いかにキリストは神であり、神はキリストが殺され死ぬ（これこそ信仰の主たる至高の目的である〉ことを許したのか、彼らがいまだ理解していないのは、彼らに理性によってしかるべく教えようとした者が一人もいなかったからである。にもかかわらず彼らは、今にも完全なキリスト教徒になる準備ができているのだ」[103]。待ちわびている不信心者の世界に三位一体の真理と神の存在を証明し、この論証を人間的権威と神的権威によって裏付け、実例によって例証したなら、真に真理を気にかける者は誰でも懐疑的であり続けることはできないと考えた。そうして最後には、神が大事にする人々は互いに理解し合い、共に唯一のキリストを信じるようになるであろう[104]。

ポステルがプロテスタントとムスリムを同様に扱っていることは、彼の両者に対する姿勢に光をあてる。前者に対する恐怖と、後者への根元的な同胞意識を同時に示唆しているのである。『コーランについての書』ではこのふたつの集団を長々と比較し、皇帝への第一書簡では、双方に同等に対処するようはっきりと忠告している。フェルディナントが帝国内ではプロテスタントと、東側国境を攻めるトルコ人とのふたつの問題に直面していたことをよく承知していたのだ。皇帝にはこう助言する。プロテスタントについては決して迫害や禁教をしてはならない。それより各宗派は「節度を持って討論」し、「混乱をもたらすことなく」共存することを学ばなければならない。他方で皇帝は、俗語に正確に翻訳され、適切な注釈がほどこされた聖書を提供すべきである。こうしてできた新しい聖書は、多数ある現行の悪質なテクストと入れ替わるのでなければならない。俗語の祈禱書と教理問答書も「真の牧者」によって混乱の続く地域に限なく配布されなければならない。この牧者は一流の学校や修道院、特にプロテスタントとかねてつきあいのある者から選抜されなければならない[105]。実はポステルはその数年前に、メランヒトン宛の書簡でプロテスタントのことにふれていた。このルター派の偉大な指導者に、プロテスタントとカトリックは〈袋小路〉に突き当たっているのだから、理性が両者を裁定すべきだと提言しているのだ。ムスリムの指導者に対してと同様、メランヒトンにも、プロテスタントを支持する結論がでるのであれば、自分も世界中の大部分の人間もプロテスタントに転向するであろうと請け合う[106]。つまり、ポステルが提案するムスリム世界との対処法に見たのと同じ行動のパターンがここにもあるのだ。宣教師、俗語聖書、そして友好的で理性的な論争である。

三

宣教による平和的十字軍の成果への信頼の表明にもかかわらず、ポステルはそれが失敗したときに備えて軍事的十字軍の計画も用意していた。支配者というものは神的秩序を確立するために戦争も辞さないというアウグスティヌスの理念を受け入れていた[107]。もしトルコ人が明白な理性に耳を傾けるのを拒絶するなら、キリスト教徒は「トルコ人の帝国全土を懲らしめ、四散させる」必要があると書く[108]。もちろん、宣教師による改宗の試みが先立つべきである点ははっきりしていた。この学問が興隆する幸福な世紀において、理性の行使によって人心を制圧しようとまず試みもしないで、宗教のために戦争をするのは極悪非道であろうと断じる[109]。しかし、ポステルはルルスと同様戦争という代替案を用意していたのだ。

隠者ピエールが聖地奪回のために全キリスト教世界を奮起させることができたのに、自分に同じことができないはずがあろうかと問いかけるものの[110]、彼にとって十字軍の問題とはおおかたフランス人の行動の問題であった。『ガリア人すなわちフランス人による遠征史』ではフランス十字軍の武勲をいそいそと振り返っている。そこでは、複数の戦役の中でも第一回十字軍、「ギリシア人の暴政からのコンスタンチノープルの征服」、そして（避けるべき例として）ニコポリスとヴァルナへの悲惨な遠征を語っている。[111] トルコ人は、フランス人が再び聖地を奪回しに来るのではないかといまや戦々恐々とする者たちとして表現される。[112]

ポステルが十字軍宣伝文学に寄与した最たるものは『トルコ人の国』である。彼の著作中最も有名な本書は、フランソワ二世となる王太子に宛てた献辞で始まる。そこでは、本書の目的が異教徒についての知識を広めてその征服を容易ならしめるためとはっきりと述べられている。この作品にはまた軍事行動計画の概要のようなものも含まれている。オスマン帝国内のキリスト教徒からの援護は、貧困にあえぎ報復を恐れているために期待できないとポステルは推論する。それゆえ西側世界は単独で任務を遂行しなければならず、彼が要約している計画のように、明確なプランに則って進められなければならない。

［トルコのような］強国と戦うということは、相手の国防力を削ぎ落とすだけのことではないと思う。必要なのは、節制、忍耐、従順、財力、数の力、スピード、敵国を隈なく兵士で埋めること、いったん戦端を開いたら止まることなく勝利を追求すること、可能であればアジアとヨーロッパの兵力が互いに分断される地点を攻撃し、海峡とそこに建つ砦を制圧し、船の横断を決死の覚悟で阻むこと。そして肝要なのは、情勢について機密を守ることである。というのも、［トルコ人は］警告となるものを少しでも察知すると、十日か二十日でコンスタンチノープル周辺に十万もの兵を集められるからだ。[113]

軍事戦略の観点からポステルの計画にどれほどの価値があるかは別にして、敵の力を侮らず、初期十字軍でお粗末にも欠けていた入念な準備と行動の継続が必要であると考え、それにふさわしい精神を持って困難な任務に着手する必要を力説したのは明らかである。いずれにせよ、ポステルの将来に向けての提言は、東方で直接得た知識の影響と、過去の失敗に対する明敏な分析を示している。

最後に、平和的改宗の事業を補い完成しうる十字軍への彼の関心には、ここでもライモンドゥス・ルルスの伝統とのつながりがうかがえる。彼はそれに加えて、特定の国家の使命を強調し、次の最終章で見るように、その歴史的文脈と終末論的含意を示したのである。

第八章　歴史のパターン

歴史家が史料というものを、それが書かれた時代の気分や知的風潮や態度を裏付けるものとして高く評価するようになったのはつい最近である。過去を見るときにともなう憶測や価値感、誇張や優越感は、現在の重要な特徴を映し出している。これらは一種の時間的厚みを構成して、いつの時代も自らについて作り上げる概念の不可欠な部分をなす。同時にその時代の未来への期待を往々に明かしている。

ポステルの歴史観は、彼の精神や動機、そして希望に光をあててくれるだけでも十分価値があろう。彼の活動のあらゆる側面——宇宙の構造についての基本的構想、神秘主義、教会と世界についての理念、そして行動計画——をダイナミックに関連づけてくれるのだ。そしてそれはまた十六世紀の世相や性向、不安をも明かしてくれる。

人類の過去を説くにさいして、ポステルは元来意識的な歴史哲学者でもなければ、語の本来的意味での革新者でもなかった。それどころか彼の歴史観はその大要から言って、サンタヤーナ〔一八六三—一九五二。スペイン生まれの米国哲学者〕言うところの「キリスト教叙事詩」の一連のヴァリエーションと大差ないように思われるかもしれない。彼自身自分の歴史学への寄与はもっぱら、東洋研究によって入手しえた新しい知見を付け加えた点にあると考えたはずだ。なじみの定型に彼が付け加えたもので最も目につくのは、ごく個人的な経験に由来する独特の切迫感だ。それでも彼は相当に微妙な細部の変更ももたらしていた。これはキリスト教徒の精神においてすでに進行していた重要な変化を示唆するものである。

ポステルの歴史観の第一原則は、彼の思想の他の局面ですでに観察したのと同様に、秩序と統一の重視である。彼は過去・現在・未来を、上で述べた基本的様相を持つ統一の歴史の各段階、すなわち原初の創設、解体、そして段階的復興ととらえる。この見方は、宗教的思想的要因のみならず政治的要因からも影響を受けたのだろう。しかし彼に多大な影響を与えたのは、アウグスティヌスを介してユダヤ＝キリスト教の伝統に伝えられたプラトン主義、万物が原初の完全な姿に回帰するというオリゲネスの理論、そして何よりもカバラだった。『ゾーハル』ではこの歴史観が、ポステルが吟味したはずのことばで表現されている。「全地はひとつの言語とひとつのことばからなっていた。すなわち、世界はいまだ聖なる方——この方が讃えられんことを——へのただひとつの信仰によってまとまっていた。しかしその後彼らは……万物の前に存在する方、世界の根、万人の信仰の目的から遠ざかってしまった[1]」。いずれにせよこのくだりは、人類の状況について、殊に人類の歴史における核心的問題についてのポステルの分析と同じものを表現している。人間は、神と人間、そして人間同士が結びついた理想的関係から出発した。人類の困難は神との基本的一致が破綻したことから始まり、人類の分裂にいたる。将来に向けての今の務めは過去に選んで破滅にいたった道をたどり直すことである。ポステルの歴史観を解く鍵はしたがって回帰という観念なのだ。

一

ポステルは人類の物語を語り始めるにあたって、人類の第一の父祖アダムではなく、第二の父祖ノアから始めた。この決定は意味深長である。アウグスティヌスは当然大洪水以前の時代に格別な注意を払った。アウグスティヌスにとってはここでこそ人類史初期の決定的事件が起こったのだ。かたやポステルには原罪を軽視する傾向があり、これがノアを優先する大きな要因となり、またアウグスティヌスと袂を分かつ主要な論点となった。原初の黄金時代をノアと同一視することで、アダムの罪の帰結を軽く見積もることができたのである。

しかしこの決断の背景には他の理由も関わっていた。一番大きい理由はノアとその家族が、世界の種々の民族の伝説的始祖、ならびに種々の宗教的伝承における古代の神々と同一視しうることにあった。つまりポステルにとってノアは、特に具体的な意味で、人類の多様性が発したところの原初の統一を体現していた。人類史の起点と終点の理想的状況を体現していたのだ。したがってポステルのノアの扱いには、彼の主要な論点がすべて先取りされているのがわかる。さらに、当時の神話学者の弱点を知ることもできる。彼らは、有史以前の人物と異教の神々を少しの証拠もあげずに安易に同一視し、知識は豊富でも支離滅裂で、批評的感覚をまったく欠いていたのである(2)。

ポステルのノアへの関心は、洪水が引いて、世界が新しい出発を迎えたときから始まる(3)。ポステルが信じるところによると、ノアはアララト山に上陸すると、まずは東方で何年も過ごした。アルメニアとパレスチナでは宗教的真理を教える場を設立し、長子セムを居住させた。こうして聖地で手筈を整えて人類の未来の宗教を用意すると、イタリアに移住し世界の世俗的組織を確立する(4)。ポステルの表現によれば、ノアは「白羊宮が見守る地域の中央に移った。そこは、エルサレムが教皇の座であるように、世界の現世の支配の基である(5)」。そこにノアは下の二人の息子ハムとヤフェトとともに居住し、テヴェレ川の西側にはジャニコロを、東側にはサートゥルニアを建設した(6)。こう語ることでポステルは、ユダヤ教と異教という別個の古代史を結びつけようとした。ローマ帝国は神聖な基礎を持つのみならず、歴史的人物であるノアは、異教の神々ヤヌスとサトゥルヌスの背後にある朧な実在であることを証明しようとしたのだ。つまりポステルは、その頃復活して人気を博していた中世のエウヘメリズム〔神話の神々は実在の人物が神格化されたものとする説〕の伝統を明らかに反映しているのである(7)。

西方におけるノアの第一の務めは世俗の文明を建設することであった。この務めを果たすうえでノアは妻ナオマに助けられたが、彼女は真正の女性原理を体現する(8)。ノアは掟を公布し、これがのちのモーセの律法のもととなって、改悪されながらも古典古代の時代にまでなんとか存続した。つまり、ギリシアとローマの立法者が優れていたのは、遠くノアの影響を受けていたからなのである。ノアは子孫、なかでもヤフェトに文字を教え、ヤフェトはそれをフランスとスペインにもたらした。ノアが教えた言語とは当然ヘブライ語のことであり、ポステルはこれによって、ヨーロッパの諸言語、殊にフランス語は、全言語に共通する源から派生したものであることを示すつもりなのだ(9)。

さらにノアとナオマは西方で宗教教育を始めた。ポステルによれば、ノアは宗教の教師として、キリストを除く全世界の賢者や預言者のうちで最も賢明だった。そしてナオマはウェスタの巫女を創始することで彼を助けた。彼女はまた最初のシビュラだった。つまり、この二人から、シビュラの預言と古代ガリアのドルイド僧の教説が派生したのである。そしてこれらの教義が知恵の本流の一部をなし、カバラでその頂点に達したとポステルは考える。つまり、古代世界の至高の宗教的直観はみなユダヤの源泉から湧き出たものととらえるのだ(10)。

ユダヤ人の歴史と直接結びつき、古典古代の背景として朧にあるノアとナオマの時代ならびに彼らの聖なる原始的制度は、ポステルにとって歴史の起点であると同時に神話の起点でもあった。これはいくつかの意味においてそうである。第一に、大洪水以後のノアの黄金時代という観念は、彼独自の神話学と直接関連している。彼はノアとナオマを、宇宙の男性原理と女性原理の最初の現れ、さらに言えば、最初の受肉および原型のようなものとしてとらえるにいたった。この性格において彼らは異教の神々を説明してくれる。つまり、神々と女神はノアとその妻の朧な記憶を表すとともに、宇宙の基である男性原理と女性原理についての真正な直観を反映しているのである。この観念によってポステルは、きわめて独自のやり方ではあるが、あらゆる宗教的表現のうちに埋もれた真理の種子を嬉々として探し求めるルネサンスの混淆主義に与することになった。[11]

ポステルはノアをすべての創造者ならびに父性的神々の原型として考えた。それどころか、そのような神々に付けられた数多くの名はすべて、ノアに与えられた多くの称号に直接由来すると信じて疑わなかった。カバラが名を重視することを念頭においていたであろうポステルは、その理由を、大洪水後の黄金時代には、ひとつの基本的現実を指示するのにいろいろな語を見つけ出すのが精神の最も高貴な業と考えられていたからと説明する。[12] 数あるノアの名には、その人間性を指示するものもあれば神性を指示するものもあった。ポステルが提示するリストは彼の混淆主義の広がりを示すものであるが、自分が収集した名は決して網羅的でないことは自覚していた。ヤヌス、オーギュゴス、プロテウス、ウェルトゥムヌス、ガルス、現れ出た父、デウス、神々の産出者にして父、オリュンポスあるいはホラマバ、アルサー、天空、大地、カオス、世界の種子、アニマ・ムンディ［ママ］、天と宇宙の動者、サトゥルヌス、エホビあるいはエホバ［ママ］、王杖の作者、天の鍵の所持者、賢者、オエノトリウス。〈世界の母〉と呼ぶナオマは例えば、ウェスタ、レア、マイア、アレジア、テティス、キュベレー、ケレス、デメテル、オプス、パンドラと呼ぶ[13]。これらのリストはポステルの参照枠の広さを示唆しているだけではない。彼独自の宇宙的二元論の複雑さをあらためて示している。例えば、〈アニムス・ムンディ〉と〈アニマ・ムンディ〉は権威と理性、キリストとジョアンナ、その他われわれがすでに見てきた二組を表しているだけではない。父なる時と母なる大地であり、またその他異教の神々と関連づけられた様々な根元的実在でもある。ここでの〈アニムス・ムンディ〉と〈アニマ・ムンディ〉は、ノアとナオマと同様、ユダヤ教とヘレニズムのみならず歴史と神話を折り合わせる役割を果たしているのである。

ノアとナオマの歴史的役割は、その後の人類の始祖になったことにある。ポステルはこの伝統的見方を断固として踏襲した。彼によれば、世界の全住民はノアから、聖書に記述されている三人の息子あるいは大洪水後に生まれた子供たちを通じて発したものであるが、「王国、国家、国民、そして事物にはかなりの変遷があった[14]」。セムにはアジアを、ハムにはアフリカを、ヤフェトにはヨーロッパ、小アジア、地中海の島々を再植民する任務が課せられた。この三人とその子らに神は格別の繁殖力を与えたために、大洪水直後の黄金時代は、今よりもはるかに多くの人口と町、集落で満ちていた[15]。興味深いことにポステルの理想化された過去においては、牧歌的郷愁はすぐに、都市や文芸、諸制度その他の複雑な文明生活の強調に置き換えられている。

ノアの息子として特別に神に献じられたセムは、すでに指摘したとおり聖地にとどまり、エルサレムを世界の宗教的首都として建設した。さらにポステルはラビたちが共有する見解に従って、セムをメルキゼデクと同一視したが、この謎めいた人物がアブラハムの時代になってもまだ生存している理由を説明しようとはしなかった。セムの最も重要な末裔はもちろんユダヤ人だ[16]。

ポステルはヨーロッパの諸国民、殊にフランス人の父祖としてのヤフェトに、セム以上の特別な関心を抱いた。ハムの悪行によってイタリアから追放されたヤフェトはガリアに赴き、世界最高峰の山の頂上(ポステルは特定しない)に居住して、天文学を研究した。これによってポステルは、かくも重要視する占星術の計算を正当化しようともくろんだのだろう。西方の海をこの山の頂上から眺めたヤフェトは、自分にちなんで〈アトランティクス〉と名づけた。というのも、西方の最初の故郷の思い出として彼は〈アトランティス〉という名を持ち続けたが、それはポステルの推測によると、〈イッタリ〉〈イタリア〉が、〈ハッタリ〉〈アッタリ〉と転訛したものなのだ。のちにヤフェトは子孫の一部を新世界に遣って植民させた。この新世界もあの山の峰から大洋の向こうに目撃できたものであった[17]。ポステルが史実として提示するこれらの指摘にわれわれは少なくともふたつの動機を見いだす。ひとつは自らの学説に、アリストテレスが「イタリアの歴史家」として言及する〈イタルス〉[18]と、それ以上に重要で、新世界についての確かな見解とポステルが解釈する、プラトンの『ティマイオス』で言われるアトランティス大陸を組み込むためである。もう一点は、万人がノアに発すると信じるキリスト教徒に、海の向こうの新大陸での人間発見が突きつけた問題を解決するためである。

しかしヤフェトとその子孫の最大の務めは、ヨーロッパを再植民することであった。実にポステルは、ヨーロッパこそ〈ヤペティア〉と適切に呼ぶべきであると論じる。この件についてポステルはヨセフスを忠実に踏襲している[19]。ヤフェトの長子ゴメル(ポステルはプロメテウスとも同一視する)からはフランス人とイタリア人、その長子のアシケナズからはドイツ人が派生した。マゴグからはスキタイ人が、マダイからはメディア人が、イオン(あるいはヤワン)からはギリシア人が、トバルからはスペイン人が、メシェクからはモスクワ人が、ティラスからはトラキア人が派生した[20]。

ヤフェトと同様ノアとともにイタリアに渡ったハムは、ポステルにとって悪の最初の原理にして、黄金時代の最初の亀裂を表した。ハムとその子孫は実に、第二の地上の楽園を終わらせた人間の第二の失墜の原因であった。呪われたハムはまずはヤフェトの一族を堕落させて、イタリアの支配と黄金時代のあらゆる利得を手中に収めようと余念がなかった。そしてヤフェトは、すでに見たとおり、最後にはアルプスを越えて逃げ出す。そうしているうちにハムの子らはイタリア中に腐敗を広めた。例えば孫のニムロドがノアの聖典を盗んだために、ナオマは夫の損失を埋め合わせるために、最初のシビュラの巫女とならざるをえなかった。ハム一族の悪行はとどまることを知らず、最後にイタリアに残ったのは、ノアが確立した宗教のうちほんの少しの痕跡でしかなかった。すなわちウェスタの巫女の儀式とヤナリア祭とサトゥルナニア祭しか残らなかった。ついにノアの堪忍袋の緒も切れ、ハムとその子孫をアフリカに移して自分たちの領土とさせた。

　アフリカはいまや世界の大悪の巣窟となった。そして、シバによってユダヤ教化され、ピリポによってキリスト教化されたエチオピアと、キリスト教ローマ帝国の支配下にあった一時期を除いて、ポステルの時代にいたるまでそうあり続けた。アフリカから姿を現したニムロドは、その邪な心によって最初にバベルの塔を構想し、バビロニア王朝を打ち立てた。あの邪悪なロムルスはこのアフリカで生まれ、イタリアに渡って連れを殺し、ローマの真の建立者を僭称した。この時代以降、ハムの末裔に穢されたローマにはサタンの第四王国が建設され、コンスタンティヌスとキリスト教が勝利し、ローマがヤフェトの子孫の手に戻るときまでこの王国は続いた。さらにアフリカは、マニ教、ドナトゥス派、アリウス派といった最悪のキリスト教異端を輩出した。最後にポステルは近年の世界の禍であるイスラムもアフリカのせいにする。その穢れの原因をエジプト人にしてイスマエルの母ハガルだけに帰するのである。[21]

ノアの黄金時代とキリスト教教会の勝利のあいだには、ポステル以前の西洋人の大部分にとって決定的な意味を持ったであろう重要な諸世紀が挟まっている。しかし大洪水後の幸福な時代を後にすると、ポステルの関心は冷め、叙述も断片的になって、一貫性と明晰さをかなりの程度失ってしまう。文化伝播の問題への興味を除けば、偉大な古典時代についての言及は、ときおり、ギリシア神話をノアの宗教が恐ろしく腐敗したものだとそしり、ローマの異教を「第四王朝の最も不敬なもの」[22]としてそしる箇所に限られる。初期の人文主義者の世代と比較して、ポステルの関心が際立って低かった理由は複雑である。重要な要因のひとつは、宗教改革の時代に特有の強烈な宗教意識にあったことは確かだ。別の要因としては、起源の問題に専心していたために（これ自体は人文主義者に共通するものであった）、人類の最初期をまずは重視した点があげられる。さらに自分で自覚していたとおり、その学識のおかげで先行者たちよりもはるかに過去に遡って人類の歴史を知ることができた。黄金時代以降は堕落の歴史であるとの信念がいくらか残存していたこともこれと関係しているのかもしれないが、これから見るように、そのような教説は彼の意識的な歴史観とはなんの関わりもないものだった。

それでも、古典古代初期の歴史でポステルにとって重要な問題がひとつあった。ノアと東方に起源を持つ文明の移行の問題である。ポステルはふたつの見方に引き裂かれていた。ひとつはギリシア人に対する伝統的な崇拝の念を修正しつつ反映したものであり、他方はヤフェトの系統の長子フランス人への忠誠を反映したものである。第一の見方はギリシア人に東方と西方の橋渡しの役割を与える。ポステルはギリシア人が東方に負っているものをいくらか詳細に語っている。ドラコンの法はカルデア人、エジプト人、そしてユダヤ人の法に基づいている。ソロン、オルフェウス、ホメロス、ピュタゴラスらは全員メンフィスの預言者のもとを訪れている。プラトンの知恵はユダヤ人に由来する。文字はカダモスがフェニキアからもたらした[23]。さらにポステルは、ギリシア人の文化的達成はすべて、全人類の知恵の源から引き出した素材の受け売りにして堕落したもの以上のものではないと総括する[24]。この程度のものであっても、このギリシアの功績はその後西方に伝わる[25]。
しかしこの見解を書き記したそばから、ポステルはひとつの代案に目を向けていた。彼はこう書いている。

ガリア人は、フェニキア人が到来してガリアの南にマッシリアを建設するまで文字を持たなかったように思える。……したがってガリア人はフェニキア人から、野蛮から脱却して文明化し、文化的生活と、土地を耕し、町を城壁で取り囲む方法を学んだのだ。それから、オリーブを植え、葡萄を剪定し、武力に頼ってではなく法に従って生活することに慣れていったのである。人間的にして物質的文明がそれなりに進展すると、この文明はガリアからギリシアに移行したように思えるのであり、ギリシアからガリアではない[26]。

ポステルはこの問題を思いどおりに解決できたことはなかった。そして彼の優柔不断は、忠誠心をめぐる葛藤の象徴であり続けた。ギリシア人の偉業を低く見積もりたいのだが、ヘレニズムの魅惑から完全に脱却することはできなかったのだ。
古典古代の時代と同様、西洋中世もポステルにとっては幕間の時期にすぎなかった。前者は黄金時代への不幸な付け足し以上のものではなかった。後者は自らの時代の先触れとしての意義しか持たなかった。それでもポステルは中世について多くのことを知っていた。ポステルがフランス人の宗教的責務を証明するのに中世史を利用した点についてはすでに考察した[27]。それに、彼がルネサンス以前の数世紀についてかなりの知識を有していたことは、著作中でさりげなく言及されていることからもわかる。例えば、サリカ法とジャンヌ・ダルクに加えて、ユーグ・カペー〔九三八頃―九九六。カペー朝初代フランス王で、オルレアン朝にまでいたるフランス王家の始祖〕のヴァロワ朝に連なる王家の創設、イングランド人からのジャン二世〔一三一九―一三六四。フランス王。ポワチエの戦いでイギリス軍に敗れ、捕虜となる〕の身請け、ヴァロワ王朝下におけるユダヤ人の歴史などがそうだ。ポステルはその特殊な関心から、フランス国民の過去に目を向け、そこに裏付けとなる例を探し求めたのである[28]。

しかしポステルはこれにとどまらず、ある重要な機会をとらえて、中世を過去と現在との関連で広く概観し、ヨーロッパ史の時代区分についての考えを表明している。『トルコ人の国』第二書で彼は、キリスト教世界の現状をトルコによる危機に直面しているものとして考察し、この脅威を歴史的展望の中で考えようとした。まずはローマ帝国の偉大さ、繁栄、学術を概観する。これらすべては、キリスト生誕以降、殊にキリスト教を国教として以降進歩を続けたと断じる。それが急転して、一世紀もたたないうちにすべてが失われた。その最大の原因がイスラムの興隆であり、この破局は人間の不義に対する神の罰と型どおりに説明される。しかし、アラブ人が攻略したアフリカやアジアだけでなく、この「悪疫」がまだ広まっていなかったギリシア、ローマ、イタリア、フランス、スペインでも文芸はにわかに衰退した。そして言語を格別に重視するポステルにとって、文芸文化の損失はまた宗教の理解力の低下を意味した。こうして全世界が沈黙と無知の長い時代に入る。

ポステルによれば、復興が始まったのは一〇〇〇年頃［ママ］、聖ベルナール〔一〇九〇―一一五三。フランスの聖職者でクレルヴォーに大修道院を創設〕の時代であった。つまりポステルの年代学はフィレンツェ・ルネサンスの歴史家たちと類似している。[29] しかし進歩の規準においては彼らと著しい対照をなす。ポステルの見るところ、復興の真髄はスコラ哲学の発展にあった。「過去三百年、われわれには〈至高の問答家〉」すなわち宗教と自然理性の調停者たちがいた。この進歩は一部アラブ人に負っていることは彼も認める。彼らからあらゆる学科においで優れた著述家が輩出してヨーロッパの知的復興の一助となった。皮肉にもこうして神は、理性によるイスラムの終極的打倒を準備した。かくしてポステルは、自らの計画を中世の知的発展の延長線上に位置づけると同時に、中世精神史全般についての知識を示したのである。[30]

二

以上のようにポステルは、自らの時代を中世の功績と課題双方の延長線上に位置づけて考えた。彼にとって現在の問題は深刻かつ切迫したものであり、十六世紀に西洋キリスト教文明がおかれた状況を思う彼の心持ちは、当時の最も深刻な不安の表れのひとつであった。つまりポステルは、十三世紀に当地でも聖地でも被った災難以来ずっとキリスト教世界で高じていた危機感の優れた代弁者なのだ。この危機感は、ルルスやフランシスコ会急進派がその時代に別々のスタイルで表現し、十六世紀には新たにその極みに達していた。ポステルは世界全体が当代のうちに、「キリストが来て葡萄畑に農夫を送り込んで以来最大の暗闇[31]」に入り込むと考えた。この時代は、世界創造の一週間が暗示する歴史のパターンに当てはめると、世界の六日目、永遠の安息日前の最後の時代なのだ。[32] ポステルのこの切迫した危機感が、彼の思想と行動になべて見られる熱狂的で奇矯な性格をもたらした。さらに、社会と文化は全面的衰退に向かっているという見方が、万物統合を促進して、可視的世界から広がって現実そのものの根元的構造までも侵食している過程をなんとか終わらせたいという彼の全般的衝動を説明してくれる。とはいえ、ポステルにとって危機とは否定的側面ばかりでなく肯定的側面をも備えていた。心理的補償作用として、世界の有り様に対する不安を、近来の歴史的発展によってはぐくまれた楽観主義でバランスをとっていたのだ。

不安と希望の交錯する点でポステルは、目下の悪を告発しつつ、世界の救済が切迫していることを預言した中世の預言の伝統を引き継いでいる。イスラムの興隆がもたらした危機は、ポステルも親しんでいたであろう、少なくとも八世紀にまで遡る擬メトディオスのテクストと似た表現を生み出した。十二世紀の聖女ヒルデガルトの発言もポステルのものとほとんど違わない。

神の義が現されるときが来るであろう。世界創造の七日間に象徴される七つの時代の最後の時代が到来した。神の裁きは成就されつつある。不信心に成り下がった帝国と教皇は共に崩れ去るだろう……。しかしその廃墟の上に、新しい神の民、天から照らされ、清貧と孤独のうちに生きる預言者の民が現れるであろう。次いで神の秘義が明かされ、ヨエルのことばが実現するであろう。聖霊が、その預言と知恵と聖性の滴を民の上にあまねく注ぐであろう。異教徒、ユダヤ人、俗物、不信心者は共に改宗し、春と平和が再生した世界を支配し、天使が戻って人々のあいだに信頼とともに住まうことになろう。(33)

ヨアキム派はキリスト教世界の腐敗を新しい時代の確かな徴候ととらえた。ポステルが好んだ著述家の一人聖女カタリナは、教会の堕落を嘆くと同時にその栄化を予見した。

いまや醜くぼろぼろの花嫁も、宝石で飾られ、あらゆる美徳の冠を戴いた美しい花嫁となるであろう。敬虔な人々は皆そのような聖なる牧者とともにある栄誉を喜ぶであろう。不信心の民ですらイエス・キリストの良い香りに誘われてカトリック教会に戻り、彼らの魂の真の牧者にして監督者に帰依するであろう[34]。

ポステルの世代により近いサヴォナローラは時代を告発しつつ、教会の再生と全地の不信心者の改宗を預言した。ニコラウス・クザーヌスやルフェーヴル・デタープルなどのルネサンスの知的指導者たちもまた凄まじい懲罰を予告しつつ、キリストの究極の勝利に希望を抱いていた[35]。

この伝統においてはきまって、教会の腐敗が問題の核心とされた。これはキリスト教世界が苦しむ悪の最たるものと考えられたのみならず、それに対する罰として解釈された他の一切の悪の原因とも目されたた。ポステルもこの確信を共有している。一度などは皇帝フェルディナントに、世論を喚起するために自分が行ってきた運動の一切を貫く動機が教会改革であったと書き送ったこともあった[36]。それよりずっと前にも、教会に信仰心が足りなかったから、キリスト教教義を合理的に論証する計画を立てざるをえなかったのだと断じている[37]。そして彼の著作は、自らが目にした教会社会のあらゆる局面への攻撃で充ち満ちている。教皇、教皇庁、聖職者社会、下級聖職者、修道士、さらには〈教会《エクレジア》〉とほとんど区別しなかったキリスト教社会の世俗的側面を攻撃するのである。つまり教会の腐敗はポステルの危機感を構成する第一の否定的要素なのだ。また教会の現状についての彼の考察は、中世の改革的伝統に発し、カトリック改革でも多大な役割を演じた、制度改革への強い要求の存在を物語るものである。

公会議の決然たる支援者であったことから予測できるように、ローマの教皇と教皇庁に対する告発は頻繁かつ辛辣なものであった。最も裏打ちされた批判が記されているのは、最初のローマ滞在直後に書かれた『パンテノシア』で、自らの観察とイエズス会内部の改革的雰囲気双方を反映したものだろう。

ローマでは今、キリストがご自身のためローマ帝国を征服する目的で用いた信条や諸学芸が敵視されており、しかもそれが五百年以上も前から続いていることを知らない者があろうか。ローマの貴族とその近親者のほぼ全員が教皇の縁者であり、彼らの多くがもっと高齢の者が付けるべき肩書を鼻にかけている様からこのことはわかるはずだ。これはキリストとペテロの教えに真っ向から刃向かうものではないか。血の汚れがまたこれを証明している。信仰ではなく武器に頼るとどうなるか知らない者があろうか。「世界公会議」［トリエント］と称する集会が聖霊ではなく武力に導かれていることを知らない者がいようか。[38]

ポステルは数ページをこの調子で続け、複数の聖職禄と、彼が教皇に見た俗物的で非キリスト教徒的な態度をも槍玉にあげる。この数年後メランヒトンには、教皇の沽聖、冷酷、暴君ぶりと、壊滅的な正規修道会へのルター派の批判に共感していることを隠さない。ポステル曰く、教皇が多くの良質で高名かつ聖なる修道会運動――ドメニコ、フランチェスコ、ベルナールが率いたものを含めた――を掌握できたのは破門という武器をちらつかせたからだった。[39] 教皇庁の浄化はフランス人の重要な任務のひとつであり、スペイン人やドイツ人と協同で、イタリア人によってかくも穢された教会を改革しなければならない。[40] ポステルの弾劾は『パンテノシア』においては総じて正統の枠内にとどまっている。そして攻撃するのは教皇の悪行と人となりのみであり、その聖務ではないと慎重に力説する。すなわち「聖なる権威についてはふれない」[41]。それでもいつも慎重だったわけではなく、その突飛な弾劾のうちにヨアキム派の影響が感じ取れることもある。例えば『万物復元』では、キリストが礫にされると彼の精神と霊はローマに避難したのに、いまや教皇の醜行が再度贖い主を磔にしたため、「不信心なローマ」を見捨てることを強いられたと言う。こうして古い制度的秩序は崩壊し、万物は原初の完全さに復元される[42]。〈聖職者《サケルドティウム》〉の他の側面へのポステルの攻撃は、カトリック改革における別の重要な要素を暗示している。すなわちエラスムス主義改革者たちの真剣さである。ポステルは当代の司教《エピスコプス》を容赦しなかった。

われらのキリスト教司教には〈監督者《エピスコプス》〉という名が与えられた。しかし彼らのうちで、この素晴らしい称号が誓願によって与えられたことを示している者はほとんどいない。これらのわれらが監督者を監督するのは誰か。若さのせいで真理を耳にすることを妨げられている者もいれば、幼いせいで、あるいは野心によって、あるいは強欲によって、あるいは宮廷人としてのうぬぼれによって真理を耳にすることを妨げられている者もいる。さらには少なからぬ者が真理への憎しみや非行によって真理を耳にすることを妨げられている者もいる[43]。

トリエント公会議に集った神父たちには、教階制の悪弊と異端の増加との関連を指摘する。「あなたたちが教階制の醜聞を撲滅したら、異端も撲滅されるだろう。そうでなければ、あなたたちは自分自身と全世界の双方を裏切り続けることになるだろう。そして要求するだけ得るものは少ないだろう」[44]。修道会に対しては、風紀の乱れ、学問の衰退、衷心からの献身という意識がしばしば欠如することを嘆く。しかし、修道院制度そのものに対する攻撃は慎重に控えた[45]。

最後にポステルは、市民社会における数多くの悪習、殊にフランス社会の悪習を指摘し批判する。フランスの司法の腐敗したやり方と、判事の選出方法を批判する。徴税官、穀物の専売人、暴利を貪る商人の暴虐を攻撃する。フランス軍人の全般的な行動、飲酒癖、乏しい規律を批判する。オスマン帝国についての議論は、ヨーロッパ社会への暗黙の、あるいは明示的な批判で満ちているのだ。ポステルの古代社会あるいは同時代の他の社会の描写は、モアの『ユートピア』やエラスムスの『痴愚神礼賛』と同様の真摯な目的を持っていたのである(46)。

ポステルが当代について危機感を抱いた第二の大きな理由は、イスラムの勃興であり、これは中世の預言的著作においてキリスト教教会の罪に対する神罰として伝統的に解釈されていた。十六世紀になってトルコが新たに襲来すると、ポステルの時代の空気は緊迫感を増し、モハーチとブダの惨事、ウィーンの攻囲でこの危機はとみに劇的なものとなった。こうしてヨーロッパ人は、ムスリムが数世紀にわたって着実に進歩し、それに比例してキリスト教世界がじりじりと退歩してきたことに気づくが、キリスト教徒が合同で異教徒に立ち向かうべしという教皇の訴えはずっと顧みられることはなかった。

ポステルのトルコに対する危機意識は教会の現状に対する懸念よりもかえって深刻だった。処女作では、世界を三分割するとまだイスラムの支配を逃れている地域はひとつしかないと記している。アフリカ全土はプレスター・ジョンの王国を除いてイスラムに帰依したとポステルは考えていた。マゼランによるモルッカ諸島発見によって彼は、アジアの大部分がイスラムに屈していることを知った。「そしていまや、この疫病はヨーロッパに広がり、ギリシア全土、マケドニア、トラキア、ダキア、ハンガリーの一部、セルビア、ボスニアを占拠し、[アラビア語ほど]世界の隅々にまで普及している言語は現在にも過去にもなかったほどである(47)」。『世界和合論』では、イスラム世界拡張の説明をこう悲しげに締め括る。「つまり、万物を慈しみ、平和な生活を望み、自らを証明することで永続しようとする神の法よりも、ムスリムの法が世界の征服者と呼ばれうるのだ[48]」。肝要なのは、キリスト教徒が破局を回避したいのならいますぐ行動しなければならないという点に尽きる。

今にいたるまで神はわれわれに対して寛大であったが、それはわれわれが流儀を改め、驕った習慣を断ち切ることを望んでのことであった。しかしいまや根本に大鉈が振るわれた。そして東方に生じたのと同じことがわれわれを脅かしている。だから最愛なる同胞たちよ、行動せよ。王侯たちはこの災厄が地上に落ちるのを防げないのだから。理性の剣を研ぎ、すぐにも使おうではないか。ヨーロッパでキリストに残るのがわれわれだけとなるのは恥ではないか。われわれの怠慢を神にどう弁解しよう。そのような惨事に誰も抵抗しなかったことをどう説明しよう[49]。

キリスト教世界に対してポステルが懸念を持つ最後の第三の理由はプロテスタンティズムにあった。そして、プロテスタンティズムを脅威に感じた理由のひとつが、それにイスラムとの類似性を嗅ぎ分けたからであったと思われる。事実ポステルはそれを北方からの新しいムスリムのようなものととらえ、ドイツのみならず全世界に危険を及ぼすものとして考えた。プロテスタンティズムを異教とイスラムとともにサタンが呼び出した反キリストの三つ組の第三のものとして記した。いまや教会を責め立てるヒドラのようなものであると[50]。しかしながら、キリスト教世界を脅かす大きな危機のうちで明らかに最小のものではあった。それゆえ、彼はより大きな危機に対処するためにプロテスタントとの同盟を模索したのだ[51]。

ポステルは、当代の状況がキリスト教に脅威となりうるものを含んでいるとしても、この時代の確実な発展が大いなる希望を抱かせるものであり、人類が向かう歴史全体において決定的な方向転換を示すものであることも疑わなかった。この楽観主義のもととなっているのが、ルネサンスの学問の進歩、地理的発見、重火器の発明、印刷術の向上である。『トルコ人の国』の重要な一節でポステルはそれらをまとめてリストアップしている。

今日われわれは、ギリシア、ラテン、ヘブライ文学が、神と人間に関わる全学科とともに、たかだかここ五十年で急激に、千年かけてなしえなかったほど理解され、説明されているのをはっきり目にできる。その反面イスマエルびとは、今ではそのいずれの文学も学問も有していない。優位は実にわれわれのもとに戻ったのだから、われわれは彼らの力と教義を権威と理性でもって反駁できるのだ。それにこの十年でわれわれは大きな変化と驚異を目の当たりにしている。つまり、船乗りや商人の努力だけで、われわれの世界よりも大きい新世界が発見され征服されたのみならず、スペインの勢力下でキリスト教に帰依したのだ。そしてこれを先導したのがポルトガルの航海であった……。ラテンキリスト教徒が発見した重火器の技術や印刷術についてはふれない。後者は世界の知恵を極点にまで高め、前者は力を遂行する。この力は、殺し生き返らせるのは神のみであることをわからせるために摂理がキリスト教徒に与えたものである。(52)

これらの希望の徴候一切の中でもふたつのことがポステルの興味を惹いた。彼自身も重要な貢献をした学問の再興と、その想像力に深い印象を刻んだ地理的発見である。平和を求める人間として重火器にはほとんど関心を示さなかった。その行動計画において印刷機にあてがった役割についてはすでに指摘してある。[53]

文芸復興を重視したのはポステルだけではなかった。ウォレス・ファーガソンの指摘どおり、ルターは学問の進歩を反キリスト接近の証拠ととらえ、一五二三年にはこう記している。「……神の御言が大々的に啓示されるには、まず神が諸言語と文芸を、あたかもそれらが洗礼者ヨハネであるかのように興隆・繁栄させることで道を整えなければならなかった」。[54] つまりプロテスタントと同様ポステルも、人文主義運動をより広範な宗教的変化の予備段階としてとらえたのだ。[55] しかしポステル自身言語学で卓越した役割を果たしたからこそ、彼の見解は格別の重要性を持つ。

ポステルは学問の再興にふたつの大きな要素を識別する。ひとつは、意味深くも、すでに見た宗教的真理の道理への還元である。この点では中世のスコラ学が道筋を示したことをポステルは認める。もうひとつは当代の言語学研究の再興である。その中でもすでに述べた理由により、ヘブライ語研究の進展に特に感銘を受けた。[56] フランス王立教授団でヘブライ語講座が設立されたことに、世界の救済はフランスによって実現されることの明らかな証拠を見る。[57] アラビア語研究も彼の行動計画においてさらに重要な役割を演じたことは言うまでもない。論理学、言語学はどちらも彼の目的にとって必須なものであり、十六世紀に双方が同時に利用可能となったことで、ポステルは世界改宗の機が熟したことに確信を持てたのだ。

地理的発見とそれにともなう宣教師の活動は共に、福音を広める任務を完遂させようというポステルの熱意を刺激し、世界史の新しい偉大な一日が明けようとしているとの信念をさらに裏付けるものとなった。地理的発見者たちの動機についてはなんの幻想も持っていなかった。「強欲、好奇心、名誉欲、好色、つまりは人間につきものの感覚的快楽が、アトランティスとセミックすなわち東インド双方への航海のもとにあった」と明晰に見極めていたのだ。しかし、こういう背景にこそ、人間の邪な意図から善を不可思議にも生み出しうる摂理の気高い企図のさらなる証拠を察知する。(58) 東方の再発見を格別重要視し、そこに原初の地上の楽園を位置づけ、その痕跡がいまだ残存していることを旅行家の熱気に満ちた報告で確信した。つまり、東方へのキリスト教の拡張は彼にとって、神の子らが最初のエデンを取り返し、劫初の無垢と至福を取り戻すことを意味したのだ。(59) しかしポステルにとって本質的だったのは、「スペインの航海によって、ほとんど万人がキリストを受け入れ、天と地の創造主を認めた」ことであった。(60)

三

しかしながら、ポステルの現在についての見方は中世の預言者に似て、何よりもその参照枠、すなわちキリスト教終末論の伝統的体系から説得力を引き出していた。彼にとって現今の悪は、人間の罪と無知の〈終極的《ファイナル》な〉治療が急務であることを示しているがゆえに第一級の意義を持つ。(61) そして当代の有望な進歩は、ただこの治療薬を人間の手に届くようにするがゆえに重要なのだ。(62) 地上の万民に対してついにキリスト教が合理的に提示されたなら、万人が、神と自分自身についての真理を理解し、現世での人間経験の一切の目的であるべきあの啓示に到達しうる。ここから宣教運動の究極の意義が導かれる。これが人類史のドラマをクライマックスに導くのだ。ポステル自身のことばによれば、「彼らは福音の王国の真の樹立者であり……、最後の審判の日の直前の兆しを実現するだろう。すなわち、まずは万人の面前で王国の福音を最上の明晰さで説き、万人がそれに耳を傾けるのである」[63]。人類の改宗は、〈一般教会〉と〈特殊教会〉がついに一体となり、太古に損なわれた世界の秩序と統一が回復される証拠となるであろう。つまりポステルの行動計画は過去と未来、歴史の流れについての全体像において中心的役割を受け持つのである。

世界が絶えて免れることがない戦争や災厄に加えてキリストが命じたのは、キリスト教徒が異教徒、ユダヤ人、異端者、最後にはムスリムから不断に迫害を受けることだから、それはユダヤ人とムスリムが彼らが信じていないことを追求し信じるようになるまで続く。キリストが来るまで続く。そしてそれによって下位の事物同士が、下位と上位が、霊界と俗界が、エルサレムの王国と宇宙の統治が、慈愛と帝国が、所有と欠乏が統合されるまで続くのだ[64]。

こうして最後に歴史はその終着点に達する。

この歴史の終幕にポステル自身と〈世界の母〉の役割が組み込まれている点を除けば、彼の終末観に独創性はほとんどない。しかし中世の教義といえども皆同じではなく、過去の数ある教説の中でポステルが何を好んだかを知ることは意味がある。教会は、世界の終末の時期を算出する試みに公的には難色を示していた。そしてアウグスティヌス以来千年王国論を認めることは総じてなかった。しかしながら、いずれ世界の終わりが不可避的に訪れ、最後の審判が切迫していることを警告する徴候が現れるであろうことは受け入れていた。さらに人類史の終幕へといたる出来事が継起しうることも認めていた。まずキリストが全世界に説かれなければならない。そして、絶えて死ぬことのなかったエノクとエリヤの二人が帰還して、福音の普及に助力する。しかしながらキリストの勝利の直後から、大棄教が生じ、それとともに自然界に凄まじい壊乱が生じて、最後には反キリストが勝利し、〈万物の不一致〉が帰結する。しかしついにはこの究極の暴君も大天使ミカエルによって殺され、ユダヤ人が改宗するとほとんど同時に最後の喇叭が鳴り、現世は全人類の復活と最後の審判とともに終末へといたる(65)。

ユダヤのメシア待望論とストア派の黄金時代の理想を組み合わせたイレナイオス、ラクタンティウス、オリゲネス、キリスト教シビュラの千年王国の伝統はそれでも生き続けた。そして十三世紀に入ると、ヨアキム派の主導のもと、形を新たにして再びもてはやされることになった。千年王国論が公的終末論と大きく異なっているのは、反キリストの治世を全面的な宣教活動の前段におき、黄金時代を反キリストの失墜と最後の審判のあいだにおく点にある。ヨアキムに追随したフランシスコ会士はさらにキリストの〈第三の〉降臨の概念を導入した。おおむね霊的に解釈されたこの概念では、キリストは人類の最後の裁き手として現れる前に、反キリストを打倒し千年王国の幕を開ける。この考え方はどうやら、黄金時代にはキリストの霊が独特の形で世に示現しうることの説明となっているようだ。ヨアキム派によれば、聖フランチェスコ自身、回帰したエリヤにしてキリストの霊的示現であり、弟子たちを霊の新しい時代に導き入れるために戻るという。この図式には多くのヴァリエーションがあり、その中には、黄金時代は天使教皇と、ときにフランスの統治者と同一視される天使王という二人のメシア的人物によって主導されるという(ポステルにとって)非常に示唆的なものもあった。宗教改革の時代には、特定の再洗礼派、殊にダヴィット・ヨーリス派がこの伝統に大幅に依拠した。つまりポステルはいかなる意味においても孤立していたわけではなかったのだ(66)。

ポステルは自らの時代を、ヨアキム主義の千年王国の伝統に大幅に依拠しつつ、それを自分自身の目的に合わせて解釈した。彼にとって現在は反キリストの一時的勝利を表す。そしてこれを教皇の腐敗（フランシスコ会急進派と同様）、プロテスタンティズム、とりわけイスラムの攻撃による新たな危機と同一視した。しかし彼の体系においては、新しい時代の幕を開けるのは、帰還したエリヤにしてメシアの霊的代理人（フランチェスコと同様）である自分自身であった。ポステル独自の永遠の福音によって反キリストを打破した暁には、千年王国、黄金時代、〈万物復元〉が到来して、キリストが再来し、万人の心に霊的に君臨するであろうことを確信していた。

これらを待望していたポステルにとって、自らの時代の決定的事件、さらに言うなら歴史の転回点とは、ヴェネツィアの童貞女の出現と、それにともなう彼女の長子としての彼自身の霊的再生であり、これはキリスト生誕と同じくらいに意義深いものであった。彼の考えでは、同時代の重要な発展のいずれも、これらのただならぬ出来事の先触れか予備段階にすぎなかった。彼の母ジョアンナの出現がキリストの新たなる霊的再臨の先触れとなり、いまやそれを実現可能にした。というのも、彼女は女性であることによって必要不可欠な取りなしをし、そのおかげで、キリストは男性としての力を人類の自然世界で働かせることができるからだ。つまり彼女を通じて、万物が原初の完全さを回復し、キリストがサタンに対して最終的勝利を収めるのである(67)。

ポステルは〈万物復元〉に、秩序の理念を構成する統一の三つの基本的問題――個々の魂の統一、人間相互の統合、人類全体と神との究極的一致――を解決する糸口を見いだしていた。悪魔の業とはこれらの統一を破壊することであり、万物の復元とは本質的にそれらの回復にある。つまり〈万物復元〉と〈世界和合〉とは同一なのだ。

人間本性の原初の完全さへの復帰は、〈世界の母〉出現にほとんど自動的に続く。これは合理的論証の大きな成果として見事に達成されるであろう。ポステルの考えによれば、キリストはすでに全人類の魂の男性的部分をまるごと贖い、ヴェネツィアの童貞女の到来は次いで万人の下位の女性的部分の救済の合図となる。このようなキリストの救いの業の完成は、キリスト教教義で言う身体の復活の不可欠の条件であるとも考えていた。下位の領域の復元とともに、自然と恩寵、信心の素質と論理的に考える能力は、まさに劫初のアダムにあった形で人類において調和することになる(68)。

一度人間が原初の無垢と合理性を回復したならば、人類の社会的統一を表現し、維持するのに十分な制度を提示することが可能になる。人間で最初に復元理性を賜ったポステルは、終末の時代を支配するであろう政治的宗教的組織の一般的図式を予見する。ポステルが信じるところによれば、世界は十二の司教区に分割され、三位一体の位格を表す三重の機構――至高の教皇、至高の王(おそらくはフランスの統治者)、至高の士師――を分担する。世界が続く限り、この三つが「平和と和合の真の永遠なる統一のもとに」君臨するであろう(69)。

黄金時代における人類の社会的統一は別の現れ方もする。例えば人間の罪の帰結である私有財産は、サタンの最終的敗退とともに自然に消滅することが主禱文の解説で示されている。すなわち、「われらが父」という語句は人間の同胞愛を意味する。われわれがこう唱えるのは「われわれは皆主の子にして兄弟だからであり、私有財産を持つべきではなく、空気や火、星や天その他のものを共有しているように、兄弟のような慈愛のうちにすべてを共有すべきだからだ(70)」。ここでもポステルとプロテスタント左翼との親近性がうかがえる。

ポステルにとってもっと大事だったのは、終末の時代に成就すると予測していた言語の統一であった。〈復元〉が迫っているという信念は、当代の言語学の進歩への関心を説明する。彼はこう書く。「万物復元ではすべてが再び統合されるのだから、話しことばも書きことばも分裂したままではいられない。そして現在の事物の起源を認め、それらを統合された状態に戻すために、さらに懸命に努力しなければならない」[71]。無論彼が言いたいのは、ヘブライ語の知識が広く世界中に普及すればそれだけ、人類は黄金時代の本質的状態に一層近づくということである。

しかし宗教的統合のうちで最も重要かつ基本となるのは教会の統合であり、そこにおいて万人が神と再統合されることになる。この文脈において、ポステルの宣教計画すなわち〈特殊教会〉の特別の任務が十全な意味を持つ。キリストは「独自のカトリック教会の時代を持つはずである。そこでキリストは全人類を理性的服従の軛にかけてご自身だけの美点に与るよう導く。というのも、世界には教団が数あれど、神は常に特別大事なひとつを持っていたのであり、それが全世界を一人の牧者のもとひとつの群れに回収するにいたるはずなのだ」[72]。これは——別の書ではこう書く——「聖書が無数の箇所で無数の仕方で詳説していることであり、今日インド全土にいるバラモンが信じ、ほとんど全世界に散在するムスリムやユダヤ人が、居場所がどこであろうとも彼らの神託や祈りが証言しているように、信じていることである」[73]。つまり理性と啓示は一致する。しかし本質的な点は、〈特殊教会〉と〈一般教会〉の終極的な合一である。「神がおよそ千二百年ものあいだ、特殊教会と一般教会の成員が分裂したまま、世が移り変わるのを許したのち、われわれは再び、一人として排除せず、万人を惜しげもなく永遠に祝福するような全成員の統一に回帰しなければならないことは必然である」[74]。

しかしながら世界の宗教的統一とは、たんに制度的にまとまる以上のものでなければならない。キリストの霊がいまや万人の心に浸透し、それを変えて、人類をまとめ上げる。そして人間の行いの本源を原初の無垢の状態に戻すと、生まれ変わった人類の日常生活において自らを現すであろう。このように、ポステルの表現の晦渋さにもかかわらず、エラスムスの霊性はその来るべき世界への期待のうちに息づいていた。

こうして信仰、慈悲、希望の業は、その真の種子の新しい原理がかしらによって成員に蒔かれ、与えられ、広められると、理性をまだ行使したことのない子供のように芽生え育つであろう。こうして、臆見や種々の法や宗教的見解から生じた相違は廃止されて、全世界の人間はひとつの教会にして聖なる国家のうちに統合され、最後にはキリストが、真の宇宙の王であるように万物の主人となるであろう(75)。

それでもなおポステルは信仰の共有と心の統一を望んでいた。終末の時代には、これまで少数の秘義伝授者だけが所持していた宗教的真理の秘教的伝統が、〈世界の母〉の導きのもと万人の共有財産となるであろう。換言すれば、カバラは終末の時代の教義の統一の基盤となるのだ(76)。

ポステルの千年王国論は、いかなる意味においても、キリストによってのみ得られるあの永遠の救済の必要性を否定しようとしたものではない。彼の〈万物復元〉は厳密に地上での境位、現世における万物の復元を意味する。これはユダヤ教とキリスト教双方の千年王国論で伝統的に理解されていた千年王国論である。しかしながら、黄金時代において万物がその原初の完全さに回帰し、人間の罪がもたらしたものはすっかり取り除かれるはずであるというポステルの見解は、オリゲネスの立場を踏襲したもので、正統的アウグスティヌス主義からは明らかに逸脱していた。それは永劫の罰を否定するに等しいし、ここでもわれわれは原罪の深刻さを過小視するポステルの傾向を察知するだろう。他方でポステルの千年王国論は、いかなる意味においても世俗のユートピアを意味してはいない。彼の概念の本質は依然終末論的である。そして最後の地上の都はその聖性と偉大さにおいて天に近づくとはいえ、天上の都が現世へとそのままの形で引きずり下ろされたものではない。

四

出来事の継起についてのポステルの説明は、当代の危機と過去・未来双方との関連を彼がどう考えていたか示している。彼は歴史のパターンを総じて、長大な周期で回帰するものと解釈する。歴史の終焉、〈万物復元〉は、エデンとノアの黄金時代を特徴づけるあの原初の秩序と統一の回復を示すものとなる。少なくともある重要な一例においてポステルは、ルネサンスの言語学と歴史学の進歩、当代の騒々しい事件とこれらが生み出した危機感、そしてキリスト教の終末論的関心とを密接に関連づけていたことを示唆している。

しかし、ポステルには出来事は循環するという歴史観とは別の信念もあった。これは伝統的概念と挑戦的な革新性が奇妙に混合したもので、彼の思想の特徴を見事に伝えている。ポステルは前段で論じた図式に加えて、世界週という古来の原理、当時プロテスタントのあいだでとりわけ人気を博したいわゆる「エリヤの預言」、ヨアキム派を想起させる周期的図式、そして際立って近代的な進歩の観念、これらに同時に従って歴史を解釈する。つまりポステルは、他の主題においてと同様その歴史哲学においても、手の内にある知識の一切を組み合わせてひとつの包括的な見解を構築しようとしたのだ。

世界週という観念がユダヤ＝キリスト教の終末論に初めて登場したのは、ユダヤ教偽典『スラブ語版エノク書』においてであり、これをイレナイオス、ヒエロニムス、アウグスティヌスといった教父たちが伝えた[77]。この理論を裏付ける聖書の権威はペテロ第二書簡に見いだされた。「愛する者よ、あなたたちはせめてこの一事を見過ごすな。主にとっては一日が千年のごとく、千年が一日のごとくであることを」[78]。この概念によれば、世界創造の六日間の各日は人類史の千年を予示している。それゆえ世界は永遠の安息日にいたるまでにちょうど六千年続くはずなのだ。ヨアキム派の多くはこの概念を活用した[79]。ポステルもまたその経歴の初期の段階から晩年になっても多くの箇所でこの理論に言及している。彼が試みたのは、過去に千年単位の継起を見極め、各時代と天体の合を関連させ、(アラブのある宗派と同様)各千年期を指導あるいは改革した者を同定することであった。エノク、ノア、アブラハム、モーセ、エリヤ、キリスト、シャルルマーニュ、そしてその他のフランス国王などがそうである。この類の歴史観もまた彼に終末が切迫していることを確信させた。世界の第七の時代は手の届くところにあった[80]。

しかし、ポステル思想における世界週の概念は、いわゆる「エリヤの預言」の影響を受けて、すぐに洗練の度を加えていった[81]。たんに「エリヤ学派」の一見解と記されているバビロニア・タルムードに発したこの理論は、世界週の概念を認めるものの、世界史の六つの千年期を三つのより大きな時代、すなわち、律法以前の二千年、律法のもとの二千年、メシアの二千年にまとめ上げる。この分割はキリスト教的に翻案されて、〈律法以前、律法のもと、恩寵のもと〉というパウロの時代区分と一致することになった。この預言は広く流布し、ボダンも知るところとなる[82]。しかしとりわけ人気を博したのはルター派においてであった。メランヒトン——彼宛の書簡でポステルはこの図式の支持を力説した——は、カリオンの『年代記』の構成原理として用いた。そしてオジアンダーの『現世の終極あるいは世界の終わりについての推論』(ニュルンベルク、一五四四)で広く普及することになった。ポステルは本書がきっかけとなってこの預言に興味を持ったのだろう。そしてポステルが別の理由で関心を抱いていたエリヤがこの預言と関連づけられたことで、彼の歴史観への影響は一層強まったであろう。

ポステルが間違いなく最も執着し、頻繁に推敲を重ねた歴史解釈は、歴史を大きく四つの時代に分割するものであったが、この構想に大きな影響を与えたのがエリヤの預言であった。この見方によれば、教会史とこれと一体となる世界史の鍵は、生きとし生けるもの、殊に人間が通過すべき成長の周期――幼年期から青年期、熟年期、最後は神に定められた死へといたる――に見いだされる。教会も同様に、幼年期（律法以前）、青年期（律法のもと）、熟年期（恩寵のもと）、そして終焉である千年王国へと成長を遂げると考えたのだ。(83)

この概念が今度は、ポステルが数〈四〉に付与する一般的価値と関連づけられる。彼はこの数が万物に内在しているのを見いだした。(84) 被造世界は創造主を映し出さねばならないという原則に従ってどこでも生じる三の進展はすべからく、そのクライマックスにして完成態である第四の最終段階を確定し、そこに帰着し頂点に達しようとする。(85) 彼がこのパターンを見いだしたのは当然、まずは本質・統一・真理・善から構成される神自身においてであった。この四つの構成要素のうち最初の三つが必然的に第四の善に向かうと彼は断じる。さらには自然界における四季（実を付ける夏に頂点に達する）、人の生涯の四つの段階を強調する。そして霊的次元においても同じパターンを見いだした。「これらすべてとその他自然にある無数の事物は神によって形成されたのだから、同じ神から発した聖なる事物も必然的に同じ条件に従うことになる。それゆえ、それら自身が四段階を経て神に向かうのだ。この四段階のうち最初の三つは完全さ、価値、効果の点で第四のものより劣っている」(86)。聖書からは、不毛の土地に三度蒔かれて四度目に実を付けた種と種蒔く人の寓話、ゲッセマネで三度寝入り四度目に目を覚ました弟子たちの振る舞い、三度キリストを否認し四度目に認めたペテロを裏付けとした。このように万物は、われわれが正しく見るならば、人類史を予示しているのである。[87]

この図式によれば歴史は四つの時代を通過する。ポステルの時代ではふたつが完了し、第三の時代は幕を下ろしつつあり、千年王国である第四の時代は幕を開けつつある。この概念は『秘められた事物の鍵』（一五四七）で最初におおよそ説明されたのちに、その後何度も繰り返され、各時代の期間の見積もりも微妙に変更されていった。[88] 彼が見るところ、最初の三つの時代はパターンを同じくして周期的に反復したものだが、各時代は（ヨアキム派が考えるのと同様に）その前の時代よりもいくらか高い霊的レベルにある。おおよそ一五五六年（この数字はポステルの同時代に対する危機感と関連している）続く各時代は、人類と神との理想的な関係で始まるが、人間が罪の重さを忘れ、神を信頼しなくなり、己の努力のみに頼ることになるにつれ徐々に劣化していく。そして最終的に神が各時代ごとに介入して、人間がおかれた固有の立場を想起させる合図を送り、周期は再び繰り返される。

第一の時代、すなわち自然の法のもとにある教会の幼年時代はアダムから大洪水まで続く。そのあとにおよそ八百年の空白期間が続くが、それについてポステルは確かなことを言わない。一方で、ポステルはこの空白期間を設けることで、独自の編年学を、世界は紀元前三七六一年に創造されたという新約聖書に基づく伝統的算出方法に合わせようとしたのかもしれない。他方で彼の逡巡は、来るべき世界の過去の原型であるノアの黄金時代は、ある意味で超歴史的理念であることを示唆しているのかもしれない。[89] いずれにせよこの幕間の期間に、人間は割礼の制度化によって自らが神に従属していることを思い返した。こうして教会は書かれた法のもとの青年期である第二の時代に、今一度神と適切に一致しつつ歩み入る。しかし再び劣化が始まりさらなる合図が必要とされると、今度はキリストの生誕によってそれがもたらされた。次いで教会は熟年期すなわち恩寵のもとの第三の時代を迎える。しかしながら今一度人間の悪へと向かう傾向が神の業を無に帰す。そして十六世紀中葉あたりから、順番から言っても衰退の徴候から見ても、新しい時代が幕を開けようとしているのがわかる。その合図はヴェネツィアの童貞女の降誕によってすでになされているとポステルは考えた。歴史の絶頂期である第四の時代――それまでの三つの時代はこの準備段階にすぎない――が間近に迫っている。その法はいまや〈世界の母〉によって復元された理性の法となる。かくして、この全体系がそれに付随する年代算出とともに、ポステルの危機感を反映しかつ強めているのだ。

ポステルの歴史観をたんに循環的なものと説明するのは適切でないだろう。例えばマキャヴェッリとポステルの思想に似た点はいくつかあるが、前者の循環的歴史観はポステルのものではない。というのもポステルの循環論は、方向性を持った進歩の観念と結びついており、むしろヨアキムの循環論と似通った彼の立場は基本的にキリスト教的なものであった。つまりポステルの歴史解釈は循環的というよりは螺旋的なものなのだ。それに彼はおりにふれて、パターンの反復よりも上昇する過程に興味を示す。つまり、過去の黄金時代を理想化し現在を告発することはあっても、ロワ・ル・ロワやボダンに先駆けて、進歩の教説を主唱したのだ。

ポステルの最も熱烈な進歩観は、最も明晰な非宗教的著作である初期の『行政論』で表現された。しかもこの観念はときおり再登場し、後期の著作で詳説される歴史観を複雑なものにしている。『行政論』ではこう概括する。「それゆえいつの世でも進歩が見られるのは明らかである」[90]。そしてさらにこう力説する。進歩は国境をものともせず国から国へ伝わり（そしておそらくは時代から時代へ）、必然的に全人類に利益をもたらすと[91]。彼の進歩論は些少な事物にのみ限定されるわけではない。人類の達成を歴史的に考察することで、彼は自然の知識の着実な前進のみならず、宗教的理解の進展と、最後には人間の道徳的状態の改善をも見て取ったのだ。

ポステルは人間の知識が着実に前進していることを信じて疑わなかった。彼は尋ねる。「自然の作品がゆっくり成長してきたように、理性・言語・技芸と、きわめて難儀な比較の手順を踏むことによって、万物の類比（というのも真理というものは人間から隠れているから）も、人間の探求のおかげで、徐々に把握されるようになったことを誰が疑えようか[92]」。前段で見たように、ポステルが人間の知識に限界を設けることがあっても、それは人間の終極的達成を表しているわけではない。千年王国期にはカバラに助けられて、類似を超越し現実そのものを把握するであろう。

世俗的学問を放棄し宗教的活動に没入したあとでも、ポステルは宗教的理解と精神的改善双方にまで進歩の観点を拡張した。そしてそれを、循環的歴史観を十全に詳説しているまさにその著作で表現している。

数世紀を通じて、人間に従属する自然の事物は成長し続け、それらの特性についての人間の知識は増し続け、魂と身体の力は向上し続けた。そしてこの進歩は、無知と悪徳の直中にあっても続いたのだから、神はその聖なる命令を必ずや言い渡したはずであり、それによって脆弱な人間も悪を避け、善を達成するよう鍛えられたであろう。こうして当初は極度に難解であった神の命令は、世紀を重ねるごとに聖霊の導きのもと徐々に明らかにされ、説明され、しまいには人間が近づきうるほどに明快になり、最初の人間の言語のアクセント記号も十全に説明されうるものとなった[93]。

このほんの数年後、ポステルは精神的進歩についての彼の確信をさらに十全に述べている。「というのも、もし教義の解明における進歩が不断であるなら、教義の目的である行状においても進歩があるのは当然であり、それによって人類は至高の真理と同等の最高の行いを達成するだろう(94)」。ポステルにとって善を知ることは善をなすことであった。したがって精神的進歩は必ずや霊的事柄の知識の進歩にともなうはずなのだ。

衰退と刷新の周期的反復を力説するにもかかわらず、彼には進歩を不断のものとして観ずる傾向もあった。この連続性はこの主題の論述に往々に潜在した生物学的概念によって強調される。彼は人間の進歩の様態を「自然の作品がいつもゆったりと成長する様」と比較した(95)。政治の進歩については、「根が深ければそれだけ成長も良い(96)」と言う。実際これがアテネの政体についての彼の説明を裏付けるものであった。彼は現在の改革案を過去に深く根ざしたものとして提示しようとしたのだ(97)。

つまりポステルは、人間の進歩に特有の性格についてエラスムスの側に立っていたことになる。進歩は信じたが、それは伝統に深く根ざした段階的な進歩であった。かくして彼は原始人の文明への進歩をきわめて斬新的な過程として提示した。

万人は共通の起源を持つか、あるいは大洪水や大火から共に助かった。その反面、人口が増大して最初の居住地では多数の者を養えなくなり、種々の植民地が作られたはずである。人類はこうして四散して、徐々に成熟し、明敏さと交流によってより文化的な生活様式をだんだんと発展させていったのだ(98)。

そしてこう尋ねる。「法を制定し、真の美徳を人間の目に示すにはかなりの時間を必要とすることを信じない者があろうか[99]」。ポステルにとって、進歩とは非常に困難であるから漸進的にならざるをえないが、それが自らの力について人間を謙虚にさせ、過去の達成に対して敬意を持たせる。こうして彼は自己充足的な革新者たち全員を非難する。彼らは自分の提案以外のことを何も知らず、古代の教えを蔑み、過去の光の導きなしに軽率に闇の中に一か八か突進しようとする。人類の進歩に真に関心を抱く者は誰でも、先立つ世代の知恵を敬い、頼らなければならない[100]。だからこそポステルは、諸宗派の宗教的実験に惹きつけられながらも、ローマ教会から生涯決して離れられなかったのだ。〈世界和合〉は現在における万人の統一のみならず、現在と過去との無数の結びつきを認めることをも求めるのである。

しかし、進歩が不断で必然であっても、歴史の目的を達成するために人間が積極的な役割を果たすことをポステルは否定しない。そのために彼独自の行動計画があり、歴史的思弁はその一部にすぎない。彼の歴史観は学術論文としてではなく、当時の学究的読者に向けた宣伝パンフレットとして書かれたもので、彼の世界に対する要請を裏付ける歴史的大局観を提示するという特殊な役割を持たされていた。この点でポステルの思想は、マルクスやユダヤ＝キリスト教終末論の近代の代弁者と類似している。しかし、彼の人間本性についての見解には未来の非宗教的ユートピア主義の萌芽が見分けられるとはいえ、彼とともに黙示録的伝統がその宗教的ルーツを失ったわけではなかった。

ポステルの歴史哲学では総じて伝統的要素が支配的であるように見える。例えば彼の方法は本質的に演繹的である。彼は事実の検討から始めることはなく、そこから結論を導き出すこともない。自らの見解を裏付けるものであればなんでも探し出してくるが、それ以外は無視する。観察せずに証明し、型に押し込めようとする。そのうえ彼の歴史観は宗教的関心が支配的であり、往々にして摂理の役割を強調する。それどころか、次の理由においてのみ歴史研究を擁護する。「消滅する事物の研究に専心することは、それによって神的摂理が明らかになるのでなければ虚栄の極みである」[101]。彼は四つの王国論やふたつの国の観念といった中世の歴史観の一部から完全に脱却することはできなかった[102]。彼が依拠するのは超越論的説明であり、歴史の宗教的方向性を力説する。彼の関心は万民救済にあり、その歴史の図式においては、あらゆる文明と民族が単一の広大な神の計画の中に位置づけられる。それゆえポステルは、あらゆる民族、あらゆる時代を貫く連続性について際立った感受性を有していた。古代東方、古典古代、キリスト教の過去・現在・未来は、唯一の神――いまだユダヤ＝キリスト教の伝統の神とほとんど同義ではあるが――に向かって連続する一本の上り坂を形成しているのである。

ポステルの歴史論は全体的に未熟で、伝統的概念から離れているわけでは決してないが、にもかかわらず、そこにはより近代的な歴史観を暗示するものがある。国民的使命という観念によってポステルは国民史に対して格別の関心を払うことになった。キリスト教世界全体に関わることが少ない思想家がこの傾向を有していたなら、未来に生まれる国民史を先取りしていたかもしれない。他方でポステルはその循環的歴史観――中世に前例があったとしても――によって、ヴィーコやヴォルテールといった未来の歴史家の先駆者となった。そしてその螺旋的概念はギボンを予示している。進歩の教説も、それがキリスト教に着想を得たものだとしても、ときおり中世よりは啓蒙主義を思わせる表現で表される。そして、現世においても人間本性に期待しうるというポステルの楽観的な見通しは、神の介入による人間の救済を不要にし、最終的に、そしておそらくは最も深い次元において、人類史観を含む思想の全面的な世俗化につながりうるものだった。

結語

過去の思想家の重要性は様々な方法で評価しうる。マキャヴェッリ、エラスムス、ルター、コペルニクスなどの十六世紀の思想家はまずその影響力によって歴史家の注目を集めてきた。すぐにではなかったとしても、時の経過とともに、彼らの著作は読まれ、その思想は踏襲され、その忠告は守られるようになった。そして同世代や未来に与えた彼らの衝撃はほとんど計り知れないものとなった。

ポステルは総じてこのような者たちと同列に括れない。彼の過激な終末論はにわかに注目を集めたがすぐにやんだ。ドイツの諸宗派、エリザベス朝イングランドの二流作家、フランスの数少ない信奉者、ときにはティコ・ブラーエのような碩学が彼の預言を研究した。学者としては、フランス、ドイツ両国の東洋学の進捗に際立った寄与をなした。オスマン帝国論は広く読まれ、ミシェル・ド・モンテーニュをはじめとする多くの同時代人の想像力を刺激したはずだ。カトリック改革に発する大規模な宣教運動にもささやかながら刺激を与えたであろう。しかしポステルの広範な目的のほとんどは達せられなかった。引用文を豊富に含むボダンの『方法論』といった重要な著作でも、何かのついでに言及して敬意を払うことすらなかったことからわかるように、文学的影響力もごく限定的だった。ポステルは没する前からほとんど忘れ去られていたのだ。

しかし、このようなアプローチで歴史的意義を探るのは、過去を結果から考量することである。この方法は、過去を近い未来あるいは遠い未来の原因か徴候としてのみ検討し、そのために歴史的環境よりも個人的業績に主眼をおく。しかし歴史的重要性を測る別の規準として、これとまったく異なるが、別の意味で未来を指し示しうる方法がある。観念史と社会史の双方から発したこの方法は、知的構築物をなんらかの将来へ向けての点在する道標や原因としてとらえるのではなく、それを生み出した時代の性格の証言として扱う。偉大で独創的な精神はこの視点から研究されることが多いかもしれない。しかしながら、飛び抜けた知性というものは、それ自体一種の異常として考えうるのであれば、こうした探求の最も価値ある対象とは、このような人々よりも、往々にしてあまり世に知られぬ人物、さほど独創性もなく、影響力も限られた人物なのである。

ポステルは無名でも、独創性に欠けていたわけでもないが、十六世紀はおろかルネサンス全般の性格と関心事のそのような証人として誰よりも重要である。多種多様な興味、自分の世代の問題に対する際立った感受性、その問題を解決しようとする熱意、そして饒舌な表現によってポステルは、当時の知的雰囲気と宗教的風潮についての並外れて豊かで充実した証言を歴史家に提示してくれる。彼の証言は、この時代についてわれわれが仮定し推測したことの多くを裏付け、まだほとんど合意が形成されていない多くの問題を解決するための新鮮な材料を提供し、十六世紀の心性にはわれわれがいまだほとんど知らない別の重要な要素があることを示唆する。したがってわれわれは、ポステルという一人の個人だけにあれこれと解答を求めはしないが、少なくとも彼が指し示していると思われるなんらかの方向性を推測することはできるだろう

彼の事績は第一に、ルネサンス後期におそらく一般的だった、人文主義者の関心の際立った幅広さを

教えてくれる。ポステルの時代頃から、言語学の進展と地理的発見は共に、古代や非ヨーロッパの文芸文化について広範な知識をもたらした。それゆえポステルの関心領域は、前世紀のフィレンツェ・アカデミーと比べても大きかった。ギリシア・ラテンの古典、キリスト教の起源と形成に直接関連する限定された文献群の研究から始まったものが、十六世紀になると拡大して、人間が考えたことすべてを真剣に検討し、ひたむきに省察するようになったとおぼしい。この展開の根底にあった潜在的可能性はすでにポステルにおいて予示されている。力点をキリスト教特有の属性よりもあらゆる文化に共通する特徴におき、自らの社会を客観視し、異国の生活様式や考え方に対しては寛大さと敬意を持ってのぞむところなどがそうだ。

しかし、このように人文主義者の関心が多岐にわたり、伝統的キリスト教に破壊的な結果を最終的にもたらしたとしても、ポステルにとっての文学研究の目的は、初期の人文主義者と異なるところはなかった。つまり、生得的か啓示されたものかを問わず、摂理が地上の多くの民のところに多様な形態で蒔いた知恵のすべてを、拡張されたキリスト教に取り込もうとしたのだ。かような人文主義は後世の自律的な学術研究や、十六世紀のキケロ主義のいわゆる形式主義とはかけ離れている。それどころか、その意図と成果の双方の点できわめてイデオロギッシュなものであった。とはいえこのイデオロギーは依然あからさまにキリスト教的なものであり、この人文主義が導出しようとした結論も、キリスト教信条は全人類に関わるという主張を揺るぎないものにすることに向けられていた。つまりポステルは、既成の知的宗教的秩序を押しのけるのではなく、補足しようとしたのであり、そうしてその伝統的代弁者であるスコラ学者たちと協働しようとしたのだ。彼にとっては、古い学問も、それが発展した新しい学問も、同等にロゴスの表出であった。

ポステルはまた、十六世紀を巻き込んだ種々の宗教運動の複雑な性格を暗に伝えている点で貴重だ。エラスムス主義「第三勢力」の代弁者として、仲裁の試みがことごとく失敗したあとのカトリック改革においてもそれが存続したこと、しかしその支持者たちはその後辛い歳月を過ごしたことを明かしているのだ。ポステルは沈黙を強いられることを潔しとせず、宗教問題についてオープンな議論を呼びかけ続け、この世紀の広範囲にわたる宗教的変動で大きな役割を果たした刷新運動を受け入れる態度を貫いた。同時に、プロテスタントの最も急進的なグループとも親和的だった点は、十六世紀の宗教的動向がカトリックとプロテスタントの型どおりの弁別ではとらえきれないことを示している。

さらにポステルは、カトリック改革の主流に異議を唱えただけの人物ではとうていない。彼がキリスト教史家にとって重要な一番の理由は、カトリック運動の個々の多様な現れの深層にあって、それを突き動かしていたものを暗に教えてくれる点にある。彼の歴史観と時代に対する危機意識は、十六世紀の宗教的心性に見られる特別な切迫感が奈辺に由来するのかを指し示している。これはプロテスタント、カトリック双方の改革運動についての現代の説明であまりに等閑視されているものだ。ポステルにとって、人類のみならず万物のための神の意図が成就するか否かは、ひとえに彼自身の世代の決意にかかっていた。彼らには容易ならざる仕事が待ちかまえていた。まずはキリスト教徒、キリスト教世界、キリスト教教会を改革し、ついでキリスト教のメッセージを全世界に広めて、歴史のドラマにおける大いなるクライマックスに備えなければならなかった。したがってわれわれはポステルを検討することで、対抗宗教改革からカトリック改革へ、そこから中世の終末論的歴史観の全体系へと遡ることが可能になる。この中世の終末論的歴史観の少なくとも一部は、十六世紀の宗教的活動に刺激を与えたのだ。

ポステルの非ヨーロッパ世界への関心も別の観点から考察しうるだろう。彼は、地理的発見と異民族との接触がヨーロッパ人にもたらした衝撃について、かなり早い段階での重要な証言を提供している。ポステルの反応を左右したのは、人文主義者としての気質と、宗教観だった。ポステルはこの宗教観の中に自分の心を打ったものすべてを取り込もうとしたのである。これは、ヨーロッパがより広い世界で発見した地に知的に順応していく過程を明るみに出す点で価値がある。彼は手始めに地理的発見が摂理によるものであることを強調した。ついで非ヨーロッパ人とキリスト教とをつなぐ宗教的結びつきを次々と立証した。そして非ヨーロッパ世界の偉業を、ときには卑下すれすれまでに受け入れる瞠目すべき態度を示した。ポステルをこの結論に導いた宗教的背景を後世は切り捨てることになるが、彼のコスモポリタニズムは少なくとも理念としては生き延びた。

この時代固有の広範囲に及ぶ多面的危機に対するポステルの反応からも教わるところが多い。この世紀において、キリスト教世界と西洋文化の価値のすべてを脅かす危機を彼以上に強く意識していた者、あるいは未来について彼以上の不安を抱いていた者はほとんどいない。それどころかこの不安は彼にとって、ときに心のバランスを崩すまでに重圧となっていた。しかし不安をまるごと抱えながらも絶望は拒んだ。過去の中世キリスト教と現在の日に日に増える知識の双方から知性と精神の糧になるものを引き出し、破滅の徴候の多くから希望の種を選り分けて行動理論を練り上げ、とてつもない精力と自負を持って喧伝した。当時の西洋キリスト教世界は、間近の危機がどうであれ、素晴らしい未来が約束されていた。ポステルはこの西洋社会の回復力と活力を体現する刮目すべき実例としてとらえられるのだ。

以上の考察はもっぱらポステルとその時代との関係についてのものだが、それは必然的に、ヨーロッパ精神の大きな進展の中における十六世紀の位置をも説明する。この世紀が過去と未来双方の諸々の動向と連動していることを示唆するのである。繰り返し異議を唱えられているにもかかわらず、歴史的に断絶しているとの評価がいまだ支配的なのだ。ポステルは、彼が生きた時代が中世・ルネサンス・啓蒙主義に同時に与っていることを繰り返し知らしめる。ポステルという一人の人間にわれわれは、中世の預言者とスコラ学者、人文主義者、そして〈啓蒙思想家《フィロゾフ》〉を見いだすのだ。そしてこの三者は実にうまく結合しているために、それらの関連を検討できる類い希な機会を提供しているわけである。

ポステルは、宇宙は組織的統一体として理解されるべきだと信じて疑わず、その秩序立った性格を自らの平和論において記述しようとしたが、この宇宙観こそ、三つの時代を根底から結びつけるものだった。ポステル思想においては、統一についての関連する二つの大きな伝統が合流しているように見える。ひとつは古代に発し殊に中世を通じて影響を及ぼしたもの、もうひとつは同等に古来のものだが、より密接にルネサンスと関わるものである。教会における世界統一と、神のもとでの宇宙の良き秩序に対する中世キリスト教の関心は、ポステルにより深い影響を及ぼし、その第一の目標となったはずだ。そしてポステルは、ルネサンスの人文主義者たち、殊にフィレンツェの混淆主義的新プラトン主義者が広めた知識でこれを補完した。

実際ポステル思想について最もはっきり言えるのは、それが統一の理想化によって特徴づけられていたという点である。彼は当代の問題の一切を統一を脅かすものとして認識し、それに対する解決策は意味深くも決まって統一の維持あるいは回復を示唆するものだった。ポステルの統一概念への執着は、十六世紀になってもこの概念の力が衰えなかったことを証明している。他方で、この古い思想の枠組みは同時代の政治的・宗教的・知的進展によって揺さぶりをかけられていたことも示唆している。とはいえ、少なくともポステルにとっては、この古い枠組みはいまだ総じて妥当であり、あらゆる次元においてもその世界観を組織する原理として依然うまく活用できた。このことは、この概念が活力と順応力を持ち続けたことのめざましい証である。

同時に、ポステル思想の以上の性格の大本にある統一・秩序・平和という三位一体の理想こそがまさに、中世とルネサンスから啓蒙主義を指し示しているようにも思える。あらゆる多様性の底流には統一があると確信していたからこそ、神の知恵が万人に散種されていることを信じられたし、寛容を擁護できた。万物には明白な秩序が存在すると信じていたからこそ、「理性」——彼の理性の概念は明快ではないが——への信頼をはぐくむことができた。そして、神意が人事百般の中に描き出す歴史のパターンに対する彼の感受性が、改革への熱意の原動力となって、時代を批判し、改善のための「計画」を提案するにいたった。もちろんポステルと十八世紀人には違いがある。両者のあいだには非宗教化の過程が介在しているのだ。非宗教化のきわめて朧な兆しは、ポステルにおいては、人間本性観と進歩史観にうかがえるのみである。ヨーロッパ思想の古い枠組みは、ポステルが覚悟していたよりもはるかに大きな変容を被ることになったのだ。しかし、土台は最終的に変質したとしても、上部構造は実質的に変わらなかった。結局ポステルが指し示していたのは、この重要な事実だろう。それゆえ彼独自の統一観は最終的に、西洋思想史の大きな流れの根底にある統一性へとわれわれの注意を向かわせるのである。

訳者あとがき

本書は異貌のルネサンス人ギヨーム・ポステルの生涯と思想の全貌を包括的体系的に論じた唯一の研究書である。著者のウィリマム・J・ブースマは、一九二四年ミシガン州アナーバーに生まれ、一九五〇年ハーヴァード大学で博士号を取得、一九五七年から一九九一年まで、カリフォルニア大学バークレー校史学部教授として十四世紀から十七世紀のヨーロッパ文化史を担当しつつ、アメリカ歴史協会会長、イタリア歴史学会会長、アメリカ芸術科学アカデミー特別会員、アメリカ哲学協会特別会員を歴任した。二〇〇四年三月死去。本書以降に刊行された主な単著は以下のとおり。

Venice and the defense of republican liberty; Renaissance values in the age of the Counter Reformation, Berkeley, University of California Press, 1968.
John Calvin: a sixteenth-century portrait, New York, Oxford University Press, 1988.
A usable past: essays in European cultural history, Berkeley, University of California Press, 1990.
The Waning of the Renaissance, 1550–1640, New Haven, Yale University Press, 2000.

このように歴史家として模範的なキャリアを重ねたブースマの処女作がこのポステル論であり、刊行後半世紀近くを経た今でもその価値を失っていない。ここでは日本の読者には残念ながらまだそれほどなじみがないと思われるポステルの紹介をかねて、その梗概を記しておこう。

まず第一章では、一五一〇年に生まれたギヨーム・ポステルのピカレスク・ロマンにも似た生涯が、同時代人の証言をもとに語られる。生前からまことしやかに語られていた長命伝説、ノルマンディーでの恵まれない幼年時代、イエズス会創設者たちも学んでいたサント＝バルブ学寮での勉学と東洋諸語の習得、二度の東方旅行と東洋学者たちとの交流、王立教授団登用と罷免、世界和合計画の構想、イエズス会入会と脱会、カバラ思想の発見、「ヴェネツィアの童貞女」との邂逅、新教徒との関係、異端尋問と投獄・脱獄と逃亡生活、サン・マルタン・デ・シャン修道院に軟禁された晩年、プランタン多国語聖書出版計画への協力、等々。

第二章では、その博識が驚嘆の的であったポステルが、先行するいかなる本を読み、どのように評価し、どのように活用したかが論じられる。ポステルのソースとして取り上げられるのは、聖書、外典偽典（エノク書、ヤコブ原福音書）、ユダヤ教典（タルムード）・カバラ文献・ユダヤ人著述家（ヨセフス）、ギリシア古典作家（プラトン、アリストテレス、新プラトン主義者、ガレノス、ヘロドトス、プトレマイオス、ストラボン）、ローマの歴史家（プリニウス、カエサル、ソリヌス、ウェルギリウス）、教父、スコラ学者（トマス・アクィナス、ダマスコスのヨアンネス）、預言文書作家（シエナのカタリナ、フィオーレのヨアキム）、ヘブライ語学者、旅行記作者、イタリア人文主義者（ペトラルカ、ステウコ、マキャヴェッリ、ポンポナッツィ）。あわせて、当時の聖書文献学やカバラ思想の概要が略述される。最後に、ポステルがかくも多様な文献を折衷的に利用したのは、キリスト教啓示の普遍性を証明したかったからだと説かれる。

第三章では、ポステルの生涯の目標であった「世界和合」がキリスト教の主流の伝統の中に位置づけられる。ポステルの言う和合とは多様な意味を持っていた。平和的和合、軍事的制圧による和合、宣教師の布教による異教徒のキリスト教改宗の結果としての宗教的和合。そして、それが終末論的意味合いを持つ場合には「万物復元」、すなわち、人類がその一部にすぎない全被造物の、神の定めた原初の秩序への回帰を意味する。この和合の概念はアウグスティヌスに発し、フランチェスコとフランシスコ会ヨアキム主義者たち、ライムンドゥス・ルルスとその後継者（ピエール・デュボワ等）が展開したものであった。つまり、ポステルはその風変わりな見かけにもかかわらず、キリスト教思想の主潮に棹さしていたのだ。

これで、古代からルネサンスにいたる思想史の中にポステルが位置づけられた。以下の章では、ポステルの思想そのものが論じられていく。まず第四章では、万物が秩序づけられた統一体をなしているというポステルの世界観を支えている諸前提がまず詳述される。オカルト思想（占星術、類似に基づく万物の関連づけ）、言語論、数秘学、ピュタゴラス起源の性的二元論。しかし、ポステルはこの統一体がすでに壊敗していると考えた。それを修復するための準備として、ポステルが解明しようとしたのが、個々人の内的調和、人間相互の調和、被造物と神との調和という三つの問題であった。そして、ポステルの構想した霊魂論、理性論、悪の起源と原罪論、宗教的寛容論、認識論が、同時代の思想史的文脈の中で明晰に分析される。

第五章では、一神教に内在する永遠の難題のひとつである、超越神と被造世界を仲立ちする仲保者の問題に、ポステルがいかなる解答を出したかが論じられる。ブースマは、ポステルが宇宙の成り立ちを二元論によって理解しようとしたと言い、そのふたつの原理を〈アニムス・ムンディ〉と〈アニマ・ムンディ〉という概念に集約させる。ポステルにおいて仲保者は男性原理と女性原理に分けられるのだ。この仲保者にポステルは、世界創造の形而上学的原理、個々人の魂の救済者、万物のメシア的復元者の三つの役割を求める。仲保者はポステルにとって、世界を知解するための抽象概念である以上に、被造世界に史的受肉によって降り立ち万物を救済することを求められていたのだ。さて、〈アニムス・ムンディ〉の受肉の諸様相は、伝統的あるいは異端的キリスト論の範疇に収まりうるものであったが、ポステルはこの男性原理の受肉だけでは世界を完全に救済（復元）するにいたらないと考えた。そこで、女性原理〈アニマ・ムンディ〉を、ヴェネツィアで知り合ったジョアンナという老女に受肉させ、神秘体験を経た自らを、キリスト（第二のアダム）とジョアンナ（第二のエバ）の二親から霊的に誕生した長子、預言者である「第二のエリヤ」であると喧伝した。ここからポステルへの迫害と嘲笑の歴史が始まる。ブースマは、ポステルの栄光と悲惨を象徴するこのきわめて独創的な仲保者論が、カバラ思想のセフィロート概念を取り入れて作られたものであることを指摘し、あわせて、当時の社会的背景あるいはポステルの心理状態にその発想の源泉を探る。

こうしてポステル思想の形而上学的・神秘主義的側面を明らかにしたブースマは第六章で、ポステルの教会論、次章ではポステルが構想した行動計画を論じる。教会論は、プロテスタント出現と大航海による異民族発見に揺れるキリスト教社会についてのポステルの現状分析、行動計画はそれに対してポステルが提起した処方箋である。ブースマは、ポステルの教会論を構成するふたつの側面、すなわち、「特殊教会」と「一般教会」という概念を鮮やかに摘出してみせる。「特殊教会」は制度的に確立されているカトリック教会のことであり、ポステルの教皇批判、公会議上位主義、教権と俗権の分権問題、聖体論などが論じられる。「一般教会」とはキリスト教徒にとどまらない万人が潜在的に帰属しているとされる神秘体のことであり、ポステルが比較宗教学的探求を進められたのは、本人は十分自覚していなかったものの、この「一般教会」を前提としていたからだとされる。そして、プロテスタント諸派、イスラム教、ユダヤ教、大航海によって新たに発見された諸宗教（日本仏教など）に対するポステルの態度が浮き彫りにされる。

第七章では、世界和合と万物復元を達成するために、思索型というよりも行動型の思想家であるポステルが、何をしたか、何をしようとしたか、何をすべきと考えていたかが語られる。ポステルによれば、フランス王には世界帝国皇帝となり、世界を政治的に統一する使命がある。ブースマはこの考えが中世以来の伝統の中に位置づけられることを示したうえで、この考えを証明するためにポステルがあげる論拠を手際よくまとめていく。ついで世界の宗教的統一のために、ポステルが、のちのイエズス会に先駆けて立案した異文化適応の布教政策を説明する。最後に、このような平和的手段による世界和合が失敗した場合の代替案として、十字軍の再派遣を視野に入れていたことが指摘される。

第八章では、ポステルの歴史観が、前章までに述べられたポステルの思想の諸様相を有機的に関連づけるものとして提示される。ブースマはまず、黄金時代（神と人の調和、人類同士の調和が実現されている時代）とされるノアとその三人の息子に諸民族の起源が求められていることを指摘し、ついで、ポステルが抱いていた当時のキリスト教文明についての危機意識を中世以来の預言の伝統の中に位置づけ、人類史の総括としての未来の「万物復元」の内実が説明される。あわせて、終末論と世界史区分論の系譜が略述される。

このように本書は、伝記から始めて、その思想を歴史の中に位置づけたのちに、柱となる諸テーマを次々と解きほぐしていき、執筆時点までに著された研究文献の紹介で締め括るバランスのとれた構成によって、モノグラフの模範とも言える仕上がりになっている。そして何よりも、とかく嘲笑的・否定的に言及されることの多いポステルの思想を、不可解ではあるが共鳴すべき一人の他者の精神の営為として、正面から肯定的に理解しようとする態度には、ブースマの思想史家としての誠実さがうかがえる。このことは、ポステルの混沌として矛盾に満ちた論述から、作者本人も十分に展開できなかった隠れた枢要概念を抽出し、それなりの整合性を持った論旨に組み立て直す手並みによく表れている。また、ポステルの思想といえば、とかくエキゾティックな側面（本書では第五章で論じられている主題）ばかり取り上げられる傾向にあるが、より地味なものの思想史上の問題としてはきわめて重要な主題（教会論や理性論）も丁寧に分析されている点にも好感が持てる。

とはいえ、出版されてから半世紀を経過しているからには、その後の研究によって補足されるべき点もないわけではない。伝記研究の分野では、マリオン・クンツやフランソワ・スクレによって、より行き届いた調査が達成されているし、ポステルが用いた直接の典拠や彼が身をおいていた同時代の知的文脈や同時代人との多様なつながりについては、同じスクレによってより精緻かつ実証的に明らかにされている。さらに、ポステルの著述の多くは手稿のままにとどまり、印刷出版されたのはそのうちの一部にすぎないことを考慮に入れると、ブースマが印刷本のみに検討の対象を限定しているのはいかにも不十分のように思われるかもしれない。例えばスクレは本書の書評において、「きわめて確かな判断をともなった」「傑出したサンテーズ」と讃えながらも、『前言撤回 *Retractatio*』等の手稿を参照していないことを遺憾とし、さらには、テセオ・アンブロージョといった同時代人の東洋学者たち、フィレンツェの新プラトン主義者、そしてド・ラ・ボドリー兄弟をはじめとする「フランスのポステル学派」との関係の解明が不十分であると指摘している（François Secret, “Compte rendu de W. J. Bouwsma,” *Studi Francesi*, 1958, no. 4, 94–98）。そして、本書以降ポステルについて論じることはほとんどなかったブースマからバトンを受け取ったかのように、スクレ自身が精力的に手稿を校訂出版し、書簡などを検討してポステルの人間関係や直接的な典拠等を微に入り細をうがって炙り出していった。しかしこれらの貴重な仕事も、ブースマが描き出したポステル思想の全体像からすればあくまで枝葉の部分であり、本書の価値が揺らいだわけではない。

幻視者にして扇動家、旅行家にして文献学者、預言者にして理性至上主義者、ナショナリストにしてコスモポリタン、自然宗教論者にしてキリスト中心主義者、地理学者にして歴史学者、キリスト教カバリストにして反ユダヤ主義者、東洋学者にして十字軍の提唱者、イエズス会士にしてアンチ教皇、教会統一論者にして比較宗教学者、地図製作者にして活字製作者、世界和合論者にして終末論者、碩学にして狂人……。ギヨーム・ポステルは、ルネサンスという時代が否応なしに突きつけてきたほとんどすべての諸問題に生真面目に対峙し、自分なりの解答を見つけようとした数少ないユマニストの一人である。彼が体現している矛盾はこの時代の矛盾でもある。ポステルという多面体は、その鋭敏な知性と感性によって、万華鏡のように多彩で多様な側面を持つルネサンスのほとんどすべてを映し出している。

そのようなポステルの思想の最もエキゾティックに見える側面も、時間軸と空間軸の視野を広げるなら、決して孤立した事例ではないことは、ブースマも幾度も力説しているとおりである。そしてこの参照枠はいくらでも広げられるし、ポステルを基点にして新しい思想史の地図を描くことも可能であろう。例えば、先在するキリストの魂が輪廻するというポステルのキリスト論は、ポステル思想の最も独自な領域をなしている仲保者論のうちのひとつであるが、それはイスラムのドルーズ派やカバラの輪廻論のみならず、原始教会のユダヤ人キリスト教徒の教義にその源泉を求めることもできるし、万物復元論はギリシア正教の人の神化と万物再統合の教義と比較されてもいい。ルター、パラケルススからベーメにいたるドイツ神秘主義との同時代性はより強調されるべきであろうし、フランス国内に限定しても十八世紀末から十九世紀初頭、啓蒙思想に飽きたらない人々の霊的渇きを癒したマルチニスムにもポステル的なものの復活が見られる。実際、マルチニスムの教祖マルチネス・ド・パスカリの「諸存在の再統合」(『秘教の言葉』共訳、国書刊行会、二〇〇八所収)とポステルの「万物復元論」は、堕落と輪廻する「仲保者」による刷新を繰り返しつつ、万物再統合へといたる周期的歴史観などの点で驚くほど類似している。さらにポステルの女性原理の強調は、ソフィア論の系譜(岡部雄三『ヤコブ・ベーメと神智学の展開』岩波書店、二〇一〇)の中に位置づけられるし、現代に目を転じてみれば、キリスト教における女性原理の不在を批判したユングと共鳴し合っていると考えることも不可能ではない。

最後に本邦におけるポステル研究を一瞥してみるならば、ポステルを日本の読者に初めて紹介したのは、渡辺一夫の「ある東洋学者の話　ギヨーム・ポステルの場合」だろうか。その後は、ヨーロッパ人で初めて日本仏教を紹介した著述家としてもっぱら注目されてきた。その中でも特筆すべき成果は、彌永信美『幻想の東洋――オリエンタリズムの系譜』(青土社、一九八七)と岸野久『西欧人の日本発見――ザビエル来日前日本情報の研究』(吉川弘文館、一九八九)である。前者は「東洋」をめぐる壮大な観念史の最終章でポステルを登場させた。訳者がポステルの名を初めて知ったのはこの名著によってである。後者は欧米の研究者の死角となっているキリシタン学の視点から著された独創的な論考である。しかし両者とも、本書の原本が入手困難なせいか残念ながら参照されていないようだ。

さらに、ポステルの破天荒な生き様と綺想の数々は、洋の東西を問わず、小説家の想像力をいたく刺激するものらしい。ウンベルト・エーコの『フーコーの振り子』ではテンプル騎士団員として言及され、宇月原晴明の伝奇小説『聚楽　太閤の錬金窟』では、幽閉先のサン・マルタン・デ・シャン修道院を密かに抜け出して憧れの日本に潜入、聚楽第の地下の巌窟で、グノーシス主義者・錬金術師として、黄金とホムンクルスの製造に耽る。本書と合わせてお読みいただければ、ブースマが本書で払拭しようと努めた面妖なポステル像とはどのようなものだったのか想像できるであろう。いずれにせよ本書は、ポステル読解のための基礎文献であるとともに、ルネサンス人の多様性を垣間見ようとする者にとっても格好の入門書なのだ。

なお、訳者はポステルを研究テーマのひとつに選んだ者ではあるが、英語やラテン語の専門家ではない。特に原註に引かれているポステルの晦渋なラテン語文の訳出は難航を極めた。複数の解釈が可能な場合には、できるかぎり本文の論旨に合わせて訳したが、思わぬ誤訳もあるかもしれない。読者諸兄の御叱正を仰ぐ次第である。末尾ながら、法政大学出版局に紹介の労をとってくださった大久保康明先生、合田正人先生、訳出困難な箇所についてご教示いただいた伊藤玄吾氏、わが国ではほとんど無名な著者によるマイナーな思想家についてのモノグラフの翻訳出版をお引き受けいただいた法政大学出版局、校正の段階で助言をいただいた同出版局秋田公士氏に心から謝意を表したい。

二〇一〇年五月

長谷川光明

著　者

ウィリアム・J. ブースマ（William James Bouwsma）

ミシガン州アナーバーに生まれる．1950 年ハーバード大学で博士号を取得，1957 年から 1991 年まで，カリフォルニア大学バークレー校史学部教授として 14 世紀から 17 世紀のヨーロッパ文化史を担当した．同時に，アメリカ歴史協会会長，イタリア歴史学会会長，アメリカ芸術科学アカデミー特別会員，アメリカ哲学協会特別会員を歴任した．2004 年 3 月死去．享年 80 歳．本書以降の著作に，*The Interpretation of Renaissance Humanism,* 1959; *Venice and the Defense of Republican Liberty,* 1968; *The Culture of Renaissance Humanism,* 1973; *John Calvin,* 1988; *A Usable Past,* c1990; *The Waning of the Renaissance,* c2000 がある．

訳　者

長谷川光明（はせがわ みつあき）

1968 年に生まれる．東京都立大学大学院人文科学研究科博士課程修了．元学術振興会特別研究員．現在，首都大学東京・駒澤大学講師．主要研究テーマは，大航海時代の文学・思想・イメージの歴史．主要論文に『ギヨーム・ポステル「世界の驚異」（1553）研究——東西インドの発見と万物復元』（東京都立大学博士論文，2002）など．訳書にマルチネス・ド・パスカリ，ルイ＝クロード・ド・サン＝マルタン『秘教の言葉』（共訳，国書刊行会，2008），ミシュレ『フランス史 II』（共訳，藤原書店，2010）など．

《叢書・ウニベルシタス 940》
ギヨーム・ポステル
異貌のルネサンス人の生涯と思想

2010年7月20日　初版第1刷発行

ウィリアム・J. ブースマ
長谷川光明訳
発行所　財団法人　法政大学出版局
〒102-0073 東京都千代田区九段北3-2-7
電話03(5214)5540 振替00160-6-95814
組版・印刷：三和印刷　製本：誠製本

Printed in Japan

ISBN 978-4-588-00940-2

索　引

大項目は50音順，小項目は出現順に配列した．また，原註の頁は各項目の末尾に（ ）を付して示した．なお，→は「～をもも見よ」，f. は「以下の頁をも見よ」の意である．

ア　行

カ　行

サ　行

タ　行

ナ　行

ハ 行

マ　行

ヤ　行

ラ 行

文献解説

I. ポステルの著作

16世紀以来，ポステルの著作を網羅しようとする試みは幾度となくなされてきた．生前には，Josias Simmler, *Bibliotheca instituta et collecta primum a Conrado Gesnero*（Zürich, 1574）が，ポステルに帰された著作を詳細にリストアップしている．その10年後，Antoine Du Verdier と François Grudé がフランス語の著作リストをまとめた（*Les bibliothèques françoises de La Croix du Maine et de Du Verdier sieur de Vauprivas*, 6 vols. in 3［Paris, 1772］, I, 340–343; IV, 114–118）．初期に作成された書誌では他に，A. Frankenburg 校訂によるポステルの著作 *Absconditorum a constitutione mundi clavis*（Amsterdam, 1646）; Jean Pierre Nicéron, *Mémoires pour servir à l'histoire des hommes illustres dans la république des lettres*, 43 vols. in 44（Paris, 1729–1745）, VIII, 295–356; Johannes Christopher Adelung, "Wilhelm Postel, ein Chiliast," *Geschichte der menschlichen Narrheit*, 7 vols.（Leipzig, 1785–1789）, VI, 106–207. しかしながら，初期の書誌のうち最も質が高いのは，イエズス会士 Desbillons の著作 *Nouveaux éclaircissements sur la vie et les ouvrages de Guillaume Postel*（Liége, 1773〔Genève, Slatkine Reprints, 1970〕）, 111 ff. にある．Desbillons は実見できなかった著作についてはきちんと典拠を示し，そのうち偽作が疑われるものについては率直に指摘している．より最近の書誌 Geoffrey Butler, *Studies in Statecraft*（Cambridge, 1920）, 117–131では，Desbillons の書誌に基づき何点か追加されているが，疑わしい著作についての Desbillons の留保が削除されているのは残念である．E. G. Vogel, "Verzeichniss der Originalausgaben von Wilhelm Postels Schriften auf der königl. öffentlichen Bibliothek zu Dresden," *Serapeum*, XIV（1853）, 363–378の余すところのない解説も有用である．〔フランス国内で刊行された著作の書誌は，Claude Postel, *Les écrits de Guillaume Postel: publiés en France et leurs éditeurs 1538–*

1579,（Genève, Droz, 1992）.〕

A. 出版された本と論文

以下はポステルの出版作品を，現存すると思われる全作品の初版の標題とともにリストアップしたものである．刊年，発行地が掲載されていないものは推測で補った．実見していないものには*印を付けている．

1. *Linguarum duodecim characteribus differentium alphabetium, introductio, ac legendi modus longe facilimus. Linguarum nomina sequens proxime pagella offeret*. Paris, ?1538.
2. *De originibus seu de hebraicae linguae et gentis antiquitate, de que variarum linguarum affinitate, liber. In quo ab Hebraeorum Chaldaeorumve gente traductas in toto orbe colonias vocabuli hebraici argumento, humanitatisque authorum testimonio videbis: literas, leges, disciplinasque omnes inde ortas cognosces: communitatemque notiorum idiomatum aliquam cum Hebraismo esse*. Paris, ?1538.
3. *Grammatica arabica*. Paris, ?1538.
4. *Syriae descriptio*. Paris, 1540.
5. *De magistratibus Atheniensium liber*. Paris, 1541.
6. *Quatuor librorum de orbis terrae concordia primus*. ?Paris, ?1543.
7. *Alcorani seu legis Mahometi et Evangelistarum concordiae liber, in quo de calamitatibus orbi christiano imminentibus tractatur.* Paris, 1543.
8. *De rationibus Spiritus sancti lib. Il*. Paris, 1543.
9. *Sacrarum apodixeon, seu Euclidis christiani lib. II*. Paris, 1543.
10. *De orbis terrae concordia libri quatuor, multiuga eruditione ac pietate referti, quibus nihil hoc tam perturbato rerum statu vel utilius, vel accomodatius potuisse in publicum edi, quivis aequus lector iudicabit*. Basel, 1544.
11. *Absconditorum a constitutione mundi clavis, qua mens humana tam in divinis, quam in humanis pertinget ad interiora velaminis aeternae veritatis*. ?Basel, ?1547.〔仏訳は，*Clef des choses cachées*（*Absconditorum Clavis*）1646, Milan, Arché, 1975.〕
12. *Πανθενωσια: compositio omnium dissidiorum circa aeternam veritatem*

aut verisimilitudinem versantium, quae non solum inter eos qui hodie infidelium, Iudaeorum, haereticorum, et catholicorum nomine vocantur, orta sunt et vigent, sed iam ab admissis per peccatum circa nostrum intellectum tenebris fuere inter ecclesiae peculiaris et communis membra. ?Basel, ?1547.

13. *De nativitate mediatoris ultima, nunc futura, et toti orbi terrarum in singulis ratione praeditis manifestanda, opus: in quo totius naturae obscuritas, origo et creatio, ita cum sua causa illustratur, exponiturque, ut vel pueris sint manifesta, quae in theosofiae et filosofiae arcanis hactenus fuere, autore spiritu Christi*. ?Basel, ?1547.

14. *Candelabri typici in Mosis tabernaculo jussu divino expressi brevis ac dilucida interpretatio qua priscorum Hebraeorum patrum de divina humanaquae philosophia sententia explicatur, ipsaquae luce clarius demonstratur, eos mirum in modum cum nostris theologis de individuae Trinitatis et caeterorum fidei arcanorum mysterio consentire. Opus valde utile, et omnino evangelicae doctrinae conforme, a Zohare et Behir caeterisque multis antiquissimis cabalae monumentis ad nos emanatum, nuperrimeque in lucem editum*. Venice, 1548. 〔François Secret, *Guillaume Postel (1510–1581) et son interprétation du candélabre de Moyse en hébreu, latin, italien et français*, Niewkoop, B. De Graaf, 1966, 97–153で復刻されている.〕

15. *De Etruriae regionis quae prima in orbe europaeo habitata est, originibus, institutis, religione et moribus, et imprimis de Aurei Saeculi doctrina et vita praestantissima quae in divinationis sacrae usu posita est*. Florence, 1551. 〔校訂本は, *De Etruriae regionis...*, testo, intr. note e commento di G. Cipriani. Roma, CNR, 1986.〕

16. *Les raisons de la monarchie, et quelz moyens sont necessaires pour y parvenir, la ou sont comprins en brief les tresadmirables, et de nul iusques a auiordhuy tout ensemble considerez privileges et droictz, tant divins, celestes, comme humains de la gent gallicque, et des princes par icelle esleuz, et approvez*. Paris, 1551.

17. *Abrahami patriarchae liber Jezirah, sive formationis mundi, patribus*

quidem Abrahami tempora praecedentibus revelatus, sed ab ipso etiam Abrahamo expositus Isaaco, et per profetarum manus posteritati conservatus, ipsis autem 72. Mosis auditoribus in secundo divinae veritatis loco, hoc est in ratione, quae est posterior authoritate, habitus. Paris, 1552.〔復刻版は, *Sefer Jezirah*. *Übersetzt und kommentiert von Guillaume Postel, Neudr. der Ausg*. Paris 1552 / hrsg., eingeleitet und erl. von Wolf Peter Klein, Stuttgart-Bad Cannstatt: Frommann-Holzboog, 1994.〕

18. *Restitutio rerum omnium conditarum, per manum Eliae profetae terribilis, ut fiat in toto mundo conversio perfecta, et maxime inter Iudaeos*. Paris, 1552.〔Guillaume Postel, *Apologies et Rétractions.* Manuscrits inédits publiés avec une introduction et des notes par François Secret, Nieuwkoop, B. De Graaf, 1972, 136-169で復刻されている.〕
19. *Liber de causis seu de principiis et originibus naturae utriusque, in quo ita de aeterna rerum veritate agitur, ut et authoritate et ratione non tantum ubivis particularis Dei providentia, sed et animorum et corporum immortalitas ex ipsius Aristotelis verbis recte intellectis et non detortis demonstretur clarissime*. Paris, 1552.
20. *Vinculum mundi, compendio expositum, in quo basis earum rationum exponitur, quibus veritas placitorum primorum sive articulorum fidei christianae aut probatur aut oppresso quovis adversario defenditur*. Paris, 1552.
21. *Eversio falsorum Aristotelis dogmatum, authore D. Iustino martyre, qui Helii Hadriani Caesaris temporibus et vixit, et ad eum pro Christianis doctissime scripsit*. Paris, 1552.
22. *L'histoire memorable des expeditions depuys le deluge faictes par les Gauloys ou Françoys depuis la France iusques en Asie, ou en Thrace et en l'orientale partie de l'Europe, et des commodités ou incommodités des divers chemins pour y parvenir et retourner. Le tout en brief ou epitome, pour monstrer par quelz moyens l'empire des infideles peut et doibt par eulx estre deffaict*. Paris, 1552.
23. *De Foenicum literis, seu de prisco latinae et graecae linguae charactere, eiusque antiquissima origine et usu*. Paris, 1552.

24. *De universitate liber, in quo astronomiae doctrinaeve coelestis compendium terrae aptatum, et secundum coelestis influxus ordinem praecipuarumque originum rationem totus orbis terrae quatenus innotuit, cum regnorum temporibus exponitur. Sed ante omneis alias orbis parteis Terra Sancta summo, hoc est, amplissimo compendio describitur cui Gallia ob primarium orbis nomen et ius substituitur, eo quod ambae toti orbi legem sunt daturae*. Paris, 1552.

25. *La loy salique, livret de la première humaine verité. La ou sont en brief les origines et auctoritez de la loy gallicque nommée communement salique, pour monstrer a quel poinct fauldra necessairement en la Gallique Republique venir: et que de ladicte Republique sortira ung monarche temporel*. Paris, 1552.

26. *De originibus, seu, de varia et potissimum orbi latino ad hanc diem incognita, aut inconsyderata historia, quum totius Orientis, tum maximè Tartarorum, Persarum, Turcarum, et omnium Abrahami et Noachi alumnorum origines, et mysteria Brachmanum retegente: quod ad gentium, literarumque quib. utuntur, rationes attinet*. Basel, 1553.

27. *Sibyllinorum versuum a Virgilio in quarta bucolicorum versuum ecloga transcriptorum ecfrasis commentarii instar*. Paris, 1553.

28. *Signorum coelestium vera configuratio, aut asterismus, stellarumve per suas imagines aut configurationes dispositio, et in eum ordinem, quam illis Deus praefixerat, restitutio, et significationum expositio; sive coelum repurgatum et apotelesmate summo determinatum. Nam per significationem stellarum videbitur quid sit in totius mundi imperiis futurum*. Paris, 1553.

29. *Les très merveilleuses victoires des femmes du nouveau-monde, et comme elles doibvent à tout le monde par raison commander, et mesme à ceulx qui auront la monarchie du monde vieil*. Paris, 1553.

30. *La doctrine du Siècle Doré ou de l'evangelike regne de Jesus Roy des Roys*. Paris, 1553.〔29，30は合本で再版されている．*Les très merveilleuses victoires des femmes du nouveau monde; Suivi de La doctrine du siècle doré, avec une notice biographique et bibliogr*. par M. Gustave Brunet, Turin, J.

Gay et fils, éditeurs. (1er éd. 1553), 1869.〕

31. *Description et charte de la Terre Saincte, qui est la propriété de Iesus Christ, pour y veoir sa peregrination, et pour inciter ses treschrestiens ministres a la recouvrer pour y replanter son empire*. ?Paris, ?1553.

32. *Des merveilles du monde, et principalement des admirables choses des Indes et du nouveau monde. Histoire extraicte des escriptz tresdignes de foy, tant de ceulx qui encores sont a present audict pays, comme de ceulx qui encores vivantz peu paravant en sont retournez*. Paris, 1553.

*33. *De linguae phoenicis, sive hebraicae excellentia, et de necessario illius et arabicae penes latinos usu, praefatio, aut potius loquutionis, humanaeve perfectionis panegyris*. Vienna, 1554.

34. *Le prime nove del altro mondo, cioe, l'admirabile historia et non meno necessaria et utile da esser letta et intesa da ogni uno, che stupenda intitulata La Vergine Venetiana*. ?Venice, 1555. 〔仏訳は, *La Vierge vénitienne,* traduite de l'italien pour la première fois par Henri Morard. Avant-propos par Grillot de Givry, Paris, Chacornac, 1928.〕

*35. *Il libro della divina ordinatione dove si tratta delle cose miracololose, lequali sono state et sino al fine hanno da essere in Venetia, et principallmente, la causa per laquale iddio fin qui habbi havuto piu cura di Venetia, che di tutto quanto il mondo insieme*. Padua, 1555.

36. *De la republique des Turcs, et là ou l'occasion s'offrera, des meurs et loy de tous Muhamedistes*. Poitiers, 1560.

37. *Histoire et consideration de l'origine, loy, et coustume des Tartares, Persiens, Arabes, Turcs, et tous autres Ismaelites ou Muhamediques, dits par nous Mahometains, ou Sarrazins*. Poitiers, 1560.

38. *La tierce partie des orientales histoires, ou est exposée la condition, puissance et revenu de l'Empire Turquesque: avec toutes les provinces et pais generalement depuis 950 ans en ça par tous Ismaelites conquis. Pour donner, avec telle connoissance, vouloir et moyen de tels pais et richesses conquerir aus princes et peuples treschrestiens, et aisnés au droict du monde*. Poitiers, 1560.

39. *Cosmographicae disciplinae compendium, in suum finem, hoc est ad divinae providentiae certissimam demonstrationem conductum*. Basel, 1561.

40. *Divinationis sive divinae summae-que veritatis discussio, qua constat quid sit de clarissima inter Christianos et Ismaelitas victoria futurum, atque ubinam gentium et locorum contingere debeat, et quamobrem*. Paris, 1571.

41. *De nova stella quae iam a XII. die Novembris anni MDLXXII. ad XXVI. Iunii, anni 1573. sine parallaxi ulla in eodem statu, excepta magnitudine durat, signumque crucis, cum tribus Cassiopeae stellis rhombi instar exprimit: Gul. Postelli iudicium*. ?Antwerp, ?1573.

42. *Les premiers elements d'Euclide chrestien, pour la raison de la divine et ethernelle verité demonstrer*. Paris, 1579.

43. *Apologia pro Serveto Villanovano, de anima mundi, sive de ea natura, quae omnino necessaria est, et habenda est media inter aeternam immobilemque, et creatam mobilemque, estque consubstantialiter in ipso Christo sicuti est etiam habenda contra aspergines et praecipitatum Calvini in hanc causam iudicium. Sive, ut titulus sit clarior, de Dei et naturae vel de animae et animi mundi, seu de divinae naturae et inseparabilium ab ea virtutum eius summo conatu et effectu*. Johann Lorenz von Mosheim, ed. (*Versuch einer unpartheiischen und gründlichen Ketzergeschichte*, II, 466–499). Helmstaedt, 1748.

〔François Secret, *Bibliographie des manuscrits de Guillaume Postel*, Genève, Droz, 1970にあってこのリストに欠けているポステルの単行本は,

Axiochus. Dialogue de Xenocrates platonique où est traicté de depriser la mort et de l'immortalité de l'ame. Traduit du grec en françois. S. d. Protevangelion sive de natalibus Jesu Christi et ipsius matris Virginis Mariae sermo historicus divi Jacobi Minoris, consobrini et fratris Domini Jesu, u primarii et episcopi Christianorum primi Hierosolymis... Basileae ex officina J. Oporini, 1552.

J. Carionis, *Chronicorum libri tres,* Venise ex officina erasmiana Vincenti Valgrisi, 1556.

La concordance des quatre Evangiles ou Discours de la vie de Nostre Seigneur Je-

sus Christ avec l'ordre des Evangiles et Epistres qui se disent dans l'Eglise au long de l'année: ensemble le calendrier ou ordre des temps depuis la création du monde, pour tout jamais restitué et corrigé, comme il appert en la raison d'iceluy calendrier, plus une breve description de la Terre sainte avec sa charte, Paris, G. Guillard et A. Warencore, 1561.

De summopere consyderando miraculo victoriae corporis Christi, quod Lauduni contigit 1566 a creatione mundi anno deque ejus fructus opusuculum. Authore P. Anusio Synesio, Cameraci apud Petrum Lombardum 校訂本は Guillaume Postel et Jean Boulaese, *De summonpere* (*1566*) *et Le Miracle de Laon* (*1566*), édition critique, traduction et notes par Irena Backus, Genève, Droz, 1995.

以上である.〕

B. ビ ラ

1. *A nosseigneurs de Parlement, supplie humblement Guillaume Postel, prestre, quil ... vous plaise ... ordonner à mesdictz Seigneurs de la Faculte* (*de Théologie*) *quilz visistent corrigent et appreuvent les escriptz dudict Postel* ... ?Paris, ?1552.
2. *Astronomicae considerationis brevissima synopsis*, *à Guilielmo Postello unà cum trium sororum mathematicarum disciplinarum compendiis quum stipendiarium lectorem Regium ageret edita, nunc et aucta et cum caeteris rursus emissa in Reip. compendium*. Paris, 1552.

*3. *Compendiaria grammatices hebraicae introductio ad brevissime demonstrandum, quomodo in divinis rebus et litteris, punctus, linea, superficies, prima omnia ... ex unius litterae Iodi triangulo compositis*. Paris, 1552.

4. *Gulielmus Postellus cordato lectori S. En tibi candide lector, offerimus veras et fabulis spoliatas imagines coeli*, etc. ?Paris, ?1552.
5. *Musices ex theorica ad praxim aptatae compendium*, *à Guilielmo Postello ex variis authoribus collectum*. Paris, 1552.

*6. *Quaternariae rei compendium ad disciplinas omnes scientiasve maximè autem metaphysicas et divinas mathematicasve assequendas idoneum. Tabula*

aeternae ordinationis ... authore Gulielmo Postello Rorispergio. ?Paris, ?1552.

7. *Resolution Etèrnele destinée au Roy et peuple Treschrestien. Pour obtenir la vraye et finale victoire, qui est celle des coeurs de tout le monde, faisant qu'il despende pour le vray, et tant de Dieu que du Ciel ordonné Empire les biens la vie et l'honneur*. ?Paris, 1552.
8. *Tabula aeternae ordinationis quaternario constituto inter summae expansionis et coactionis terminos, expositae: ut pateat clarissimè, quatuor elementorum rationem maximè in spirituali, sicut et in elementari sensibilive natura esse constitutam, propter restitutionem omnium*. ?Paris, ?1552.
9. *Tabula restitutionis omnium constitutionum naturalium et supernaturalium rerum, quatuor elementis in sensum et intellectum humanum conducendarum, ad perfectissimam Divinae Bonitatis admirationem conscripta à G. Postello, ut immutationis metennoeseos constet orbi Ratio*. ?Paris, ?1552.
10. *Theoricae arithmetices compendium à Guilielmo Postello pridem collectum et denuo auctum*. ?Paris, 1552.
11. *In Arati solensis phaenomena imagines coeli septentrionales cum circulis et signis zodiaci imagines coeli meridionales cum circulis et signis zodiaci*. Paris, 1553.

*12. *La Vraye et entière description du royaulme de France et ses confins, avec l'addresse des chemins et distances aux villes inscriptes ès provinces d'iceluy*. Paris, 1570.

〔このうち，3と6は，このリストにない *Or nerot ha-Menorah*, Venise, 1548とともに，François Secret, *Guillaume Postel（1510–1581）et son interprétation du candélabre de Moyse en hébreu, latin, italien et français*, Niewkoop, B. De Graaf, 1966で復刻されている.〕

C. 書　簡

ポステルは数多くの書簡をしたためたが，そのうち現存しているのは50通あまりである．これらは全文あるいは一部分が様々な機会で印刷

され，ポステルの生涯と思想を知るうえでこのうえない価値を有している．このうち最も有用なのは1546年から1568年にかけてドイツ人ヘブライ学者マシウスに宛てたもので，Jacques Georges de Chaufepié, *Nouveau dictionnaire historique et critique pour servir de supplément ou de continuation au dictionnaire ... de Bayle*（Amsterdam, 1750–1756），III, 215–236の「Postel」の項目のうちに掲載されている．同等の価値を有するのが，J. Kvačala が発見し，*Postelliana. Urkundliche Beiträge zur Geschichte der Mystik im Reformationszeitalter*（Juriev, 1915）で印刷した書簡である．この集成は皇帝フェルディナントに宛てた二通の長文の *apologiae*，メランヒトンに宛てた弁明的な長文書簡，主としてポステルの晩年にしたためられた多数の手紙を含む．J. Schweizer, "Ein Beitrag zu Wilbelm Postels Leben und zur Geschichte des Trienter Konzils und der Inquisition," *Römische Quartalschrift für christliche Altertumskunde und für Kirchengeschichte*, XXIV（1910），94–106では，トレント公会議に宛てた興味深い演説とともにチェルヴィーノ枢機卿宛書簡の一部が印刷されている．シュヴェンクフェルトに宛てた最初の書簡は，フラキウス・イリリクスが落手し，*Epistola Guilielmi Postelli ad C. Schwenckfeldium*（Jena, 1556）という標題のもと印刷された．再版は，Johann Franz Buddeus, *Observationes selectae ad rem litterariam spectantes*, 4 vols.（Halle-Magdeburg, 1700），I, 364–369; Mosheim, による *Apologia pro Serveto Villanovano*, 495–497; Kvačala, *Postelliana*, 8–10. 後者の二作ではシュヴェンクフェルトに宛てた二通目の書簡も収められている．

価値は下がるが，細部において重要な書簡も多数ある．テセウス・アンブロシウス Theseus Ambrosius は，*Introductio in chaldaicam linguam, syriacam, atque armenicam, et decem alias linguas*（s. 1., 1539），fol. 194で東方諸言語についてポステルから受け取った手紙を一通活字にしている．Georges Weill, *De Guilielmi Postelli vita et indole*（Paris, 1892）の補遺では，ポステルが Nicolas Psalme, Bullinger, Cossard に宛てた書簡が収められている．Ludwig Geiger, "Zur Geschichte des Studiums der hebräischen Sprache in Deutschland während des sechzehnten Jahrhunderts," *Zeitscrift für die Geschichte der Juden in Deutschland*, IV（1890），111–126で

は，ポステルが Pellikan に宛てた書簡が要約され，引用されている．ライネス宛書簡は，*Lainii monumenta*, 8 vols.（Madrid, 1912–1918），VI, 268–272. ポステルとオルテリウスの往復書簡は，*Abrahami Ortelii*（*Geographi Antverpiensis*）*et virorum eruditorum epistulae*, J. H. Hessels, ed.（Cambridge, 1887）. アントワープの版元プランタンへの書簡は，*Correspondance de Christophe Plantin*, Max Rooses and J. Denucé, eds., 9 vols. in 6（Antwerp and Ghent, 1883–1918），I, 82–84, 188–191.

D. 手　稿

フランス国立図書館所蔵にその大部分が所蔵されているポステルの手稿は浩瀚なものである．これらの原稿は主として印刷本のメッセージを反復敷衍したものであるが，細部において有用なこともある．ポステルの手稿のリストは，*Catalogue genérale des manuscripts latins*（1939–）が完成するまでは，*manuscrits latins* として，*Catalogus codicum manuscriptorum Bibliothecae Regiae*, 4 vols.（Paris, 1739–1744）に見ることができる．*Latin* という分類は，一巻本にまとめられた手稿で巻頭の作品がラテン語で書かれていることからきており，各巻にはひとつから10の作品が収められているが，その多くがフランス語の著述であるから，この分類は正確ではない．ポステルの著述は，MSS. lat. 3397, 3398, 3399, 3400, 3401, 3402, 3677, 3678, 3679, 8585に収められている．同様に不正確な分類であるが，ポステルのフランス語の手稿は，フランス国立図書館の *Catalogue général des manuscripts françcais*, 17 vols.（Paris, 1868–1900）MSS. fr. 2112, 2113, 2114, 2115, 2116, 5734にリストアップされている．その他の場所で所蔵されている手稿については網羅的ではないが，Kvačala, *Postelliana* の概説が有用である．

〔手稿の網羅的なリストは，François Secret, *Bibliographie des manuscrits de Guillaume Postel*, Genève, Droz, 1970. さらに Secret はその中でも重要な手稿を校訂出版している．*Guillaume Postel*（*1510–1581*）*et son interprétation du candélabre de Moyse en hébreu, latin, italien et français*, Niewkoop, B. De Graaf, 1966; *Le Thrésor des prophéties de l'univers*, La Haye, Martinus Nijhoff, 1969; *Apologies et Rétractions*, Nieuwkoop, B. De Graaf, 1972; *Pos-*

telliana, Niewkoop. B. de Graaf, 1981; *Paralipomènes de la vie de François Ier,* traduction d'un manuscrit latin, avec une introduction et des notes par F. Secret, suivi du texte latin, Milan, Arché, 1989. 他の研究者による手稿の校訂本は，Claude-Gilbert Dubois, *Celtes et Gaulois au XVIe siècle. Le développement littéraire d'un mythe nationaliste avec l'édition critique d'un traité inédit de Guillaume POSTEL, «De ce qui est premier pour reformer le monde»*, Paris, J.Vrin, 1972; *Des admirables secrets des nombres platoniciens*, édition, traduction, introduction et notes par Jean-Pierre Brach, Paris, Vrin, 2001.〕

II. ポステル論

ポステルの名は16世紀史研究のきわめて多様な文脈で現れ，当時の数多くの動向を例証するものとして，その有用性についてはかなり以前から認められてきた．すでにポステルの生前から何人かの著述家が包括的な研究を提案していた(1)．しかし最近ではリュシアン・フェーヴルが，現代の研究者はポステルを当時の思想史に正当に位置づけることに失敗していると指摘せざるをえなかった(2)．この軽視の原因はいくつかあげられるだろう．まずは彼の文体は魅力がない．これについては一人ならず不平をこぼしている(3)．著作が膨大すぎるうえになかなか閲覧できないものも多く，信頼できる書誌もない．そのため研究には非常な困難をともなうことがわかりきっているし，その成果も不確かである．精神的に不安定であったという評価も，真剣に考察するには値しないと思わせる．そして何よりも，思想に整合性が欠けているとみなされたことが，多くの者に体系的な論述を許さないように思わせたのだ．このような評価があったために，先行するポステル論はおおむね二種類に分けられる．思想については表面的にしかふれずあくまで伝記に重点をおいた概説と，活動や精神の個々の局面に限定して研究するが，ポステルが有していたより広範な目的を理解しないことの多いものの二種類である．

(1)　最近では Eberhard Gothein が，*Ignatius von Loyola und die Gegenreformation*（Halle, 1895），788, n. 109で，ポステル思想論の執筆を約束したが，どうやら書かれなかったらしい．

(2) *Le probème de l'incroyance au XVI siècle. La religion de Rabelais*（Paris, 1947), 115.〔『ラブレーの宗教――16 世紀における不信仰の問題』高橋薫訳，法政大学出版局，2003, 138〕

(3) 18世紀には，Johann Lorenz von Mosheim が，*Versuch einer unpartheiischen und gründlichen Ketzergeschichte*（Helmstaedt, 1748), Il, 472, n. で「ポステルは文法を尊重していない」とぼやいている．Febvre, *Probème de l'incroyance*, 114〔邦訳，137〕も見よ．

A. 古い研究

死後数十年間は，ポステルの業績もその華々しい経歴もいまだ記憶に新しく，当時の多くの伝記や書誌で扱われた．そのうちポステルの晩年を知る著者たちが編纂したものは，晩年のポステルについての数少ない一次文献となっている．このグループに含められるのは，Antoine Du Verdier, *Prosopographie ou description des personnes illustres*, 3 vols.（Lyons, 1605）と，これよりよく読まれた *Bibliothèque*（Lyons, 1585)．ポステルの初期の経歴について有用なのが，André Thevet, *Histoire des plus illustres et sçavans hommes de leurs siècles*, 2 vols.（Paris, 1584)．後年について論じているのは，Florimond de Raymond, *L'histoire de la naissance, progrez et décadence de l'hérésie de ce siècle*（Arras, 1611)．しかし17世紀に入るとポステルは忘却の淵に沈み，その名前が現れるのは主に宗派間の論争書においてであった．例えば，Pierre Jurieu, *Histoire du calvinisme et celle du papisme mises en parallèle*, 2 vols.（Rotterdam, 1683）は，イエズス会を攻撃するためにポステルが異端であることを力説した．

啓蒙主義の時代にはポステルへの関心が再燃したが，それは当時の学問の百科全書的傾向と，常軌を逸したものに魅了され，非とするものに熱狂する逆説的傾向を反映したものであった．18世紀は繰り返しポステルに立ち返った．主に初期の記事に基づいた標準的な論述としては，Paul Colomiès, *Gallia orientalis*, 59-66, in *Opera theologici, critici et historici*（Hamburg,　1709）があり，東洋学者としてのポステルを重点的に論じている．主にポステルの狂気を証明しようとしたのは，Louis Ellies Dupin, *Bibliothèque des auteurs séparez de la communion de l'Église romaine du XVI et du XVII siècle*, 2 vols. in 4（Paris, 1718-1719), I, 352-358. 伝記

的記述を中心としているのは，C. Sallier, “Éclaircissements sur l'histoire de Guillaume Postel,” *Mémoires de littérature tirez des registres de l'Académie Royal des Inscriptions et Belles Lettres*, XV（1743），809–816. この頃までに書かれた論述で最もバランスがとれ包括的なのが，Jean Pierre Nicéron, *Mémoires pour servir à l'histoire des hommes illustres dans la république des lettres*, 43 vols. in 44（Paris, 1729–1745），VIII, 295–356. しかし 18世紀で最もできが良いのは，Jacques Georges de Chaufepié, “Postel,” *Nouveau dictionnaire historique et critique pour servir de supplément ou de continuation au dictionnaire ... de Bayle*, 4 vols.（Amsterdam, 1750–1756），III, 215–236 で，古い研究の優れた概括である．Desbillons, *Nouveaux éclaircissements sur la vie et les ouvrages de Guillaume Postel*（Liége, 1773）はポステルの急進的な提案に着目しているが，奇妙にも，それらは俗受けを狙った計算ずくの策略であると説明している．Johann Christopher Adelung, “Wilhelm Postel, ein Chiliast,” *Geschichte der menschlichen Narrheit*, 7 vols.（Leipzig, 1785–1789），VI, 106–207 は，論題が想像させるものとは違って，穏健で実証的な論述である．とはいえ，18世紀は伝記の概略以上のものを提示することはできなかった．ポステル思想のうちで，18世紀とも通じうる要素は見逃された．ポステルへの多大な関心はもっぱら相反するものに魅惑されたからであった．

B. 近代の研究

近代の研究者はポステルを様々に論じてきた．Georges Weill, *De Guilielmi Postelli vita et indole*（Paris, 1892）は，ポステルの経歴と生涯を取り巻く諸条件を知るうえで基本となる博士論文で，後続する研究者全員が多くを負っている．初期の記録を原資料に遡って検討し，ポステル伝にある幾多の誤謬を訂正しているが，その思想の探究はほとんどなされていない．J. Kvačala, “Wilhelm Postell. Seine Geistesart und seine Reformgedanken,” *Archiv für Reformationsgeschichte*, IX（1911–1912），285–330; XI（1914），200–227; XV（1918），157–203は，ポステルの生涯と思想を歴史的文脈において記述するという有益な試みであるが，ポステル思想を体系的に説明しようとしても無益であると確信していたために，

首尾一貫した研究を提示するというよりは，一連の洞察――そのいくつかは多大な価値を持つ――を提示するにとどまった．Weill に付加するところがほとんどないのが，Paul Ravaisse, “Un ex-libris de Guill. Postel,” in *Mélanges Picot*, 2 vols.（Paris, 1913）, I, 315–333; Geoffrey Butler, “William Postel, World Peace through World Power,” *Studies in Statecraft*（Cambridge, 1920）, 38–64. 16世紀精神の見事な概観である Lucien Febvre, *Le problème de l'incroyance au XVI siècle. La religion de Rabelais*（Paris, 1942）, 111–128〔リュシアン・フェーヴル『ラブレーの宗教――16 世紀における不信仰の問題』高橋薫訳，法政大学出版局，2003, 134–151〕は，ポステル思想の全体的傾向と意義を概説する最も成功した試みである．

ポステルの生涯の特定の局面については，多くの研究者が徹底的に研究した．学生時代についてかなり詳細に論じているのは，J. Quicherat, *Histoire de Sainte-Barbe: collège, communauté, institution*, 3 vols.（Paris, 1860–1864）．ポステルとイエズス会の関わりを概括したのが，Henri Fouqueray, *Histoire de la Compagnie de Jésus en France des origines à la suppression*, 3 vols.（Paris, 1910–1922）．イエズス会の *Monumenta* でポステル関係の資料を要約しているのは，H. Bernard Maître, “Le passage de Guillaume Postel chez les Jésuites,” *Mélanges Chamard*（Paris, 1951）, 227–243. Joseph von Aschbach, *Geschichte der Wiener Universität*, 3 vols.（Vienna, 1865–1888）は，ポステルのウィーン滞在について有用な記録を提示しているが，全般的な記述は 18世紀の記録に負っており，同じ誤謬を踏襲している．ポステルの晩年については，Abel Lefranc, “La détention de Guillaume Postel au prieuré de Saint-Martin-des Champs（1562–1581）,” *Annuaire-Bulletin de la Société de l'Histoire de France*, XXVIII（1891）, 211–230.

ポステルの思想と行動の個々の局面については数多くの研究がなされてきた．そしてしばしば彼の略歴が記されているが，その価値はまちまちである．一番多いのが，ポステルの学者としての業績を議論したものだ．Abel Lefranc, *Histoire de Collège de France depuis ses origines jusqu'à la fin du premier empire*（Paris, 1893）は，初期の王立教授団におけるポス

テルの役割に着目したものだが，フランス・ルネサンスを世俗的にとらえすぎているために，その論述は説得力に欠ける．学者ポステルについての優れた概説は，Eberhard Gothein, *Ignatius Loyola und die Gegenreformation*（Halle, 1895）．より最近のものは，Johann Fück, "Die arabischen Studien in Europa vom 12. bis in den Anfang des 19. Jahrhunderts," *Beiträge zur Arabistik, Semitistik und Islamwissenschaft*（Leipzig, 1944）, 85–253. 東洋学者としてのポステルを論じているのは，Giorgio Levi della Vida, *Ricerche sulla formazione del più antico fondo dei manoscritti orientali della Biblioteca vaticana*（Vatican City, 1939）．ポステルのカバラ主義については，Joseph Leon Blau, *The Christian Interpretation of the Cabala in the Renaissance*（New York, 1944）．これより詳細なのは，William J. Bouwsma, "Postel and the Significance of Renaissance Cabalism," *Journal of the History of Ideas*, XV（1954）, 218–232.

ポステルの宗教的哲学的思想の種々の様相も注目されてきた．ポステル特有の神秘主義について最も鋭い論考は，M. A. Screech, "The Illusion of Postel's Feminism. A Note on the Interpretation of his *Très merveilleuses victoires des femmes du nouveau monde,*" *Journal of the Warburg and Courtauld Institutes*, XVI（1953）, 162–170. 同時代の女性論争とからめてポステルを論じているのは，Émile V. Telle, *L'œuvre de Marguerite d'Angoulême reine de Navarre et la querelle des femmes*（Toulouse, 1937）．ポステルの宗教思想とルネサンスのユートピア論との関連について真摯に取り組んでいるのは，Émile Dermenghem, *Thomas Morus et les utopistes de la Renaissance*（Paris, 1927）．ポステルとプロテスタント急進派との接触を指摘しているのは，Roland H. Bainton, "Wylliam Postell and the Netherlands," *Nederlandsch Archief voor Kerkgeschiedenis*, XXIV（1931）, 161–172. ポステル思想のうち自然宗教を思わせる論述を検討しているのは，Léon Blanchet, *Campanella*（Paris, 1920）と Francesco Olgiati, *L'anima dell'umanesimo e del Rinascimento*（Milan, 1924）．ポステルの理性論と同時代のアリストテレス主義のある傾向への反発を論じているのは，Henri Busson, *Les sources et le développement du rationalisme dans la littérature française de la Renaissance*（*1533–1601*）（Paris, 1922）と"La réaction con-

tre le rationalisme de 1542 à 1553," *Revue d'Histoire de l'Église de France*, IX (1923), 40-62. Lynn Thorndike, *A History of Magic and Experimental Science*, 6 vols.（New York, 1923-1941）の一節はポステルの科学思想を論じている．Pierre Mesnard, *L'essor de la philosophie politique au XVIe siècle*（Paris, 1936）では，ポステルの政治思想について一章が割かれ，国家主義的要素と国際主義的要素が均衡していることが力説されている．

最後に多くの作者が，旅行家としてのポステル，国から国へ，文明から文明へと観念の伝達者としてのポステルの役割を論じてきた．Émile Picot, *Les français italianisants au XVIe siècle*, 2 vols.（Paris, 1906-1907）はポステルにもふれている．ポステルの東方旅行を丹念に記述しているのは，E. G. Vogel, "Ueber Wilh. Postel's Reisen in den Orient," *Serapeum*, XIV（1853），49-58とロシア人学者 V. V. Barthold の *La découverte de l'Asie. Histoire de l'orientalisme en Europe et en Russie*, B. Nikitine, tr.（Paris, 1947）．ポステルの東方論とその知的傾向を周到に分析しているのは，Geoffroy Atkinson, *Les nouveaux horizons de la Renaissance*（Paris, 1935）．〔本書刊行以後のポステル研究で筆頭にあげるべき研究者は François Secret である．彼の仕事は，未刊のポステルの書簡や手稿の活字化と，ポステル思想をキリスト教カバラ主義の歴史の中に正しく位置づけることのふたつに大きく分けられ，その多大な業績のリストは，*Documents oubliés sur l'alchimie, la kabbale et Guillaume Postel offerts à l'occasion de son 90e anniversaire à François Secret par ses élèves et amis*, Genève, Droz, 2001でまとめられている．手稿の校訂本は前段で掲載したので，ここではキリスト教カバラ主義におけるポステルを論じた単行本だけあげておく．*Le Zôhar chez les Kabbalistes chrétiens de la Renaissance*, Paris, Mouton & co, 1964; *Les Kabbalistes chrétiens de la Renaissance. Nouvelle édition mise à jour et augmentée*, Milan, Arché, 1985; *Hermétisme et Kabbale*, Napoli, Bibliopolis, 1992; *Postel revisité. Nouvelle recherches sur Guillaume Postel et son milieu, première série*, Milan, Arché, 1998. また，既出の Georges Weill の著作を Secret がポステルの手稿や同時代人の証言の引用によって補筆し仏訳した *Vie et caractère de Guillaume Postel*, Milan, Arché, 1987 は現段階でのポステル伝の決定版である．

ポステル没後400年を記念して開催された研究会議の次の論文集は，ポステルの業績を多面的に教えてくれる．*Guillaume Postel 1581–1981. Actes du Colloque International d'Avranches 5–9 septembre 1981*, Paris, Guy Trédaniel, 1985; *Postello, Venezia e il suo mondo*, Firenze, Leo S. Olschki, 1988.

ジョアンナ関連の史料を発見した Marion L. Kuntz のポステル伝 *Guillaume Postel: prophet of the restitution of all things: his life and thought*, The Hague, Nijhoff, 1981 と論文集 *Myth and Utopian Thought in the Sixteenth Century. Bodin, Postel and the Virgin of Venice*, Aldershot, Variorum, 1999は，なかでもポステルとジョアンナの関係に新しい光をあてるものである．

ポステルのガリア主義を論じているのは，R. E. Asher, *National Myths in Renaissance France. Francus, Samothes and the Druids*, Edinburgh, Edinburgh U. P., 1993; Claude-Gilbert Dubois, *La mythologie des origines chez Guillaume Postel. De la naissance à la nation*, Orléans, Paradigme, 1994; Alexandre Y. Haran, *Le lys et le globe. Messianisme dynamique et rêve impérial en France aux XVIe et XVIIe siècles*, Seyssel, Champ Vallon, 2000.

東洋学者ポステルについては，Josée Balagna Coustou, *Arabe et humanisme dans la France des derniers Valois*, Paris, Maisonneuve & Larose, 1989. ポステルの東方旅行を同時代の東方旅行者と比較しているのが，Frédéric Tinguely, *L'écriture du Levant à la Renaissance. Enquête sur les voyageurs français dans l'empire de Soliman le Magnifique*, Genève, Droz, 2000. 世界地誌学者としてのポステルを論じているのが，Frank Lestringant, *Écrire le monde à la Renaissance. Quinze études sur Rabelais, Postel, Bodin et la littérature géographique*, Caen, Paradigme, 1993. 最新のポステル論は，Yvonne Petry, *Gender, Kabbalah, and the Reformation. The Mystical Theology of Guillaume Postel (1510–1581)*, Leiden, Brill, 2004.

ポステルの高弟ギー・ル・フェーヴル・ド・ラ・ボドリー研究もポステル思想の理解に有益である．François Secret, *L'ésotérisme de Guy Le Fèvre de La Boderie*, Genève, Droz, 1969 ; François Roudaut, *Le point centrique. Contribution à l'étude de Guy Le Fèvre de la Boderie (1541–1598)*,

Paris, Klincksieck, 1992; *Guy Le Fèvre de la Boderie, La Galliade* (*1582*), édition critique par François Roudaut, Paris, Klincksieck, 1993; id., *Poésie encyclopédique et kabbale chrétienne. Onze études sur Guy Le Fèvre de la Boderie*, Paris, Honoré Champion, 1999.

本邦において最初にポステルを紹介したのは，渡辺一夫「ある東洋学者の話——ギヨーム・ポステルの場合」(『フランス・ルネサンスの人々』岩波書店，2002）だろう．その後はもっぱら，日本仏教をフランス語で初めて紹介した『世界の驚異』の作者として論じられている．彌永信美『幻想の東洋——オリエンタリズムの系譜』青土社，1987; 岸野久『西欧人の日本発見——ザビエル来日前日本情報の研究』吉川弘文館, 1989; 拙論『ギヨーム・ポステル「世界の驚異」(1553）研究——東西インドの発見と万物復元』東京都立大学博士論文，2002.〕

原　註

第一章

1. *Novum Testamentum syriacum*, Johann von Widmanstadt, ed.（Vienna, 1555）献辞，Paul Colomiès, *Opera theologici, critici et historici*（Hamburg, 1709），63 で引用されている; Joseph Juste Scaliger, *Lettres françaises inédites*, Philippe Tamizey de Larroque, ed.（Paris, 1879）, 351; A. Thevet, *Histoire des plus illustres et sçavans hommes de leurs siècles*（Paris, 1645）, VIII, 44.
2. *Histoire ecclésiastique des églises réformées au royaume de France*, G. Baum and Ed. Cunitz, eds.（Paris, 1883）, I, 106 ff. ポステルに対する他の攻撃については，Desbillons, *Nouveaux éclaircissements sur la vie et les ouvrages de Guillaume Postel*（Liége, 1773）, 97-100 も見よ．
3. *Les bibliothèques françoises de La Croix du Maine et de Du Verdier sieur de Vauprivas*（Paris, 1772）, IV, 114; *Prosopographie ou description des personnes illustres*（Lyons, 1605）, III, 2531. デュ・ヴェルディエがポステル本人に霊薬について尋ねたところ，ポステルは「人間には病気ひとつせずに何世紀も生きながらえる手段がある」と答えたという．そこに同席していたスペイン大使が説明をせがんだところ，ポステルは笑いだし，そんなことは作り話だと言った．そして「苦渋が私を生かしているのだ」と断言した．顎鬚の異説は，Colomiès, *Opera*, 62 で引用されている Hierosme de Monteux, *La conservation de santé*（Lyons, 1559）, 231 にある．この書では伝説が著しく拡大され，ポステルは東西両インドにまで旅したことになっている．
4. 他には，フランシス・ベーコン Francis Bacon, *Historia vitae et mortis,* in *Works*（London, 1803）, VIII, 379. デュ・ヴェルディエ（*Prosopographie*, III, 2531）によれば，ポステルが死んだのは110歳で，それでも老いを感じさせるものは何もなかった．
5. Thevet, *Histoire des hommes*, VIII, 37 ff.
6. *Sébastian Castellion : sa vie et son œuvre*（*1515-1563*）（Paris, 1892）, I, 16-17.
7. 生年月日は，Abel Lefranc, “La détention de Guillaume Postel au prieuré de Saint-Martin-des-Champs（1562-1581）,” *Annuaire-Bulletin de la Société de l'Histoire de France*, XXVIII（1891）, 229-230 で公開された遺言状から算出されうる．生地は著作の表紙に著者名の一部としてよく記載されている．例えば，*De originibus*（Paris, 1538）.

8. Thevet, *Histoire des hommes*, VIII, 37–39. テヴェの情報はポステル本人から得たものだろう．テヴェは1549年にレヴァントで最初に出会って以来ポステルと知り合いだったからだ．

9. Thevet, *Histoire des hommes*, VIII, 39–40; J. Quicherat, *Histoire de Sainte-Barbe*（Paris, 1860–1864）, I, 165–168.

10. 学位取得の年については，そのすぐあと，ポステルがアミアン，ついでルーアンに赴き，新たに即位した女王エレアノールを祝う行列に立ち会ったという事実からおおよそのところ立証できる（Thevet, *Histoire des hommes*, VIII, 41）.〔同年医学士の資格も取得している．〕

11. Quicherat, *Sainte-Barbe*, I, 152 ff.

12. Quicherat, *Sainte-Barbe*, I, 122 ff.; François de Dainville, *La géographie des humanistes*（Paris, 1940）, 14; James Brodrick, *The Origin of the Jesuits*（London, 1940）, 38 ff. イエズス会士が宣教師として東西両インドに赴くべしという提案を最初になしたのは，サント＝バルブのポルトガル人学長ディオゴ・デ・ゴウヴェアであった．A. Brou, "Les missions étrangères aux origines de la Compagnie de Jésus," *Revue d'Histoire des Missions*, X（1928）, 354–368 を見よ．

13. Thevet, *Histoire des hommes*, VIII, 40–42.

14. *Alcorani seu legis Mahometi et Evangelistarum concordiae liber*（Paris, 1543）, 10–11 で彼は，ヴィネという名の神学者に「ギリシア人やヘブライ人と同じ余所者」と攻撃されたと述べている．

15. 例えば，*Des merveilles du monde*（?Paris, ?1552）, fol. 4r.

16. ポステルはこの旅行について，フェルディナント皇帝に宛てた自伝的かつ自己弁護的な二通の書簡のうちの二通目（1562）で，多少なりとも詳細に記述している．これは，J. Kvačala 編纂の貴重なポステル関連資料集に収録されている．*Postelliana. Urkundliche Beiträge zur Geschiche der Mystik im Reformationszeitalter*（Juriev, 1915）, 64–80. ラ・フォーレ使節団については，*Négociations de la France dans le Levant*, E. de Charrière, ed.（Paris, 1848–1860）, I, 255 ff. を見よ．

17. Thevet, *Histoire des hommes*, VIII, 43; *Postelliana*, 69–71.

18. *Postelliana*, 70–71.

19. *Postelliana*, 71; *Lingarum duodecim characteribus introductio*, "De lingua chaldaica".〔この機会に知己を得た重要人物には他に，エリアス・レヴィタ Elias Levita, テーゼオ・アンブロージョ Teseo Ambrogio といった東洋学者がいる．〕

20. Theodor Benfey, *Geschichte der Sprachwissenschaft und orientalischen Philologie*

in Deutschland (Munich, 1869), 225-227 による．ポステルの初期言語学者としての重要性は，より最近では Giorgio Levi della Vida, *Ricerche sulla formazione del più antico fondo dei manoscritti orientali della Biblioteca vaticana* (Vatican City, 1939), 307-327 で認められている．この評価は，Johann Fück, "Die arabischen Studien in Europa vom 12. bis in den Anfang des 19. Jahrhunderts," *Beiträge zur Arabistik, Semitistik und Islamwissenschaft* (Leipzig, 1944), 121 ff. より好意的である．

21. *De originibus seu de hebraicae linguae et gentis antiquitate* (Paris, 1538); *Grammatica arabica* (Paris, ?1538).
22. *Postelliana*, 71.
23. *De magistratibus Atheniensium liber* (Paris, 1541) 献辞でのビュデへの謝辞を見よ．
24. この資料は，Lefranc, "Détention de Postel," 226-227 で紹介されている．
25. *De magistratibus Atheniensium liber*〔『アテネの行政についての書』〕(Paris, 1541); *Syriae descriptio*〔『シリア概説』〕(Paris, 1540).
26. ポワイエは自分が給金を得る手助けをしてくれたとポステルは述べている (*De magistratibus,* 献辞)．テヴェもまた，アンジェ教区における聖職禄に言及している (*Histoire des hommes*, VIII, 45)．
27. Thevet, 45.
28. *Postelliana*, 71-72.
29. Juan Alfonso Polanco, *Vita Ignatii Loiolae et rerum societatis Jesu historia* (Madrid, 1894-1898), IV, 236.
30. *Postelliana*, 72.
31. *Alcorani liber*, 6. この著作は，プロテスタントを反駁する目的で『和合論』の補遺として書かれた．
32. *Alcorani liber*, 2.
33. *Alcorani liber*, 8-12.〔ポステルとオポリヌスならびにバーゼルのプロテスタントとの関係については，Peter G. Bietenholz, *Basle and France in the Sixteenth Century. The Baske Humanists and Printers in Their Contacts with Francophone Culture*, Genève, Droz, 1971, 137-144.〕
34. J. Bohatec, "Calvin et l'humanisme," *Revue Historique*, CLXXXIII (1938), 210; Lucien Febvre, *Le problème de l'incroyance au XVIe siècle. La religion de Rabelais* (Paris, 1947), 127-128.〔リュシアン・フェーヴル『ラブレーの宗教――16 世紀における不信仰の問題』高橋薫訳，法政大学出版局，2003, 150-151.〕
35. Henri Fouqueray, *Histoire de la Compagnie de Jésus en France des origines à la*

suppression（Paris, 1910–1922）, I, 131, 143.〔王立教授団罷免からイエズス会入会までの経緯についてのブースマの記述は若干曖昧なので念のため整理しておこう．1542年 8 月ポワイエ失脚に連座して王立教授団を罷免されたポステルに精神的危機が訪れ，「天の声」に励まされつつ二カ月で『世界和合論』を書き上げる．翌年にはフランソワ一世に，改心しエルサレムを首都とする世界帝国の首長となるよう進言するも，聞き入れられないばかりか，4000エキュの報酬が約束された任務（東方での典籍蒐集）を辞退したポステルは狂人扱いされる．失望したポステルは12月に徒歩でローマに向かい，1544年 3 月にローマに到着した.〕

36. ローマのイエズス会からスペインのイエズス会士に宛てた書簡．日付はないが，1544年であることは確かである．*Monumenta Ignatiana*, first series（Madrid, 1903–1911）, I, 252 を見よ．また，ピエール・ファーヴルのカニシウス宛1546年 6 月 2 日付書簡，*Beati Petri Canisii, Societatis Iesu, epistulae et acta*, Otto Braunsberger, ed.（Freiburg am Breisgau, 1896）, I, 192 を見よ．ポステルについての他の短評については，*Epistolae mixtae ... a patribus societatis Jesu*（Madrid, 1898–1901）, I, 246, 255, 282; *Epistolae PP. Paschasii Broeti*, etc.（Madrid, 1903）, 289.
37. カトリーヌ・ド・メディチに1564年に宛てた *Retractions*, fol. 122r（B. N. Ms. fr. 5734）による．
38. *Monumenta Ignatiana*, fourth series（Madrid, 1904–1918）, I, 708 ; J. M. Prat, *Maldonat et l'Université de Paris au XVIe siècle*（Paris, 1856）, 543.
39. *Merveilles du monde*, fols. 83v–86v. イエズス会士との確執については他に，チェルヴィーノ枢機卿宛書簡（?1547）を見よ．その一部は，J. Schweizer, "Ein Beitrag zu Wilhelm Postels Leben und zur Geschichte des Trienter Konzils und der Inquisition," *Römische Quartalschrift für christliche Altertumskünde und für Kirchengenschichte*, XXIV（1910）, 105: さらに *Les raisons de la monarchie*（Paris, 1551）, vii.
40. *Epistulae Broeti*, 774–775; *Lainii monumenta*（Madrid, 1912–1918）, VIII, 638–640; *Mon. Ign.*, fourth series, I, 709–712（一連の判決と勧告，ポステル本人の前言撤回も）; *Epistolae P. Hieronymi Nadal*（Madrid, 1898–1905）, I, 19.
41. *Merveilles du monde*, fol. 84v.
42. イグナチウスはこの決定を12月12日付書簡で報告している（*Mon, Ign.*, first series, I, 344–345）.
43. *Mon, Ign.*, first series, VI, 382–383, 385, 387; VII, 177–178, 507–508; XII, 637.

44. Polanco, *Vita Ignatii*, I, 148–149.

45. *Merveilles du monde*, fols. 38v–40r and 83v; Etienne Pasquier, *Oeuvres* (Amsterdam, 1723), I, 349; *Lainii monumenta*, VI, 268–271.

46. マシウス宛1547年 1 月22日付書簡, Jacques Georges de Chaufepié, "Postel," *Nouveau dictionnaire historique et critique pour servir de supplément ou de continuation au dictionnaire ... de Bayle*, III (Amsterdam, 1753), 219. Georges Weill, *De Guilielmi Postelli vita et indole* (Paris, 1892), 23 は，ポステルが自らの信念のために迫害され投獄されたとするのちの報告は，証拠の裏付けが曖昧であると結論しているが，筆者もそれが正しいと考える．

47. *Merveilles du monde*, fol. 85v.

48. *De originibus* (Basel, 1553), 10; *Cosmographicae disciplinae compendium* (Basel, 1561) 序文; *Merveilles du monde*, fol. 65r.〔カルダーノの庇護者でもあったフィリッポ・アルキント Filippo Archinto (1495–1558) は，ポステルの東洋学者としての能力を高く買い，コーランを貸し与え，イエズス会から追放された1545年にはロヨラとの取りなし役を務めた．1555年にヴェネツィア異端審問所に出頭したポステルは，教皇代理として審問官の列に連なっていたアルキントに助力を求めている．Cf. François Secret, "Filippo Archinto, Girolamo Cardano, et Guillaume Postel," *Studi Francesi* 13, no. 37, 1969, pp. 73–76.〕

49. コンスタンチノープルでカバラの本を少なくとも一冊入手している (*Linguarum duodecim characteribus introductio*, "De lingua chaldaica").

50. マシウス宛1547年 1 月22日付書簡 (Chaufepié, 219). この作品は散逸したが，ポステルはその教説を別の著作に組み込んだと思われる．

51. この年月日は，マシウス宛1547年 1 月22日付書簡，1549年 5 月19日付書簡，1549年 8 月21日付書簡 (Chaufepié, 219, 220, 216) から算出されうる．

52. *Raisons de la monarchie*, xlvii; *De originibus* (1553), 85. 翻訳は『ゾーハル』の創世記註解のみを含む．遺言状では依然，その出版を手配しようとしているが (Lefranc, "Détention de Postel," 229), その写しは手稿として流布していた．ひとつはマシウスが所蔵していたもので，Joseph Perles が発見し，*Beiträge zur Geschichte der hebraïschen und aramaïschen Studien* (Munich, 1884), 78–80, n. で記述している．もうひとつは，British Museum, Sloane Ms. 1410.〔ポステルは『ゾーハル』を二度訳している．一度目の原稿はオポリヌスに送付したまま出版も返還もされなかった．これが大英博物館所蔵の1553年10月23日付のもの．Perles がミュンヘン図書館で発見したのはこの手稿の写しで，そこからの抜粋と序文は，François Secret, *Le Zôhar*

chez les Kabbalistes chrétiens de la Renaissance, Paris, Mouton & co, 1964 に掲載されている．二度目の翻訳は1567年に着手されたが，その原稿は1573年付の序文以外発見されていない．序文は，Secret, “L'herméneutique de G. Postel”, *Archivo di Filosofia*, 1963, 3, 119-145 に掲載されている．遺言状に言及されているのは二度目の翻訳のほう.〕

53. 最初の三作はオポリヌスがバーゼルで1547年に出版し，最後の著作は1548年にヴェネツィアで出版された.

54. マシウス宛1549年５月19日付ならびに1563年11月25日付書簡（Chaufepié, 220, 225-226).

55. *Postelliana*, 74. 〔ポステルが「ジャンヌ」あるいは「ヴェネツィアの童貞女」と呼ぶ，「ジョヴァンナ Giovanna」，ヴェネツィア方言で Zuana，ラテン語表記では Johannna は実在の人物で，パドヴァで貧民救済の仕事をしたあとの1520-1521年，ヴェネツィアで聖ヨハネ＝パウロ施療院を創設し，1549年かあるいはその翌年に死去した.〕

56. マシウス宛1549年５月19日付書簡（Chaufepié, 216): *Postelliana*, 72; *De Foenicum literis*（Paris, 1552), fol. 47v.〔この旅にはもうひとつの目的があった．1550年にイスラムが終焉し，フランス国王が世界皇帝としてエルサレムに入城するという預言の成就に立ち会おうというものである.〕

57. マシウス宛1550年６月10日付書簡（Chaufepié, 216-217）はこのときの詳細な観察を多く含む.

58. マシウス宛1549年８月21日付書簡（Chaufepié, 216）でポステルはこの友人に後援者を探してくれるよう懇願している.

59. マシウス宛1550年６月10日付書簡（Chaufepié, 216)．ダラモン使節団については，Clarence Dana Rouillard, *The Turk in French History, Thought and Literature, 1520-1660*（Paris, 1938), 195 ff. を見よ．Jean Chesneau, *Le voyage de Monsieur d'Aramon*, Ch. Schefer, ed.（Paris, 1897), 138-139 でもポステルの使節との交際が言及されている．シェノーは，写本蒐集の目的で王がダラモンに同行させたピエール・ジルとポステルとの諍いを回想している．理解できることではあるが，ジルに対してポステルはライバル意識を抱いていたのだ．そして「この二人を和解させるのはときにかなり骨が折れた」とシェノーは記している.

60. *Les très merveilleuses victoires des femmes du nouveau-monde*（Paris, 1553）は彼女に献呈されている.

61. *Eversio falsorum Aristotelis dogmatus*（Paris, 1552), 献辞.

62. *Victoires des femmes*, 20. 1555年におそらくヴェネツィアで出版された *Le prime nove del altro mondo* も見よ.

63. ビラのコレクション——ビラとして準備されたのが明らかな高等法院への嘆願書を含む——は，大英博物館に所蔵されている．ポステルが書簡を宛てた者の中にはメランヒトンやシュヴェンクフェルトが含まれる．彼の計算については，例えば，メランヒトン宛書簡を見よ（*Postelliana*, 34）．

64. Fouqueray, *Compagnie de Jésus en France*, I, 182–183; Polanco, *Vita Ignatii*, V, 333–334. このエピソードは，イエズス会に神秘主義的衝動が残存していたことの興味深い証拠となっている．イグナチウスが最初に巧みに制度化したのがこの神秘主義的衝動だった．

65. *Merveilles du monde*, fol. 78r; cf. *Eversio Aristotelis*, fol. 3r.

66. *Merveilles du monde*, fol. 68v.

67. フランスが世界支配の権利を掌握するようポステルが鼓舞したことに権威筋が困惑したために，この命令が下されたとポステルは考えた（*Postelliana*, 49）．

68. この行程については，Charles Muteau, *Les écoles et collèges en province depuis les temps plus reculés jusqu'en 1789*（Dijon, 1882），192–195: Weill, *Postelli vita*, 30–31; Auguste Castan, "La rivalité des familles de Rye et de Granvelle au sujet de l'archevêché de Besançon, 1544–1586," *Mémoires de la Société d'Emulation du Doubs*, series VI, VI（1891），26–27 を見よ．

69. これらの書簡については，Weill, *Postelli vita*, App. II, 115–116 ; Ludwig Geiger, Zur Geschichte des Studiums der hebräischen Sprache in Deutschland während des sechzenhnten Jahrhunderts," *Zeitschrift für die Geschichte des Juden in Deutschland*, IV（1890），125–126.

70. *Postelliana*, 33–43.

71. 再洗礼派の諸傾向については，Franklin Hamlin Littell, *The Anabaptist View of the Church : an Introduction to Sectarian Protestantism*（Hartford, 1952）．

72. 最初の書簡はヴェネツィアから書かれたもので，フラキウス・イリリクスによって 1556 年に出版され，Johann Franz Buddeus, *Observationes selectae ad rem litterariam spectantes*（Halle, 1700），I, 364–369 に再録された．二通とも *Postelliana*, 8–13 に収録されている．

73. ポステルとダヴィット派とのつながりについては，Roland Bainton, "Wylliam Postell and the Netherlands," *Nederlandsch Archief voor Kerkgeschiedenis*, N. S., XXIV（1931），161–172. ボーアンについては，Buisson, *Castellion*, II, 94 ff.

74. この計画については，彼の *Cosmographicae disciplinae compendium*，献辞を見よ．

75. イエズス会士の一人が，パドヴァで教授するポステルに遭遇し，ローマに

指示を求める手紙を書いている（*Epistulae mixtae*, IV, 328）.

76. カニシウスが助言を求められている（*Canisii epistulae*, I, 449–450）.

77. Joseph von Aschbach, *Geschichte der Wiener Universität*（Vienna, 1865–1888）, III, 53の報告によれば，ポステルの給金は通常の二倍であった．高く評価されていたことは確かである．ヴィトマンシュタットはその新約聖書序文（Vienna, 1555）で，ポステルの協力に謝意を表している．これは，Michael Denis, *Wiens Buchdruckergeschichte bis MDLX*（Vienna, 1782）, 518–521に引用されている．

78. *De linguae phoenicis sive hebraicae excellentia*（Vienna, 1554）, 献辞．

79. *Die Indices librorum prohibitorum des sechzehnten Jahrhunderts*, Franz Heinrich Reusch, ed.（Tübingen, 1886）, 158–159. 実際のところ，禁書目録と関わったのはこれが最初ではない．1546年のルーヴァンの禁書目録は，作者不明の *Annotationes in Gulielmum Postellum de orbis terrae concordia* をリストアップすることによって，この先の出来事を予示していた．1551年のソルボンヌの禁書目録は *Πανθενωσια* を含んでいる．その後ポステルは，1590年のシクストゥス五世の目録を含むすべての主要な禁書目録に入れられた．唯一1596年のクレメンス七世の目録ではリストから外れている．彼の思想は時代遅れとみなされたためらしい（*Indices*, 36, 63, 107, 187–188, 263–264, 322, 407–408, 483, 524）．

80. ポステルはのちに自分の行動について幾分矛盾した説明をしている（*Postelliana*, 52, 73–74）．Polanco, *Vita Ignatii*, IV, 236–237 では彼が出発したのは，異端との風説が学生を遠ざけたからだとしている．しかしヴェネツィアでの彼の活動は，禁書処分（数ある動機のひとつとして自らあげている）が主要な原因であったことを示している．さらに，マシウス宛1555年 2 月24日付書簡（Chaufepié, 229）を見よ．

81. Denis, *Buchdruckergeschichte*, 520. 情報源はヴィトマンシュタット．

82. 標題は，*Le prime nove del altro mondo*〔『別世界からの第一報』〕.

83. *Postelliana*, 50.

84. *Postelliana*, 50.〔死罪が適用される異端の判決が回避されたのは審問官に名を連ねていたアルキントの意向が働いたと想像されている．〕

85. 1555 年 2 月 24 日付書簡（Chaufepié, 229）.

86. マシウス宛 1555 年 2 月 24 日付，1555 年 3 月 20 日付，6 月 7 日付書簡（Chaufepié, 229, 221, 228）．ポステルが売却を強いられた本のリストについては，Levi della Vida, *Manoscritti orientali*, 318, n. 1. 最終的な所蔵先については，Fück, “Die arabischen Studien,” 127 を見よ．

87. マシウス宛1555年 2 月24日付書簡（Chaufepié, 229）．カルヴァンはポス

テルを名指しているわけではないが，ポステルの脳裏には明記されていない次の一節があったのかもしれない．「穴蔵からもう一人の狂信者が出てきて，セルヴェトゥスを最良の兄弟と呼ぶ．……」（*Opera*, VIII［Brunswick, 1870］, col. 464）．カステリオによれば，カルヴィニストは，彼やケラリウスを含む，バーゼルにいる彼らの敵対者グループ全体を「セルヴェトゥス派」として扱った（Buisson, *Castellion*, II, 11）．ポステルは以前これらの面々と親しかった．『セルヴェトゥス擁護』は，なかでもケラリウス（マルティン・ボルハウス Matin Borrhaus）に捧げられている．

88. マシウス宛1555年 2 月24日付書簡（Chaufepié, 229）．ポステルは詩篇 54:7 を引用している．

89. 写本で流布した．Kvačala, *Postelliana*, xii では残存する写本のリストの一部があげられている．この著作をバーゼルの写本をもとに最初に印刷したのは，Johann Lorenz von Mosheim, *Versuch einer unpartheiischen und gründlichen Ketzergeschichte*（Helmstaedt, 1748）, II, 466–499.

90. これはポステル自身の見解である（*Postelliana*, 77）．

91. この裁判とポステルの処分に関する史料は，Weill, *Postelli vita*, 116–120 で公開されている．〔異端審問の記録はその後発見された史料を含めて，*Guillaume Postel, Apologies et Rétractions. Manuscrits inédits publiés avec une introduction et des notes par François Secret*, Nieuwkoop, B. De Graaf, 1972, 170–226 にまとめられている．〕

92. このパンフレットは，Du Verdier, *Bibliothèque françoises*, IV, 115–117 に長々と引用されている．

93. *Postelliana*, 78.

94. *Cosmographicae disciplinae compendium*，献辞; *Tierce partie des orientales histoires*（Poitiers, 1560）, 献辞.

95. ポステルはマシウス宛1563年 9 月付ならびに11月25日付書簡（Chaufepié, 231, 225）で，パウムガルトナーの彼に対する好意に言及している．

96. フェルディナント皇帝宛10月15日付書簡（*Postelliana*, 54）はこの地で書かれた．

97. マシウス宛1563年11月25日付書簡（Chaufepié, 225）．この書簡でポステルはマシウスのためにここ 7 年間に生じた出来事を回顧している．彼らの文通は，ポステルの脱獄後すぐに再開されたわけでないことは明らかである．

98. Weill, *Postelli vita*, 41–42. Antoine Péricaud, *Notes et documents pour servir à l'histoire de Lyon: règne de Charles IX*（Lyons, 1842）, 19 から．

99. マシウス宛1563年 9 月付書簡（Chaufepé, 231）．

100. *Postelliana*, 47–54, 64–80 ; *Lainii monumenta*, VI, 268–271.

101. Lefranc, “Détention de Postel” は，パリでの幽閉にいたる出来事を再構成している．

102. マシウス宛1563年 9 月付書簡（Chaufepié, 230）．

103. *Mémoires de Condé*（London and Paris, 1743）, V, 44. この命令はすぐさま執行されたのではないかもしれない．1563年のポステルの書簡は，「サン・ジェルヴェ校」で書かれた．

104. Du Verdier, *Prosopographie*, III, 2532; Florimond de Raymond, *Naissance, progrez et décadence de l'hérésie* が，Philippe de Tamizey de Larroque, *Essai sur la vie et les ouvrages de Florimond de Raymond*（Paris, 1867）, 115 で引用されている．

105. *Postelliana*, 80.〔この穏やかな晩年においても特筆すべきことはあった．ひとつは「ランの奇跡」である．これはニコル・オブリー Nicole Obry という女に取り憑いた30もの悪魔を，聖体の顕示によって祓った1566年の事件のことを言い，聖体論を自らのキリスト論の要のひとつに据えていたポステルは，この事件に無関心ではいられず，同年 Petrus Anusius Synesius の偽名で『世界創造から数えて5566年にランで生じた，主の体の勝利の奇跡について熟慮することのいとも大いなる必要性とその有用性に関する小篇』を著している（Guillaume Postel et Jean Boulaese, *De summonpere*（*1566*）*et Le Miracle de Laon*（*1566*）, édition critique, traduction et notes par Irena Backus, Genève, Droz, 1995 ; Irena Backus, *Le miracle de Laon. Le déraisonnable, le raisonnable, l'apocalyptique et le politique dans les récits du miracle de Laon*（*1566–1578*）, Paris, Vrin, 1994）．もうひとつは，1572年12月12日の新星出現である．ポステルは，この新星は1584年（または1583年）の白羊宮における木星と土星の合を予告するもので，キリスト生誕の 6 年前，シャルルマーニュ即位のときにも現れたこの合が次に現れるのはキリスト再臨のときだとして，1573年に *De nova stella judicium* という著作を著した．〕

106. *Postelliana*, 82–83.

107. *Les premiers elements d'Euclide chrestien*（Paris, 1579）, 30.

108. マシウス宛1568年 3 月 4 日付書簡（Chaufepié, 232）; コサール宛の書簡は，Weill, *Posteli vita*, 120–123.〔ポステルと親交を結んでいたコサールは正しくはイエズス会士ピエール・コサールではなく，ノルマンディーの司祭ヴァンサン・コサール Vincent Cossard のこと．〕

109. *Postelliana*, 84.

110. Rufus M. Jones, *Studies in Mystical Religion*（London, 1919）, 428 ff.

111. プランタンと愛の家については，Max Rooses, *Christophe Plantin, imprimeur anversois*（Antwerp, 1882），75–76.

112. ポステルからオルテリウスに宛てた1567年４月付の書簡，*Abrahami Ortelii*（*geographi Antverpiensis*）*et virorum eruditorum ad eundem epistulae*（Cambridge, 1887），46–49; ポステルとプランタンとの文通については，*Correspondance de Christophe Plantin*, Max Rooses and J. Denucé, eds.（Antwerp and Ghent, 1883–1918），I, 24, 80–81; II, 84; III, 154–155.

113. 聖書の準備については，Rooses, *Plantin*, 116 ff. を見よ．この計画にかなりの興味を抱いたフェリペは，もちまえの細部へのこだわりから，毎ページの校正刷りを査読用に送るよう命じるほどであった（*ibid.*, 118）.

114. *Correspondance de Plantin*, I, 24. 実際のところ，ポステルのこの計画への参加は，マリアナが1580年にこの多国語聖書を批判する理由のひとつ（他の理由はユダヤ人に対する好意）となった（Rooses, *Plantin*, 144）.

115. Lefranc, "Détention de Postel", 225 で墓碑銘が引用されている．

"Postellus, postquam peragravit, plurima passus,
Pro pietate polos, Parisios petiit.
Obiit sexto Septembris 1581
Moerens ponebat Adrianus Tartrier, medicus."

〔ポステルは千里の道を多くの苦難を押して経巡ったのち，祖国への愛ゆえ，パリの空を目指し，1581年９月６日死す．医師アドリアヌス・タルトリエ，悲しみに暮れつつ，これを埋葬す．〕

116. マシウス宛1563年９月付書簡（Chaufepié, 231）; *Ortelii epistulae*, 186–192.

117. *Postelliana*, 68.

第二章

1. 例えば，ガリア民族の起源についての問題では，アミアヌス・マルケリヌスを誤用している．*De Foenicum literis*（Paris, 1552），fol. 23v–24r を見よ．

2. 例えば，*De oribis terrae concordia*（Basel, 1544），3:「……アリストテレス，ガレノス，アヴェロエスの教説を私は万人にとっての理性のごとくとらえる．彼らの権威は理性と同等とみなされるべきである．……」

3. *De nativitate mediatoris ultima*（Basel, 1547），16–18.

4. *De orbis concordia*, ch. xv でこの立場を証明している．

5. Augustin Renaudet, *Préréforme et l'humanisme à Paris pendant les premières guerres d'Italie*（*1494–1517*）（Paris, 1916），514–516, 625.

6. *Absconditorum a constitutione mundi clavis*（Amsterdam, 1646），73. この引用

文で本書は終結する.

7. *De nativitate ultima*, 3:「……すべての神的教義についてこう進言しよう. 理性に導かれれば, 聖書には, なんらかの論証によってその真理を私が明確に識別できないほど難解なところはなくなり, 私の解説を聞けば, それより確実で信じるに足ることを対置したり, 付け加えたりすることは何もできなくなるだろう. ……」
8. *Absconditorum clavis*, 49–50; *Apologia pro Serveto Villanovano* (in Johann Lorenz von Mosheim, *Versuch einer unpartheiischen und gründlichen Ketzergeschichte* [Helmstaedt, 1748], II), 467.
9. 例えば, *Eversio falsorum Aristotelis dogmatum* (Paris, 1552), fol. 77v:「事実私のうちに能動知性と受動知性が共に回復されたおかげで, 世界で最初にあの獣の数を正しく間違えることなく数えられたのだ.」
10. J. Kvačala, *Postelliana. Urkundliche Beiträge zur Geschiche der Mystik im Reformationszeitalter* (Juriev, 1915), 135 所収メランヒトン宛書簡; *Candelabri typici in Mosis tabernaculo interpretatio* (Venice, 1548), 56; *De Foenicum literis*, fol. 15v; *De originibus* (Basel, 1553), 130 ff.; *Πανθενωσια; compositio omnium dissidiorum* (Basel, 1561), 6–7; *De orbis concordia*, 98; *Les très merveilleuses victoires des femmes du nouveau-monde* (Turin, 1869), 42 ff.
11. *De nativitate ultima*, 8; *De Etruriae regionis ... originibus, institutis, religione et moribus* (Florence, 1551), 108–109; *De originibus* (1553), 10, 59; トリエント公会議宛書簡 in J. Schweizer, "Ein Beitrag zu Wilhelm Postels Leben und zur Geschichte des Trienter Konzils und der Inquisition," *Römische Quartalschrift für christliche Altertumskünde und für Kirchengenschichte*, XXIV (1910), 100–101. ポステルがエチオピア語版エノク書を知っていたことは, 現代のイギリス人校訂者の次の見解に修正を迫るものであろう. 18世紀までに「この書は徐々に流通しなくなり, 西洋キリスト教世界から忘れられた」(R. H. Charles, *The Book of Enoch* [Oxford, 1912], introduction, ix). Giorgio Levi della Vida, *Ricerche sulla formazione del più antico fondo dei manoscritti orientali della Biblioteca vaticana* (Vatican City, 1939), 325n. は, ポステルのエチオピア語版エノク書についての判断を「良識があり, 当時としては正確」と評している.
12. マシウス宛1550年 6 月10日付書簡, in Jacques Georges de Chaufepié, "Postel," *Nouveau dictionnaire historique et critique pour servir de supplément ou de continuation au dictionnaire ... de Bayle*, III (Amsterdam, 1753), 217; *De originibus* (1553), 90; *Des merveilles du monde* (?Paris, ?1552), fol. 57v and ff. オポリヌスがポステルの訳を出版したが, ポステルが *De originibus*

(1553), 90で嘆いているように，彼がそれに付した注釈は削除してしまった．このテクストを西洋に最初に知らしめたのがポステルであることは，標準版である Montague Rhodes James, *The Apocryphal New Testament* (Oxford, 1924), 38–49 で認められている．〔『ヤコブ原福音書』は，ポステルが二度目のコンスタンチノープル，エルサレム東方旅行（1549–1551）のさいにギリシア語手稿を持ち帰り，ラテン語に訳したもの．編者ビブリアンデルがそれに少なからず手を入れただけでなく，ポステルの注釈を削除して出版した．1569年にはネアンデル Neander が，ポステルが参照したギリシア語原本のひとつとビブリアンデル校訂ラテン語訳文の対訳版を出版，以後の版はこれに基づいて作成されることになる．Backus は，散逸したと長らく考えられていたポステル直筆のラテン語訳原稿とギリシア語原本のひとつ（ポステルが1553年に再筆写したもの）を発見し公刊した．しかしポステルの注記については，数語を除いていまだ見つかっていない．Cf. Irena Backus, "Guillaume Postel, Théodore Bibliander et le 'Protévangile de Jacques'. Introduction historique, édition et traduction française du MS. Londres, British Library, Sloane 1411, 260r–267r", *Apocrypha* 6, 1995, pp.7–65.〕

13. 脱線気味の議論が長々と展開されている公会議宛書簡を見よ (in Schweizer, "Postel Leben"), 98 ff. この書簡でポステルは『ゾーハル』，ヨナタンのタルグム，エノク書を聖書を読み解く手がかりとして採用すべしと教会に提案している:「確かに万物が復元されるとき，全地に共通する理性に従ってそうなるだろうが，それでも聖書のあれらの解釈に則って，……それらすべては演繹されるのでなければならない」(p. 99).
14. *De originibus* (1553), 79 ff.
15. *De orbis concordia*, 24.
16. 例えば，*De orbis concordia*, 354 ff.; *De originibus* (1553), 9.
17. *De originibus*, 85; ペリカン宛1553年付書簡，in Ludwig Geiger, "Zur Geschichte des Studiums der hebräischen Sprache in Deutschland während des sechzehnten Jahrhunderts," *Zeitschrisft für die Geschichte der Juden in Deutschland*, IV (1890), 125–126.
18. *Abrahami patriarchae liber Jezirah* (Paris, 1552), 標題:「……モーセの72人の会衆にも伝えられたもので，神的真理において第二の位置，すなわち権威に次ぐ理性の位置を占める.」*Candelabri interpretatio*，標題ならびに 36 でポステルはカバラ文献を羅列して，こう述べる:「……そこには福音の至高の権威が見られる．というのも，同じことをキリストが聖書を解釈して教えているからであり，あたかも以前にキリストがその霊を通じて聖なる

解釈者たちに入り込んだかのようであり，そのように一方が他方を裏付けている.」

19. 例えば，次の書の結論部分の弁明. *Candelabri interpretatio*, 81:「今にいたるまで，これらのことや同じようなその他無数の事柄は秘せられてきた. それはわかると思っている者はわかっておらず，わからなかった者はわかるようになるためである. というのも，神の栄光とは御言を隠すことだったのであり，王の栄光は御言を永久に説明することだからだ.」
20. 審問報告書は，G. Weill, *De Guilielmi Postelli vita et indole*（Paris, 1892), 119-120 に抜粋されている.
21. カバラの起源についての概略は，Joseph Leon Blau, *The Christian Interpretation of the Cabala in the Renaissance*（New York, 1944), 6-7 を見よ. カバラにおけるピュタゴラス主義については，Vincent F. Hopper, *Medieval Number Symbolism; its Sources, Meaning, and Influence on Thought and Expression*（New York, 1938), 60 ff. を見よ. グノーシス主義の影響については，Gershom G. Scholem, *Major Trends in Jewish Mysticism*（New York, 1946), 40-79, とりわけ 74-75〔ゲルショム・ショーレム『ユダヤ神秘主義——その主潮流』山下肇他訳，法政大学出版局，1985, 56-106〕を見よ.
22. Scholem, *Jewish Mysticism*, 203; Louis Israel Newman, *Jewish Influence on Christian Reform Movements*（New York, 1925), 50, 60, 83, 176 ff.; Blau, *Cabala in the Renaissance*, 20-21. 例えばピコは，「ユダヤのカバリストは，三位一体についてのキリスト教教義に必ず同意するはずである」と主張している.
23. ここではブラウの概説に従った. Blau, *Cabala on the Renaissance*, 2-6.
24. *Jewish Mysticism*, 33-35 ff.〔邦訳51-52〕; カバラ主義と哲学との対立については，Georges Vajda, *Introduction à la pensée juive du moyen âge*（Paris, 1947), 203 ff. の簡明な指摘を見よ.
25. Blau, *Cabala in the Renaissance*, 28, 59-60.
26. リストの一部については，*Candelabri interpretatio*, 36 を見よ.
27. 表題は，*Abrahami patriarchae liber Jezirah sive formationis mundi*〔『族長アブラハムのイェツィーラーすなわち創造の書』〕(Paris, 1552). *De universitate liber*（Paris, 1563), 3-4 でポステルは自分の翻訳について，「事物の起源と原因の論述を，神への祈りと愛による奉仕に変えた」と述べている.
28. 本書第一章，註52を見よ.
29. A. Frankenburg は，*Absconditorum clavis* 1646年版の補遺として作成したポステルの著作書誌で，『セーフェル・ハッ・バーヒール』の翻訳をリストアップしているが，私はその実在を確認できないでいる.〔その後発見さ

れ，スクレによって校訂された．“Traduction du Sefer ha-Bahir”, in *Postelliana*. François Secret ed., Niewkoop. B. de Graaf, 1981, 21–112.〕

30. *The Book of Formation*（*Sepher Yetzirah*），Knut Stenring, tr.（London, 1923）; Scholem, *Jewish Mysticism*, 75 ff.〔邦訳 100 ff.〕; Blau, *Cabala in the Renaissance*, 29.
31. *De originibus*（1553），64–66; *De universitate*, 4. ポステルは，原作者がアブラハムであることと，モーセの〈会衆 auditores〉についての自分の見解の矛盾を解消しようとしない．
32. Scholem, *Jewish Mysticism*, 74–75〔邦訳 100–101〕.
33. *Divinationis, sive divinae summae-que veritatis discussio*（Paris, 1571），fol. 22r:「……他の数知れぬ無数の著作はさながら補遺のようにゾーハルに付け加えられたものと判断されうる．」
34. Blau, *Cabala in the Renaissance*, 10.
35. Scholem, *Jewish Mysticism*, 203; 394, n. 130; 157. モーシェ・デ・レオンについてショーレムはこう書いている（p. 203）〔邦訳 268〕．「この男の人物像はいまやはっきりとわれわれの眼前にある．彼は哲学的啓蒙の世界から出発したのち，それに対して不断の戦いを挑んだ．青年時代に彼がマイモニデスの主著の研究にいそしんでいたことはわかっている．……だがその後は自らの神秘主義的傾向に導かれて新プラトン主義に向かった．……自著のひとつでは，純粋知性の世界に法悦の状態で上昇し，一者を幻視する哲学者の描写をプロティノスから引用している．しかしそれと同時に彼はユダヤ教の神秘主義的側面にますます惹かれていった．……」
36. *De Etruriae regionis originibus*, 82; *Les raisons de la monarchie*（Paris, 1551），xlvii; *De originibus*（1553），84–86. このユダヤ人賢者の人数は伝統的なもので，七十人訳聖書が72人のユダヤ人学者の手になるものという伝説に由来する．義人シメオンは，ルカ書 2: 25に登場するシメオンのことで，キリスト教とカバラとの原初の関連を立証する役目を持たされた．
37. これらの聖書の記述については，Harris Francis Fletcher, *Milton's Rabbinical Readings*（Urbana, Ill., 1930），54–56.
38. 例えば，*De nativitate ultima*, 24; *Description et charte de la Terre Saincte*（? Paris, 1553），77; *Candelabri interpretatio*, 33; *Restitutio rerum omnium conditarum*（*Liber Jezirah* との合本だが，表題は別になっている），fols. 6r, 6v, 7v, 9r, 9v.
39. *De orbis concordia*, 41 では，世界が退歩しているというフィロンの見解を批判している．*De originibus*（1553），66 ではマイモニデス（「もう一人のモーセ」）を引用して，コーランに対するエジプトの影響を証明する．

40. *De Etruriae regionis originibus*, 16 and *passim*; *Syriae descriptio*（Paris, 1540）, *passim*; *La loy salique*（Paris, 1780）, 27–28; *De originibus*（1553）, 10, 111. ポステルの時代，入手可能なヨセフスの版は，ギリシア語版，ラテン語訳版を合わせていくつもあった．これについては，Ferdinand Buisson, *Sébastian Castellion: sa vie et son œuvre*（*1515–1563*）（Paris, 1892）, I, 277.

41. ヴィテルボーのアンニウスについては，Eduard Fueter, *Geschichte der neueren Historiographie*（Munich and Berlin, 1911）, 135–136 を見よ〔最近の研究では，Anthony Grafton, *Defenders of the Text. The Traditions of Scholarship in an Age of Science, 1450–1800*, Cambridge, Harvard University Press, 1991, 76–103〕．アンニウスが発見したと称するベロソスは，*Antiquitatum variarum volumina XVII cum commentariis*（Rome, 1498, その後何度も版を重ねた）の表題で，一巻本として出版された．その中には，何人もの古代作家の「失われた作品」が含まれていた．ポステルが最初に「ベロソス」を引用したのは，*De originibus*（Paris, 1538）, fol. 9r. においてであり，その後も，*De Etruriae regionis originibus* と *De originibus*（1553）で，その権威を十分に利用した．彼のベロソス弁護は，*De Etruriae regionis originibus*, 19 ff. and 224 ff.; *L'histoire memorable des expeditions depuys le deluge faictes par les Gauloys ou Francoys*（Paris, 1552）, fol. 68 ff.

42. *Linguarum duodecim characteribus differentium alphabetum introductio*（Paris, 1538）, “De lingua punica.”

43. 例えば，*Alcorani seu legis Mahometi et Evangelistarum concordiae liber*（Paris, 1543）, 6–7 で彼は，*De orbis concordia* の典拠は「ラテン語の荒唐無稽な史書や叙事詩の類いではなく……，アラビア語の写本そのもの」であると言う．

44. ポステルの東洋関係の蔵書を再構成しようという試みについては，Levi della Vida, *Manoscritti orientali*, 318, note 323.

45. Levi della Vida, 326. この要約は結局，イタリアの優れた地理学者ジオヴァン・バッティスタ・ラムージオ Giovan Battista Ramusio とジャコモ・デ・ガスタルディ Giacomo de Gastaldi の手に渡り，有効に使われた．

46. *De orbis concordia*, 3, 30–31; *Liber de causis*（Paris, 1552）, fol. 8 ff.

47. マシウス宛1555年 3 月20日付書簡ならびに1568年 6 月23日付書簡（Chaufepié, 221, 232）. Weill, *Postelli vita*, 123–124 では，彼の書簡で言及されている本がリストアップされている．何点かのアラビア科学のテクストについては，*De signorum coelestium vera configuratione*（Leyden, 1636）, 67–69.

48. *Postelliana*, 71; *De originibus*（1538）, fol. 29v.

49. *De originibus*（1538）, fol. 25r. この考え方は，*De originibus*（1538）, 119 ff. でより詳細に展開される．ギリシア文明で価値あるもののほとんどすべてがエジプトあるいはヘブライ起源とされているのだ．

50. 本書 254 ページを見よ．

51. *De orbis concordia*, 100.

52. *De universitate liber*, 4 で『ティマイオス』を讃えているのは，ピュタゴラス主義（プラトン主義と並んで）の教義を提示しているからだった．

53. *De orbis concordia*, 15 でこう評している．続けて，『テアイテトス』『国家』『プロタゴラス』をとりわけ賛美している．

54. *De universitate liber*, 4. エラスムスの『エンキリディオン』も同様にプラトンを高く評価している．「哲学者の中で，君に従ってほしいのはプラトン主義者だ．なぜなら，彼らの意見のきわめて多くのものとその語り口は，預言書と福音書の型に可能なかぎり近づいているからだ」（*Opera omnia*［Leyden, 1703–1706］, V, 7 F. ここでは，Ford Lewis Battles, *Advocates of Reform*［London, 1953］の英訳に従う）．

55. *De originibus*（1553）, fol. 29v; *De Etruriae regionis originibus*, 160–163.『ゾーハル』に観念論的哲学があることは事実であり，ポステルはその点を誤解していたわけでは無論ない．

56. *De orbis concordia*, 114; *De originibus*（1553）, 110, 120; *De Etruriae regionis originibus*, 106–107; *Eversio Aristotelis*, fol. 4r, 80r; *De universitate liber*, 9.

57. それゆえ次のような長い表題がつけられた．*Liber de causis seu de Principiis & originibus Naturae utriusque, in quo ita de aeterna rerum veritate agitur, ut & authoritate & ratione non tantum ubivis particularis Dei providentia, sed & animorum & corporum immortalitas ex ipsius Aristotelis verbis recte intellectis & non detortis demonstretur clarissime*（Paris, 1552）.〔『自然の原因あるいは原理と起源についての書．この書では事物の永遠の真理が論じられ，権威と理性によって，遍在する神の個別的摂理のみならず霊魂と肉体の不死性が，曲解されず正しく理解されたアリストテレスのことばそのものから明晰に証明される』〕．

58. 本書第四章・第五章を見よ．

59. *Liber de causis*, fol. 15r; *De orbis concordia*, 51 ff., 108; *Le prime nove del altro mondo*（?Venice, 1555）, fol. 3v. 擬ディオニュシオスのギリシア語版は，遺言状（Abel Lefranc, “La détention de Guillaume Postel au prieuré de Saint-Martin-des-Champs（1562–1581）,” *Annuaire-Bulletin de la Société de l’Histoire de France*, XXVIII［1891］, 230）でリストアップされている文献の中にある．

60. エピクテトス（*De rationibus*, fol. 46v），プルタルコスとセネカ（*Liber Jezirah*, 注釈, sect. 33），キケロ（註 66 を見よ）を引用している．

61. *Liber de causis*, fol. 35v で引用されている．ポステルの旧友 A・テヴェは，*Histoire des plus illustres et sçavans hommes de leurs siècles*（Paris, 1645），VIII, 39-40 で，ポステルが，サント＝バルブ学寮での主人であるフアン・デ・ヘリダのために，テミスティオスを翻訳した旨記している．

62. *De peregrina stella*（?Antwerp, 1573），fol. 6r; *De Etruriae regionis originibus*, 18; *De rationibus*, fol. 12r.

63. *De orbis concordia*, 3; *Liber de causis*, fol. 10v, 20v.

64. *De Foenicum literis*, fols. 5v, 10r ff.; *De originibus*（1553），122; *Syriae descriptio*, fol. 8v and *passim*; *De configuratione, passim*.

65. *De peregrina stella*, fol. 6r; *Merveilles du monde*, fol. 71r.

66. *De orbis concordia*，献辞と 270; *De originibus*（1538），fol. 29v.

67. ギリシアの地理・歴史学者と同様，これらの作家も，フランス世界帝国を支持するための論拠として使われた．なかでも，*De originibus*（1553），109 ff.; *De Etruriae regionis originibus*, 19; *De Foenicum literis*, fols. 10r and ff.

68. *Sybillinorum versuum a Virgilio in quarta bucolicorum versuum ecloga transcriptorum ecfrasis commentarii instar*（Paris, 1553）．

69. *Divinationis discussio*, fols. 20v-21r.

70. *De orbis concordia*, 62, 348; *De universitate liber*, 29; マシウス宛1563年11月25日付書簡（Chaufepié, 226）; *Alcorani liber*, 14-15; *Syriae descriptio*, *passim; Divinationis discussio*, fol. 20v.

71. Lefranc, “Détention de Postel,” 229.

72. *De configuratione*, 4; *Divinationis discussio*, fol. 29r. *De nativitate ultima*, 17-18 では，彼の時代以前に教えられていた哲学の「馬鹿馬鹿しさ」と，この哲学が「神学の幻覚」によって「独自の判断を介入させ，それを縛り付ける」様を攻撃する．しかし彼はここで一時的に弁護に回っている．

73. *Divinationis discussio*, fol. 21r.

74. *Eversio Aristotelis*, fol. 81v（misnumbered 73）．

75. 本書 220-221 ページを見よ．

76. マシウス宛書簡では，ルルスの「無知の熱意」と「馬鹿げた四位一体」に言及している（1563年 9 月付ならびに11月25日付，in Chaufepié, 231 and 226）．

77. Renaudet, *Préréforme et l'humanisme*, 617.

78. *De Etruriae regionis originibus*, 102; *Postelliana*, 47, 74.

79. *Cosmographicae disciplinae compendium*（Basel, 1561），献辞; マシウス宛1555

年 3 月20日付書簡（Chaufepié, 221）.

80. *Divinationis discussio*, fol. 21r.

81. *De orbis concordia*, 91; *De universitate liber*, 12; ライネス宛1562年 4 月 9 日付書簡，in *Lainii monumenta*（Madrid, 1912–1918）, VI, 270.

82. P. 111.

83. *De rationibus*, fol. 53v; マシウス宛1563年11月25日付書簡（Chaufepié, 225）; Lefranc, "Détention de Postel," 229.

84. 後期ヨアキム主義の著作については，Decima L. Douie, *The Nature and Effect of the Heresy of the Fraticelli*（Manchester, 1932）, 27 ff. を見よ．メトディオスとシビュラ文献については，Ernest Sackur, *Sibyllinische Texte und Forschungen*（Halle, 1898）.〔ヨアキム主義については，マージョリ・リーヴス『中世の預言とその影響――ヨアキム主義の歴史』大橋善之訳，八坂書房，2006; 古代から中世の預言書の精選集は，Bernard McGinn, *Visions of the end: apocalyptic traditions in the Middle Ages*, New York, Columbia University Press, 1998.〕

85. 以下のビラにおいて．*Resolution Eternele destinee au Roy & peuple Treschrestien*（Paris, 1552）, article 16. 私はこの書の実在を確認できないでいる．〔François Secret がその後校訂出版している．*Le Thrésor des prophéties de l'univers*, La Haye, Martinus Nijhoff, 1969.〕

86. 本書 155, 163 ff., 256 ff. ページを見よ．

87. *Linguarum duodecim characteribus introductio*，序文; *De orbis concordia*, 428, 24, 416, 424, 157; マシウス宛1568年 6 月23日付書簡（Chaufepié, 233）.

88. *Cosmographicae compendium*, 69, 71; *Merveilles du monde, passim; De originibus*（1553）, 115; *De orbis concordia*, 57, 351; *De configuratione*, 18. 情報源であるロシア人については，タタールに派遣されたモスクワ大使の息子，「敬虔で謹厳なる偉人ドミトリ・ダニエル」（*Merveilles du monde*, fol. 67r）と特定している．

89. *Linguarum duodecim characteribus introductio*，献辞; *De originibus*（1553）, 93, 115; *Liber de causis*, fol. 35v; *De orbis concordia*, 351, 122.

90. *De rationibus*, fol. 33v. ステウコの著作については，Jean Seznec, *La survivance des dieux antiques*（London, 1940）, 90〔ジャン・セズネック『神々は死なず――ルネサンス芸術における異教神』高田勇訳，美術出版社，1977〕を見よ．

91. 1563年 9 月付（Chaufepié, 230）．しかし，この書では，女性の偉業の実例としてボッカチオが参照されている（*Victoires des femmes*, 10）.

92. *L'histoire des expeditions*, fol. 62r; *Les premiers elements d'Euclide chrestien*（Paris,

1579), 30.

93. *Eversio Aristotelis*, fol. 79r.

94. *De magistratibus Atheniensium liber* (Paris, 1541), fol. 10v and *passim; De originibus* (1538), 献辞; *Alcorani liber*, 72, 74; *De Etruriae regionis originibus*, 141; *Cosmographicae compendium*, 54–55; *De orbis concordia*, 57. ポステルとラブレーについては, Abel Lefranc, "Rabelais et Postel," *Revue de Seizième Siècle*, I (1913), 259; Lucien Febvre, *Le problème de l'incroyance au XVIe siècle* (Paris, 1942), 111 ff.〔邦訳 134 ff.〕; Alban J. Krailsheimer, "Rabelais et Postel," *Bibliothèque d'Humanisme et Renaissance*, XIII (1952), 187–190.

95. *De originibus* (1553), 64 ff.; *Merveilles du monde*, fols. 18v–19r. この理論の出所は『ゾーハル』だろう. そこでは, アブラハムの「別の息子たちが, 東方の山間に住み, その子供たちに魔術と占いの技術を教えている」と語られている (*The Zohar*, Harry Spering and Maurice Simon, trs. [London, 1931–1934], II, 33–34).

96. Scholem, *Jewish Mysticism*, 21–22〔邦訳 32–33〕; 354, n. 21.

97. *Liber Jezirah*, fol. 12v でポステルは, 秘教的教義を全般的に擁護している.

98. *De originibus* (1553), 56–62; *Divinationis discussio*, fol. 3v も見よ.

99. 1563年 9 月付書簡 (Chaufepié, 230):「……特にヘブライ人に関わる権威のみに導かれて, あるいは特にギリシア人に関わる理性のみに導かれて, あるいは特にラテン世界すなわちキリスト教教会に関わる理性と権威の双方に導かれて, ラテン教会の指導者たちは……自らの無謬の信仰を, 全世界に, 特に半ユダヤ人にして半キリスト教徒, すなわちイスマエルびとに説明しようと久しく努力している. それも, 彼らをわれわれと一緒に永遠の理性の光に連れ戻すためなのだ. ……」

第三章

1. この点を明らかにしているのは, *De originibus* (Basel, 1553) の「キリストの神聖不可侵なる成員へ」p. 127 と題された補遺においてであり, そこで彼は教会の最後の時代は,「まさしく万物復元あるいは世界和合の名で呼ばれる」と書く.

2. Jacques Georges de Chaufepié, "Postel," *Nouveau dictionnaire historique et critique pour servir de supplément ou de continuation au dictionnaire ... de Bayle*, III (Amsterdam, 1753), 231:「この神への務めにおいて私を継ぐ者としてマシウスを選んだ. かつてはクレナルドゥスがこのためにチンギタナからモーリタニアにまで赴き, 彼の前にはライモンドゥス・ルルスが無知の熱意に

よってのみならず，言語の至上の知識によって最初に達成しようとしたのであり，彼らの後を引き継いだのがポステルで，莫大な費用と労苦と苦悩を費やして着手したものの，時代の逆風に妨げられて成就できたのはわずかであった．だから，誰よりも優れたマシウスよ，この松明を受け取って，その光で全地を照らし給え．」

3. 本書 118 ページを見よ．
4. *Introduction à l'étude de Saint Augustin*（Paris, 1943）, 311–312.
5. 以下の記述は，Ernst Bernheim, "Politische Begriffe des Mittelalters im Lichte des Anschauungen Augustins," *Deutsche Zeitschrift für Geschichtswissenschaft*, VII（1896）, 1–23; *Mittelalterliche Zeitanschauungen in ihrem Einfluss auf Politik und Geschichtschreibung*（Tübingen, 1918）にかなり負っている．H. X. Arquillière, *L'Augustinisme politique. Essai sur la formation des thèories politiques du moyen âge*（Paris, 1934）, 9–17 は，ベルンハイムを批判し，アウグスティヌス独自の政治思想についてのベルンハイムの解釈はいくつか修正が必要だと言う．アウグスティヌスの平和の概念と古典的諸観念との関係については，Herald Fuchs, *Augustin und der antike Friedensgedanke*（Berlin, 1926）で詳細に論じられている．
6. 『神の国』のラテン語テクストは J. E. Weldon（London, 1924）に依拠した．英訳は Marcus　Dods 版に従い，いくらか変更した．引用した箇所は，第十九書第十章，第十一章．平和についての最も包括的な論述は，第十三章を見よ．〔『神の国』服部英次郎・藤本雄三訳，岩波書店，1991，第五巻，53–55.〕
7. H. X. Arquillière, *Saint Grégoire VII. Essai sur sa conception du pouvoir pontifical*（Paris, 1934）; *L'Augustinisme politique*. 先の註 5 で参照したベルンハイムの著作が，これらの混同が中世にもたらした影響の大きさを最初に指摘した．
8. この点に関する議論は，Theodore E. Mommsen, "St. Augustine and the Christian Idea of Progress," *Journal of the History of Ideas*, XII（1951）, 346–374 を見よ．
9. Bernheim, *Mittelalterliche Zeitanschauungen*, 68. Ernst Sackur, *Sibyllinische Texte und Forschungen*（Halle, 1898）も見よ．
10. *S. Francisci Assisiensis vita et miracula*, Édouard d'Arençon, ed.（Rome, 1906）, 26. 参照したのは，A. G. Ferrers Howell の翻訳，*The Lives of S. Francis of Assisi by Brother Thomas of Celano*（London, 1908）〔チェラーノのトマス『聖フランシスコの第一伝記』石井健吾訳，あかし書房，1989, 51〕.
11. *Legendae duae de vita S. Francisci Serapihci*（Quaracchi, 1898）, 1–2, 22–23.

ここでは，E. G. Salter, *The Life of Saint Francis by Saint Bonaventura*（London, n. d.）の翻訳に従った．

12. テクストは，*Analekten zur Geschichte des Franciscus von Assisi*, H. Boehmer, ed.（Tübingen and Leipzig, 1904），38, 66. ここでは，Paschal Robinson, *The Writings of Saint Francis of Assisi* の翻訳に従った．〔『聖フランチェスコの小さな花』田辺保訳，教文館，1987, 354.〕
13. Paul Sabatier, *Vie de S. François d'Assise*（Paris, 1931），363–364.
14. *Speculum perfectionis*, Paul Sabatier, ed.（Manchester, 1928），75〔『完全の鑑――アシジの聖フランシスコ』石井健吾訳，あかし書房，2005, 43〕．ここでは，Robert Steele, *The Mirror of Perfection*（London, 1938）の翻訳に従った．
15. 古典的研究である Hilarin Felder, *Die Ideale des hl. Franziskus von Assisi*, 3 rd ed.（Paderborn,　1927）は，フランチェスコの平和に対する関心の社会的次元について議論しているが，その深い含みは無視している．
16. *Vita et miracula*, 250. さらに，フランチェスコが，フランチェスコの福音を全世界に広めるために門人を派遣したさいの指示を見よ．これは「三人の伴侶」によって記録されている．「そなたらがその口によって平和を宣するときには，同じように，そなたらの心がさらにいっぱいの平和を抱くよう留意しなさい」（*Legenda trium sociorum, in Acta sanctorum*, Oct., III [Paris and Rome, 1866]，738；ここでは，E. G. Salter, *The Legend of St. Francis by the Three Companions* [London, 1933]）の翻訳に従った．
17. *Legenda trium sociorum*, 733.
18. *Legenda trium sociorum*, 730–731.
19. Lynn T. White, "Natural Science and Naturalistic Art in the Middle Ages," *American Historical Review*, LIII（1947），421–435.
20. *I fioretti di San Francesco*, Benvenuto Bughetti, ed.（Florence, 1925），70–75. ここでは，T. W. Arnold, *The Little Flowers of Saint Francis of Assisi*（London, 1898）の訳に従った．〔『聖フランチェスコの小さな花』田辺保訳，教文館，1987, 73.〕
21. *Speculum perfectionis*, 127–128〔邦訳 73〕．
22. *Speculum perfectionis*, 183〔邦訳 103〕．
23. *Legenda trium sociorum*, 733.
24. *Legenda duae*, 127.
25. *Vita et miracula*, 175–177.「小柄で蔑まれたある修道士」がラテラノ聖堂を支え，崩壊を防ぐというイノケンチウス三世が見た有名な幻視も同じ教訓を意味している．

26. マタイ 10: 7
27. *Vita et miracula*, 152.
28. *Legenda duae*, 2, 35.
29. *Fioretti*, 46.
30. Ernst Benz, *Ecclesia Spiritualis. Kirchenidee und Geschichtstheologie der franziskanischen Reformation* (Stuttgart, 1934); Decima L. Douie, *The nature and the Effect of the Heresy of the Fraticelli* (Manchester, 1932); Herbert Grundmann, *Studien über Joachim von Floris* (Leipzig and Berlin, 1927).
31. Douie, *Heresy of the Fraticelli*, 35 ff. and *passim*; Grundmann, *Studien über Joachim*, 193–198; Franz Kampers, *Die deutsche Kaiseridee in Prophetie und Sage* (Munich, 1896), 116–119.
32. この作品は，M. P. E. Littré and B. Hauréau, "Raimond Lulle," *Histoire littéraire de la France*, XXIX (Paris, 1885), 335–336 に記載されている．
33. マシウス宛書簡1563年11月25日付 (Chaufepié, 226).
34. Elíes Rogent i Estanislau Duràn, *Bibliografía de les impressions Lullianes* (Barcelona, 1927).
35. Augustin Renaudet, *Préréforme et l'humanisme à Paris pendant les premières guerres d'Italie (1494–1517)* (Paris, 1916), 378–380, 482–483, 671–672.
36. *Opera quaedam hactenus inedita*, J. S. Brewer, ed. (London, 1859), 36–37.
37. E. Allison Peers 校訂翻訳，*A Life of Ramon Lull* (London, 1927) に従った．引用文は pp. 3–5. *Vida coetània* は1311年頃に書かれた．作者不詳．
38. *Life*, 12–13.
39. カロルス・ボヴィルスはルルスの幼少期について短い伝記を書いた (*Acta sanctorum*, June, V [Antwerp, 1709], 668 ff. で公刊された)．彼のスペイン人とのつきあいが，パリとアルカラのルルス主義者を結びつけた (Marcel Bataillon, *Érasme et l'Espagne; recherches sur l'histoire spirituelle du XVIe siècle* [Paris, 1937], 58 ff.).
40. Renaudet, *Préréforme et l'humanisme*, 483, 521, 472, 485, 637–638, 662.
41. E. Longpré, "Lulle, Raymond (Le bienheureux)," *Dictionnaire de théologie catholique*, IX (Paris, 1926), col. 1112.
42. *Libro de Evast y Blanquerna*, 316 ff.; 357 ff. 次の版を参照した．Ramon Llull, *Obras literarias*, Miguel Batllori and Miguel Caldentey, eds. (Madrid, 1948); 翻訳は，E. Allison Peers, *Blanquerna: a Thirteenth Century Romance* (London, 1926).
43. *Life*, 43.
44. E. Allison Peers, *Ramon Lull. A Biography* (London, 1929), 384; Renaudet,

Préréforme et l'humanisme, 87, 519–520.

45. *Libre de contemplacio*, in *Obres de Ramon Lull* (Palma de Mallorca, 1906–1938), IV, 58–59. 以下のページでは, Peers, *Ramon Lull* の手引きと翻訳に大きく依拠した.
46. *Libre de contemplacio*, in *Obres*, V, 317.
47. *Life*, 31. ラテン語のテクストではこれらの異端者を特定している.「すなわち, ヤコブ派, ネストリウス派, マロン派〔Momminas?〕」(*ibid*., 75).
48. *Blanquerna*, 328–329.
49. Peers, *Ramon Lull*, 74–75; Littré and Hauréau, "Raimond Lulle," 61.
50. Jean Henri Probst, *Caractère et origine des idées du bienheureux Raymond Lulle* (Toulouse, 1912), 281; Peers, *Ramon Lull*, 35–36, 135; Lull, *Libre de contemplacio*, in *Obres*, IV, 148; *Life*, 43. *Blanquerna*, 345–346 ではミラマル校の建設が叙述されている.
51. Abel Lefranc, "Les origines du Collège de France," *Revue Internationale de l'Enseignement*, XIX (1890), 457; *Opus epistolarum Des. Erasmi Roterodami*, P. S. Allen, ed. (Oxford, 1906–1947), I, 411, and n. 181; Bataillon, *Érasme et l'Espagne*, 20; Peers, *Ramon Lull*, 383–384. ヴィエンヌ公会議の教令と, 特にギリシア語研究の算入については, Roberto Weiss, "England and the Decree of Vienne on the Teaching of Greek, Arabic, Hebrew and Syriac," *Bibliothèque d'Humanisme et Renaissance*, XIV (1952), I.
52. Rogent i Duràn, *Bibliografía de les impressions Lullianes*, 38–39 記載の1509年ケルン版から引用.
53. *Libre de contemplacio*, in *Obres*, III, 99; VI, 303; V, 51.
54. Edmond Vansteenberghe, *Le Cardinal Nicholas de Cues* (*1401–1464*) (Paris, 1920), 417 ff.
55. *Life*, 23–24.
56. *Life*, 43.
57. Renaudet, *Préréforme et l'humanisme*, 134, 473, 672.
58. 有名な「レーモン・スボン弁護」でモンテーニュは, スボンの『自然神学』を「多くの人々が時間を費やして読んだ」と報告している.
59. *Divinationis, sive divinae summae-que veritatis discussio* (Paris, 1571), fol. 21r.
60. ビベスとポステルについては, J. Kvačala, "Wilhelm Postell. Seine Geistesart und seine Reformgedanken," *Archiv für Reformationsgeschichte*, IX (1911–1912), 293–294.
61. Peers, *Ramon Lull*, 67, 90–91, 93, 174; Lull, *Libre de contemplacio*, in *Obres*, VIII, 379.

62. Renaudet, *Préréforme et l'humanisme*, 610; Bataillon, *Érasme et l'Espagne*, 83–85, 376. 十字軍に対するエラスムスの見解については，Augustin Renaudet, *Études érasmiennes*（Paris, 1939），103–105.
63. A. S. Atiya, *The Crusade in the Later Middle Ages*（London, 1938），50–52; J. Delaville le Roulx, *La France en Orient au XIVe siècle*（Paris, 1886），I, 48 ff. *De recuperatione* の決定版は Ch.-V. Langlois（Paris, 1891）.
64. 1568年 3 月 4 日付（Chaufepié, 232）.
65. ポステルの書簡は散佚した．返信したのはイエズス会士ピエール・ファーヴル，エヴォラ発1544年12月 3 日（in *Fabri monumenta*［Madrid, 1914］, 280–284）.
66. Henry De Vocht, "Nicolas Clenardus and His Training," *Monumenta Humanistica Lovaniensia: Texts and Studies about Louvain Humanists in the First Half of the XVIth Century*（Louvain and London, 1934），409–423.
67. Victoire Chauvin and Alphonse Roersch, "Étude sur la vie et les travaux de Nicolas Clénard," *Mémoires couronnés par l'Académie Royale des Sciences, des Lettres et des Beaux-Arts de Belgique*, LX（1900–1901），130 では，クレナルドゥスがルルスに言及しなかった点は，彼がルルスの思想を知らなかったことを示唆しているとされる．
68. *Correspondance de Nicolas Clénard*, Alphonse Roersch, ed.（Bruxelles, 1940），I, 158. クレナルドゥスの書簡集を1566年にアントワープで最初に上梓したのはプランタンで，標題は *Nic. Clenardi epistolarum libri duo*. しかしポステルはこの書が出版されるはるか以前に，クレナルドゥスの宣教への関心に通じていたように思われる．
69. *Correspondance de Clénard*, I, 168.
70. Richard Copley Christie, "Clenardus, a Scholar and Traveller of the Renaissance," *Selected Essays and Papers*（London, 1902），92–123; Chauvin and Roersch, "Étude sur Clénard," 58–59, 135, 26 ff.

第四章

1. Lucien Febvre, *Le problème de l'incroyance au XVI siècle. La religion de Rabelais*（Paris, 1942），158, 488–489〔邦訳 181, 502–503〕での鋭い指摘を見よ．
2. Étienne Gilson, *Introduction à l'étude de Saint Augustin*（Paris, 1943），311–312.
3. *Πανθενωσια: compositio omnium dissidiorum*（Basel, 1561），6.
4. Arthur O. Lovejoy, *The Great Chain of Being*（Cambridge, Mass., 1948），13.

〔アーサー・O. ラヴジョイ『存在の大いなる連鎖』内藤健二訳，晶文社，1975, 20.〕

5. *De orbis terrae concordia*（Basel, 1544）, 65.

6. *Πανθενωσια*, 8:「かくして自然は不断に自らの諸部分を統合し，何ものも分裂させることはない.……」

7. 例えば，*Eversio falsorum Aristotelis dogmatum*（Paris, 1552）, fol. 76v:「いまや私はあの怪物どもに見事に矢を放った．この地上に最大の不和を招いたのは彼らなのだ.」

8. *De orbis concordia*, 265. 例えば:「……そのうえ，決して小さくない権威を持つバルドゥスという男が，同じ案件について十の異なるまったく矛盾した意見を発して，文書に残し，その中で判決を報告した．そこにはひとつの真理しかなかったのに.」ポステルが求めていたのは:「ただひとつの真理に基づくひとつの法，ひとつの要求，単一のことば……」であった.

9. 例えば，*Syriae descriptio*（Paris, 1540）, fol. 2:「この地方については諸々の権威がそれぞれ相反する見解でもって論じており，……それについて記している者たちをひとつの見解にまとめることは誰もできていないが，諸々の事象に共通するひとつの真理を探し出すことで，……すべての学説を調停するのがよいと思われる.」

10. *Des merveilles du monde*（?Paris, ?1552）, fols. 66v, 42v–43r, 67v. ポステルが自然に見いだした「奇跡」の例は，Lynn Thorndike, *A History of Magic and Experimental Science*（New York, 1923–1941）, VI, 341–346 を見よ.

11. *De Etruriae regionis ... originibus, institutis, religione et moribus*（Florence, 1551）, 82:「密かに霊を召喚して縛り付けたり，奇瑞や天のしるしを解読する学が，今日のわれわれには総じて不足している．……」

12. *De originibus*（Basel, 1553）, 70:「古代人の一部は天文学をシャロンと呼んだ．それはいわば窓であり，それを通じて，神的なものを垣間見ることができるのだ.」

13. *Les raisons de la monarchie*（Paris, 1551）, xx. しかしながらポステルは，占星術が自由意志を左右すると考えることは拒絶した.

14. 例外は，*De nova stella*〔『新星について』〕（Antwerp, 1573）で，これは1572年の大彗星を解釈したものである.

15. *De orbis concordia*, 266–270. ポステルは特殊性よりも一般性を好むがために，処女降誕の教義を，それが珍しくないことを理由に擁護するにいたっている．その唯一性を否定し，他の事例のひとつとしてマーリンの例を引いているのである（in *De nativitate mediatoris ultima*［Basel, 1547］, 116–117）.

16. *Absconditorum a constitutione mundi clavis*（Amsterdam, 1646), 5.

17. 1563年11月25日付書簡，in Jacques Georges de Chaufepié, “Postel,” *Nouveau dictionnaire historique et critique pour servir de supplément ou de continuation au dictionnaire ... de Bayle*, III（Amsterdam, 1753), 225:「……恩寵によって，われらの新しいアダムは自らの実体の一部を彼女に譲り渡すことになろう……これは，人体の構造から必然的に証明されるように，古いアダムから古いエバに，あばら骨からあばら骨へのみならず，アダム自身の全身の実体と肉から，全身の実体と肉へと移されたものである.」

18. Wilhelm Fraenger, *Hieronymus Bosch. Das tausendjährige Reich*（Coburg, 1947), 56.

19. Gershom G. Scholem, *Major Trends in Jewish Mysticism*（New York, 1946), 17-18〔邦訳 28〕.

20. *De orbis concordia*，献辞；*De originibus*（Paris, 1538), fol. 3r ; *De Foenicum literis*（Paris, 1552), fols. 21v-22r; *De Etruriae regionis originibus*, 113.

21. *Merveilles du monde*, fol. 7r; *De nativitate ultima*, 16.

22. ポステル思想におけるヘブライ語の重要性についてのさらなる論述は，*Linguarum duodecim characteribus differentium alphabetum introductio*（Paris, 1538), 序文と “De indica lingua”; *De originibus*（1538), *passim*; *De Etruriae regionis originibus*, 116 ff. ; *De Foenicum literis*, fol. 22r and ff.; *De originibus*（1553), 17 ff.『ゾーハル』は「神聖なことば」としてのヘブライ語への言及に満ちている．ポステルはそのようなくだりに感銘を受けたにちがいない．例えば「人間がこの世で何を口にしようと，神聖なことばで口にしたのなら，天使の軍勢を理解するし，それを気にかけるが，他の言語では理解しない」(*The Zohar*, Harry Sperling and Maurice Simon, trs. [London, 1931-1934], I, 256).

23. Vincent F. Hopper, *Medieval Number Symbolism; Its Sources, Meaning and Influence on Thought and Expression*（New York, 1938); Joseph Leon Blau, *The Christian Interpretation of the Cabala in the Renaissance*（New York, 1944), 5. ルフェーヴルやその他のルネサンスの思想家の数秘学については，Augustin Renaudet, *Préréforme et l'humanisme à Paris pendant les premières guerres d'Italie（1494-1517）*（Paris, 1916), 150-152.

24. *Description et charte de la Terre Saincte*（?Paris, ?1553), 20. ポステルの数秘学についてのさらなる記述は，*Candelabri typici in Mosis tabernaculo interpretatio*（Venice, 1548), 55-56 を見よ．

25. なかでも，*De orbis concordia*, 16-28; *Vinculum mundi, compendio expositum*（Paris, 1552), fol. 2r も見よ．数理論，とりわけピュタゴラス主義におけ

る〈三〉の一般的役割については，Hopper, *Medieval Number Symbolism*, 4 ff. and 41-42.

26. 本書 269 ページを見よ．
27. 〈四〉の意味は，ポステルの多数の著作で力説されている．何よりも，*Absconditorum clavis*, 46-73; *De Etruriae regionis originibus*, 145-153 を見よ．最も詳しいのは，*Tabulae aeternae ordinationis quaternario constituto inter summae expansionis et coactionis terminos, expositae*（Paris, 1553）〔『四から構成される永遠なる秩序の図．名辞の提示による総説および要約』〕というタイトルのビラで，自然的かつ超自然的な一連の事物が全体として四つの要素に分析されている．ポステルは，典拠のひとつとしてエゼキエル書第一章をあげている（*De Etruriae regionis originibus*, 149）．他の典拠については，Hopper, *Medieval Number Symbolism*, 8-9; Blau, *Cabala in the Renaissance*, 12 を見よ．
28. Ernst Benz, *Ecclesia Spiritualis. Kirchenidee und Geschichtstheologie der franziskanischen Reformation*（Stuttgart, 1934）, 46.
29. *Candelabri interpretatio*, 53-54; *Vinculum mundi*, fol. 8r-8v; *De Etruriae regionis originibus*, 134-137; *Description de la Terre Saincte*, 18 ff.
30. Fraenger, *Hieronymus Bosch*, 47 では東洋の二元論と西洋の異端的思想との類縁性が指摘されている．
31. Hopper, *Medieval Number Symbolism*, 40.
32. *Summa Theologicae*, II, ii, 26, 10. 英国ドメニコ会管区の神父らによる英訳（London, 1917）に依拠した．
33. *De Etruriae regionis originibus*, 104 ff. 異教の神々の宗教的意義を立証しようとするこの試みにおいて，ポステルは，ルネサンスの人文主義者や芸術家のあいだに広まっていた動向を例証している．この点については，Jean Seznec, *La survivance des dieux antiques*（London, 1940）, 229 ff.〔邦訳 271 ff.〕
34. Cf. the *Zohar*, I, 107:「しかし，神についてはこう書かれている．『そして主なる神は作った』．これはつまり父と母が子を作ったという意味なのだ……」
35. ポステルは，イスマーイール派といったアラブの急進的宗派の新プラトン主義に影響された可能性もある．ポステル思想のいくつかときわめて類似している彼らの考えについては，Cl. Huart, "Ismā īl īya," *Encyclopedia of Islam*, II（Leyden and London, 1927）, 551.〔イスマーイール派については，菊地達也『イスマーイール派の神話と哲学』岩波書店，2005.〕
36. *Liber de causis*（Paris, 1552）, fol. 11v.

37. ポステルは，*Tabula restitutionis*（Paris, 1553）というビラでこのように分類している．
38. *Abrahami patriarchae liber Jezirah*（Paris, 1552），註釈第 24 項「なんであれ自然の事物は男性に対応する部分と，女性に対応する部分を有する．そこから形相的力と質料的力の一切が由来する．この世において下位にあるものには，それに対応する上位のものが必ず存在する.」
39. *Merveilles du monde*, fol. 48r.
40. *Restitutio rerum omnium conditarum*（Paris, 1552），fol. 2r はこの記述から始まる．
41. *Enchiridion militis christiani*, in *Opera omnia*（Leyden, 1703–1706），V, 12F, 13B. Ford Lewis Battles, *Advocates of Reform*（London, 1953）の訳に従った.
42. 『国家』VII, 534.
43. *Enchiridion*, in *Opera*, V, 19B–C.
44. Paul Sidney Christ, *The Psychology of the Active Intellect of Averroes*（Philadelphia, 1926），7 ff.; John Herman Randall, Jr., in *The Renaissance Philosophy of Man*, Ernst Cassirer, Paul Oskar Kristeller and John Herman Randall, Jr., eds.（Chicago, 1948），260–261; Jean Henri Probst, *Caractère et origine des idées du bienheureux Raymond Lulle*（*Ramon Lull*）（Toulouse, 1912），77 ff.; Febvre, *Problème de l'incroyance*, 198 ff.〔邦訳 223 ff.〕; Gilson, *Introduction à l'étude de Saint Augustin*, 56–57, n. 1.
45. *Methodus ad facilem historiarum cognitionem*（Lyons, 1583），57.
46. *La doctrine du Siècle Doré*（Turin, 1869），92. ルネサンス心理学におけるマクロコスモスとミクロコスモスの一般的概念については，J. B. Bamborough, *The Little World of Man*（London, 1952）.
47. ポステルの〈理性〉の使用法については，本書 124–125 ページを見よ．ポステルは「下位の理性」を女性原理と記述したことの典拠としてアウグスティヌスを名指している．M. A. Screech, "The Illusion of Postel's Feminism. A Note on the Interpretation of his *Très Merveilleuses Victoires des Femmes du Nouveau Monde*," *Journal of the Warburg and Courtrauld Institutes*, XVI（1953），163 and n. 14. 同様にルターは次の書で自然哲学に女性性を付与した．*Disputatio de sententia : Verbum caro factum est*; 教会において哲学を利用することへの批判では聖パウロを引用している:「女は教会にて黙すべし」（Franz Hildebrandt, *Melanchthon: Alien or Ally* [Cambridge, 1946], 25）.
48. *De Etruriae regionis originibus*, 144:「上位にあるのが，似像，メンス，男性性，能動知性，人間の真の内面であり，下位にあるのが，類似像，スピリ

トゥス，女性性，可能知性，人間の可視的外面である．」

49. ポステルの心理学が十全に叙述されているのは，*Les très merveilleuses victoires des femmes du nouveau-monde*（Turin, 1869），15–17. さらに，*De Etruriae regionis originibus*, 144 ff.; *Πανθενωσια*, 26–29; *Tabula restitutionis omnium*. 認識問題の別の局面については本書 133 ページ以下.

50. トリエント公会議宛，in J. Schweizer, "Ein Beitrag zu Wilhelm Postels Leben und zur Geschichte des Trienter Konzils und der Inquisition," *Römische Quartalschrift für christliche Altertumskünde und für Kirchengeschichte*, XXIV（1910），99.

51. 人間本性についての低い評価の例については，*De orbis concordia*, 66 ff.; *Candelabri interpretatio*, 49–50; *Restitutio rerum omnium*, fol. 2v.

52. *Sacrarum apodixeon seu Euclidis chrisitiani lib. II*（Paris, 1543），献辞，殊に fol. 2. したがってポステルの見解はブレモンの〈篤信の人文主義者 humaniste dévot〉の定義に合致する（Henri Brémond, *Histoire littéraire du sentiment religieux en France*［Paris, 1916–1922］, I, 11–12）.

53. *Aplogia pro Serveto Villanovano*（in Johann Lorenz von Mosheim, *Versuch einer unpartheiischen und gründlichen Ketzergeschichte*［Helmstaedt, 1748］, II, 472–473:「健全な心の持ち主で自発的に罪や過ちを犯す者はいない．すべての罪，殊に知性の罪は誤解に由来する．」

54. *De nativitate ultima*, 150–151:「……万人は善を求める．……周知のとおり，人々は善を求めてもいまだ途半ばにある．それゆえ，人間のあいだの相違がどれほどであっても，それはたんに無知だから，あるいは事物を知るのに難儀しているからである……それに真の無知は罪でもなければ糾弾されるべきものでもない……なんとなれば，自分の子が無知だからといって責める親がどこにいるか．」

55. *De nativitate ultima*, 125–126.

56. シュヴェンクフェルト宛1553年付書簡，in *Postelliana. Urkundliche Beiträge zur Geschichte der Mystik im Reformationszeitalter*, J. Kvačala, ed.（Juriev, 1915），12:「……現世において神は人事百般に気を配っているのでなければならないのみならず，そのことは知られ，証明されなければならず，その意思は裏切られてはならず，万物はもとの完全さに戻らなければならず，さらに人間は，決して原罪によってではなく，〈行状〉によってできうるかぎり公正に裁かれなければならない．原罪は全面的に廃棄されるべきなのだ．」（括弧による強調は筆者）

57. *Absconditorum clavis*, 26–27. Émile Dermenghem, *Thomas Morus et les utopistes de la Renaissance*（Paris, 1927），212 は，ポステルの受肉論にドンス・スコ

トゥスの影響を認めている.

58. 本書 247 ページ以下を見よ.

59. メランヒトン宛書簡, in *Postelliana*, 35; *De nativitate ultima*, 6; *De rationibus Spiritus sancti lib. II* (Paris, 1543), fol. 23r.

60. *Merveilles du monde*, fol. 51v.

61. *Absconditorum clavis*, 6–7:「すべての合理的な意見に逆らうのでないかぎり, 以下のことを疑うことはできない. すなわち, 最も完全なる神は, 最も完全なるやり方で, 生命あるものすべての長として人間をお作りになった. それは人間が, この可感的自然という劇場の統治の規準にして規範となるためであり, 万物が人間の指導のもと, 人間の才知と配慮によって, その目的に導かれるためである. それは, 神によって生命ある万物のただなかにおかれた人間が, 子供や従僕, 臣下や支配者の中に自分の利益を求めるのを, われわれが目にするのと同様である.」

62. *De orbis concordia*, 70.

63. 例えば, マシウス宛1563年11月25日付書簡 (Chaufpié, 226):「というのもキリストは, われわれ万人の一員として, その枝葉の中の幹としてのほうが, そして特に, かりに彼が単独でなした行いがあったとしても, 単独でなく人間の一人としてなすほうが, はるかに偉大であり, 神の子にふさわしいのだ. ……」

64. *De orbis concordia*, 19:「さらに理性は, 知性, 推理, 想起からなり, ……理性, 精神, あるいは知性, あるいはアニムス (呼称は異なるが, 同じものを指している) が推理と知恵を生み, このふたつが想起をもたらす」

65. *Alcorani seu legis Mahometi et Evangelistarum concordiae liber* (Paris, 1543), 15.

66. 本書 118–119, 236 ページ以下を見よ.

67. 標題は, *Les premiers elements d'Euclide chrestien* (Paris, 1579).

68. *Sacrarum apodixeon*, fol. 3v.

69. *De nativitate ultima*, 16–18.

70. プランタン宛1567年10月付書簡, in *Correspondance de Christophe Plantin*, Max Rooses and J. Denucé, eds. (Antwerp and Ghent, 1883–1918), I, 189–190.

71. *Merveilles du monde*. パリ国立図書館所蔵本での書き込み.

72. *Apologia pro Serveto*, 476:「最高の哲学者たちが教えているように, 知性あるいは男性的第一の原理的権威の下に, 悟性あるいは理性の一部が隠れているのだが, 他方で権威は, 今にいたるまでぼんやりと潜んでいるものの, 消滅したわけではない理性に補佐されるほうが, 神の目に一層価値あり賞賛されるべきものとなる. それは, 女が男の下にあるように, 神的事物の

論証を包み隠していたのだ．……」ポステルは『ティマイオス』37 の次の一節を念頭においていたのだろう．「理性が推理計算の対象となるものに関わり，同の円がなめらかに動いて，これを明らかにする場合には，必然的に，知性・知識が完成されます．」

73. *Vinculum mundi*，献辞．

74. *Eversio Aristotelis*, fols. 83v–84r:「さらに万物が創造されたのは，人間の知性においてきわめて正確に表象されることで，万物それ自体がいわばより優れた形を取り戻し，永遠の栄光のために，神ご自身において保持されるためである．これが神の第一の意思であり，そのために世界が創造されたことは疑うべくもない．……」

75. *La loy salique*（Paris, 1780), 77–78.

76. *Divinationis sive divinae summae-que veritatis discussio*（Paris, 1571), fol. 23v:「それゆえ，理性を忌避したのは，堕落したキリスト教徒の致命的な誤りであった．」

77. *Absconditorum clavis*, 30–31:「……すべての邪な者は，全地で糾弾され，殲滅される．つまり，いまや理性の導きのもと，全世界で公布され，万人がわかるように説明されるべき神の法を，精神においても行状においてもうべなわない者は皆，全地で糾弾され，殲滅されるのだ．」

78. *De orbis concordia*, 125:「とはいえ，人は摂理から離れて，馬齢を重ねると堕落し，そのために，自分の判断より別のものに支配されるほうを，理性の導きより人間の指導者に従うほうを選び，世界は戦争によって疲弊した．これは責務を怠った罰なのだ．」

79. *De orbis concordia*，献辞:「理性が真偽を区別し，相反する所信を仲裁する以外に，口論を終わらせ，たんなる権威で意固地に正当化することをやめさせる方法があろうか．」

80. メランヒトン宛書簡（*Postelliana*，34):「……誰でも意のままにこじつけられる権威の論拠ではなく，理性の論拠によって……」さらに，「それゆえ，なんの法であってもその意味や意義について論争があれば，必ず人間の理性が判断し解決するのでなければならない．」

81. *De orbis concordia*, 327:「力ずくでなされたことはまず実を結ぶことはない．だから真の宗教は道理にかなった正しい判断になんらかの圧力をかけることを禁じているし，力ずくで無思慮に真理へといたらしめることを非難するのだ．神は自由な魂を望むからである．」寛容の唱道者としてのポステルを論じているのは，Geoffroy Atkinson, *Les nouveaux horizons de la Renaissance française*（Paris, 1935), 245–249.

82. *De orbis concordia*, 327.

83. この議論がとりわけ詳説されているのは，*Eversio Aristotelis*, fol. 79r and ff. ポステルはこう結論する（fol. 81v):「解毒剤は世界にあまたある毒薬から作られなければならないのと同様に，教会成員の醜聞から至高の同意と完徳が作られるのでなければならない.」

84. フェルディナント皇帝宛1562年頃の書簡（*Postelliana*, 75-76).

85. *De orbis concordia*, 247.

86. この議論が登場するのは意味深長にも，*Apologia pro Serveto*, 473:「……それゆえ，剣や火に頼るのではなく，使徒たちのように憐れみと寛容さを持って行動しなければならない．……われわれは，信仰が弱い者を打ち倒すのでも殺すのでもなく，迎え入れるよう命じられている.」

87. *Apologia pro Serveto*, 475:「……真理が抑圧されるのは，神が殺されるか，神性が奪い取られるのと同じである．真理はわれわれを神性と一致させる.」

88. 本書 65 ページを見よ.

89. Johannes Janssen, *Geschichte des deutschen Volkes seit dem Ausgang des Mittelalters*（Freiburg im Br., 1915), II, 36 で引用されている.

90. Pierre Mesnard, *L'essor de la philosphie politique au XVIe siècle*（Paris, 1936), 433 の見解には強く異議を唱えたい．というのもこう述べているからである．ポステルの思想において世界を政治的に改革するという考えは「徐々に重要度を増していき，宗教的考察はなされなくなっていった．考慮されることがあっても，それが政治的に重要な価値が見いだされる場合にかぎり付随的になされた」．ポステルのフランス国家の運命についての関心は，本書 214 ページ以下を見よ.

91. *Loy salique*, 67-68.

92. *Raisons de la monarchie*, ix-x.

93. *Πανθενωσια*, 120.

94. *La tierce partie des orientales histoires*（Poitiers, 1560), 献辞.

95. *De la republique des Turcs, et là où l'occasion s'offrera, des meurs et loy de tous Muhamédistes*（Poitiers, 1560), 献辞で説明される.

96. *Histoire et consideration de l'origine, loy, et coustume des ... Turcs*（Poitiers, 1560), 3.

97. *Loy salique*, 9-14; *Candelabri interpretatio*, 39.

98. ポステルの情報提供人は，*Loy salique*, 85-86 ではイエス，*De nativitate ultima*, 116 では天使ラジエルとされる.

99. *De nativitate ultima*, 献辞; *L'histoire memorable des expeditions faictes par les Gauloys*（Paris, 1552), fol. 92r; Schweizer, "Postels Leben," 97-98.

100. 例えば，*De orbis concordia*, 12–13:「神ご自身と，元素の藻屑から構成された人間は比べようがない．実際，可滅的なものと不死のものとにいかなる共通点があるというのか．」

101. 本書第五章を見よ．

102. *Victoires des femmes*, 50.

103. *De nativitate ultima*, 16:「われわれ万人が見失ったあの真理の道に立ち返るまではさしあたり，可感的事物を調査し理解するやり方によって，神の本性の似像を把握すれば十分だろう……これはわれわれの精神にとっての神的真理の学校であり，これによってわれわれは，起源にあるものでも終極にあるものでも，瞬時にすべての真理を識別するようになる．」

104. アヴェロエス主義者に対する攻撃の主たるものは，*Eversio falorum Aristotelis dogmatum* で展開されている．ポステルの二重真理説の擁護者に対する反対運動については，Henri Busson, *Les sources et le développement du rationalisme dans la littérature française de la Renaissance*（*1533–1601*）(Paris, 1922), 288–302.

105. この見解についての十全な説明は，*De nativitate ultima*, 12–19, その中でも鍵となるくだりは p.15:「三段論法は一般から個物に向かうものではあるものの，帰納法の働きからなる．……帰納法は個物の感覚的把捉からなる．把捉とは，のちに思考を行うことになる人間に対し，その感官を通して自らを与える事物の力により，名称を媒介として生じる．名称は，把捉を概念によって，軽信から生まれつつある知性に徐々に導いていく．そして概念は，無知そのものから生じる．要するに，知の原理とは自らの原理を自覚したかの無知の知なのだ．つまり，無知の知は，最も多くを知っていても，実は何も知らないというこの一点を知っているのである．」〈無知の知〉を参照していることは，ポステルがニコラウス・クザーヌスの伝統の枠内にとどまろうとしていたことを示唆するものであろう．ポステルの普遍についての見解を補足する言及は，*De orbi concordia*, 98 と *Loy salique*, 14–15.

106. *De universitate liber*, 2nd ed.（Paris, 1563），4–5; *Candelabri interpretatio*, 38–39:「個々の被造物は，創造されるあるいは作られる以前から，範型すなわちその種に応じた似像と相似像を有している．」

107. *Préréforme et l'humanisme*, 384–385.

第五章

1. *Absconditorum a constitutione mundi clavis* (Amsterdam, 1646)，13–14:「仲立

ちするものなくして端から端には行けない」; *Πανθενωσια: compositio omnium dissidiorum* (Basel, 1561), 13 では「公理」の見出しのもと，こう書いている:「今見られる条件では，世界が神の通常の力のみで創造されたというのはありえない.」さらには，*Candelabri typici in Mosis ... interpretatio*（Venice, 1548), 40:「……動あるいは不動の知性，能動あるいは受動の知性なくして，世界が創造されたり，不断に更新されることはありえなかった.」

2. *Candelabri interpretatio*, 38 では:「十の名とともに東に向いたひとつの巨大な人間の像」について述べている.
3. セフィロートの体系については，Gershom G. Scholem, *Major Trends in Jewish Mysticism*（New York, 1946），とりわけ 207 ff.〔邦訳 280 ff.〕と，Maurice Simon, in *The Zohar*, Harry Sperling and Maurice Simon, trs.（London, 1931–1934), I, App. I, 379–385 を見よ.
4. *Jewish Mysticism*, 208–209〔邦訳 281〕.
5. *Liber de causis*（Paris, 1552), fol. 24r:「……境界内で運動する十の第一知性体が存在し，それと同数が場所運動しているのでなければならない.」
6. *Le prime nove del altro mondo*（?Venice, 1555), fol. 3v.
7. Louis Israel Newman, *Jewish Influence on Christian Reform Movements*（New York, 1925), 178–180; Joseph Leon Blau, *The Christian Interpretation of the Cabala in the Renaissance*（New York, 1944), 15.
8. Ernst Benz, *Ecclesia Spiritualis. Kirchenidee und Geschichtstheologie der franziskanischen Reformation*（Stuttgart, 1934), 10.
9. B. Carra De Vaux, "Druzes," *Encyclopedia of Islam*, I（Leyden and London, 1913), 1075–1077.〔ドルーズ派については，菊地達也『イスラーム教「異端」と「正統」の思想史』講談社，2009.〕
10. 1550年 6 月10日付，in Chaufepié, "Postel," *Nouveau dictionnaire historique et critique pour servir de supplément ou de continuation au dictionnaire ... de Bayle*, III（Amsterdam, 1753), 216–217. ドルーズという名はドルイドから派生したものだとして，ドルーズ派がフランスに起源を有するのではないかとポステルが想定したことは，彼がドルーズ派の宗教的教義に印象づけられたことを特に示唆している.
11. *Apologia pro Serveto*, in Johann Lorenz von Mosheim, *Versuch einer unpartheiischen und gründlichen Ketzergeschichte*（Helmstaedt, 1748), II, 478.
12. *Apologia pro Serveto*, 479.
13. *Apologia pro Serveto*, 480.
14. *Apologia pro Serveto*, 480:「……これほど多くの仕事の恵みが無駄にならな

いよう，残りの世界の人々に絶対伝えねばならない.」

15. *De nativitate mediatoris ultima*（?Basel, ?1547）, 24–26.

16. *De nativitate ultima*, 110; *Restitutio rerum omnium conditarum*（Paris, 1552）, fol. 17v.

17. *Restitutio rerum omnium*, fol. 13r.

18. *Absconditorum clavis*, 13–14; *Apologia pro Serveto*, 466.

19. *De nativitate ultima*, 122:「有限，至尊，究極の被造物である人間が作られたのは，全被造物を従えて，神を知り理解して讃えるためだから，有限が無限と一致するために，仲保者は何度も生誕しなければならないのだ.」

20. *Le prime nove del altro mondo*, fol. 22v でポステルは，シュヴェンクフェルトがキリスト論を扱った著作を参照するよう読者に勧めている．この書を彼は「嵩は小さいが，意味と意義は大きい」と評している.

21. Scholem, *Jewish Mysticism*, 229–230〔邦訳 298–299〕and *passim*.

22. *Apologia pro Serveto*, 466.

23. *Apologia pro Serveto*, 466; *Divinationis sive divinae summae-que veritatis discussio*（Paris, 1571）, fol. 10r; *Candelabri interpretatio*, 44.

24. *Apologia pro Serveto*, 466.

25. *Apologia pro Serveto*, 478:「……妻が夫と協働するように，それは神とともに働く.」

26. *La doctrine du Siècle Doré*（Turin, 1869）, 96.

27. *Candelabri interpretatio*, 40–42; *Les très merveilleuses victoires des femmes du nouveau-monde*（Turin, 1869）, 62–63 では，洗礼者ヨハネとペテロは共にシェキナーの臨在に恵まれたが，歴代教皇は「魔術師シモンとネロの性格」を持つために，ずっとそれを失っていると述べる．*Vinculum mundi* (Paris, 1552), fol. 6r では，信仰箇条を一条ごとに解説しているが，「我は聖霊を信ず」のくだりについてはこう言う:「メンスあるいは能動知性は新しいアダムとともに世界の一般的父としてあるのと同様に，神の霊あるいは受動知性は新しいエバとともに世界の母としてある．というのは，善良なアダムも楽園に一人でいたわけではなかったのと同様，受難のキリストも不死の実体を備えた神の霊をともなわずにいたわけではないからだ.」

28. *Des merveilles du monde*（?Paris, ?1552）, fol. 48r.

29. *Restitutio rerum omnium*, fol. 3r.

30. この教説についての洞察力ある略述は次の論考にある．M. A. Screech, “The Illusion of Postel’s Feminism. A Note on the Interpretation of His *Très Merveilleuses Victoires des Femmes du Nouveau Monde*,” *Journal of the Warburg and Courtauld Institutes*, XVI（1953）, esp. pp. 166–167.

31. *Le prome nove del altro mondo*, fols. 38v–39r.
32. ヨアキム派女預言者の例については，Decima L. Douie, *The Nature and the Effect of the Heresy of the Fraticelli*（Manchester, 1932）, 32.
33. *Victoires des femmes*, 18 でポステルは，「イエス・キリストとその使徒たちを除いて，彼女にかなう博士や説教師はこの世にいなかった」と書いている．
34. *Zohar*, I, 159.
35. *Victoires des femmes*, 15–16.
36. 1563年11月25日付（Chaufepié, 226）:「シビュラは，われらヤペティアの異教徒にとって，イスラエル人にとっての男預言者と同じだったが，老いた男預言者たちよりはるかに明快に，崇められるべき王について，崇められるべき王朝の王について預言した.」
37. *Victoires des femmes*, 18–22.
38. この点でスクリーチの見解と部分的に相違する（前掲註30を見よ）.
39. 1549年 5 月19日付（Chaufepié, 220）.
40. *Le prime nove del altro mondo*, fol. 7v.
41. *Victoires des femmes*, 19–20.
42. *Victoires des femmes*, 20. ポステルはまた，カトリシズムが聖母マリア崇拝において女性の救い手を提示し，それが自分の教説と競合することを認めていたようだ．それゆえ，*Victoires des femmes*, 40 では，マリアはキリストをたった九カ月しか身ごもっていなかったのに対し，ジョアンナはその実体を永遠に身ごもると述べてこの競合関係に決着をつけた.
43. Cf. Cl. Huart, “Ismāīlīya”, *Encylopedia of Islam*, II（Leyden and London, 1927）, 551–552.
44. *Victoires des femmes*, 20.
45. *Le prime nove del altro mondo*, fol. 22r–v.
46. *Victoires des femmes*, 20.
47. *Le prime nove del altro mondo*, fol. 24v ff. 数年前に著した *Merveilles du monde*, fol. 89r ff. でポステルは，最小限の食糧と飲料で生存できるとの主張に関して，読者に対し意図的に予防線を張っていたようだ．飲み食いせずに生きたと報告された実例を列挙し，永遠の生の可能性を示しつつ，人間を支えているのは食べ物や飲み物ではなく神であることを示唆しているからだ.
48. *Liber de causis*, fol. 21v:「実際，子というものは素材からいって，母が殖えたものに他ならない.」
49. *Restitutio rerum omnium*, fol. 13v.

50. *Restitutio rerum omnium*, fol. 15r:「新しいエバから生まれたのが下位の世界の長子にしてかしらであり，第一の名において到来した第二の預言者である．そして私が有する原罪の根源から，わが母ヨハンナの霊によって，私が有する新しい実体が作られた．」

51. これらの偽名については，オポリヌス宛1553年 8 月15日付書簡で説明している．本書簡は J. Kvačala, *Postelliana. Urkundliche Beiträge zur Geschichte der Mystik im Reformationszeitalter*（Juriev, 1915）, 33 で要約されている．次も見よ．*Victoires des femmes*, 42–43; *Apologia pro Serveto*, 480; オルテリウス宛1579年付書簡，in *Abrahami Ortelii epistulae*, J. H. Hessels, ed.（Cambridge, 1887）, 191.

52. *Aplogia pro Serveto*, 475:「キリストとその至福の花嫁のあとにこの二親から最初に生まれた者は，序列としては最初に現れ，全地のためにキリストのみの栄光のうちにおかれるのだから，永遠の真理の鍵は彼に託されたのでなければならない．……」

53. *Restitutio rerum omnium*, fol. 14r–v:「万人は彼に耳を傾け，彼の口に与えられた上位の自然理性によって彼に従わなければならない．……」

54. シュヴェンクフェルト宛1553年 8 月14日付書簡（*Postelliana*, 8–10）では自らの「キリストによって復元された自然理性」について語っている．

55. *L'histoire memorable des expeditions depuys le deluge faictes par les Gauloys ou Francoys*（Paris, 1552）, fol. 2r.

56. *Eversio falsorum Aristotelis dogmatum*, fol. 84v:「そのため，私によって哲学は全面的に浄化され，刷新される．」

57. それどころか，*Restitutio rerum omnium*, fol. 14v によれば，彼のメッセージを聴こうとしない者は殲滅されなければならない:「……預言者エリヤがその名において到来し，彼の理性のことばを聞こうとしなかった民の魂をすべて引き裂くのでなければならない．」自らとエリヤとの同一視については本文下記参照．

58. *Eversio Aristotelis*, fol. 84v:「……天でも縛られるように，私は天に導かれてなんであろうと地で縛り付けた．」

59. *Candelabri interpretatio*, 79–80 では自らをパンドカエウスと呼び，こう述べる:「パンドカエウスは……かつて自らの目的を達せられなかった三人の改革者の埋め合わせをする．」

60. Wilhelm Bousset, *Der Antichrist in der Überlieferung des Judentums, des neuen Testaments und alten Kirche*（Göttingen, 1895）, 139 ff.; Benz, *Ecclesia Spiritualis*, 19, 45, 121, 70; Louis Grossman, "Elijah in Rabbinical Literature," *The Jewish Encyclopedia*, V（New York and London, 1903）, 122–127.

61. *Les premiers elements d'Euclide chrestien*（Paris, 1579), 23–24. エリヤとしてのポステルについてまずは, *Restitutio rerum omnium*, fol. 13 ff. を見よ.
62. *Restitutio rerum omnium*, fols. 15v–16r.
63. *Restitutio rerum omnium*, fol. 14v.
64. *Restitutio rerum omnium*, fol. 34v.
65. *Eversio Aristotelis*, fol. 3r.
66. *Apologia pro Serveto*, 468.
67. 例えば, Eberhard Gothein, *Ignatius Loyola und die Gegenreformation*（Halle, 1895), 377 では, 1545年以降ポステルは事実と空想を混同する傾向が強まったという見解が出されている. より最近では, Giorgio Levi della Vida, *Ricerche sulla formazione del più antico fondo dei manoscritti orientali della Biblioteca vatica*（Vatican City, 1939), 308 が, ポステルは「疑いなく」錯乱していたと断定している.
68. *Merveilles du monde*, fol. 68v.
69. *De originibus*（Basel, 1553), 124–126; *Liber de causis*, fol. 3r–v; *Doctrine du Siècle Doré*, 102.
70. 1563年11月25日付（Chaufepié, 226):「例えば, ヴェネツィアの君主一人, 教皇二人, 王三人が, 私が説く道理をないがしろにして耳を傾けず, それどころかその道理は弾劾されるべきだと述べたせいで, 彼らに定められた寿命を待たずそのはるか前に死んだ.」
71. 『煉獄篇』VI.
72. Carl G. Jung, *The Integration of the Personality*, Stanley Dell, tr.（New York, 1939), 22–23.
73. Marcel Bataillon, *Érasme et l'Espagne; recherches sur l'histoire spirituelle du XVIe siècle*（Paris, 1937), 200.

第六章

1. *Histoire ecclésiastique des églises réformées au royaume de France*, G. Baum and Ed. Cunitz, eds.（Paris, 1883), I, 108. 初版はアントワープで1580年に出版された.
2. *Absconditorum a constitutione mundi clavis*（Basel, 1547), 33–34.
3. *Absconditorum clavis*, 4–5.
4. *Absconditorum clavis*, 36.
5. *Alcorani seu legis Mahometi et Evangelistarum concordiae liber*（Paris, 1543), 17–18.

6. *Postelliana. Urkundliche Beiträge zur Geschichte der Mystik im Reformationszeitalter*, J. Kvačala, ed. (Juriev, 1915), 43.
7. *De orbis terrae concordia* (Basel, 1544), 108-109 も見よ．そこでポステルは位階制について擬ディオニュシオスを参照している．さらに *De rationibus Spiritus sancti lib. II* (Paris, 1543), Bk. II, ch. iii.
8. *De nativitate mediatoris ultima* (?Basel, ?1547), 8.
9. *Cosmographicae disciplinae compendium* (Basel, 1561), 30:「油にはまった蠅の死骸，あるいはもし生きていても，青々と茂るものを何でも食い尽くさんとする蝗の群れのようにも見え，うまく言葉で否定しても，事実としては現状の聖務で世俗の財を所有しているのは明らかだから，所有権の放棄を，文書によってだけではなく，霊的に評価される形で，合意のうえで謳っていただきたいのだ．実際前例としてはメルキゼデクだけだとしても，彼の範に倣って，聖職者は幕屋の生活においては万物を所有してもその用益権のみによってでなければならない．」
10. *Cosmographicae disciplinae compendium*, 65.
11. しかしライネス宛書簡では，聖職売買者は異端であり，聖職者として有効な判断をなしえないと述べている (*Lainii monumenta* [Madrid, 1912-1918], VI, 270).
12. 『ゾーハル』もまた清貧を宗教的価値として賞揚している点は明記すべきであろう．Gershom G. Scholem, *Major Trends in Jewish Mysticism* (New York, 1946), 234〔邦訳 308〕.
13. *Eversio falsorum Aristotelis dogmatum* (Paris, 1552), fol. 77.
14. *Postelliana*, 36 ff.
15. J. von Döllinger, "Der Weissangungsglaube und das Prophetenthum in der christlichen Zeit," *Historisches Taschenbuch*, Ser. V, I (1871), 291-292.
16. *The Zohar*, Harry Sperling and Maurice Simon, trs. (London, 1931-1934), I, 282-283; II, 13-14.
17. *De universitate liber* (Paris, 1563), 25-28.
18. *Πανθενωσια: compositio omnium dissidiorum* (Basel, 1561), 139:「……改革派教皇が，今にいたるまでローマにおかれた聖座をエルサレムに移転すべきであり，そこから動かしてはならない．」フランシスコ会士で預言者フライ・メルチョールもスペインで1512年頃，教皇庁をローマからエルサレムに移転することを求めている (Marcel Bataillon, *Érasme et l'Espagne; recherches sur l'histoire spirituelle du XVIe siècle* [Paris, 1937], 65 ff.).
19. Wilhelm Bossuet, *Der Antichrist in der Uberlieferung des Judentums, des neuen Testaments und der alten Kirche* (Göttingen, 1895), 11 ff.

20. *Πανθενωσια*, 78.

21. *Des merveilles du monde* (?Paris, ?1552), fol. 85r.

22. トリエント公会議宛書簡, in J. Schweizer, “Ein Beitrag zu Wilhelm Postels Leben und zur Geschichte des Trienter Konzils und der Inquisition,” *Römische Quartalschrift für christliche Altertumskunde und für Kirchengenschichte*, XXIV (1910), 100:「別の真理として私が思うに, 聖ローマ教会の信仰に従い, ペテロの常変わらぬ首位の座を認めるどの国民も, 公会議においてもその教会の判断に従い, 行動のすべての指針を教会から得ようとしたが, ローマ教会と, 公会議や地方会議で合意された見解に矛盾があるのなら, 後者を真理として受け入れなければならない.」

23. メランヒトン宛書簡, in *Postelliana*, 38-39; マシウス宛1550年 6 月10日付書簡, in Jacques Georges de Chaufepié, “Postel,” *Nouveau dictionnaire historique et critique pour servir de supplément ou de continuation au dictionnaire ... de Bayle*, III (Amsterdam, 1753), 217.

24. Decima L. Douie, *The Nature and the Effect of the Heresy of the Fraticelli* (Manchester, 1932), 268.

25. P. 7. 同様のくだりは, *Πανθενωσια*, 126-127.

26. *De nativitate ultima*, 18.

27. *Merveilles du monde*, fol. 74v.

28. *Description et charte de la Terre Saincte* (?Paris, ?1553), 15.

29. *De rationibus*, fol. 30v.

30. *De orbis concordia*, 298.

31. *Cosmographicae disciplinae compendium*, 28-29.

32. *Postelliana*, 53:「万物は神ご自身のものであるゆえに, 俗人よりも聖職者に関わるが, 所有権はやはりヤフェトあるいはカエサルだけに帰属し, 用益権のみセムあるいはメルキゼデクに帰属する. 聖職者は, セムの幕屋の住人ヤフェトの庇護のもと, 特権的な身分と品位を保つことに集注して, 俗事に関わってはならない.」〔本文の記述と内容が若干矛盾しているが, そのまま訳出した.〕

33. *Restitutio rerum omnium conditarum* (Paris, 1552), fol. 9r:「そしてこれらの義の君主自身は, メシア王の体の一部, すなわち手や足や目のようなものである.」

34. *Les très merveilleuses victoires des femmes du nouveau-monde* (Turin, 1869), 26-27.

35. *Victoires des femmes*, 85-86.

36. 用例は, *Alcorani liber*, 4, 15; マシウス宛1555年 3 月20日付, 1563年 9 月

付書簡（Chaufepié, 221, 230–231）; オルテリウス宛1567年４月９日付書簡, in *Abrahami Ortelli epistulae*, J. H. Hessels, ed.（Cambridge, 1887）, 42.

37. *De rationibus*, fol. 33r–v.
38. *Divinationis sive divinae summae-que veritatis discussio*（Paris, 1571）, fol. 8r:「……教会ではない．教会はアダムの時代からわれわれの時代にいたるまで，誤ったことはないし，未来永劫誤ることはない（なぜならキリストの花嫁は神秘であるだけでなく，常に生き続けるから）．……」
39. *De nativitate ultima*, 151:「それでは，特殊教会がそれ以上に持っているものとは何か．いっぱいある．第一に命の鍵であるが，これはもちろん一般教会にも与えられている……特殊教会にあるのは，神の御言，秘跡，疑う余地のない聖人たちである．……」
40. *De nativitate ultima*, 151.
41. *Absconditorum clavis*, 21.
42. 公会議宛, in Schweizer, 98.
43. *De Foenicum literis*（Paris, 1552）, fol. 18r.
44. ソルボンヌが教義の決定に責任を持つことが，フランスの霊的指導力を証明し正当化するという考えは，フランス王党派のありふれた思想であった．Claude de Seyssel, *Le grand'monarchie de France*（Paris, 1558）, fol. 10v でもこの考えが述べられている．
45. 公会議宛, in Schweizer, 98.
46. *Absconditorum clavis*, 49.
47. *Absconditorum clavis*, 37.
48. *Absconditorum clavis*, 35.
49. *Merveilles du monde*, fols. 40v–41v.
50. *La doctrine du Siècle Doré*（Turin, 1869）, 107–109. グレゴリウス十三世宛1575年付書簡, in *Postelliana*, 82–83 も見よ．頻繁な聖体拝領への関心はここでもイエズス会とのつながりを思い起こさせる．
51. *La doctrine du Siècle Doré*, 111.
52. *Convivium religiosum*, in *Opera omnia*（Leyden, 1703–1706）, I, 682A.
53. 遺作, *A Treactice upon the Passion of Chryste*, in *The Workes of Sir Thomas More Knyght*（London, 1557）, 1287–1288.
54. *Absconditorum clavis*, 34.
55. *Πανθενωσια*, 130.
56. *Absconditorum clavis*, 34–35.
57. 例えば, *Πανθενωσια*, 5.
58. *Absconditorum clavis*, 34:「それゆえ，いかなる時代のいかなる民族の，ど

の法に従う者であれ，自然や聖書や恩寵の祭式の法において，仲保者の治療薬を一度も聞いたことのない者，あるいは聞いたことがあっても理解しなかった者，あるいはかつて理解しても，時の変遷や，異端者による侮辱，牧師の怠慢によって，その観念の一部あるいはすべてを忘却した者は，ヨブやその他無数の者たちと同じように，自らの良心の判断を法としているのであれば，慈愛の業によって仲保者の意思に従うのだから，絶対確実に仲保者の法のもとにある．……」

59. *De nativitate ultima*, 151:「それゆえ潜在的イエスは，全地の各時代，あらゆる場所のあらゆる民族の，一人一人のかたわらに，善を獲得しようとするその欲求のうちにいるのでなければならない．被造物は進んで善を希求するのである．」

60. *De nativitate ultima*, 154–155:「(神は）特殊教会の子らが，心臓，頭，生殖器といった主要器官に似た，第一の友人，宮中第一の直臣のように行動することを望んでいる．かたや，一般教会の成員は，……農夫や家の間借り人と同じで，選ばれた成員と同じ恩寵を間接的に密かに受け取る．重要なのは自らのため，そして他の者のために恩寵を受け取ることであると，第一の成員は教えられているはずなのだ．それは，心臓が生命のすべてを，脳がすべての感覚と運動を受け取って，消化し，他に行き渡らせるのと同様である．それゆえ，生命からより遠ざかっている四肢は生命を受け取ったあとで，他に生命を行き渡らせるわけではないが，だからといって，健全な体において主要器官よりも必要性が低いわけではない．したがって，主要器官のように栄養を配給しないからといって，それらが非難されるいわれはないのだ．」

61. *De nativitate ultima*, 155–156:「……特殊教会へと神が召命せんとした者は召し出された者である．一般教会において神が見捨てんとした者は遺棄されし者と呼ばれる……選ばれし者は広めるために受け取るが，遺棄されし者はわがものとするためだけに受け取る．」

62. *De nativitate ultima*, 162:「実に神は，特殊教会においてと同様に，一般教会においても啓示を与えた．神は御言と同様に恩寵も万人に与えたのだ．」

63. この問題については，*De orbis concordia*, chs. vii–viii で縷説している．

64. *Absconditorum clavis*, 4.

65. *De rationibus*, fol. 33v.

66. 1553年 8 月17日付，in *Postelliana*, 8.

67. ポステルの自然宗教への傾きについては以下で議論されている．Léon Blanchet, *Campanella*（Paris, 1920), 428–440; Francesco Oligiati, *L'anima dell'umanesimo et del rinascimento*（Milan, 1924), 778–780.

68. *Πανθενωσια*, 10.
69. *Πανθενωσια*, 7-8.
70. *Πανθενωσια*, 131:「われわれが原則において合意する暁には，真の公理と終極的真理に到達せずにはいられない．教皇教徒もルター派もいなくなり，われわれ万人がイエスの救いを求めることによって，キリスト者となろう．」
71. *De orbis concordia*, 290-292.
72. Pp. 11-13.
73. *Alcorani liber*, pp. 21-22 でポステルは対応する点を列挙し，次いで個々の論点を縷説している．
74. 例えば，*De rationibus*, fol. 9 and *passim*; *Alcorani liber*, 14 ff.
75. *De rationibus*, fols. 30v-31r:「ドイツの君主らは，教皇庁の悪弊にかこつけて悪行を放置しただけであれば，冒瀆を犯したことにはならなかったのに，徐々に本性を現し，ある者はポーランド人に，ある者は密かにトルコ人に，ある者はガリア人に，他の者はカールに味方し，あるいは自らの自由を守る側に立った．早いうちに教会法の遵守を誓わないかぎり，彼らは世界を揺るがし，滅ぼすだろう．」
76. *Alcorani liber*, 18. ポステルは pp. 17-19 でこの主題を展開している．
77. *Πανθενωσια*, 130-131.
78. P. 19.
79. *Apologia pro Serveto Villanovano* in Johann Lorenz von Mosheim, *Versuch einer unpartheiischen und gründlichen Ketzergeschichte*（Helmstaedt, 1748）, II, 473.
80. グレゴリウス十三世宛1575年付書簡，in *Postelliana*, 82-83.
81. *De nativitate ultima*, 6-7:「神父様，兄弟，息子たちよ，目を開けよ．目を開けて，世界の贖い主イエス・キリストが……無分別な者をいかに回心させたか見よ．彼を訪れない者を破門したなどとは聖書のどこにも書かれていない．……私は，神父様，あなたがたにはこのひとつのことを求めよう．破門をちらつかせることなしに，真理の法を説いてほしいのだ．このやり方のほうがより簡単に世界を和解させられよう．」
82. *De orbis concordia*, 327:「もし大人数の人間の中にわずかな不信心者がいて，この彼らの穢れが大衆に広まる恐れがあるのなら，期限を定めて，説得して自発的に移動させるか，有無を言わせず強制的に立ち退かせればいい．四肢のわずかな傷が体全体に広がって，致命的にならないように．」
83. *Cosmographicae disciplinae compendium*, 64-65.
84. *Alcorani liber*, 21-22, 24, 17.
85. マシウス宛1563年11年25日付書簡，in Chaufepié, 225:「……似非福音狂想

詩をひっさげた教皇イリリクスが，自派の指導者らを煽って，このうえなく博学で穏健な者たちに刃向かわせた．それは，メランヒトンのような人も決して容赦しないほどであった．……」さらにオポリヌス宛1560年８月25日付書簡，in *Postelliana*, 44を見よ．

86. 1553年８月17日付，in *Postelliana*, 8.

87. *Linguarum duodecim characteribus differentium alphabetum introductio*（Paris, ? 1538）, "De Tzerviana Poznaniave"; *De orbis concordia*, 132.

88. Gustav Schnürer, *Kirche und Kultur im Mittelalter*（Paderborn, 1924–1929）, III, 24.

89. *De nativitate ultima*, 24–26.

90. *Merveilles du monde*, fol. 93v.

91. 公会議宛，in Schweizer, 100.

92. *De Foenicum literis*, 48–49.

93. *De la republique des Turcs*（Poitiers, 1560）, 1–3.

94. P. 157 and ff.

95. Augusitin Renaudet, *Études érasmiennes*（*1521–1529*）（Paris, 1939）, 103.

96. *Republique des Turcs*, 67–68 and ff.

97. *Republique des Turcs*, 35, 60–61, 69–72, 116 ff.

98. マシウス宛1563年９月付書簡，in Chaufepié, 230. また，*De orbis concordia*, 258 で吐かれている型にはまった罵詈雑言を見よ．

99. *De orbis concordia*, 127. しかしながら，東西間の競争と７世紀のビザンツ＝ペルシア戦争を指摘して，イスラム興隆の歴史的背景についてもいくらか関心を持っていたことを見せている．

100. *De orbis concordia*, 126.

101. 特にトルコ論第二部を見よ．*Hsitoire et consideration de l'origine, loy, et coustume des ... Ismaelites ou Muhamediques*（Poitiers, 1560）, 11–16.

102. 例えばマシウス宛1563年９月付書簡，in Chaufepié, 230. エラスムスもトルコ人を「半キリスト教徒」と考えた（Renaudet, *Études érasmiennes*, 103）．

103. *Cosmographicae disciplinae compendium*, 76.

104. *Πανθενωσια*, 111.

105. *Πανθενωσια*, 112.

106. *Πανθενωσια*, 115:「したがって，コーランに書かれている事柄，現世について書かれていると考えられていることすべては文字どおり，万物復元ののちのことを正確に示しているのでなければならない．」ここには自由心霊派兄弟団への暗示があるのか．

107. *Histoire et consideration*, 44 ff.; *Absconditorum clavis*, 64 ff.; *De originibus*

(Basel, ?1553), 86:「ムハンマドのイスマエルびとの努力によって，偶像崇拝は壮観なまでに根絶され，世界開闢以来，イスマエルびとほど，不完全ではあるが，神の栄光を大規模に推し広めた帝国はないと言えるほどである.」

108. *De orbis concordia*, 354 ff.; *Restitutio rerum omnium conditarum* (Paris, 1552), 標題.

109. 例えば，オットー・フォン・フライジング Otto von Freising,『ふたつの国の歴史』第八書第七章.

110. *De orbis concordia*, 366:「彼らはイエス・キリストの像を冒瀆したかどでコンスタンチノープルで鞭打たれた．イエス・キリストの聖餅を穢したかどでパリから放逐された．キリストに恥ずべき瀆神と野蛮な不敬を働いたかどでブリテン，スペイン，ガリアから追放された．このあいだは大司教区コロニエンススから放逐された．……」本書は初期の著作であることは指摘しておくべきだろう.

111. In Schweizer, "Postels Leben," 98, 100. ユダヤ人に共感を持つ点でもポステルはまさしくルルスとクレナルドゥスの伝統に棹さしている.

112. *De Etruriae regionis ... originibus, institutis, religione et moribus* (Florence, 1551), 81. ここで重要なのは，ポステルが〈知恵 sapientia〉という語を選択した点である．ドルイド僧についての知識は主にカエサルに負っている.

113. *De Foenicum literis*, fols. 9v–10. この原則は，ポステルの念頭にあっただろうヘブル書 11: 6 の信仰の定義と合致する.

114. *De orbis concordia*, 74.

115. 標題は，*Sibyllinorum versuum a Virgilio in quarta bucolicorum versuum ecloga transcriptorum ecfrasis commentarii instar* (Paris, 1551)〔『ウェルギリウスが牧歌第四歌でエクフラシス風に書き写したシビュラの詩句についての註釈』〕. もちろん注釈にはポステルの思想が盛られている.

116. *De originibus* (1553), 73.

117. *De orbis concordia*, 341 ff.

118. *De Etruriae regionis originibus*, 67; *Absconditorum clavis*, 6; *Merveilles du monde*, fol. 52r; *Cosmographicae disciplinae compendium*, 70.

119. *Merveilles du monde*, fols. 46r, 50r, 10r, 66r–67v, 86v, 65r, 55v.

120. *Merveilles du monde*, fols. 10r, 18r–19r.

121. *Divinationis discussio*, fol. 22v:「……彼らはどういう宗教を吟味するにも，理性の導きに従う.」

122. *Merveilles du monde*, fol. 12r ff.

123. ユダヤのカバリストは魔術を慣習的に「東方の住民の知恵」と呼んだ

(Louis Israel Newman, *Jewish Influence on Christian Reform Movements* [New York, 1925], 174).

124. *Merveilles du monde*, fols. 10r, 38v.

第七章

1. *De orbis terrae concordia* (Basel, 1544), 献辞.
2. 1563年 9 月付, in Jacques Georges de Chaufepié, "Postel," *Nouveau dictionnaire historique et critique pour servir de supplément ou de continuation au dictionnaire ... de Bayle*, III (Amsterdam, 1753), 230:「……キリスト教会の西洋世界全体に……私が示し，そして示したいのは，もし私たちが望むなら，至極簡単に，キリスト教世界はこの最悪の嵐の混乱から完全に抜け出して，永遠至高の平安へ，そしてその向こうの，神が御子を通じて定めたあの平安な境地へと戻れるということなのだ.」
3. *De originibus* (Basel, ?1553).
4. *L'histoire memorable des expeditions depuys le deluge faictes par les Gauloys ou Francoys* (Paris, 1552), fol. 74r.
5. この称号を最初に用いたのは，1547年にバーゼルで上梓されたふたつの著作においてであった. *De nativitate mediatoris ultima* では献辞末尾に，*Πανθενωσια: compositio omnium dissidiorum* では標題に印刷されている. Johann Lorenz von Mosheim, *Versuch einer unpartheiischen und gründlichen Ketzergeschichte* (Helmstaedt, 1748), II, 480 所収の *Aplogia pro Serveto Villanova* では "Pandochaeus stabulariusve"〔諸国民の牧者あるいは旅籠屋〕と自称している.
6. *Hic continentur libri Remondi pii eremite* (Paris, 1499), fol. 1v. Augustin Renaudet, *Préréforme et l'humanisme à Paris pendant les premières guerres d'Italie (1494-1517)* (Paris, 1916), 378に引用されている.
7. Renaudet, *Préréforme et l'humanisme*, 378-380.
8. 1560年付書簡, in *Postelliana. Urkundliche Beiträge zur Geschichte der Mystik im Reformationszeitalter*, J. Kvačala, ed. (Juriev, 1915), 48.
9. Pierre Jourda, *Marguerite d'Angloulême, Duchesse d'Alençon, Reine de Navarre (1492-1549)* (Paris, 1930), I, 502はポステルがマルグリット・ド・ナヴァールの「大胆な世界帝国論」に影響を与えたのではないかと推測している. これはありえないことではないが，ポステルのこの問題についての見解が1544年以前に形をなしていたのか，1548年以前に公にされたのか明らかでない. いずれにせよ，前段に示そうとしたとおり，ポステルのよう

な考えは当時としてはありふれていた.

10. Ernst Sackur, *Sibyllinische Texte und Forschungen* (Halle, 1989), esp. 117 ff.; Ernst Bernheim, *Mittelalterliche Zeitanschauungen in ihrem Einfluss auf Politik und Geschichtschreibung* (Tübingen, 1918), 97 ff.
11. *Resolution Etèrnele destinée au Roy & peuple Treschrestien* (Paris, 1552) という標題のビラ.
12. Robert Folz, *Le souvenir et la légende de Charlemagne dans l'empire germanique médiéval* (Paris, 1950), 139; Leroy Edwin Froom, *The Prophetic Faith of Our Fathers; the Historical Development of Prophetic Interpretation* (Washington, 1946–1950), I, 585–586; J. von Döllinger, "Der Weissagungsglaube und das Prophetenthum in der christlichen Zeit," *Historisches Taschenbuch*, Ser. V, I (1871), 344 ff.; Franz Kampers, *Die deutsche Kaiseridee in Prophetie und Sage* (Munich, 1896), 91 ff.; Renaudet, *Préréforme et l'humanisme*, 379, 23.
13. 『ガルガンチュア』第一章
14. *Les très merveilleuses victoires des femmes du nouveau-monde* (Turin, 1869), 27.
15. *Eversio falsorum Aristotelis dogmatum* (Paris, 1552), 献辞.
16. 例えば, *Les premiers elements d'Euclide chrestien*, (Paris, 1579), 30.
17. 例えば, *Euclide chrestien* や *Les raisons de la monarchie* (Paris, 1551), ii.
18. *De Foenicum literis* (Paris, 1552), fol. 10から議論が始まっている.
19. *De Foenicum literis*, 命題 3, 4, 8, 10, 11; *La loy salique* (Paris, 1780), 20 ff.; *De signorum coelestium vera configuratione* (Leyden, 1636), 51.
20. セッセルも *La loy salique* という著作を著している (1541 年版とその次の版では, *Grand monarchie de France* と合本で出版された). 彼はサリカ法を, イギリス人がフランスの王位を要求していたゆえに重要な実際的案件ととらえていた. *Grand monarchie de France* (Paris, 1558) [first ed., 1518], fol. 8r では, サリカ法をフランス王国の秩序を守る根本的原理として, ポステルと同様に讃えている.
21. *Relazioni degli ambasciatori veneti al Senato*, Eugenio Albèri, ed. (Florence, 1839–1863), Series I, vol. I, pp. 231–232.
22. *Loy salique, passim*, esp. 1 ff., 31 ff., 34–38, 41–48 ff., 69 ff.; *De Foenicum literis*, 命題20. ポステルは〈サリック Salic〉とは〈ガリック Gallic〉の転訛であると説明し, これに異を唱える者全員を「馬鹿, 愚か, 餓鬼」と愚弄する.
23. 本書63ページを見よ. セッセルも *Grand monarchie de France*, fol. 10r で, ドルイド僧をフランスの住民が昔から宗教的民族であったことの証拠としている. さらにガリア人は最初にキリスト教を受け入れた民であり, 異端

を許すことは決してなかったと記している．

24. *De Foenicum literis*, 命題18. マリア，マルタ，ラザロの話は『黄金伝説』に収められているが，ポステルは別の典拠を用いたのかもしれない．ディオニュシオス・アレオパギテースとフランス人の聖人ドゥニとの同一視は伝統的なものである．
25. *De Foenicum literis*, 命題29, 19.
26. マシウス宛1563年11月25日付書簡，in Chaufepié, 226; *Victoires des femmes*, 22 ff.
27. Marie-Madeleine Martin, *La formation morale de la France*（*Histoire de l'unité française*）(Paris, 1949), 191 ff.
28. *De Foenicum literis*, 命題13–16; *Histoire des expeditions*, fol. 6v.
29. *De Foenicum literis*, 命題30–31; *Eversio Aristotelis*, 献辞.
30. *De Foenicum literis*, 命題2; *De coelestium configuratione*, 47 ff.; *Des merveilles du monde*（?Paris, ?1552), fol. 75v.
31. *Merveilles du monde*, fol. 49r.
32. *Merveilles du monde*, fols. 80v–82r.
33. この伝統については，Herbert Grundmann, "Sacerdotium-Regnum-Studium," *Archiv für Kulturgeschichte*, XXXIV（1951), 6–21.
34. *De Foenicum literis*, 命題 17; *Merveilles du monde*, fol. 63r. セッセルも，教会における教義の真の源泉としての神学部をフランス人の篤信の証明としてあげている（*Grand monarchie de France*, fol. 10v).
35. *De Foenicum literis*, 献辞; *Merveilles du monde*, fols. 49v–50r, 7r.
36. *Candelabri typici in Mosis tabernaculo interpretatio*（Venice, 1548), 75.
37. *De Foenicum literis*, 命題35.
38. *Histoire et consideraion de l'origine, loy et coustume des ... Turcs*（Poitiers, 1560), 8 ff.; *De universitate liber*（Paris, 1563), 32–33.
39. *De Foenicum literis*, 命題7, 21, 32. ポステルは，〈瘰癧の医師〉として王の力を信じない同時代人を攻撃し，王との接触で癒された者を多数見たと主張する．セッセルも王の手の治癒力を，フランス国王家に対する神の特別の恩寵のあらわれであるとする（*Grand monarchie de France*, fol. 29v).
40. *De Foenicum literis*, 命題22–27; *Candelabri interpretatio*, 55 ff.
41. *De Foenicum literis*, 命題28; マシウス宛1563年 9 月付書簡，in Chaufepié, 231. ポステル以前の西洋におけるこの預言の歴史については，A. S. Atiya, *The Crusade in the Later Middle Ages*（London, 1938), 95 ff.
42. 第二書簡（?1562), in *Postelliana*, 67, 69. フランソワ一世はポステルの提案に最初の頃はいくらか関心を持ったのかもしれない．ポステルの提案は，

王がその青年期におそらくはかなり真剣に考慮した十字軍計画に合致するのである．Clarence Dana Rouillard, *The Turk in the French History, Thought and Literature*（*1520–1660*）（Paris, 1938），34 ff. を見よ．

43. *Loy salique*，献辞; *De Foenicum literis*，献辞; *Description et charte de la Terre Saincte*（?Paris, ?1553），献辞．
44. *De la republique des Turcs*（Poitiers, 1560），献辞．この献辞はフランソワ二世が即位する前に書かれたことは間違いない．
45. *Description et charte*, 15, 74–75.
46. *Victoires des femmes*, 25.
47. *Resolution Etèrnele destinée au Roy & peuple Treschrestien*（Paris, 1552）; 強調筆者．王の選出規準については，*Merveilles du monde*, fols. 73v, 84r を見よ．ここでポステルはユダヤ人の王の選出（ママ）方法を「腐敗も見当たらず本当にあっぱれな」やり方だと賞賛している．そして「血筋ではなく美徳によって選ばれたガリアの王」について語る．
48. J. Kvačala, "Wilhelm Postell. Seine Geistesart und seine Reformgedanken," *Archiv für Reformationsgeschichte*, XV（1918），157–158 で議論されている．
49. *Postelliana*, 64, 48, 51, 79.
50. *Cosmographicae disciplinae compendium*（Basel, 1561），献辞．
51. *Postelliana*, 51.
52. *Le prime nove del altro mondo*（?Venice, 1555），fol. 28 ff. *Divinationis sive divinae summae-que veritatis discussio*（Paris, 1571），fol. 26v でも，トルコ軍の猛攻に最もよく耐えたのはヴェネツィア人であると指摘している．実際，15世紀末と16世紀初めには短期間ではあるがフランス＝ヴェネツィア同盟が結ばれていた．ポステルの脳裏には，壊滅的な結果となったラーヴェンシュタインの 1501–1502年の遠征があったのだろう．しかしながら他のキリスト教諸国は総じて，トルコ人と商売を続けて共通の利益を損なうヴェネツィアを非難した．
53. *La tierce partie des orientales histoires*（Poitiers, 1560），ロレーヌ枢機卿への献辞．ポステルを衷心から激励したのは，領土がトルコ人の脅威に現にさらされていた東ヨーロッパの支配者だけであったことは意味深長である．
54. 1567年10月付書簡，in *Correspondance de Christophe Plantin*, Max Rooses and J. Denucé, eds.（Antwerp and Ghent, 1883–1918），I, 188–189. ポステルがベルギーに鞍替えしたのは，スペイン人（プランタン聖書の後援者はスペインのフェリペ二世だったため），ベルギー人，フランス人を同じ民族と考えたからであった．
55. *De universitate liber*（Paris, 1563），72–73でこう画定している．

56. この点については古典的研究である Albert Sorel, *L'Europe et la Revolution française*（Paris, 1885–1904）, I, 259–260を見よ．

57. Pierre Mesnard は，その重要な著作 *L'essor de la philosophie politique au XVIe siècle*（Paris, 1936）, 431 ff. でポステルを，中世の普遍主義から近代の国家主義への移行の代弁者として描き出している．さらには，ポステル思想においては世界の政治的改革についてのみが際立ち，二の次の扱いを受けるようになった宗教的考察は，政治的意味を持つかぎりにおいて重視されたと強く主張している．そして個々の国家が各々の役割をキリスト教世界全体のために果たすという観念が，この重要な移行をもたらしたのかもしれないとされる．私にはその根拠がきわめて薄弱のように思えるし，いずれにせよこの概念がルネサンスの革新であると言うべきではない．それに，ポステル思想において政治的動機が第一位を占めるようになったとはとうてい思えない．私が強く言いたいのは，ポステルの政治的提言の一切は，宗教的目標に到達するための提案以上のものではなく，後者こそが終始彼の思想の中心であったということである．確かに数年間（1548–1555）は，どう行動するかという問題を特に深刻にとらえ，その方法と手段にいつになく専心した．だが，彼がそれによって宗教的目標を見失ったと考える理由は見当たらない．メナール氏の解釈はまた近代の国家主義の性格と起源についての広範な疑問を提起するものでもある．私の見解は以下の論考で表明されているものに近い．Marcel Handelsman, "Le rôle de la nationalité dans l'histoire du Moyen Age," *Bulletin of the International Committee of Historical Sciences*, II（1929–1930）; Walter Sulzbach, *National Consciousness*（Washington, 1943）.

58. *Cosmographicae disciplinae compendium*, 献辞.

59. *De orbis concordia*, 2:「これほど多くの労苦が無駄になり，これほど多くの輝かしい努力が，美徳の代わりに悪を容認し受け入れることで無駄になることを，甘露がニガヨモギ酒と混ぜられて苦くなり，永久に死につきまとわれて生きることを嘆かない者がいようか．ある者はモーセの教えを自分のものとして主張し，ある者はムハンマドを立法者だと考えている．少なからぬ場所で，忌まわしい悪魔の像が崇拝の対象として祀られている．ある者たちは死霊におびえ，死霊を聖なるものとして扱う．神の代わりに身を現すとも考えられている．しかしそうではあってもやはりわれわれのあいだには真理そのものが潜んでいるのに，われわれの怠慢のせいで隠れたままであり，多くの民族に知られていないのだ．」

60. *De orbis concordia*, 133. *Euclide chrestien*, 27では，コルムビヌスや聖ドゥニへの敬慕も表している．

61. *De orbis concordia*, 2.

62. *De orbis concordia*, 353:「使徒と殉教者の行状を手本にして，希望に胸ふくらませて立ち上がり，信仰で武装し，自身の高潔さを恃み，慈愛に燃え，神に恋いこがれ，断食と祈りに身を入れ，謙譲で身を震わせる福音伝道者は，神からのすべてに期待が持てるにちがいない．神は彼をいつも助け，その努力を是認するはずである．」

63. *Le prime nove del altro mondo*, fol. 29r.

64. *Merveilles du monde*, fol. 94v.

65. 二，三の例で十分だろう．*Raisons de la monarchie*, iii–v では本書について解説し，その目的を説明している．*Cosmographicae disciplinae compendium* 献辞と，フェルディナント宛第二書簡（1562），in *Postelliana*, 72では，皇帝に本書を注目するよう促している．マシウス宛1563年 9 月付書簡，in Chaufepié, 231.

66. 神学者コサール宛1576年 1 月 3 日付，1577年 7 月10日付書簡，in G. Weill, *De Guilielmi Postelli vita et indole*（Paris, 1892），補遺 IV, 120–123 を見よ．

67. *De orbis concordia.*

68. *De orbis concordia.*「必須の」章が扱っているのは，三位一体，世界創造，不死性，肉体の復活である．

69. *De orbis concordia*, 327–328.

70. *De orbis concordia*, 328:「教える責務を持つ者は，常に熱意を持っていなければならない．この者はまずもって，語る者の立場にあっては教える力を，聞く側からすれば説得力を，教える事柄においてはそれを納得させる力を常に身につけよ．真理を告げ知らせる者は，非の打ち所のない高潔な生活を送れ．……第三に，教える事柄について豊富な知識を持ち，黙って聞かせられるようであれ．」

71. 後年にはイエズス会士への賛嘆の念を往々に口にしている．特に，*Merveilles du monde*, fol. 78 ff.; *Sibyllinorum versuum a Virgilio ... instar*（Paris, 1553），献辞; メランヒトン宛書簡，in *Postelliana*, 39; マシウス宛1563年 9 月付書簡，in Chaufepié, 230; ライネス宛1562年 4 月 9 日付書簡，in *Lainii monumenta*（Madrid, 1912–1918），VI, 269.

72. *De orbis concordia*, 328:「真理を説こうとする者は，何よりもまず，真理そのものと同じくらい，真理の敵が持ち出すものに精通している必要がある．なぜなら真理を教え，証明するだけでなく，誤った反論を論破し，推論を反駁しなければならないからだ．これで表面的な論点の対立以外は避けられる．さらに皆に対してすべてであるように生きなければならない．すな

わち，教え込みたいことを彼らに合わせて，彼らの法を認めることから始めるのが良いと思われる．そしてついに成果を出して，結論を導き出せば，われわれの教えを裏付けることになるか，あるいは他の者の教えが根拠薄弱であることを示すことになる．……したがって，住民の魂の救済はほったらかしにされているようなのだから，最初は彼らの弱さに配慮して褒め同調して見せなければならない．彼らはいわば半分不信心者，半分悪人の善人だからだ．そしてもしその一部が同意し，その仲間が真理を教えて態度で示せば，交際のきっかけとなって，共同生活を続ける中で徐々に誤りが正され，改善されるはずだ．」

73. *De orbis concordia*, 328, 338.

74. *De orbis concordia*, 340.

75. *De orbis concordia*, 353.

76. *Linguarum duodecim characteribus differentium alphabetum introductio*（Paris, ? 1538）, “De lingua punica arabicave”. ヴィエンヌ公会議の前例を持ち出しているのは他に，*De Foenicum literis*，献辞; マシウス宛1563年 9 月付書簡，in Chaufepié, 230.

77. *De orbis concordia*, 133 ff.

78. *De Foenicum literis*，献辞．ポステル自身がこの講座を引き受ける希望を持っていたのかもしれない．

79. *Histoire et consideration des Turcs*, 35. ポステルによると，自分がアラビア語研究を擁護するのは，「それを習得することで［ムスリムと］，大使を通じてのみならず，普通に誰とでもどの機会においてでも話ができるようになるからである」．

80. *Linguarum duodecim characteribus differentium alphabetum introductio*, “De lingua punica arabicave”:「われわれの中から最良の著者と研究が世に出て，キリスト教信仰の敵を一人残らず聖書の剣で打ち破り，その教義で反駁し，この言語の知識を使って全世界と交流できる．」

81. *Correspondance de Plantin*, I, 189. Geoffroy Atkinson, *Les nouveau horizons de la Renaissance française*（Paris, 1935）, 57では，ルネサンス文学における「印刷術についての包括的な神秘主義的伝統」の存在が指摘されている．ポステルはこの〈神秘主義〉的傾向を共有していたようだ．

82. *Cosmographicae disciplinae compendium*，献辞:「今日，印刷術が濫用されて，あらゆる類の教説や見解，教義が，最悪の中身のないものでも，世界中に広まっている．あなたが最初に福音の至純の光を広めるために贖い主の言語で提示するものを，同様に悪魔の一味も印刷術によってなすことは疑いの余地がない．……」さらに，マシウス宛1563年 9 月付書簡，in

Chaufepié, 231.

83. マシウス宛1563年 9 月付書簡，in Chaufepié, 230; *Raisons de la monarchie*, v.

84. マシウス宛1555年 6 月 7 日付，1563年 9 月付書簡，in Chaufepié, 228, 230.

85. マシウス宛1568年 3 月 4 日付書簡，in Chaufepié, 232.

86. *Correspondance de Plantin*, I, 188-191.

87. *De orbis concordia*，献辞と p. 424.

88. *Linguarum duodecim characteribus differentium alphabetum introductio*, "De lingua hieronymiana".

89. *Merveilles du monde*, fols. 32r-33r. このくだりは，ポステルが東方の慣習を非難しているほとんど唯一の箇所だけになおさら印象的である．他ではただただ感嘆するだけなのだ．

90. *Histoire ecclésiastique des églises réformées au royaume de France*, G. Baum and Ed. Cunitz, eds. (Paris, 1883), I, 108.

91. *Postelliana*, 53-54.

92. 標題は，*Les premiers elements d'Euclide chrestien* (Paris, 1579).

93. 例えば，*Divinationis discussio*, fol. 21r.

94. *Merveilles du monde*, fol. 95r.

95. *De orbis concordia*, 4 ff.

96. P. 12.

97. *De orbis concordia*, 125:「これらが大事な要点である．これなくしていかなる人も救いに与ることはできない．」

98. *De orbis concordia*, 258. 西洋人のコーランに対する態度について，ポステルは率直に述べているわけでは決してない．1530年にヴェネツィアで印刷されたコーランの翻訳がローマの命令で破棄され，1542年にはオポリヌスがラテン語版コーランの出版に手こずったことを確かに承知していた．

99. *De orbis concordia*，献辞と p. 98; *De rationibus Spiritus sancti lib. II* (Paris, 1543), fol. 2v.

100. *De orbis concordia*, 献辞:「われわれの信念からかけ離れ，さらに神的事物に関してもわれわれのものと相反する権威を利用し頼る者たちに対して，理性を説かねばならないのは確かであり，この理性が真理の作者である神から広まっていくことをわれわれは信じている．理性が真偽を区別し，相反する所信を仲裁する以外に，口論を終わらせ，たんなる権威で意固地に正当化することをやめさせる方法があろうか．」

101. 1563年 9 月付，in Chaufepié, 230:「この王国でわれわれの怠慢がやがて

われわれをどこに導くのか知ることになろう．われらが高位聖職者や神学者が，キリスト教の真理，特に信仰箇条の合理的論証を与えてはならないとされるかぎり，あるいは与えることができないかぎり，われわれはわれわれの神聖不可侵の戒律が命じるままに，ユダヤ人やムハンマド教の異端者たちと同じ反乱を起こす．……」

102. *Lainii monumenta*, VI, 271.

103. *Cosmographicae disciplinae compendium*, 76.

104. *De orbis concordia*, 27:「真理に飢え，熱望する人々よ，これから私はいっそう怠りなく親密にあなたたちと議論しよう．私が三位一体と神について証明し，理性によって論証し，人間と神の権威に拠って補強し，諸々の実例によって例証したからには，あなたたちに疑う余地は一切ないはずだ．それでも，あなたがたの法には，吟味されるべき三位一体についての私の証明と相容れないものが山ほどあると私には思えるから，あなたがたのほうが私を理解することで，私とあなたたちは原理原則を共有することになるはずなのだ．」

105. *Postelliana*, 53–54.

106. *Postelliana*, 34–35.

107. Ernst Bernheim, "Politische Begriffe des Mittelalters im Lichte des Anschauungen Augustins," *Deutsche Zeitschrift für Geschichtswissenschaft*（1896), VIII, esp. p. 10を見よ．

108. *Le prime nove del altro mondo*, fol. 29r–v. これは彼の母ジョアンナの指導であったと述べている．

109. *Raisons de la monarchie*, vi.

110. *Histoire des expeditions*, fol. 7r.

111. *Histoire des expeditions*, fols. 10–11.

112. *Description et charte de la Terre Saincte*, 38–39.

113. *Tierce partie*, 87–88.

第八章

1. *The Zohar*, Harry Sperling and Maurice Simon, trs.（London, 1931–1934), I, 253.

2. ルネサンスの神話学については，Jean Seznec, *La survivance des dieux antiques*（London, 1940), esp. 204 ff.〔邦訳 231 ff.〕

3. 大洪水以降のノアの歴史の詳細はポステルの著作中何回か語られる．*De Etruriae regionis ... originibus, institutis, religione et moribus*（Florence, 1551),

55 ff.; *De originibus*（Basel, ?1553), 59 ff.; *Cosmographicae disciplinae compendium*（Basel, 1561), 14 ff.

4. イタリアでのノアの話や，ノアとヤヌス，ノアの妻とウェスタとの同一視は，同時代のユダヤ人イブン・ヤヒヤ Ibn Yahya の著作に由来するものだろう．Max Seligsohn, "Noah in Apocryphal and Rabbinical Literature," *The Jewish Encyclopedia*, IX（New York and London, 1905), 322.

5. *De originibus*（Basel, 1553), 61-62; *Cosmographicae disciplinae compendium*, 55; *De Etruriae regionis originibus*, 57:「……アルメニアの領土内にあるアトゥリアあるいはアッシリアとも呼ばれるエトルリアからすぐに，白羊宮が見守る地域の中央に移った．そこは，エルサレムが教皇の座であるように，世界の現世の支配の基である．」ポステルにとってアリエルはイタリアの守護天使であった．ポステルは固有名詞を手品のように操ることで，〈エトルリア〉は〈アッシリア〉に由来すること，換言すれば文明は東から西に移行したことを示唆しようとした．

6. ノアの都市建設の論じ方は作品ごとに異なる．*Cosmographicae disciplinae compendium*, 55; *De Etruriae regionis originibus*, 55 ff.; *Divinationis sive divinae summae-que veritatis discussio*（Paris, 1571), fol. 5v. ポステルにとってノアと古典古代とを関連させるきっかけとなった〈ジャニコロ Janiculum〉と〈サートゥルニア Saturnia〉は，ソリヌスに由来するものだろう．「……ヤニクルムはヤヌスが，ラティウムとサートゥルニアはサートゥルヌスが指示し建造したことを知らない者がいようか．……」（*Collectanea rerum memorabilium*, T. Mommsen, ed. [Berlin, 1895], 32).

7. この伝統については，Seznec, *Survivance des dieux antiques*, 13 ff.〔邦訳 13 ff.〕を見よ．ボダンはサトゥルヌスをニムロドのほうと同一視した（*Methodus ad facilem historiarum cognitionem* [Lyons, 1583], 304).

8. ポステルはノアの妻についてのユダヤの種々の伝説に印象づけられた．これについては，Louis Ginzberg, *The Legends of the Jews*, Henrietta Szold, tr.（Philadelphia, 1909-1938), I, 159 ff.; V, 45を見よ．

9. *De Etruriae regionis originibus*, 109, 118-123, 59-69; *De Foenicum literis*（Paris, 1552), fols. 6r-7r; *De originibus*（Paris, ?1538), fol. 9r; *Des merveilles du monde*（?Paris, ?1552), fol. 7r. ポステルはノアがモーセの律法の先駆者であるとの考えの典拠として『ゾーハル』をあげている．

10. *De Etruriae regionis originibus*, 57, 138-141; *De originibus*（1553), 74-75, 79; *Divinationis discussio*, fol. 3v.

11. なかでも，*De Etruriae regionis originibus*, 102 ff. を見よ．ルネサンスにはサトゥルヌスについての古代の種々の概念が知られていたことについては，

Seznec, *Survivance des dieux antiques*, 213〔邦訳 260〕.

12. *De Etruriae regionis originibus*, 94:「黄金時代の最良の人々は，神的事柄や天象，人事百般を完璧に観想して，事物を多様に知り，考察するに応じて，その各々の事物に様々な名称を与えた．それらがさらに聖なる文書に使われたことは，数多くの呼称とその変遷に見て取ることができる．」

13. *De Etruriae regionis originibus*, 94-107. はやくも1538年の *De originibus* からポステルはノアをヤヌス，カオス，オーギュゴスと同一視していた．ムティアーヌス・ルーフスも似た見解を述べていた．その発言はポステルの概念の背景にあるものを示唆するとともに，ムティアーヌスがそれらを，ポステルにとっても大事なものであった秘教的伝統の観念と関連させているために引用しておくに値する:「唯一の神と唯一の女神があるのみである．しかしいくつかの神力を備え，幾多の名前で呼ばれているのである．ユーピテル，ソール，アポローン，モーセ，キリスト，ルーナ，ケレース，プロセルピナ，テルース，マリア……．けれどもこれらの事柄を声高に言わないように気をつけよう．この分野では，エレウシスの神々の秘宝のように，沈黙と秘密がぜひとも必要である．聖なる真理を寓話と謎で包む術を知らねばならない．」(Seznec, *Survivance des dieux antiques*, 90〔邦訳104〕で引用されている．)

14. *Cosmographicae disciplinae compendium*, 15.

15. *Description et charte de la Terre Saincte*（?Paris, ?1553), 60-61.

16. *La loy salique*（Paris, 1780), 83; *Description de la Terre Saincte*, 108.

17. *Cosmographicae disciplinae compendium*, 1-2, 32-33.

18. 『政治学』VII, 1329b.

19. 『ユダヤ古代誌』第四書.

20. *Cosmographicae disciplinae compendium*, 19 ff.; *De originibus*（1553), 19-27; *Merveilles du monde*, fol. 77r. ゴメルの重要性についは，*Candelabri typici in Mosis tabernaculo ... interpretatio*（Venice, 1548), 77-78も見よ．

21. *De originibus*（Basel, 1553), 74 ff.; *Cosmographicae disciplinae compendium*, 37 ff.

22. *De Etruriae regionis originibus*, 58, 94, 160; *Restitutio rerum omnium conditarum*（Paris, 1553), fol. 4r; *Merveilles du monde*, fol. 71r.

23. *De originibus*（1553), 119 ff.

24. *De originibus*, 21:「確かに，最初に優れた哲学活動をし，文字を書き始めたのはギリシア人だったが，それはエジプト人，カルデア人，ヘブライ人の文化的活動が低迷し，劣悪な状態に陥ってからだった．……」

25. *De originibus*（1553), fol. 30r:「私が提示したことからわかるとおり，太古

のカルデア人やヘブライ人は，明らかに清廉な生をおくっていて，神の恵みを受けていたために，実際，正義と公正の最初の教えと世界の系図を有し，そして最初に文字を使用した．彼らに発したものがついにギリシア人によって，われわれそして全地に伝えられたのだ．」

26. *De originibus*, fol. 25r.
27. 本書218ページを見よ．
28. *Les très merveilleuses victoires des femmes du nouveau-monde*（Turin, 1869）, 22 ff.; *De originibus*（Basel, 1538）, fol. 20 ff.
29. Wallace K. Ferguson, *The Renaissance in Historical Thought*（Boston, 1948）, 1-29で解説されている．
30. *Histoire et consideration de l'origine, loy et coustume des ... Muhamediques*（Poitiers, 1560）, 50-53.
31. *De orbis terrae concordia*（Basel, 1544）, 133.
32. *Cosmographicae disciplinae compendium*, 献辞; *Candelabri interpretatio*, 47. 本書272 ページ以下も見よ．
33. Paul Sabatier, *Vie de S. François d'Assise*（Paris, 1931）, 67-68で引用されている．
34. ライモンド・ダ・カプア伝, *Acta Sanctorum*, April, III（Paris and Rome, 1866）, 933所収.
35. この伝統の全体像については，以下の古典的論文を見よ．J. von Döllinger, "Der Weissagungsglaube und das Prophetenthum in der christlichen Zeit," *Historisches Taschenbuch*, Ser. V, I（1871）, 257-370.
36. 1560年10月15日付書簡，in *Postelliana. Urkundliche Beiträge zur Geschichte der Mystik im Reformationszeitalter*, J. Kvačala, ed.（Juriev, 1915）, 47:「私は全力をあげて全キリスト教世界に説明しようと，熱情に突き動かされてこの闘技場に降り立った．それはなによりもまず教会改革の方法を提案したかったからだ．この方法を私がきわめて正確に理解して，解明し証明しているうちに，教会はこの方法に則って改革されなければならない．」
37. *De orbis concordia*, 献辞:「生まれたばかりのキリスト教会には奇跡が必要であった．いまや教会は老いて，信仰心が薄れたために，理性が行使されるべきなのだ．」
38. *Πανθενωσια: compositio omnium dissidiorum*（Basel, 1561）, 125-126.
39. *Postelliana*, 36 ff., esp. 39:「……聖性においても，明白な奇跡においても優れた多くの人々を，破門の恐怖によって，忌まわしい服従の誓願のうちに留め置いた．例えば，それぞれの時代において修道会を率いたドメニコ，フランチェスコ，ベルナールなどがそうだ．」

40. *Πανθενωσια*, 135:「それゆえ，スペイン，ガリア，ドイツから選ばれた人間によってなんらかの大掃除がなされなければならない．彼らは不幸と数多くの悪をもたらすローマと冒瀆的なイタリアを浄化し，東へと進む．……」
41. *Πανθενωσια*, 142.
42. Fols. 4r–11v.
43. *De magistratibus Atheniensium liber*（Paris, 1541）, fols. 62v–63r.
44. *De nativitate mediatoris ultima*（?Basel, ?1547）, 8.
45. *De orbis concordia*, 132, 428.
46. *De magistratibus*, fols. 9v–10r, 38v–39r, 48, 60; *De orbis concordia*, 316, 324; *De la republique des Turcs*（Poitiers, 1560）, 60–61, 70, 116 ff.
47. *Linguarum duodecim characteribus differentium alphabetum introductio*（Paris, ? 1538）, "De lingua punica arabicave".
48. P. 247.
49. P. 132.
50. *Alcorani seu legis Mahometi et Evangelistarum concordiae liber*（Paris, 1543）, 13; *Absconditorum a constitutione mundi clavis*（Amsterdam, 1646）, 71–72.
51. 本書20–21ページを見よ．
52. *Histoire et consideration*, 53–54.
53. 本書234ページを見よ．
54. Eoban Hess 宛1523年 3 月29日付書簡，in *Briefwechsel*（Weimar, 1930–1948）, III, 50; 翻訳は，Preserved Smith, *Luther's Correspondence*（Philadelphia, 1913–1918）, II, 176–177.
55. Ferguson, *Renaissance in Historical Thought*, 50 ff.
56. 本書109–110ページを見よ．
57. *De Foenicum literis*（Paris, 1552）, fol. 3r:「いとも敬虔なるキリスト教徒の王の壮麗なる治世下で，世界が救いを回復する 1500 年目に，世界一聖なる言語が，永遠に誉れ高き王フランソワの至福なる治世が 60 年たつかたたないうちに，王にふさわしい尽力によって，ガリアにその礎を築いたことほど驚嘆すべきことが考えられようか．……」
58. *Merveilles du monde*, fol. 93v.
59. これが *Merveilles du monde* の主要なテーマである．とりわけ，fols. 10r と 38v を見よ．
60. *De orbis concordia*, 353–354.
61. Cf. *Absconditorum clavis*, 11–12でポステルは，このことばで自らの計画を語っている．

62. 例えば，*Victoires des femmes*，50-51では地理的発見をこう表現している．「アッシリア，メディア，ギリシアあるいはローマ帝国の時代には，新しい国々を探し出し発見するだけの野心，好奇心，勇気，航海術，武力，技術力そのすべてがあった．しかし，聖霊の泉が世界の一般的母性と一体となり，新しいアダムがこの世の彼の花嫁にかりそめにも一体となるまで，摂理は全地が発見されることを許さなかったのだ．」

63. *Victoires des femmes*, 55.

64. *Πανθενωσια*, 120.

65. この伝統的見解を概観しているのは，H. Preuss, *Die Vorstellungen vom Antichrist im späteren Mittelalter, bei Luther und in konfessionellen Polemik*（Leipzig, 1906）, 10 ff.

66. Ernest Lee Tuveson, *Millennium and Utopia. A Study in the Background of the Idea of Progress*（Berkeley and Los Angeles, 1949）, 10 ff.; Decima L. Douie, *The Nature and Effect of the Heresy of the Fraticelli*（Manchester, 1932）, esp. 23 ff., 115-116, 138; Ernst Bernheim, *Mittelalterliche Zeitanschauungen in ihrem Einfluss auf Politik und Geschichtschreibung*（Tübingen, 1918）, 97 ff.; Wilhelm Bossuet, *Der Antichrist in der Überlieferung des Judentums, des neuen Testaments und der alten Kirche*（Göttingen, 1895）, 148 ff.; Franklin Hamlin Littell, *The Anabaptist View of the Church: an Introduction to Sectarian Protestantism*（Hartford, 1952）, 55 ff.

67. 本書153-158ページを見よ．

68. 「万物復元」のこの側面は，*Victoires des femmes*, 31 ff. で十全に説明されている．Cf. *Absconditorum clavis*, 8.「第一の父においては，その子々孫々が彼において堕落する以前，自然と恩寵が一体となることで，仲保者と被造物を通じて神を目指したのでなければならないのと同様に，壊敗が生じたところで万物復元がなされるのでなければならない．それによって万人がこの世の生において神を知ることを学び——これはまだ達成されていない——，違反としてではなく，贈り物として，アダムとその子々孫々が罪を犯さなければ，アダムが所有していたもの，所有していたはずのものの完全なすべてを利子とともに受け取るのでなければならない．」

69. *Description de la Terre Saincte*, 20; *Restitutio rerum omnium*, fols. 9r, 17r. ポステルは社会の三機構を三位一体のそれぞれと同一視し，それを「R. D. Kimhi」（ユダヤの釈義家ダヴィード・キムヒ）の図式によるものとする．ヨアキムとその信奉者たちは千年王国を先導する「十二人」の伝道者の役割を力説した（Ernst Benz, *Ecclesia Spiritualis. Kirchenidee und Geschichtstheologie der franziskanischen Reformation*［Stuttgart, 1934］, 46）.

70. *La doctrine du Siècle Doré*（Turin, 1869), 95〔92とあるが訂正した〕. さらには，オルテリウス宛1579年付書簡，in *Ortelii epistulae*, J. H. Hessels, ed.（Cambridge, 1887), 188–189:「……摂理が定めたのは，貧しき者たちが，神にしてわれらが主イエス・キリストの名に望みをかけつつ，あたかもただ一組の父と母を持つ万人のアダムの家に住むかのように，全地に居住し，いかなる物も所有せず，つまりは，利子という至高の悪が生じる源のカナネイカ〔？〕すなわち売り物を持たず，兄弟のように永遠の慈愛のうちに生きることなのだ……」
71. *De originibus*（1553), 44.『ゾーハル』ではメシアの時代はこう記述されている.「それから私は人々に向かって純粋なことばをかける. そして彼らは一人残らず主に祈り，一心協力して仕えるであろう」(*Zohar*, I, 367).
72. *Vinculum mundi, compendio expositum*（Paris, 1552), fol. 6v.
73. *Absconditorum clavis*, 6.
74. *Πανθενωσια*, 7.
75. *Le prime nove del altro mondo*（?Venice, 1555), fol. 37r–v.
76. *De originibus*（1553), 56–57:「それゆえ，その日（万物が復元されるべきとき）まで，神の栄光とは，各時代ごとに進歩を続けるために，御言を隠すことであり，王の栄光，特に支配者・勝者の王の栄光とは，その神の御言を説明することであり，それは第四の最後の教会の時代に，万人の聖なる知性が母の霊のもとに包含されるまで続く.」
77. この観念の歴史は以下でたどられている. Leroy Edwin Froom, *The Prophetic Faith of Our Fathers; the Historical Development of Prophetic Interpretation*（Washington, 1946–1950), I, 195 and *passim*.
78. 3: 8.
79. Douie, *Heresy of the Fraticelli*, 215, 264–265を見よ.
80. *Candelabri interpretatio*, 47:「世界の寿命は七つの時代，6000 年と定められた. それは万物が六日間で創造されたのと同様であり，これが自然の行程なのだ.」次も見よ. *De nova stella*（Antwerp, 1573), fol. 6v and ff.; *Victoires des femmes*, 26; *Πανθενωσια*, 125:「創世記での一日は 1000 年に相当し，われわれはすでに六千年期の後半にある.」
81. この預言の重要性と 15・16 世紀への伝播については，Walter B. Stone の推理小説のような巧みな研究に多くを負っている. 彼の結論は以下の博士論文に組み込まれている. *The Prediction of Regiomontanus: a Study in the Eschatology of Elizabethan England*（Harvard, 1952), 31 ff.
82. *Methodus*, 122, 333.
83. ポステルの歴史の四分割は，Pierre Turel de Dijon, *La période, c'est-à-dire la*

fin du monde（1531）から影響を受けた可能性がある．この書でも，占星術の計算に大きく依拠しながら世界史が四分割され，「高き天空の第四にして最後の留」とともに終焉を迎える．しかしトゥレルは岐路となる年を1789年とした！　トゥレルと彼の年少の同時代人ルーサ Roussat――彼も世界が四季を通過すると考えた（ポステルの影響を受けたのだろう）――については，Paul Vulliaud, *La fin du monde*（Paris, 1952), 120–121を見よ．

84. 本書111–112ページを見よ．この一般的型が最も明快に論じられ，「万物復元」とはっきりと関連づけられるのは，1553年に出た重要なビラにおいてであった．その標題は，*Tabula aeternae ordinationis quaternario constituto inter summae expansionis et coactionis terminos, expositae*.〔『四から構成される永遠なる秩序の図：名辞の提示による総説および要約』〕

85. 例えば，*Candelabri interpretatio*, 62:「良き事どもの中でも四の事物はすべて完全で正しく，完璧に良い．そしてこれは，人間に従属する他の事物の中に依然としてまだ存在する．」

86. *Absconditorum clavis*, 46 ff., and 48.

87. *Absconditorum clavis*, 49 ff.

88. *Πανθενωσια*, 124–125; シュヴェンクフェルト宛1553年 8 月14日付書簡，in *Postelliana*, 8–10; メランヒトン宛1555年付書簡，in *Postelliana*, 34; *Apologia pro Serveto*, in Johann Lorenz von Mosheim, *Versuch einer unpartheiischen und gründlichen Ketzergeschichte*（Helmstaedt, 1748), II, 467–468.

89. 歴史のパターンにおけるこの断絶についてはメランヒトン宛書簡，in *Postelliana*, 34ではっきりと認めている．

90. *De magistratibus*, 献辞．ポステルは，普通に進行する歴史に時節介入する摂理を明白な例外とする．Cf. *Linguarum duodecim characteribus introductio*, “De lingua punica arabicave” では，アラビア医学と関連させて考察している．

91. *De magistratibus*, 序文:「ある進歩がなんらかの仕方で受け入れられると，対内あるいは対外交易によって，やがてそれが移植され，不断に異国の方々に伝わって活用されるのは確実である．」

92. *De magistratibus*, 序文．

93. *Absconditorum clavis*, 1–2.

94. *De originbus*（1553), 130.

95. *De magistratibus*, 序文．

96. *De magistratibus*, 序文．

97. *De magistratibus*, 序文:「……それでも私は，今後の未来において，改善のためのなんらかの方策がとられうることを期待している．」

98. *De magistratibus*, 序文.
99. *De magistratibus*, 序文.
100. *De magistratibus*, 序文:「数多くの証拠から明らかなように，人のみならず国が提供する多くの規律や教育，模範なしで，古代の教説を蔑ろにした者は，持論を組み立てるのもままならず，研究を開陳しようと闇雲に努力するはめになったが，その研究も特に光の助けなしでは完成できないものなのだ．それゆえ，人事百般の優れた創始者や再興者たちは，時代が常に進歩していることを示すために，先祖らがごく簡潔手短に言い，書き，発したことを，褒め賛同することで顕揚し，付言によって敷衍し，何か巧みなことを付け加えることでより明瞭にし，完成させようとしたのだ.」
101. *Cosmographicae disciplinae compendium*, 37. *Merveilles du monde*, fol. 28v ではこう書いている.「文字も年代記もなければ，神的あるいは人間の預言がいかに成就したか示すことができない．それを知ることは，神の摂理が人事百般に注視し，配慮する――自然に対してもそうだが，それよりも無限に深い――ことを認識するためにも不可欠なのだ.」
102. 例えば，*De universitate liber* (Paris, 1563), 29.「悪魔の国（そのかしらはネムロドあるいはローマ人カエサル）はだんだんと，バビロニアあるいはアッシリアからメディアあるいはペルシアへ，そこからギリシア，ついにはローマへと，不断に神の国を襲撃しつつ，ついにはキリストの代理人を魔術師シモン，ネロ，カエサルの色で汚すまでに，東方から西方へと進み，第一の世界の法は信者から奪い取っていった．それゆえ同様に，キリストと神の国（いまだ誰も手にしたことはない）は西から東へと進み，全地をキリストの領土へと糾合し，西から東へと帰還するのでなければならない.」